北京市高等教育精品教材立项项目

行业会计特点与核算

主编 刘文辉 黄毅勤

经济科学出版社

图书在版编目（CIP）数据

行业会计特点与核算／刘文辉，黄毅勤主编．—北京：经济科学出版社，2012.9
ISBN 978 – 7 – 5141 – 2332 – 6

Ⅰ.①行⋯　Ⅱ.①刘⋯②黄⋯　Ⅲ.①部门经济－会计　Ⅳ.①F235

中国版本图书馆 CIP 数据核字（2012）第 202447 号

责任编辑：谭志军
责任校对：康晓川
版式设计：齐　杰
责任印制：王世伟

行业会计特点与核算

主编　刘文辉　黄毅勤
经济科学出版社出版、发行　新华书店经销
社址：北京市海淀区阜成路甲 28 号　邮编：100142
总编部电话：88191217　发行部电话：88191537
网址：www.esp.com.cn
电子邮件：esp@esp.com.cn
北京季蜂印刷有限公司印装
710×1000　16 开　23 印张　420000 字
2012 年 9 月第 1 版　2012 年 9 月第 1 次印刷
ISBN 978 – 7 – 5141 – 2332 – 6　定价：42.00 元
（图书出现印装问题，本社负责调换。电话：88191502）
（版权所有　翻印必究）

前　言

《行业会计特点与核算》根据财政部 2006 年颁布的企业会计准则及最新的法规编写而成，本书结合国民经济相关行业的特点，全面、系统地阐述了不同行业特点与会计核算的原理和方法。全书共 9 章，包括商品流通企业会计，旅游、餐饮和酒店企业会计，施工企业会计，房地产开发企业会计，邮电通信企业会计，交通运输企业会计，农业企业会计和商业银行会计等内容。

编写这部教材的总体思路是，立足于我国现有的会计实务，充分体现我国会计改革的最新成果，突出基本理论、基本方法和基本技能。本教材具有以下特色：

1. 突出行业会计特点。我国会计改革逐步形成企业会计准则规范体系，取代原有分行业的会计制度。企业会计准则对企业会计要素的确认、计量、记录和报告作出了原则规定，但每个行业的业务有其特殊性，如何针对行业业务特点，设计相应的会计核算流程，选择适宜的核算方法，运用会计科目归纳信息，实现会计目标是本书重点要突出的内容。

2. 例题讲解通俗易懂。本书各章在介绍相关行业特点的基础上，提出具体业务的会计思考，进而通过例题来讲解会计核算方法。例题讲解力求通俗易懂，把握企业会计准则的原则，结合不同行业实际业务特点，讲解会计核算实务操作方法。

3. 注意理论与实际结合。本书突出各行业具体会计业务的特点，同时引用我国上市公司信息披露的相关内容，通过案例教学的方法，引导学生去思考和讨论各行业具体会计要素的确认、计量、记录和报告等会计问题。

4. 教学设计循序渐进。本书遵循教学规律，在讲授基本理论和会计方法的基础上，注重引导学生去巩固所学的知识，各章后面对本章内容进行了提炼和总结，归纳本章重要概念，提出相应的思考题，提供有关案例，配套设计了练习题，并附有习题答案等辅助资料。

本书作为北京市高等教育精品教材立项项目，力图在教学改革中有所突破，改变传统的教学方法，在"企业财务会计"课程基础上，开设"行业会计特点与核算"这门课，注重拓展学生的知识面，引导学生加深对会计理论的理解，认知不同行业的业务特点对会计核算提出的不同要求，培养学生运用会计理论思考问题、分析问题和解决现实会计问题的动手能力。

本书各章编写人员及分工如下：第一章、第七章第四节由刘文辉负责编写；第二章、第四章和第五章由黄毅勤负责编写；第三章、第八章由尤小雁负责编写；第六章、第七章第一节、第二节、第三节、第五节和第九章由张凤环负责编写。全书由刘文辉、黄毅勤负责总编和审定。

本书在编写过程中得到了首都经济贸易大学会计学院相关领导和同事的支持，在此表示衷心的感谢。

由于水平有限，书中难免会存在一些不妥之处，恳请读者不吝指正，以便今后进一步修改和完善。

编　者

2012 年 8 月

目 录

第一章 总 论 1

第一节 行业与行业会计 1
一、行业及其划分基础 1
二、行业会计和我国的会计准则 4
三、行业会计之间的联系与区别 5

第二节 行业会计比较的内容 9
一、行业会计核算对象的比较 9
二、行业会计特殊业务的比较 9
三、行业会计相关业务的比较 10

本章小结 11
重要概念 11
思考练习题 11

第二章 商品流通企业会计 14

第一节 商品流通企业概述 14
一、商品流通企业的主要业务 14
二、商品流通企业会计核算的特点 14

第二节 批发企业商品流转的核算 17
一、商品购进的核算 18
二、商品储存的核算 21
三、商品销售的核算 23
四、商品销售成本的计算与结转 29

第三节 零售企业商品流转的核算 31
一、商品购进的核算 31
二、商品储存的核算 34
三、商品销售的核算 37

四、商品销售成本的计算与结转 …………………………………… 41
五、鲜活商品的核算 …………………………………………………… 44
应用与扩展 …………………………………………………………………… 46
一、批发业上市公司报表解读 ………………………………………… 46
二、零售业上市公司报表解读 ………………………………………… 48
本章小结 …………………………………………………………………… 51
重要概念 …………………………………………………………………… 52
思考练习题 ………………………………………………………………… 52

第三章 旅游、餐饮和酒店企业会计 ………………………………… 59

第一节 旅游、餐饮和酒店企业会计的特点 ……………………………… 59
一、旅游、餐饮、酒店企业的主要业务 ……………………………… 59
二、旅游、餐饮、酒店企业会计核算的特点 ………………………… 60
第二节 旅游企业收入与成本的核算 ……………………………………… 62
一、旅游企业营业收入的核算 ………………………………………… 62
二、旅游企业营业成本的核算 ………………………………………… 65
第三节 餐饮企业收入与成本的核算 ……………………………………… 69
一、餐饮企业营业收入的核算 ………………………………………… 69
二、餐饮企业营业成本的核算 ………………………………………… 73
第四节 酒店企业收入与成本的核算 ……………………………………… 76
一、酒店营业收入的核算 ……………………………………………… 76
二、酒店营业成本的核算 ……………………………………………… 80
应用与扩展 …………………………………………………………………… 81
一、旅游服务业上市公司报表解读 …………………………………… 81
二、饮食服务业上市公司报表解读 …………………………………… 82
三、酒店营运及管理业上市公司报表解读 …………………………… 83
本章小结 …………………………………………………………………… 84
重要概念 …………………………………………………………………… 85
思考练习题 ………………………………………………………………… 85

第四章 施工企业会计 ……………………………………………………… 92

第一节 施工企业会计的特点 ……………………………………………… 92
一、施工企业的主要业务 ……………………………………………… 92
二、施工企业会计核算特点 …………………………………………… 93
第二节 周转材料的核算 …………………………………………………… 93

    一、周转材料的分类 …………………………………………………… 94

    二、周转材料核算应设置的账户 ……………………………………… 94

    三、周转材料的摊销的核算 …………………………………………… 94

  第三节　临时设施的核算 ………………………………………………… 97

    一、临时设施的分类 …………………………………………………… 97

    二、临时设施核算应设置的账户 ……………………………………… 98

    三、临时设施的核算 …………………………………………………… 98

  第四节　施工企业工程成本的核算 ……………………………………… 99

    一、工程成本核算对象与成本项目组成 …………………………… 100

    二、施工企业合同成本核算应设置的账户 ………………………… 101

    三、工程成本的核算 ………………………………………………… 102

  第五节　施工企业工程合同收入的核算 ……………………………… 112

    一、合同收入 ………………………………………………………… 112

    二、施工企业合同收入核算应设置的账户 ………………………… 113

    三、合同收入的核算 ………………………………………………… 114

  第六节　施工企业往来业务的核算 …………………………………… 118

    一、向发包方预收备料款、预收工程款的核算 …………………… 118

    二、预付分包单位款的核算 ………………………………………… 119

  应用与扩展 ………………………………………………………………… 120

    施工企业上市公司报表解读 ………………………………………… 120

  本章小结 …………………………………………………………………… 122

  重要概念 …………………………………………………………………… 123

  思考练习题 ………………………………………………………………… 123

第五章　房地产开发企业会计 ……………………………………… 133

  第一节　房地产开发企业会计的特点 ………………………………… 133

    一、房地产开发企业的主要业务 …………………………………… 133

    二、房地产开发企业会计核算的特点 ……………………………… 134

  第二节　房地产开发企业开发成本的核算 …………………………… 135

    一、开发成本的内容 ………………………………………………… 135

    二、房地产开发企业开发成本核算应设置的账户 ………………… 136

    三、开发成本的核算 ………………………………………………… 137

    四、周转房的核算 …………………………………………………… 149

  第三节　房地产开发企业营业收入的核算 …………………………… 150

    一、房地产开发企业营业收入的确认与计量 ……………………… 150

二、房地产开发企业营业收入核算应设置的账户 ……………………… 151
　　三、房地产开发企业营业收入的核算 …………………………………… 152
应用与扩展 …………………………………………………………………… 155
　　房地产开发企业上市公司报表解读 ……………………………………… 155
本章小结 ……………………………………………………………………… 161
重要概念 ……………………………………………………………………… 161
思考练习题 …………………………………………………………………… 162

第六章　邮电通信企业会计 …………………………………………… 170

第一节　邮电通信企业会计概述 …………………………………… 170
　　一、邮电通信企业的经营特点 …………………………………………… 170
　　二、邮电通信企业会计的特点 …………………………………………… 171

第二节　邮政企业会计核算 ………………………………………… 172
　　一、邮政业务收入的核算 ………………………………………………… 172
　　二、邮政业务成本的核算 ………………………………………………… 176
　　三、收支差额的核算 ……………………………………………………… 180

第三节　电信企业会计核算 ………………………………………… 182
　　一、电信业务收入的核算 ………………………………………………… 182
　　二、电信业务成本的核算 ………………………………………………… 186

应用与扩展 …………………………………………………………………… 190
　　电信通信业上市公司报表解读 …………………………………………… 190
本章小结 ……………………………………………………………………… 192
重要概念 ……………………………………………………………………… 193
思考练习题 …………………………………………………………………… 193

第七章　交通运输企业会计 …………………………………………… 198

第一节　交通运输企业会计核算特点 ……………………………… 198
　　一、交通运输企业经营的特点 …………………………………………… 198
　　二、交通运输企业会计的特点 …………………………………………… 199

第二节　公路运输企业会计核算 …………………………………… 200
　　一、公路运输企业存货的核算 …………………………………………… 200
　　二、汽车运输企业营运收入的核算 ……………………………………… 207
　　三、汽车运输企业营运成本的核算 ……………………………………… 212

第三节　铁路运输企业会计核算 …………………………………… 220
　　一、铁路运输企业会计特点 ……………………………………………… 220

二、铁路运输收入进款的核算…………………………………………………221
　　三、铁路运输收入的核算………………………………………………………230
　　四、铁路运输成本的核算………………………………………………………232
第四节　航空公司的会计核算……………………………………………………234
　　一、航空公司会计的特点………………………………………………………234
　　二、航空公司营业收入的核算…………………………………………………235
　　三、航空公司成本计算与核算…………………………………………………239
第五节　船舶运输企业会计核算…………………………………………………249
　　一、船舶运输企业收入的核算…………………………………………………249
　　二、船舶运输企业成本的核算…………………………………………………251
应用与扩展……………………………………………………………………………253
　　一、公路（汽车）运输业上市公司报表解读…………………………………253
　　二、铁路运输业上市公司报表解读……………………………………………254
　　三、航空运输业上市公司报表解读……………………………………………255
　　四、船舶运输业上市公司报表解读……………………………………………259
本章小结………………………………………………………………………………260
重要概念………………………………………………………………………………261
思考练习题……………………………………………………………………………261

第八章　农业企业会计……………………………………………………………267

第一节　农业企业会计的特点……………………………………………………267
　　一、农业企业的生产活动与生物资产…………………………………………267
　　二、生物资产的分类……………………………………………………………268
　　三、农业生产会计核算的特点…………………………………………………269
　　四、生物资产的计量属性………………………………………………………272
第二节　消耗性生物资产的核算…………………………………………………273
　　一、消耗性生物资产的初始计量………………………………………………274
　　二、消耗性生物资产的后续计量………………………………………………277
　　三、消耗性生物资产的收获与处置……………………………………………279
第三节　生产性生物资产的核算…………………………………………………286
　　一、生产性生物资产的初始计量………………………………………………286
　　二、生产性生物资产的后续计量………………………………………………288
　　三、生产性生物资产的收获与处置……………………………………………291
第四节　公益性生物资产的核算…………………………………………………293
应用与扩展……………………………………………………………………………294

家畜、家禽养殖与销售上市公司报表解读 …………………………………… 294
本章小结 …………………………………………………………………………… 300
重要概念 …………………………………………………………………………… 301
思考练习题 ………………………………………………………………………… 301

第九章　商业银行会计 …………………………………………………… 306

第一节　商业银行会计核算特点 …………………………………………… 306
一、商业银行概述及经营特点 ……………………………………………… 306
二、商业银行会计的特点 …………………………………………………… 306

第二节　商业银行会计核算方法 …………………………………………… 308
一、会计科目 ………………………………………………………………… 308
二、记账方法 ………………………………………………………………… 309
三、会计凭证 ………………………………………………………………… 310
四、账务组织和账务处理 …………………………………………………… 311

第三节　商业银行会计核算 ………………………………………………… 313
一、存款业务的核算 ………………………………………………………… 313
二、金融机构往来业务的核算 ……………………………………………… 323
三、贷款与贴现业务的核算 ………………………………………………… 330
四、支付结算业务的核算 …………………………………………………… 336

应用与扩展 ………………………………………………………………………… 347
商业银行上市公司报表解读 ………………………………………………… 347
本章小结 …………………………………………………………………………… 353
重要概念 …………………………………………………………………………… 353
思考练习题 ………………………………………………………………………… 354

第一章 总 论

本章学习要求：本章主要讲述行业及其划分，进一步讲解行业会计和我国的会计准则。我国目前的会计标准体系由《企业会计准则》和《小企业会计准则》构成。在这种准则规范的体系下，不同行业的业务特点对会计核算提出了具体的要求，学习本章后要求对会计标准的统一性和具体行业会计的特殊性有深入理解。在此基础上，对行业会计比较的内容进行学习和掌握。

第一节 行业与行业会计

一、行业及其划分基础

(一) 产业划分是行业划分的基础

行业会计核算以行业及其划分为研究基础，而国民经济各行业的划分又是以产业划分为基础。根据国家统计局关于《三次产业划分规定》，产业划分范围为：第一产业是指农、林、牧、渔业；第二产业是指采矿业，制造业，电力、燃气及水的生产和供应业，建筑业；第三产业是指除第一、二产业以外的其他行业，包括：交通运输、仓储和邮政业，信息传输、计算机服务和软件业，批发和零售业，住宿和餐饮业，金融业，房地产业，租赁和商务服务业，科学研究、技术服务和地质勘查业，水利、环境和公共设施管理业，居民服务和其他服务业，教育，卫生、社会保障和社会福利业，文化、体育和娱乐业，公共管理和社会组织，国际组织。

根据我国的具体情况，可以把行业理解为构成国民经济整体的各个部门和各个环节，包括物质生产部门和非物质生产部门，又可以称为经济部门和非经济部门。

(二) 经济部门行业的划分

经济部门主要指企业。我国企业按大的行业划分，一般可分为以下几类：

1. 工业企业。是指从事工业性产品（劳务）生产经营的企业。主要包括制造业，采矿业，电力、燃气及水的生产和供应业等工业企业。工业企业在国民经济中起主导作用，承担着国民经济各部门需要的各种技术装备的制造任务，供应着社会生产及人民生活需要的各种物资，是国民经济生产的物质技术基础。工业企业的特点是：大规模地利用机器设备等劳动手段进行生产，系统地将科学技术应用于生产过程的各个环节，内部劳动分工细密，协作配合复杂、严密，生产过程具有高度的连续性和系统性，生产社会化程度高，与国民经济其他部门有着广泛、密切的外部联系。

2. 商品流通企业。是指利用各种手段完成将各种社会产品从生产到消费的转换，从而实现社会产品价值的企业。商品流通企业包括处于商品流转过程的批发、零售企业。商品流通企业在国民经济中起着十分重要的作用，它是联系生产与分配和消费的桥梁和纽带，只有正确地组织商品的流通，才能不断地满足社会生产和人民生活的需要。商品流通企业的特点是：所进行的工作、所应用的设备等都是为商品流转服务的；大范围的信息传递、严密的经营管理是其存在和取得经济效益的重要基础。

3. 农业企业。是指从事农业、林业、牧业、渔业等生产经营活动的企业。农业企业不仅为人类提供赖以生存的农副产品，而且为经济建设提供工业原料、市场、资金、劳动力和外贸物资，是我国国民经济的基础。农业企业的特点是：作为利用植物、动物的生长过程取得产品的行业，其自然生产过程和经营管理的再生产过程紧密地联系在一起，生产周期较长且具有季节性，受自然条件影响较大。

4. 建筑施工企业。是指从事土木建筑和设备安装工程的企业，主要包括建筑公司、工程公司、安装公司和装饰公司等。建筑施工企业是国民经济中的一个重要支柱产业，它所提供的产品是各工厂建筑、矿井、港口、铁路、桥梁、机场、道路、管线、住宅和其他建筑物、设施等，形成各种生产或非生产性固定资产，是国民经济各部门和人民生活的重要物质基础。建筑施工企业的特点是：所提供的产品都具有指定的目的和用途，必须按建设单位的设计要求进行施工生产，施工生产具有流动性，产品规模一般较大、价值较高，生产周期一般较长，受自然条件影响较大。

5. 房地产开发企业。是指从事房地产开发经营、管理和服务的企业。房地产开发企业也是国民经济的一个重要支柱产业，它为人们的政治、经济、文化、生活提供一定的空间地域，没有房地产开发企业就不会有良好的城市建设。房地产开发企业的特点是：生产经营范畴包括规划设计、土地开发、组织施工、竣工验收、经营销售和物业管理等各个方面，将生产和流通两个领域紧密地联系在一起，是国民经济活动中具有综合性的行业。

6. 旅游饮食服务企业。它是指以旅游资源和服务设施为条件、向消费者提供劳务的服务性企业，主要包括旅游、餐饮、宾馆、娱乐、美发、洗染、照相等。旅游业享有无烟工业之称，是发展经济的一个重要手段。旅游业的特点是：投资少，利润高，收效快。旅游业不是一个孤立的行业，它需要通过交通运输、工业、商业等相关行业的密切配合才能顺利发展，而旅游业的发展也会促进相关行业的发展。

7. 交通运输业。是指利用运输工具专门从事运输生产或直接为运输生产服务的企业，主要包括铁路、公路、水路和航空运输等。交通运输企业是国民经济的先行官，是社会再生产的前提和条件，只有通过交通运输企业，生产企业的产品才能进入分配和消费领域，同时生产企业所需的原料才能保证得到不断的供应。交通运输企业的特点是：运输生产过程只改变劳动对象的空间位置，不创造新的物质产品；其生产过程具有流动性和分散性，只消耗劳动工具，不消耗劳动对象。

8. 邮电通信企业。是指通过邮政和电信传递信息、办理通信业务的企业，包括经营邮政电信业务的企业和进行邮政运输、电信线路设备维护的企业。邮电通信企业是国民经济的一个重要部门，是信息产业的基础，它通过提供快速、优质、高效的各种通信手段，把社会生产、分配、交换和消费过程有机地联系起来，从而促进国民经济的发展，在市场经济中起到了先导的作用。邮电通信企业的特点是：其产品不具有实物形态，而是一种向消费者提供的特殊服务；它的质量应以服务质量、通信质量来衡量；作为一种公共服务，其在提高企业自身经济效益的同时，还应注意社会效益。

9. 金融企业。是指专门经营货币和信用业务的企业，主要包括商业银行和非银行金融机构。金融企业通过信用中介，将社会各方面的闲散资金汇集起来，有偿提供给企业使用。通过金融企业的货币信贷业务，可以提高全社会的资金使用率，加速社会扩大再生产过程，保证国民经济快速发展对资金的需要。金融企业的特点是：其经营业务与一般企业不同，是一种有偿转让资金使用权的活动，经营利润主要是金融性利润，来自存贷款之间的利息差额或证券买入价与卖出价之间的差额；由于存在债务人无力偿还贷款本息的可能性和市场利率变动的影响，金融活动具有较高的风险性。

（三）非经济部门行业的划分

我国的非经济部门包括两大部分：一是为提高科学文化水平和居民素质服务的部分，主要包括教育、文化、广播电视事业，科学研究事业，卫生、体育事业和社会福利事业等；二是为社会公共需要服务的部分，包括政府部门、政党机关、社会团体和军队等。

上述各个行业在国民经济发展中各自发挥着作用，在经营管理方面，这些行业既有共性也有个性，一般的管理原则、基本制度和基本方法，对不同的行业和不同类型的单位来说是普遍适用的，但在具体的管理实践中，不同行业又存在着各自的特点。只有遵循各行业生产技术特点和所从事的经营活动特点建立一套与之相适应的管理制度、管理方式和管理方法，才能促进各个行业经济乃至整个国民经济的发展。

二、行业会计和我国的会计准则

各行业在国民经济中具有不同的职能，由于会计要反映和监督不同行业的经济活动，于是就形成了各种行业会计。各种行业会计既有共性又有个性。会计作为一种管理活动，都要以会计准则作为基本规范，但由于不同行业有着不同的生产经营和管理特点，各行业会计所要反映和监督的具体内容也不一样，因此各行业会计又要结合各行业的特点，对各行业经济活动中的特殊业务采用特殊的方法进行核算。行业会计就是指在某一行业中得到公认，反映该行业会计特点的会计。它是各行业活动的特殊性在会计上的反映。

我国现行会计体系按行业划分可分为企业会计和非企业会计两大系统。

（一）企业会计

企业会计指从事各种生产经营业务活动的企业所运用的会计，包括工业企业会计、商品流通企业会计、农业企业会计、施工企业会计、房地产开发企业会计、旅游饮食服务企业会计、交通运输企业会计、邮电通信企业会计、金融企业会计和新闻出版企业会计等。企业会计核算遵循企业会计准则和企业会计制度的规定。企业会计在核算管理上有许多共性，但由于经济活动的不同，客观上存在着各自行业的特殊业务。以往的企业会计制度都是分行业的企业会计制度。1993年7月，我国同时执行的有14个行业会计制度。随着我国市场经济的发展，新兴行业不断涌现，企业开展多种经营，这都使得原有的分行业会计制度越来越不适合企业实际情况的需要。为此，我国于2001年颁布了打破行业、所有制界限，集财务会计为一体的国家统一的企业会计核算制度体系，按照企业的性质和规模，分别建立了《企业会计制度》（不含金融保险企业）、《金融企业会计制度》和《小企业会计制度》，而对各行业企业专业性较强的会计核算以专业会计核算办法的形式予以解决。

我国自2007年1月1日起在上市公司和非上市大中型企业实施了与国际会计准则趋同的会计准则体系，企业会计准则体系由基本准则、具体准则和应用指南等部分构成。基本准则在整个准则体系中起统驭作用，主要规范会计目标、会计基本假定、会计基本原则、会计要素的确认和计量等。具体会计准则又分为一般业务准则、特殊行业的特定业务准则和报告准则三类。(1) 一般业务准则主要规范各类企业普遍适用的一般经济业务的确认和计量要求：包括存货、会计政策、会计估计变更和会计差错更正、资产负债表日后事项、建造合同、所得税、固定资产、租赁、收入、职工薪酬、股份支付、政府补助、外币折算、借款费用、投资、企业年金、每股收益、无形资产、资产减值、或有事项、投资性房地产、企业合并等准则项目。(2) 特殊行业的特定业务准则主要规范特殊行业的特定业务的确认和计量要求：如石油天然气开采、生物资产、金融工具确认和计量、金融资产转移、套期保值、金融工具列报和披露、保险合同、再保险合同等准则项目。(3) 报告准则主要规范普遍适用于各类企业的报告类准则：如财务报表列报、现金流量表、合并财务报表、中期财务报告、分部报告、关联方披露等准则项目。企业会计准则应用指南由两部分组成，第一部分为会计准则解释，第二部分为会计科目和主要账务处理。

2011年，我国颁布了适合小企业特点的《小企业会计准则》。这标志着由适用于大中型企业的《企业会计准则》和适用于小企业的《小企业会计准则》共同构成了我国的企业会计标准体系。为统一会计标准，提高会计信息的可比性，奠定了良好的基础。

(二) 非企业会计

非企业会计主要指政府及非营利组织会计。目前执行的会计制度主要有《财政总预算会计制度》、《行政单位会计制度》和《事业单位会计制度》，以及《民间和非营利组织会计制度》；同时，考虑到不同行业的事业单位业务活动具有较大区别，将行业众多的事业单位会计进行了不同层次的划分，除事业单位通用的会计制度之外，还针对业务活动特点比较突出的事业单位，如医院、学校、科研单位等制定了具体的分行业制度。

本书进行行业会计比较时，将主要围绕企业会计中几个特点比较突出的行业进行阐述。

三、行业会计之间的联系与区别

(一) 行业会计之间的联系

各行业会计之间既有联系，又有区别，行业会计之间的联系形成共性，其共性主要包括以下两个方面：

1. 各行业的会计都应以企业会计准则作为规范

(1) 各行业会计都要遵循财务报告的目标、会计基本假设、会计基础和会计信息质量要求。企业会计准则体系中的基本准则明确规定了我国企业财务报告的目标是向财务报告使用者提供决策有用的信息，并反映企业管理层受托责任的履行情况。无论哪个行业的会计均应遵循财务报告的目标要求。基本准则强调企业会计确认、计量和报告应当以会计主体、持续经营、会计分期和货币计量为会计基本假设。各行业会计核算都要遵循会计信息质量要求，根据基本准则的规定，会计信息质量要求包括可靠性、相关性、可理解性、可比性、实质重于形式、重要性、谨慎性和及时性等。其中，可靠性、相关性、可理解性和可比性是会计信息的首要质量要求，是企业财务报告中所提供会计信息应具备的基本质量特征；实质重于形式、重要性、谨慎性和及时性是会计信息的次级质量要求，是对可靠性、相关性、可理解性和可比性等首要质量要求的补充和完善，尤其是在对某些特殊交易或者事项进行处理时，需要根据这些质量要求来把握其会计处理原则，另外，及时性还是会计信息相关性和可靠性的制约因素，企业需要在相关性和可靠性之间寻求一种平衡，以确定信息及时披露的时间。

（2）各行业会计要素的划分、确认和计量原则大体相同。各个行业都要按照基本准则的要求将会计对象分为资产、负债、所有者权益、收入、费用和利润六个要素，同时对各要素进行严格定义。资产和负债按照流动性分别分为流动资产和非流动资产、流动负债和非流动负债；所谓流动性，通常按资产的变现或耗用时间长短或者负债的偿还时间长短来确定。按照财务报表列报准则的规定，应先列报流动性强的资产或负债，再列报流动性弱的资产或负债。所有者权益划分为实收资本、资本公积、盈余公积和未分配利润。各个行业对会计要素的确认、计量标准是相同的。会计要素在计量时，可供选择的计量属性包括历史成本、重置成本、可变现净值、现值和公允价值等，但应以历史成本为基础。

（3）各行业的财务报表的名称、格式、内容和编制方法基本相同。不同行业的企业应当根据实际发生的交易和事项，遵循具体会计准则的规定进行确认和计量，并在此基础上编制财务报表。完整的财务报表至少应当包括"四表一注"，即资产负债表、利润表、现金流量表、所有者权益变动表（或股东权益）以及附注。资产负债表应当按照资产、负债和所有者权益三大类别分类列报。资产应当按照流动资产和非流动资产两大类别在资产负债表中列示，在流动资产和非流动资产类别下进一步按性质分项列示。负债应当按照流动负债和非流动负债在资产负债表中进行列示，在流动负债和非流动负债类别下再进一步按性质分项列示。所有者权益是企业资产扣除负债后的剩余权益，资产负债表中的所有者权益类一般按照净资产的不同来源和特定用途进行分类，应当按照实收资本（或股本）、资本公积、盈余公积、未分配利润等项目分项列示。利润表的列报必须充分反映企业经营业绩的主要来源和构成，有助于使用者判断净利润的质量及其风险，预测净利润的持续性，从而做出正确的决策。企业应当采用"功能法"

列报费用，即按照费用在企业所发挥的功能进行分类列报，通常分为从事经营业务发生的成本、管理费用、销售费用和财务费用等，并且将营业成本与其他费用分开披露。现金流量表在结构上将企业一定期间产生的现金流量分为三类：经营活动产生的现金流量、投资活动产生的现金流量和筹资活动产生的现金流量。每类活动又分为各具体项目，从不同角度反映企业业务活动的现金流入与流出。企业还应在附注中披露将净利润调节为经营活动现金流量、不涉及现金收支的重大投资和筹资活动、现金及现金等价物净变动情况等信息。

2. 在不同行业的会计中，相同的交易和事项的会计处理是一样的

不同行业尽管其生产经营活动存在着较大差别，但有些交易和事项在每一个行业中基本上都是相同的，具有共同性特征。各行业会计对共同性交易和事项的会计处理，在科目设置和核算方法上基本是一致的。共同性业务的会计处理主要包括：货币资金的核算，应收项目的核算，交易性金融资产、可供出售金融资产、持有至到期投资的核算，固定资产、无形资产的核算，短期借款、应付债券、长期借款的核算，所有者权益的核算，利润及利润分配的核算等。

（二）行业会计之间的区别

在企业会计准则体系下，各行业相同业务的会计核算已基本一致，但由于行业间生产经营活动的不同特点，各行业会计在核算上也具有特性，其特性主要包括以下几个方面：

1. 存货的核算

存货是指企业在日常生产经营过程中持有以备出售，或者仍然处在生产过程，或者在生产或提供劳务过程中将要消耗的材料或物料等，包括各类材料、商品、在产品、半成品、产成品等。由于不同行业的企业从事生产经营活动需要有不同类型的存货，因此不同行业存货的核算是行业会计核算的特点之一。

从存货种类看，制造业的生产经营活动主要是从事各种产品的生产，存货既有生产过程中耗用的原材料或物料，又有处于生产过程各个阶段的半成品、在产品，还有已经完成生产过程、准备销售的产成品。商品流通企业主要的经营过程只是购入和销售货物，不存在生产过程，其存货主要是购入准备销售的商品，以及为自身经营而准备自用的物资等。交通运输业主要从事公路、铁路和航空等运输活动，其存货主要是其经营所用的各种燃料，修理交通运输工具的各种备品备件，不存在在产品和产成品存货。服务业处于社会生产的消费环节，为社会提供各项服务，满足消费者的消费需求，没有产品的生产和经销产品的活动，其存货只包括少量的物料用品，且种类和数量少。

此外，不同行业的存货也有不同的特点。例如：房地产开发企业建造、待售的房屋，大型机械制造的未完工程项目，都具有较长的时间周期；农业企业的存

货有农作物和禽畜等，在生产过程中受自然条件的影响较大。

因此，各行业存货的核算在盘存制度、计价方法、信息披露等各个方面都有较大的区别。

2. 收入的核算

收入是指企业在销售商品、提供劳务及让渡资产使用权等日常活动中所形成的经济利益总流入。由于企业生产经营活动纷繁复杂，不同行业的经营范围和经营内容千差万别，取得收入的具体形式也就多种多样，不仅不同类别收入的确认、计量方法不尽相同，即使是同一类收入，由于不同行业的具体内容不同，其确认、计量方面也存在着较大的差异。

制造业和商品流通企业收入的最主要组成部分是销售商品收入，应按照《企业会计准则——收入》所规定的确认收入的条件予以确认，但在进行收入核算时，由于各行业经营活动的不同特点，各行业确认收入的具体时点并不完全相同，制造业一般采用销售法来确认销售收入，建筑施工企业一般采用完成合同法确认销售收入。

工业、施工企业、商品流通企业、交通运输企业、邮电通信企业和旅游餐饮服务企业均为提供劳务收入，但是不同行业所提供劳务收入的具体内容和赚取方式却存在着差异，因而其核算程序、方法以及账户的设置等都有较大的不同。制造业一般采用销售法确认其劳务收入，同时因该收入不属于主营业务，则通过"其他业务收入"账户核算；而建筑业收入一般订有建造合同，其劳务收入采用完成合同法或完工百分比法确认，并作为建筑业的主要经营业务，通过"主营业务收入"账户核算。

3. 成本费用的核算

成本是指企业为生产产品、提供劳务而发生的各种耗费。费用是指企业为销售商品、提供劳务等日常活动所发生的经济利益流出。成本费用伴随企业的经营活动而发生，对于成本费用要按照配比原则确定，企业有什么样的业务收入，就相应地会有什么样的成本费用。由于不同类型的企业向社会提供的产品和劳务多种多样，因此不同行业发生的成本费用内容也不尽相同。例如：制造业的成本费用一般表现为生产产品所耗用的直接材料、直接人工和制造费用，以及与经营有关的销售费用、管理费用、财务费用和其他相关的税费支出；商品流通企业的主要经营活动为商品的购、销、存，其成本费用一般表现为所销售商品的成本，所消耗的物料、折旧、支付的人工费用等经营费用和相关税费支出；旅游服务业的成本费用主要是为旅客支付的住宿、餐饮、交通、导游服务费用，以及机构人员工资和其他相关税费等。可见，由于不同行业的经济业务不同，其主要的成本费用也有所区别，其费用的归集方法、成本的计算和结转方法也具有各自的特点。

4. 结算业务的核算

从会计处理角度看，各行业结算业务所涉及的货币资金与往来款项的会计处理应该基本上是一致的，没有大的差别。如果结合行业经营管理的特点，不同行业之间还是存在着差异。例如房地产开发企业的收入主要采用分期收款方式取得；商品零售业、餐饮服务业主要是现金收入；旅游服务业是先收取款项再提供劳务，其收入的取得体现为负债的减少。另外，由于电子信息技术的发展，电子商务在各行各业得到了广泛的使用，已构成一些行业新的核算管理方式。

第二节 行业会计比较的内容

行业会计比较是比较会计学的一个分支，它通过比较不同行业的会计核算原则和方法，找出它们的相同点，比较它们的不同点，探寻其核算差异产生的原因，进而达到认识各行业会计核算的特点、通晓整个会计核算体系的目的，使会计更好地为企业管理服务。行业会计比较的内容具体说来包括以下三个方面。

一、行业会计核算对象的比较

各行业会计反映监督的内容就是会计核算对象。由于各行业的经济活动、业务范围、生产经营特点各有不同，会计反映和监督的具体内容也必然不同，所以比较不同行业会计核算的具体对象，是我们认识和把握不同行业会计核算特征的一个基本点。例如，商品流通企业包括批发和零售两种类型，商品批发和零售的业务活动又存在较大的区别，因而其会计核算对象要按批发和零售分别设置；因其会计核算对象不同，批发业务和零售业务的会计核算方法也存在较大的区别。再如，旅游、餐饮、服务企业经营业务的开展往往带有系统性和配套性：旅游业除组团旅游外，有条件的旅行社还经营客房、餐饮、售货、娱乐及其他业务；饮食业除经营餐饮业务外，还开展娱乐、售货及其他业务。而服务业也可能同时经营娱乐、健身、美容美发、桑拿洗浴、照相、修理等多种业务。因此，为了分别提供各类业务的会计信息，需要分门别类地进行会计核算。

二、行业会计特殊业务的比较

由于各行业之间在经营管理上的差别是客观存在的，各行业的特征必然会反映到行业会计核算中来。尽管《企业会计准则》对各行业会计的共性方面作了统一的规范，但这些特殊业务的存在，使得各行业会计在实际操作中必然会存在着差别。例如：商品流通企业中零售业的售价金额核算就是由零售企业内部控制的"实物负责制"所决定的；施工企业劳务收入核算采用完工百分比法还是完成合同法，则取决于是实行按月结算办法的工程还是实行竣工后一次结算办法的工程；餐饮业生产成本只核算总成本不计算单位成本，只计算原料成本不计算全部成本，则是由于菜肴和食品的花色品种繁多、数量零星，而整个生产、销售、服务过程都集中在较短的时间内完成这种特殊的业务活动所造成的。此外，农业会计中种植业、林业、畜牧业和渔业生产成本的核算，运输业中轮胎的核算，房地产业开发成本的核算等，也都是其本行业特有经济业务在行业会计核算中的反映。通过对不同行业特殊业务核算的比较，可以掌握行业会计的特征，它是我们进行行业会计比较的基础。

三、行业会计相关业务的比较

国民经济各个部门是一个有机联系的整体，各行业之间都存在着相互依存的关系。在会计核算方面，也存在着各行业会计之间对相关经济业务的处理问题。例如：农业企业作为国民经济的基础，它们提供的产品是许多行业产品的原料，农产品成本的核算是其相关企业进行成本核算的基础；工业企业所生产的产品一般要通过商品流通企业提供给社会，因此，这些产品生产成本的核算是商品流通企业商品采购成本的基础。因此，了解原料的成本或购进的商品构成，对于企业的成本核算大有益处。通过对不同行业相关业务的比较，可以掌握不同行业、不同阶段成本计算的区别与联系，这对于从事多种经营、跨行业的企业集团尤为重要。例如：由某些房地产开发企业与施工企业组成的集团，施工企业的工程价款就是房地产开发企业开发成本的重要组成部分，但房地产开发企业的开发成本并不等于施工企业的工程价款，因为房地产开发企业的开发成本中还包括土地开发成本、配套设施成本等。

行业会计比较的方法包括横向比较法和纵向比较法，横向比较法就是对不同行业会计中相同会计要素的核算方法同时进行比较，研究它们在会计核算上的共性与特性，并对其特性部分分别加以阐述，分析其形成的主要原因。纵向比较法是分别将各行业特殊业务的会计核算方法相互比较，找出每一行业会计核算的特殊性，对其特殊性部分加以阐述。

上述两种比较方法各具优点。横向比较法便于对各个行业相同业务会计处理的异同之处进行分析，研究其产生的原因，进而探讨各种矛盾可能存在的解决方式。纵向比较法则有利于全面、系统地掌握各个行业会计核算的方法，研究不同行业会计核算的特点。

本书采用纵向比较法,将各行业会计核算中共性的部分省略,仅就各行业会计核算的特性部分加以阐述,重点介绍各行业特殊业务的会计核算方法。

本章小结

在我国,行业是指构成国民经济整体的各个部门和各个环节。反映和监督不同行业经济活动的会计称为行业会计。

各行业会计之间既有共性又有个性,共性体现在要以企业会计准则作为规范,而且共同性业务的会计处理基本相同。特性是指各行业经济活动中特殊业务在各行业会计核算中的反映,主要体现在存货的核算、收入的核算、成本费用的核算和结算业务核算四个方面。

行业会计比较的内容主要包括行业会计核算对象的比较、行业会计特殊业务的比较、行业会计相关业务的比较。

行业会计比较的方法主要有横向比较法和纵向比较法两类。

重要概念

行业　第一产业　第二产业　第三产业　工业企业　商品流通企业　农业企业　建筑施工企业　房地产开发企业　旅游饮食服务企业　交通运输企业　邮电通信企业　金融企业　行业会计　行业会计比较

思考练习题

一、思考题

1. 行业划分的标准有哪些?
2. 我国目前有哪些行业划分标准?
3. 什么是行业会计?
4. 行业会计的研究对象主要是哪些方面?
5. 行业会计的研究方法有哪些?各有哪些优缺点?
6. 进行行业会计比较的目的是什么?

二、练习题

(一)填空题

1. 国民经济的各个部门包括_____和_____。
2. 交通运输业是指利用运输工具专门从事_____或直接_____的

企业。

3. 金融企业指专门经营＿＿＿＿和＿＿＿＿的企业。
4. 企业会计准则体系由＿＿＿、＿＿＿和＿＿＿等部分构成。
5. 商品流通企业的会计核算对象分为＿＿＿和＿＿＿两种类型。

（二）多项选择题

1. 行业会计分为（　　）两大系统。
   A. 企业会计　　　　　　　　B. 流通企业会计
   C. 银行会计　　　　　　　　D. 非企业会计
2. 行业会计的比较，大都采用的方法有（　　）。
   A. 趋势分析法　　　　　　　B. 环比分析法
   C. 横向比较法　　　　　　　D. 纵向比较法
3. 各行业会计的相同之处体现在（　　）。
   A. 遵循财务报告的目标、会计基本假设
   B. 各行业会计要素的划分大体相同
   C. 各行业的财务报表的名称、格式、内容和编制方式基本相同
   D. 各行业共同性业务的会计处理基本相同
4. 下列各项中，属于各行业会计核算上的特性的有（　　）。
   A. 存货的核算　　　　　　　B. 收入的核算
   C. 成本费用的核算　　　　　D. 结算业务的核算

（三）判断题

1. 我国现行会计体系按行业可分为企业会计和非企业会计。（　　）
2. 我国具体会计准则分为一般业务准则、特殊行业的特定业务准则和报告准则三类。（　　）
3. 我国具体会计准则已经对特殊行业的特定业务确认和计量进行了规范，因此不需要研究行业会计。（　　）
4. 在各行业会计中，共同性业务的会计处理基本相同。（　　）
5. 由于不同行业生产经营活动的特点不同，各行业会计在核算上也具有不同特点。（　　）

练习题答案：

（一）填空题

1. 经济部门　非经济部门
2. 运输生产　为运输生产服务
3. 货币　信用业务
4. 基本准则　具体准则　应用指南

5. 批发　零售

（二）多项选择题

1. AD　　2. CD　　3. ABCD　　4. ABCD

（三）判断题

1. √　　2. √　　3. ×　　4. √　　5. √

第二章　商品流通企业会计

本章学习要求：本章主要讲述商品流通企业商品购进、储存和销售的会计处理。学完本章后，要熟练掌握批发企业数量进价金额法和零售企业售价金额法，掌握经营鲜活商品的零售企业进价金额核算法，熟练掌握各种方法下商品销售收入和商品销售成本核算的基本知识、基本方法、基本理论，根据商品流通企业经营特点和管理要求，综合运用有关会计核算方法进行商品流通企业经营活动的会计核算。

第一节　商品流通企业概述

一、商品流通企业的主要业务

商品流通企业通过组织商品的购进、储存、销售，将商品从生产领域转移到消费领域，使商品流通满足社会消费的需求。

商品从生产领域转移到消费领域一般要经过批发和零售两个流通环节：

（1）批发商品流通，通过批发商业企业完成，从生产企业或其他批发商业企业大宗购进商品，批量销售给零售企业或其他批发企业用于转售，或供应给其他企业用于进一步加工。批发处于商品流通的起点或中间环节。

（2）零售商品流通，通过零售商业企业完成，从批发企业或生产企业购进商品，销售给个人消费或企事业单位，用于生产和非生产消费，交易具有次数频繁、数量零星的特点。零售处于商品流转的最终环节。

二、商品流通企业会计核算的特点

（一）库存商品的核算方法

商品流通企业的业务以商品流转为中心，商品是企业的重要资产，为正确反映库存商品进、销、存情况和成本变动情况，企业根据各自经营的特点和管理的需要，可以采用不同的方法核算库存商品。库存商品核算方法主要有进价核算法和售价核算法两类：

1. 进价核算法

进价核算法是按库存商品的购进成本反映商品的进、销、存情况的核算方法。这种方法又可以分为数量进价金额核算法和进价金额核算法。

（1）数量进价金额核算法。对库存商品按购进成本的金额进行总分类核算的同时，进行既提供各种商品的采购成本金额指标，也反映其实物数量指标的明细核算。其基本做法如下：

① 对库存商品总账和明细账的进、销、存金额均按购进成本记载。

② 按商品的品名、规格、等级和编号分户进行明细核算，库存商品明细账对每种库存商品的增减和结存情况，既反映金额又反映数量。

③ 对经营品种繁多的企业，要设置库存商品类目账，商品类目账记载各大类商品进销存的进价金额。

④ 采用适当方法随时或定期结转销售商品成本。

数量进价金额核算法的优点是能够全面反映各种商品的进、销、存的数量和金额，便于从数量和金额两个方面进行控制，有利于业务开展和管理安全。但是，由于每笔进销货业务都要填制凭证，按商品的品种逐笔登记明细分类账，核算工作量大，手续较繁。这种方法适用于批发企业库存商品的核算。

（2）进价金额核算法。库存商品的总分类账户和明细分类账户都只反映商品的购进成本金额、不反映实物数量；已销商品的销售成本，通过对库存商品的实地盘点计算出期末结存金额，倒挤销售成本。与数量进价金额核算法相比，具有以下特点：

① 库存商品的明细分类账只记金额，不记数量。

② 平时销货的账务处理，只核算销售收入，不核算销售成本。

③ 月末采取以存计销的方式，通过实地盘点库存商品，倒挤出商品的销售成本。计算公式如下：

$$本期销售商品成本 = 期初库存商品进价总额 + 本期进货总金额 - 期末库存商品进价总额$$

采用进价金额核算法可以简化核算手续，节约人力、物力。但是，该核算方法由于平时不能反映商品的进、销、存的数量，月末采用盘存计销方法倒算商品的销售成本，对商品的损耗或差错事故不能予以控制。零售企业鲜活商品售价变化频繁、经营损耗大、不易于控制实物数量，适用于这种方法。

2. 售价核算法

售价核算法是按库存商品的售价反映商品的进、销、存情况的核算方法。采用这种方法时，必须设置"商品进销差价"账户，核算商品的售价金额与进价金额之间的差额，以便调整库存商品的售价金额，并计算已销商品的进价成本。

这种方法又可以分为售价金额核算法和数量售价金额核算法。

（1）售价金额核算法，是在建立实物负责制的基础上，库存商品的总分类账户和明细分类账户都只反映商品的售价金额，不反映商品的实物数量的核算方法。基本做法如下：

① 库存商品的明细分类账以售价金额记账，只记金额，不记数量。

② 平时销货的账务处理，在确认销售收入的同时，结转销售的售价成本。

③ 库存商品的明细账按商品的大类或者柜组设置，按大类或者柜组确定实物负责人，通过库存商品的售价金额来控制商品数量，反映和控制各实物负责人所经管商品的增减变化和结存情况。

④ 设置"商品进销差价"账户，用来调整库存商品的售价金额与采购成本之间的差额，以正确反映库存商品的实际成本。

⑤ 月末分摊销售商品和结存商品应负担的"商品进销差价"，结转销售商品的"商品进销差价"，将销售商品的售价成本调整为采购成本。

采用售价金额核算法，可以简化核算的手续，减少工作量；其不足之处在于只记金额不记数量，库存商品明细账无法提供商品进、销、存的数量，不利于商品的数量控制。零售企业库存商品品种繁多、交易频繁，不易于进行数量核算，可采用这种方法核算。

（2）数量售价金额核算法，是指库存商品总分类账户和明细分类账户除了均按照售价金额反映外，明细分类账户还必须反映商品实物数量的核算方法。与售价金额核算法相比，具有以下特点：

① 库存商品明细分类账按商品的品名、规格、等级和编号分户设置。

② 库存商品明细账，既反映金额又反映数量。

数量售价金额核算法能够按照商品的品名、规格反映和监督商品的进、销、存数量和售价金额的变动情况，便于加强对库存商品的管理和控制。但是，由于采用售价记账，遇有商品售价变动，就要盘点库存商品，调整库存商品的金额和差价，核算工作量较大。这种方法适用于零售企业贵重商品的核算。

（二）商品流通企业会计核算应设置的账户

为核算商品流通企业的经营活动，应设置"商品采购"、"库存商品"、"商品进销差价"、"存货跌价准备"、"主营业务收入"、"主营业务成本"、"销售费用"等账户。

商品流通企业采购成本通过"商品采购"账户核算。"商品采购"账户用于核算企业采购过程中支付的进价和附带成本，附带成本是指采购商品过程中发生的运输费、装卸费、保险费以及其他可归属于存货采购成本的费用等进货费用，购入商品验收后，将采购成本转入"库存商品"账户。"商品采购"账户按商品的种类或销售部门设置明细账。

商品流通企业库存商品的价值通过"库存商品"账户核算。"库存商品"账户用于核算企业库存商品增减结存变化。"库存商品"账户按商品的种类或销售部门设置明细账。在"进价核算法"下反映库存商品的采购成本,在"售价核算法"下反映库存商品的售价。

采用"售价核算法"核算库存商品的商品流通企业,通过"商品进销差价"账户核算购进商品售价与采购成本的差价,期末应计算结转销售商品的进销差价,该账户通常是"库存商品"账户的抵减账户,"库存商品"账户和"商品进销差价"账户的差额,反映库存商品的采购成本。

商品流通企业库存商品的减值通过"存货跌价准备"账户核算。"存货跌价准备"账户用于核算企业库存商品可变现净值低于采购成本发生的减值,该账户是"库存商品"账户的抵减账户,"库存商品"账户与"商品进销差价"账户、"存货跌价准备"账户的差额,反映库存商品的可变现净值。

商品流通企业的营业收入通过"主营业务收入"账户核算。"主营业务收入"账户用于核算企业提供商品销售取得的收入,按销售商品的种类或销售部门设置明细账。

商品流通企业的营业成本通过"主营业务成本"账户核算。"主营业务成本"账户用于核算企业销售商品的采购成本;在"进价核算法"下,直接反映销售商品的采购成本;在"售价核算法"下,平时反映销售商品的售价,期末结转销售商品分摊的进销差价时,将销售商品的售价调整为采购成本。采用"售价核算法"时,"主营业务成本"按销售商品的种类或销售部门设置明细账。

商品流通企业的销售费用通过"销售费用"账户核算。"销售费用"账户用于核算企业在存储和销售过程中发生的各项费用,期末将本期发生的销售费用转入"本年利润"账户,该账户期末无余额。

在实务中,商品流通企业也可以将发生的可归属于存货采购成本的进货费用先进行归集,期末按照所购商品的存销情况进行分摊。对于已销售商品的进货费用,计入主营业务成本;对于未售商品的进货费用,计入期末存货成本。进货费用金额较小的,可以在发生时直接计入当期销售费用。

第二节 批发企业商品流转的核算

批发企业主要经营大宗商品的买卖,其购销量和库存量较大。与零售业不同的是,批发企业的交易次数不那么频繁,但每次的成交额却要大得多,因此,批发企业商品流转的核算一般采用数量进价金额核算法。

一、商品购进的核算

(一) 商品购进的核算概述

批发企业购进商品按采购地点不同分为同城采购和异地采购。同城购进的商品又分为送货制和提货制，异地购进的商品通常采用发货制。无论是采用哪种购进方式，财会部门均根据业务部门转来的供货单位开具的发票等结算凭证，作为确认商品采购的依据；根据储备部门转来的入库单作为确认商品入库的依据。送货制下，结算凭证和入库单基本同时收到，在提货制和发货制下，通常先收到结算凭证，后收到入库单。

结算凭证和入库单收到的时间不同，会计处理也存在差异。对于结算凭证和入库单同时收到的情况，在确认采购的同时，确认商品入库。对于先收到结算凭证后收到入库单的情况，应先确认采购，后确认商品入库。对于先收到入库单后收到结算凭证的情况，月内可暂不入账，待结算凭证到达后再进行会计处理；但到月终结算凭证仍未到，则要按应付给供货单位的价款暂估入账，下月初用红字冲回，以便下月收到结算凭证后，按正常程序进行商品采购的核算。

【例 2-1】北京某批发公司向北京某工厂购进一批服装 600 件，每件进价（不含税）570 元，增值税专用发票上注明货款总计 342 000 元，增值税额 58 140 元，运费 800 元（7% 可抵扣），购入商品已验收入库，价款、增值税及运费已通过银行转账支付。做会计处理如下：

收到发票账单时：
　　借：商品采购——服装　　　　　　　　　　　　　　342 744
　　　　应交税费——应交增值税（进项税额）　　　　　 58 196
　　　　贷：银行存款　　　　　　　　　　　　　　　　400 940
收到入库单时：
　　借：库存商品——服装　　　　　　　　　　　　　　342 744
　　　　贷：商品采购——服装　　　　　　　　　　　　342 744

【例 2-2】天津天华商贸公司主要从事电器批发业务，从上海某家电器厂购进冰箱 50 台，每台进价（不含税）5 250 元，增值税专用发票上注明货款总计 262 500 元，增值税额 44 625 元，运杂费 1 000 元，其中运费 900 元（7% 可抵扣）。接到银行转来的托收承付结算凭证、增值税专用发票和运单，审核无误后以银行存款支付款项，但商品尚未到达。做会计处理如下：

收到发票账单时：
　　借：商品采购——电冰箱　　　　　　　　　　　　　263 437
　　　　应交税费——应交增值税（进项税额）　　　　　 44 688

　　　　贷：银行存款　　　　　　　　　　　　　　　　308 125
　　该批商品到达并验收入库后，收到入库单时：
　　借：库存商品——电冰箱　　　　　　　　　　　263 437
　　　　贷：商品采购——电冰箱　　　　　　　　　　　　263 437

　　商品购进中，如果出现收到的商品与合同不符的现象，会发生进货退出的情况。批发企业由于进货量大，对于原箱整件包装的商品，在验收时一般只做抽样检查，因此，在对其入库后复验商品时，往往会发现商品的品种、规格、数量与合同不符，经与供货方协商，可能会发生一些进货退出业务。如果企业进货后尚未支付货款并未作账务处理，退货时也无需进行账务处理，仅将收到的原增值税专用发票的发票联退还供货方即可。如果企业进货后已作账务处理，应根据供货方开具的红字专用发票冲减确认的库存商品和增值税进项税额，对于已支付进货款的，根据发票金额确认债权；对于未支付进货款的，根据发票金额冲减债务。

　　购进商品后，由于供货单位疏忽，会发生单价开错或金额计算错误；或者由于商品发货时是试销，按暂定价格结算，后又正式定价，需要调整商品货款，发生商品退补价情况。在发生商品退补价时，应由供货单位填制更正发票交给购货单位，由业务部门审核后，送交财会部门，经复核无误，据以进行退补价款的核算。如果商品的实际进价低于原结算的进价，由供货方退还一部分货款给进货企业；如果实际进价高于原结算的进价，应由进货企业补付少付的货款。发生进货退补价业务，应分别不同情况进行处理，如果库存商品尚未出售，应调整商品采购、增值税进项税额的账面价值，并确认债权或债务，同时调整库存商品的账面价值；如果库存商品已经售出但未结转销售成本，应调整库存商品、增值税进项税额的账面价值，并确认债权或债务；如果商品全部售出，并已结转销售成本，应调整销售成本、增值税进项税额的账面价值，并确认债权或债务。

　　购进商品运到后，验收时可能会发生实收商品数量与应收商品数量不符的现象，发生商品购进溢余和短缺情况。企业应按实收数入库，在查明原因前，先通过"待处理财产损溢"账户核算溢余和短缺商品的价值；待查明原因并批复后再分别不同的情况进行处理。对于溢余商品，属于自然升溢的，应冲减管理费用；属于供货方多发的，若进货企业同意购进多发商品应补付货款，若进货企业不同意购进多发商品，应同时冲减"待处理财产损溢"和"库存商品"账户，并将溢余商品转作代管商品，记入备查账簿。对于短缺商品，属于应由供应单位、运输机构、保险公司或其他过失人负责赔偿的损失，应冲减债务或确认债权；属于自然灾害等非正常原因造成的损失，应将扣除残料价值和过失人、保险公司赔偿后的净损失，确认营业外支出；属于自然损耗的其他损失，报经批准后，确认管理费用；属于供货单位少发商品造成的，应冲减债务或确认债权；属于运输途中的合理损耗，计入未损耗商品采购成本。

购进商品时，应进行验单核对或验货核对，即将银行转来的结算凭证或收到的供货方发来的商品与合同或协议核对，检查商品的品种、规格、数量、价格、货款和费用等是否与合同或协议规定相符，如发现不符，可按有关规定全部或部分拒付货款和拒收商品。若货款未支付，不做会计处理，仅将收到的商品在"代管商品物资"备查账簿中进行登记。若货款已支付，如果拒收，可将该批商品的货款和增值税进项税额，从"商品采购"账户和"应交税费"账户转入"应付账款"账户借方，确认为债权，同时对拒收商品数额在"代管商品物资"备查账簿中进行登记；如果经联系企业同意原价购进，则将商品价款按正常程序通过"商品采购"账户转入"库存商品"账户。

（二）商品采购的明细分类核算

为了掌握商品采购的详细情况，应对商品采购进行明细分类核算，商品采购的明细分类核算方法主要有平行登记法和抽单核对法两种。

1. 平行登记法

平行登记法又称平行记账法或横线记账法，就是采用两栏式账页，将同一批次购进的商品，对于其支付货款和商品验收入库，都分别记入账页同一行次的"借方栏"和"贷方栏"。通过借贷方的相互对照，逐一核销，可以反映商品采购的动态，有利于检查和监督购进商品的结算和入库情况。由于同一批次购进的商品可能分批到达，因此在账页每一行次的贷方，可以根据各单位的具体需要，再增加若干小行，以便反映商品分批到达验收入库的情况。只有借方金额没有贷方金额，或者借方金额大于贷方金额，表示在途商品的成本。商品采购明细账的格式及登记方法如表2-1所示。

表2-1　　　　　　　　　商品采购明细账

批次	供货单位	借方					贷方					核销号
		2010年		凭证号	摘要	金额	2010年		凭证号	摘要	金额	
		月	日				月	日				
1	宏大公司	3	8	5	支付文具款	12 750	3	11	1	文具入库	6 750	√
							3	15	2	文具入库	6 000	
2	安华公司	3	10	6	支付硬盘款	18 000	3	17	3	硬盘入库	8 400	√
							3	20	4	硬盘入库	9 600	
3	优源公司	3	15	7	支付玩具款	5 400	3	26	8	玩具入库	1 200	√
							3	30	9	玩具入库	1 800	
							4	5	10	玩具入库	2 400	

平行登记法是根据经济业务的发生顺序，按供货单位分行次进行登记。这对进货业务频繁的企业可能不太适用，因此，这类企业可按供货单位的名称，分户设置"商品采购"明细分类账进行平行登记。

2. 抽单核对法

采用抽单核对法时不设置"商品采购"明细分类账，而是充分利用自制的两联收货单，即结算联和入库联来代替"商品采购"明细分类账的一种简化的核算方法。

企业在购进商品时，财会部门根据业务部门转来的收货单（结算联）支付货款后，在收货单（结算联）上加盖付款日期的戳记，以代替"商品采购"明细分类账借方发生额的记录，根据储运部门转来的收货单（入库联）作商品入库的核算后，在收货单（入库联）上加盖入库日期的戳记，以代替"商品采购"明细分类账贷方发生额的记录。

在收货单中，表示"商品采购"明细分类账借方发生额和贷方发生额的两套凭证应用专门的账夹或账箱分别存放。每日通过核对后，将供货单位名称、凭证号数、商品的数量和金额均相符的收货单（结算联）和收货单（入库联）从账夹或账箱中抽出，表示这批购进业务已经钱货两清，予以转销，并将抽出的凭证按抽取日期分别装订成册，同其他会计账簿一样归入会计档案。期末结账时，检查账夹或账箱，用尚存的收货单结算联加总的金额，表示"商品采购"明细分类账的借方余额；用尚存的收货单入库联加总的金额，表示"商品采购"明细分类账的贷方余额。

采用抽单核对法，一定要严格遵守凭证传递的程序，加强凭证的管理和对账工作，以防止凭证散乱丢失，造成核算工作的紊乱。

二、商品储存的核算

商品储存是指批发企业购进的商品在销售以前在企业的停留状态，批发企业商品储存的数量大、占用的资金较多，因此需要加强对商品储存的核算。储存的商品主要是库存商品，库存商品设置总分类账、类目账和明细账进行三级核算，一般采用永续盘存制作为盘存基础，采用数量进价金额法对商品储存进行核算，不仅要通过反映商品的数量、金额来控制商品，而且在必要的情况下，还要结合存放地点，反映商品的分布状况。通过账账、账货控制，充分发挥账簿在保护商品安全、完整方面的重要作用。在储存过程中，可能会因管理不善或市场的因素，发生数量和价值的变化。

批发企业库存商品期末按照成本与可变现净值孰低计量。批发企业应当定期或者至少于每年年度终了，对库存商品进行全面清查，如由于商品遭受毁损、全部或部分陈旧过时或销售价格低于成本等原因，使库存商品成本高于可变现净值的，应按库存商品成本高于可变现净值部分提取存货跌价准备。商业企业库存商品的减值的测试和核算方法与一般企业相同，此处不再赘述。

为保证库存商品账实相符，企业应定期对库存商品进行盘点，盘点后可能发生毁损、溢缺和串号现象。发现溢余和短缺时，在未查清原因或未批准处理前，按溢余和短缺及毁损商品的价值，调整增减库存商品的账面价值，同时通过"待处理财产损溢"账户核算。按照规定程序批准转销时，对于溢余的收益，冲减管理费用；对于短缺或毁损的库存商品，将残料价值转为库存商品，将保险赔款和过失人的赔款转为其他应收款；剩余净损失，属于自然灾害造成的损失计入营业外支出；属于一般经营损失部分计入管理费用。库存商品由于收发差错，在同一类商品中发生商品货号、规格、等级之间此多彼少的情况，称为库存商品串号。库存商品发生串号，可能使库存商品金额长余或短少，对此，应进行不同的账务处理。库存商品串号，可能是供货方错发商品，也可能是企业在出售商品时错发了商品。在未查明原因前应先记入"待处理财产损溢"账户。如原因可查清又能分清对象的，可将长余或短少商品的款项和相应的进项税额，补给供货方或向供货方索回。如不能查清原因或长余或短少商品金额不大，经批准可冲减或增加企业的管理费用。

经营活畜禽的商业企业，活畜禽在储存过程中需要饲养、防疫，会发生增重、减重、走失、零星死亡，还会由于疫病流行和自然灾害造成大量死亡以及发生急宰处理。发生上述业务具体应按如下原则核算：

（1）在活畜禽头数不变的情况下，发生长膘增重或掉膘减重，只在库存商品明细账中调整重量、单价，不调整进价总金额。

（2）储存饲养中支付的饲养费、防疫费，作为企业"管理费用"列支。

（3）在一般情况下发生的零星死亡，以及个别因病急宰发生售价低于原进价的差额，记入"管理费用——商品损耗"账户。

（4）对发生的短缺、走失，在未查明原因或未批准处理前，记入"待处理财产损溢"账户，查明原因或经批准处理后，根据不同情况进行账务处理，其处理方法与前述商品在储存过程中发生短缺的核算方法相同。

（5）由于疫病流行、自然灾害发生大量死亡损失，以及由上述原因进行急宰处理发生的售价低于原进价的差额，由保险公司赔偿的部分，记入"其他应收款"账户，扣除保险公司赔偿后的净损失，记入"营业外支出——非常损失"账户。

三、商品销售的核算

（一）商品销售的核算概述

批发企业销售商品按地区不同分为同城销售和异地销售。同城销售又分为送货制和提货制，异地购进的商品通常采用发货制。无论是采用哪种销售方式，财会部门均应按照会计准则的要求确认商品销售收入，通常在商品所有权凭证转移或实物移交给购货方时确认销售收入；在提货制下，交付发票和提货单后，实物虽未交付，也可以确认销售收入，对于尚未提货的商品作为代管商品在备查账中记录；在送货制下，商品一般有一个送货验收的过程，待商品经购货方验收后再确认销售收入；在发货制下，发出商品后，凭发运单在银行办理托收手续后，即可确认销售收入。对于已经发出的库存商品，在不满足销售收入确认条件时，先通过"发出商品"账户核算。

【例2-3】天华商贸公司采用提货制批发销售给本市某商贸公司微波炉100台，开出的增值税专用发票上注明货款75 000元，增值税额12 750元，款项收到送存银行；提货单已交付购货方，商品尚未移交；该批商品的进价为63 000元。做会计处理如下：

借：银行存款　　　　　　　　　　　　　　　87 750
　　贷：主营业务收入　　　　　　　　　　　　75 000
　　　　应交税费——应交增值税（销项税额）　12 750
借：主营业务成本　　　　　　　　　　　　　63 000
　　贷：库存商品——微波炉　　　　　　　　　63 000

【例2-4】天华商贸公司采用送货制方式销售电扇一批，开出的增值税专用发票上注明货款12 000元，增值税额2 040元，该批电扇的成本9 600元。做会计处理如下：

运出商品时：
借：发出商品——电扇　　　　　　　　　　　9 600
　　贷：库存商品——电扇　　　　　　　　　　9 600
收到对方支付的款项时：
借：银行存款　　　　　　　　　　　　　　　14 040
　　贷：主营业务收入　　　　　　　　　　　　12 000
　　　　应交税费——应交增值税（销项税额）　2 040
借：主营业务成本　　　　　　　　　　　　　9 600
　　贷：发出商品——电扇　　　　　　　　　　9 600

【例2-5】天华商贸公司采用发货制销售给湖南某酒店电视机，开出的增值税专用发票上注明货款 90 000 元，增值税额 15 300 元，以银行存款支付代垫运费 600 元，当日向银行办妥托收手续，该批商品的进价为 67 500 元。做会计处理如下：

向银行办妥托收手续时：

借：应收账款——湖南某酒店　　　　　　　　　　105 900
　　贷：主营业务收入　　　　　　　　　　　　　　90 000
　　　　应交税费——应交增值税（销项税额）　　　15 300
　　　　银行存款　　　　　　　　　　　　　　　　　600
借：主营业务成本　　　　　　　　　　　　　　　67 500
　　贷：库存商品——电视机　　　　　　　　　　　67 500

收回上述款项时：

借：银行存款　　　　　　　　　　　　　　　　　105 900
　　贷：应收账款——湖南某酒店　　　　　　　　105 900

（二）直运商品销售的业务程序及核算

直运商品销售是指批发公司购进商品后，不经过本公司仓库储备，直接从供货单位发运给购货单位的一种销售方式。

采用直运商品销售，可以委托供货单位代办商品发运，由供货单位代购货单位垫付费用并向购货单位办理结算，除此之外，批发公司也可派采购员驻在供货单位，当供货单位根据购销合同发运商品时，由派驻采购员填制专用发票一式数联，其中发货联随货同行，作为购货单位的收货凭证，其他各联寄回批发公司。供货单位在商品发运后，即可向批发公司收取货款，批发公司确认商品购进。批发公司凭采购员寄回的专用发票（发票联），向购货单位收取货款，确认为商品销售。批发公司为了尽快收回结算资金，在征得银行同意后，采购员能够在供货单位所在地委托银行向购货单位办理托收，由购货单位开户银行将货款直接划拨给批发公司。采购员在办妥托收后，将托收凭证回单联寄回批发公司，据以作商品销售处理。

采用直运商品销售，商品不通过批发公司仓库的储存环节，这样就能够不通过"库存商品"账户，直接在"商品采购"账户核算商品购进和结转销售成本。因为发票上已经列明商品的购进金额和销售金额，故而商品销售成本能够按照实际进价成本，分销售批次随时进行结转。

【例 2-6】天华商贸公司向杭州刀剪厂订购剪刀 10 000 把，每把 2.82 元，直运给福州五金公司，供应价每把 3 元，购进、销售的增值税率均为 17%，杭州刀剪厂代垫运费 200 元，由天华商贸公司负担。做会计处理如下：

收到杭州刀剪厂转来的托收凭证时：

借：商品采购——剪刀　　　　　　　　　　　　　　28 386
　　应交税费——应交增值税（进项税额）　　　　4 808
　　　贷：银行存款　　　　　　　　　　　　　　33 194
收到向福州五金公司开出的发票和托收凭证时：
借：应收账款——福州五金公司　　　　　　　　35 100
　　　贷：主营业务收入——刀具类　　　　　　　30 000
　　　　　应交税费——应交增值税（销项税额）　5 100
借：商品销售成本——刀具类　　　　　　　　　28 386
　　　贷：商品采购——剪刀　　　　　　　　　　28 386
收到银行转来的收账通知，收到货款时，做分录如下：
借：银行存款　　　　　　　　　　　　　　　　35 100
　　　贷：应收账款——福州五金公司　　　　　　35 100

（三）代销商品销售的核算

代销商品业务委托方的商品销售收入的取得取决于受托方销售收入，发出商品时，委托方的商品主要风险和报酬没有转移，只是存放地点发生了变化，只有受托方将商品销售，并向委托方开具代销清单时，委托方才能确认收入。代销包括买断和收取手续费两种，销售分为委托方和受托方。

1. 委托代销商品的核算

由于委托方在发出商品时，不确认销售收入，也不结转销售成本，发出的商品从"库存商品"账户转为"发出商品"账户核算。

（1）收取手续费方式。即受托方根据委托方的协议价销售代销商品，销售后按照代销向委托方收取手续费的销售方式。

【例2-7】天华商贸公司委托某批发市场代销爱眼节能台灯100台，每台协议价300元，成本为180元/台，增值税率17%，该合同规定销货款每月结算一次，代销手续费按销售收入的10%支付，从销货款中直接扣除。做会计处理如下：

将节能台灯拨付某批发市场时：
借：发出商品——节能台灯　　　　　　　　　　18 000
　　　贷：库存商品——节能台灯　　　　　　　　18 000
收到某批发市场转来的代销清单时：
借：应收账款——某批发市场　　　　　　　　　35 100
　　　贷：主营业务收入　　　　　　　　　　　　30 000
　　　　　应交税费——应交增值税（销项税额）　5 100
借：销售费用——代销手续费　　　　　　　　　3 000

贷：应收账款——某批发市场　　　　　　　　　　　　　3 000
　　借：主营业务成本　　　　　　　　　　　　　　　　　18 000
　　贷：发出商品——节能台灯　　　　　　　　　　　　　18 000
收到某批发市场汇来的款项时：
　　借：银行存款　　　　　　　　　　　　　　　　　　32 100
　　贷：应收账款——某批发市场　　　　　　　　　　　　32 100

（2）视同买断方式。是指由委托方和受托方签订协议，委托方按协议价收取所代销商品的货款，实际售价可由受托方自定，实际售价与协议价之间的差额归受托方所有的销售方式。

【例2-8】如【例2-7】，假设天华商贸公司采用视同买断方式委托某批发市场代销爱眼节能台灯。批发市场实际售价36 000元，增值税为6 120元。做会计处理如下：

将节能台灯拨付某批发市场时：
　　借：发出商品——节能台灯　　　　　　　　　　　　　18 000
　　贷：库存商品——节能台灯　　　　　　　　　　　　　18 000
收到代销清单时：
　　借：应收账款——某批发市场　　　　　　　　　　　　35 100
　　贷：主营业务收入　　　　　　　　　　　　　　　　30 000
　　　　应交税费——应交增值税（销项税额）　　　　　　5 100
　　借：主营业务成本　　　　　　　　　　　　　　　　　18 000
　　贷：发出商品——节能台灯　　　　　　　　　　　　　18 000
收到某批发市场汇来的款项存入银行时：
　　借：银行存款　　　　　　　　　　　　　　　　　　35 100
　　贷：应收账款——某批发市场　　　　　　　　　　　　35 100

2．受托代销商品销售的核算

受托方在收到委托方代销商品时，商品的所有权并未转移，不通过"库存商品"账户核算，而是设置"受托代销商品"账户核算，并设置"受托代销商品款"账户核算受托代销商品的价款。

（1）收取手续费方式。企业以收取手续费方式代销商品销售后，不作为本企业销售处理，但按《中华人民共和国增值税暂行条例》及其实施细则的规定，也应计算应纳增值税。

【例2-9】天华商贸公司为某工厂代销电扇100台，协议价300元/台，合同规定，代销手续费按不含税销售额的10%计算。做会计处理如下：

收到电扇时：
　　借：受托代销商品——电扇　　　　　　　　　　　　　30 000

贷：受托代销商品款——某工厂		30 000

实际销售商品时：

借：银行存款		35 100
贷：应付账款——某工厂		30 000
应交税费——应交增值税（销项税额）		5 100

收到委托方结算凭证时：

借：受托代销商品款——某工厂		30 000
贷：受托代销商品——电扇		30 000
借：应交税费——应交增值税（进项税额）		5 100
贷：应付账款		5 100

归还委托代销企业货款并计算代销手续费收入时：

借：应付账款——某工厂		35 100
贷：其他业务收入		3 000
银行存款		32 100

(2) 视同买断方式代销商品的核算。视同买断方式代销商品，代销商品销售后作为本企业的销售处理。

【例2-10】如【例2-9】，天华商贸公司以视同买断方式代销电扇，实际售价36 000元，增值税为6 120元。做会计处理如下：

收到电扇时：

借：受托代销商品——电扇		30 000
贷：受托代销商品款——某工厂		30 000

实际销售商品时：

借：银行存款		42 120
贷：主营业务收入		36 000
应交税费——应交增值税（销项税额）		6 120
借：主营业务成本		30 000
贷：受托代销商品——电扇		30 000
借：受托代销商品款——某工厂		30 000
贷：应付账款——某工厂		30 000

收到委托代销企业开具的增值税专用发票时：

借：应交税费——应交增值税（进项税额）		5 100
贷：应付账款——某工厂		5 100

向委托代销企业支付款项时：

借：应付账款——某工厂		35 100
贷：银行存款		35 100

(四) 销售退回的核算

商品销售后由于商品质量、品种不符合要求等原因购货方要求退货,经企业同意后可将销货退回。按企业会计制度的规定,销售退回应当分别情况处理:

(1) 未确认收入的已发出商品的退回,将商品成本从"库存商品"账户转入"发出商品"账户。

(2) 已确认收入的销售商品退回,一般情况下直接冲减退回当月的销售收入、销售成本等。如果该项销售已发生现金折扣,应在退回当月一并处理。

(3) 资产负债表日及之前售出的商品在资产负债表日至财务会计报告批准报出日之间发生退回的,应当作为资产负债表日后事项处理,调整报告年度的收入、成本等。

(五) 销售商品退补价的核算

企业销售商品,由于计价错误等原因,造成多计或少计货款,发生实际售价与原结算售价的差异,应由企业退还或补付给购货单位,办理退价和补价手续。

【例 2 – 11】天华商贸公司销售台灯 150 个,售价每个 81 元,增值税率为 17%,价税款均已收妥入账,后发现该台灯售价应为每个 67.5 元,当即开出红字增值税发票和转账支票,退还货款 2 025 元,增值税款 344.25 元。做会计处理如下:

借:主营业务收入——电器类　　　　　　　　　　　2 025
　　应交税费——应交增值税(销项税额)　　　　　344.25
　　贷:银行存款　　　　　　　　　　　　　　　　2 369.25

(六) 商品销售购货方拒付货款和拒收商品的核算

在销售商品过程中,有时由于发出商品的品种、规格、数量、质量等与合同规定不符,而遭到购货方拒收商品和拒付货款。在未解决前,购货方拒付货款部分仍应保留在"应收账款"账户中。查明原因解决后,应按不同的解决办法进行账务处理。

对于商品少发的处理有两种情况:如果补发商品,不做会计处理;如果不再补发商品,则由业务部门填制红字增值税专用发票,作销售退回处理。

对于货款开错的,也应由业务部门填制红字增值税专用发票,财会部门据以作为销货退补价处理。

当因商品质量不符要求,或因商品品种、规格发错而退回时,应由储运部门验收入库,财会部门根据转来的红字增值税专用发票作销售退回处理。

对于商品短缺的情况,先要冲减销售收入;再根据具体情况进行账务处理,如属于本企业储运部门负责,应由其填制"财产损失报告单",将商品短缺金额转入"待处理财产损溢"账户,经批准后再转入"营业外支出"账户。

如果购货单位支付了部分货款,而又拒付了部分款项,应将收到的款项冲减"应收账款"账户,对于尚未收到的款项,则保留在"应收账款"账户内,与对方协商解决后,再予以转销。

【例2-12】 天华商贸公司销售给某百货商店加湿器50台,每台成本450元,售价570元,增值税率17%,代垫运费300元,商品已经发出,款项已向开户行办理托收,15天后百货公司因商品损坏拒付两台加湿器的货款,其余货款和增值税款及运费全部承付,经调查损坏商品为运输部门的责任,向运输部门索赔。做会计处理如下:

商品发出,办妥托收手续时:
```
借:应收账款——某百货商店                    3 3645
    贷:主营业务收入                          28 500
        应交税费——应交增值税(销项税额)     4 845
        银行存款                                 300
```
收到购买单位承付部分款项,并向运输部门索赔时:
```
借:银行存款                                 32 505
    其他应收款——运输部门                    1 140
    贷:应收账款——某百货商店                33 645
```

四、商品销售成本的计算与结转

实行数量进价金额核算法的批发企业,按实际成本结转销售成本。库存同一种商品购入时间不同、地点不同、批次不同,单位成本不同,批发企业应采用先进先出法、移动加权平均法、月末一次加权平均法或个别计价法确定已销售商品的实际成本;对于库存商品品种规格较多的批发企业,每月逐一商品品种、规格计算销售成本工作量较大,可采用毛利法计算销售成本。

毛利法是根据上季实际毛利率或本季计划毛利率及本期销售额,先匡算本月销售商品毛利,再据以计算销售商品成本的方法。其计算公式如下:

毛利率 = 销售毛利/销售收入 × 100%

本月销售毛利 = 销售收入 × 上季实际毛利率或本季计划毛利率

本月销售成本 = 本月销售收入 - 本月销售毛利

或 本月销售成本 = 销售收入 × (1 - 上季实际毛利率或本季计划毛利率)

从以上公式中不难看出,销售毛利率一经确定,根据其他有关数据资料,便可进一步计算出期末存货结存价值,且计算过程比较简便。

毛利率法是按分类毛利率或综合毛利率计算确定大类或全部商品销售成本，所以计算过程比较简便，但由于各月商品购销情况不尽相同，依据上季或本季计划销售毛利率计算本月销售商品成本，往往计算结果与实际有较大出入。为消除各种变动因素的影响，可只在每季前两个月采用毛利法，而在季度末仍采用其他方法计算全季度实际销售商品的成本，再减去前两个月的销售商品成本，倒挤出第三个月的销售成本，以保证全季度销售成本的正确性。

【例 2-13】某商业批发企业鞋帽类商品第二季度实际毛利率 20%，第三季度实际销售额分别为：7 月份 1 380 000 元，8 月份 2 078 250 元，9 月份 2 031 750 元。9 月末以加权平均法计算的鞋帽类商品期末结存额为 2 163 900 元。鞋帽类商品类目账见表 2-2。

表 2-2　　　　　　　　　商品存货类目账

类别：鞋帽类

| 2012 年 | | 凭证 | 摘要 | 借方 | 贷方 | 余额 |
月	日					
6	30	略	期末余额			1 620 000
7	9		购进	930 000		2 550 000
7	31		结转销售成本		1 104 000	1 446 000
8	12		购进	2 091 000		3 537 000
8	31		结转销售成本		1 662 600	1 874 400
9	8		购进	900 000		2 774 400
9	20		购进	960 000		3 734 400
9	30		结转销售成本		1 570 500	2 163 900
			本季合计	4 881 000	4 337 100	2 163 900

表 2-2 中：

7 月份鞋帽类商品销售成本 = 1 380 000 × (1 - 20%) = 1 104 000（元）

8 月份鞋帽类商品销售成本 = 2 078 250 × (1 - 20%) = 1 662 600（元）

9 月份鞋帽类商品销售成本 = 4 337 100 - 1 104 000 - 1 662 600
$$= 1\ 570\ 500（元）$$

第三季度鞋帽类商品销售成本 = 1 620 000 + 4 881 000 - 2 163 900
$$= 4\ 337\ 100（元）$$

第三季度销售毛利 =（1 380 000 + 2 078 250 + 2 031 750）-（1 104 000 + 1 662 600 + 1 570 500）
$$= 5\ 490\ 000 - 4\ 337\ 100 = 1\ 152\ 900（元）$$

第三季度销售毛利率 = 1 152 900/5 490 000 × 100% = 21%

第三节 零售企业商品流转的核算

零售企业是商品流通过程的最终环节,销售对象主要是广大消费者,经营的商品品种繁多、规格复杂,交易次数频繁、数量零星,由于零售企业的这些特点决定了零售商品核算难以采用数量核算,为了简化核算工作,一般采用售价金额核算法,即实行实物负责制,库存商品按零售价记账,同时需要设置"商品进销差价"账户,以反映商品进价与售价之间的差额。

一、商品购进的核算

零售企业购进商品的会计处理基本相同,其差别在于商品按含税零售价入库,入库商品的采购成本与售价之间的差额,记入"商品进销差价"账户。

【例2-14】天宝百货公司是经营百货商品的以零售为主的公司,家电组从某五金厂购入小五金一批,进价为3 000元,应支付的进项税额为510元,该批商品的含税售价为3 600元,商品由家电组验收入库,款项以银行存款支付。做会计处理如下:

借:商品采购——小五金　　　　　　　　　　　3 000
　　应交税费——应交增值税(进项税额)　　　　510
　　贷:银行存款　　　　　　　　　　　　　　　3 510
同时:
借:库存商品——家电组　　　　　　　　　　　3 600
　　贷:商品进销差价——家电组　　　　　　　　600
　　　　商品采购——小五金　　　　　　　　　3 000

【例2-15】天宝百货公司服装组向北京某服装厂购入男式大衣50件,进价为18 750元,应支付的进项税额为3 187.50元,供方代垫的运杂费为300元(运费7%允许扣除),接到银行转来的有关凭证,审核无误支付款项。三天后商品到达,经服装组验收入库,该批商品的含税售价为27 000元。做会计处理如下:

收到结算凭证时:
借:商品采购——男式大衣　　　　　　　　　　19 029
　　应交税费——应交增值税(进项税额)　　　　3 208.50
　　贷:银行存款　　　　　　　　　　　　　　　22 237.50

商品验收入库时：
　　借：库存商品——服装组　　　　　　　　　　　27 000
　　　　贷：商品进销差价——服装组　　　　　　　　　7 971
　　　　　　商品采购——男式大衣　　　　　　　　　19 029

【例2-16】如【例2-15】，假设商品先到，到月终尚未接到银行转来的凭证，未支付货款。月末按上期进货价格暂估入账，上期进货价格为19 500元。做会计处理如下：
　　月末暂估入账：
　　借：库存商品——服装组　　　　　　　　　　　27 000
　　　　贷：商品进销差价——服装组　　　　　　　　　7 500
　　　　　　应付账款——北京某服装厂　　　　　　　19 500
　　下月初冲销时：
　　借：库存商品——服装组　　　　　　　　27 000（红字）
　　　　贷：商品进销差价——服装组　　　　　　7 500（红字）
　　　　　　应付账款——北京某服装厂　　　19 500（红字）

下月接到银行转来的有关凭证，审核无误支付款项的账务处理与上例相同，不再赘述。

零售企业商品购进发生溢余和短缺、进货退出、购进商品发生退补价的核算的会计处理原则，与批发企业一致，需要注意的是，采用售价金额核算法的零售企业，商品购进发生溢余和短缺，按溢缺商品的进价金额记载"待处理财产损溢"账户；进货退出，冲减"库存商品"账户的同时，冲减"商品进销差价"账户；购进商品发生退补价时，如果只更正购进价格，没有影响到商品的零售价格，只需调整"商品进销差价"账户；如果既更正购进价格又更正零售价格，调整"库存商品"账户的同时，调整"商品进销差价"账户。

【例2-17】天宝百货公司食品组从威海某食品厂购入烤鱼片100千克，每千克进价45元，应支付的增值税额为765元，接到银行转来的凭证，审核无误，承付货款。商品运到，验收时发现短少10千克，原因待查。经查，短缺商品由运输单位造成。商品到达，经食品组验收入库，该批商品的含税售价为5 400元。做会计处理如下：
　　收到结算凭证时：
　　借：商品采购——鱼片　　　　　　　　　　　　　4 500
　　　　应交税费——应交增值税（进项税额）　　　　　765
　　　　贷：银行存款　　　　　　　　　　　　　　　5 265
　　验收商品时：
　　借：库存商品——食品组　　　　　　　　　　　　5 400

            待处理财产损溢——待处理流动资产损溢   526.50
        贷：商品进销差价——食品组   1 350
            商品采购——鱼片   4 500
            应交税费——应交增值税（进项税额转出）   76.50
查明短缺原因时：
    借：其他应收款——运输单位   526.50
        贷：待处理财产损溢——待处理流动资产损溢   526.50

【例 2-18】天宝百货公司于 2009 年 10 月初从市百货站购进一批服装 240 件，进价每件 81 元，零售价每件 120 元，货款已付，商品已验收入库。10 月中旬收到市百货站更正发票，该服装批发价应为 67.50 元，应退货款 3 240 元，增值税款 550.80 元。做会计处理如下：

调整商品进价和进项税额时：
    借：应付账款——市百货站   3 790.80
        贷：商品采购——服装   3 240
            应交税费——应交增值税（进项税额）   550.80

同时调整商品进销差价：
    借：商品采购——服装   3 240
        贷：商品进销差价   3 240

【例 2-19】接【例 2-18】，如该商品的零售价格因进价的变更应调整为 103.50 元。做会计处理如下：

调整商品进价和进项税额时：
    借：应付账款——市百货站   3 790.80
        贷：商品采购——服装   3 240
            应交税费——应交增值税（进项税额）   550.80

同时调整库存商品的售价和商品进销差价：
    借：商品采购——服装   3 240
        商品进销差价   720
        贷：库存商品   3 960

企业购进带包装的以重量计量的商品，在验收时，应按扣除包装物标准重量或估计重量后的净重入账。但在实际工作中，为了避免增加商品的损耗，不便腾空包装物单独称重，所以，往往是根据包装物的毛重减去包装物的标准重量或是估计的重量来计算商品的净重验收入库。实际重量大于或小于标准重量或估计重量，其差额部分为包装物超重或包装物减重，包装物超重或减重的实质是商品的溢余或短缺。出现此类问题一般有两种处理办法：一是商品的溢缺由供货方负责，溢余作增加进货，补付货款；短缺作进货退出，退回货款；处理方法的核算与购进商品的补货和进货退出的核算方法相同。二是商品的溢缺由购货方负担,溢缺计入采购成本,不影响进价成本,只更正商品的零售价格,调整"库存商品"账户和"商品进销差价"账户。

【例 2-20】天宝百货公司食品组购进香蕉 30 箱,购进价每千克 7.5 元,含税零售价每千克 9 元,验收时每个木箱按标准重量 3 千克计算,包装木箱重共 90 千克,商品售出木箱腾空后称重,实际重量为 100 千克,商品短缺 10 千克。做会计处理如下:

  借:商品进销差价——食品组   90
    贷:库存商品——食品组   90

图书发行企业实行售价金额核算,购进图书均按图书码洋核算和记账。图书码洋是指图书定价的总和。图书码洋是含税价格。购进图书时,在图书码洋基础上,按一定比例享受的进货折扣部分属于商品进销差价,记入"商品进销差价"账户,码洋与折扣之间的差额,即购进图书的进价。

【例 2-21】某新华书店从某出版社购进图书一批,码洋 3 000 元,出版社按码洋的 60% 收取货款,进价 1 800 元,支付的增值税额为 234 元,款项以银行存款支付,图书由书店自然科学柜组验收。做会计处理如下:

  借:商品采购——××图书   1 800
    应交税费——应交增值税(进项税额)   234
    贷:银行存款   2 034
  同时:
  借:库存商品——自然科学组   3 000
    贷:商品进销差价——自然科学组   1 200
      商品采购——××图书   1 800

二、商品储存的核算

零售企业商品储存是保证商品流转正常进行的必备条件,零售企业具有商品品种繁多、一次采购量大、销售频繁、交易零星的特点,商品储存的数量较大、占用的资金较多,因此需要加强对商品储存的核算。由于零售企业的这些特点决定了难以对库存商品进行数量核算,因而一般采用售价金额核算法。库存商品的总分类账和明细分类账均以售价金额记账,只记金额,不记数量。库存商品的明细账按商品的大类或者柜组设置,按大类或者柜组确定实物负责人,通过库存商品的售价金额来控制商品数量,反映和控制各实物负责人所经管商品的增减变化和结存情况。库存商品的售价金额与采购成本之间的差额,通过"商品进销差价"账户核算,以正确反映库存商品的实际成本。

（一）库存商品盘盈盘亏的核算

在储存过程中，库存商品发生的盘盈盘亏的会计处理方法，与批发企业基本相同，值得关注的是，因盘盈盘亏发生的溢余或损失，按进价计量，在调整"库存商品"账户的同时，调整"商品进销差价"账户。

【例2-22】天宝百货公司食品组商品账面余额为214 500元，实盘金额为213 000元，短缺商品原因待查，上月食品组差价率为40%。经查，上项短缺有450元属自然损耗，其余为职工失职造成，决定由其赔偿，这部分商品应负担的增值税（进项税额）为127.50元。做会计处理如下：

发生盘亏时：
借：待处理财产损溢——待处理流动资产损溢　　　900
　　商品进销差价——食品组　　　　　　　　　　600
　　贷：库存商品——食品组　　　　　　　　　　1 500

处理盘亏时：
借：管理费用——商品损耗　　　　　　　　　　　450
　　其他应收款——某人　　　　　　　　　　　　577.50
　　贷：待处理财产损溢——待处理流动资产损溢　900
　　　　应交税费——应交增值税（进项税额转出）127.50

（二）库存商品调价和减值的核算

零售企业根据市场供求关系变化、商品质量状况等，对库存商品的零售价进行调整，保证用售价金额控制实物负责人经营商品的正确性。调整某种商品含税售价时，需通过盘点查明应调价商品的数量，计算商品调价金额，并据此调整"库存商品"和"商品进销差价"账户。调高商品含税售价时，按商品零售价与原零售价的差额，借记"库存商品"账户，贷记"商品进销差价"账户；调低商品零售价时，做相反会计分录，借记"商品进销差价"账户，贷记"库存商品"账户；当商品的零售价低于采购成本时，"商品进销差价"账户的余额在借方，成为"库存商品"账户的附加账户，"库存商品"账户的余额与"商品进销差价"账户的余额之和为采购成本；当商品的可变现净值低于采购成本时，库存商品按可变现净值计量，应计提存货跌价准备，"库存商品"账户与"商品进销差价"账户余额之和扣除"存货跌价准备"账户的余额，为库存商品的可变现净值。

【例2-23】天宝百货公司百货组经营的钟表调价，每台原含税售价525元，新含税售价570元，经盘点后，共有50件；家电组经营的收录机调价，每台原含税售价780元，新含税售价750元，共20台。根据各组交来的"变价商品差额调整单"做会计处理如下：

  借：库存商品——百货组   2 250
    贷：商品进销差价——百货组   2 250
  借：商品进销差价——家电组   600
    贷：库存商品——家电组   600

【例2-24】天宝百货公司家电组实行按月计提存货跌价准备制度，4月30日对库存商品进行全面清查，发现电视机共8台陈旧过时，每件原不含税进价为2 700元，每件原含税售价3 510元，预计每件含税售价为2 457元，销售费用忽略不计。做会计处理如下：

调整售价时：

降低含税售价总额 =（3 510 - 2 457）× 8 = 1 053 × 8 = 8 424（元）

  借：商品进销差价——家电组   8 424
    贷：库存商品——家电组   8 424

计提减值准备时：

由于销售费用忽略不计，可变现净值 = 不含税销售额 =（2 457 × 8）/（1 + 17%）
               = 16 800（元）

成本 = 2 700 × 8 = 21 600（元）

可变现净值16 800元低于成本21 600元。

库存商品减值 = 21 600 - 16 800 = 4 800（元）

  借：资产减值损失   4 800
    贷：存货跌价准备   4 800

调价并计提减值后：

"库存商品"账户借方余额 = 3 510 × 8 - 8 424 = 19 656（元）

"商品进销差价"账户借方余额 = 8 424 -（3 510 - 2 700）× 8 = 8 424 - 6 480
               = 1 944（元）

"存货跌价准备"账户贷方余额 = 4 800（元）

库存商品账面价值为可变现净值 = 19 656 + 1 944 - 4 800 = 16 800（元）

5月15日该批电视机全部出售，每件含税售价为2 457元。做会计处理如下：

确认收入时：

销项税额 = 16 800 × 17% = 2 856（元）

  借：银行存款   19 656
    贷：主营业务收入——家电组   16 800
      应交税费——应交增值税（销项税额）   2 856

同时结转含税售价成本和存货跌价准备：

借：主营业务成本——家电组　　　　　　　　　19 656
　　贷：库存商品——家电组　　　　　　　　　　　　　19 656
借：存货跌价准备　　　　　　　　　　　　　　4 800
　　贷：主营业务成本——家电组　　　　　　　　　　　4 800
月末结转进销差价时：
借：主营业务成本　　　　　　　　　　　　　　1 944
　　贷：商品进销差价　　　　　　　　　　　　　　　　1 944

（三）库存商品内部调拨的核算

零售企业库存商品可能由于某种原因在企业内部调拨柜组之间调拨，由此发生各实物负责人的变换，因此应对调拨库存商品及其进销差价在明细账之间转账。

【例2-25】天宝百货公司服装组将衬衫一批调给特价组，该批商品含税售价为1 500元，进价为1 200元，双方已办妥调拨手续。做会计处理如下：

借：库存商品——特价组　　　　　　　　　　　1 500
　　贷：库存商品——服装组　　　　　　　　　　　　　1 500
同时：
借：商品进销差价——服装组　　　　　　　　　　300
　　贷：商品进销差价——特价组　　　　　　　　　　　　300

三、商品销售的核算

（一）商品一般销售的核算

实行售价金额核算的企业，一般在每日营业终了时各实物负责人要清点当日销货款并交财务部门，由财务部门送存银行，财务部门应根据商品销售日报表等有关凭证确认销售收入，按含税销售额借记"银行存款"账户，按不含税销售额贷记"主营业务收入"账户，按销项税额贷记"应交税费——应交增值税（销项税额）"账户；也可以简化核算，平时按含税销售额反映商品销售收入和银行存款的增加，月末对于销售收入进行价税分离，将含税的收入调整为不含税的销售收入和销项税额。在平时确认收入的同时，按含税的售价借记"主营业务成本"账户，贷记"库存商品"账户，以注销库存商品，反映实物负责人所经管商品的实存额和经济责任。月末将进销差价在已销商品和库存商品之间分摊，计算并结转已销商品的进销差价，借记"商品进销差价"，贷记"主营业务成本"账户，将含税的售价销售成本调整为销售商品的进价成本。

【例 2-26】 天宝百货公司某日服装组销售额情况如表 2-3 所示，销货款已送存银行。财务部门根据各组报来的"商品销售日报表"、银行"进账单"回单等凭证进行会计处理。

表 2-3　　　　　　　　　　　商品销售日报表　　　　　　　　　　单位：元

项目 柜别	销售金额	现金收入	信用卡签单	转账支票	现金溢缺
男装组	5 250	3 600	1 650		
女装组	9 000	8 835	165		
童装组	4 500	4 500			
内衣组	2 700	2 700			
合计	21 450	19 635	1 815		

信用卡银行扣 1% 的手续费。

根据以上资料，做会计处理如下：

收到各柜组交来的"内部缴款单"和"商品销售日报表"时：

借：库存现金　　　　　　　　　　　　　　　　　　19 635
　　银行存款　　　　　　　　　　　　　　　　　　 1 796.85
　　财务费用　　　　　　　　　　　　　　　　　　　　18.15
　　　贷：主营业务收入——男装组　　　　　　　　　5 250
　　　　　　　　　　　——女装组　　　　　　　　　9 000
　　　　　　　　　　　——童装组　　　　　　　　　4 500
　　　　　　　　　　　——内衣组　　　　　　　　　2 700

将现金集中存入银行时：

借：银行存款　　　　　　　　　　　　　　　　　　19 635
　　　贷：库存现金　　　　　　　　　　　　　　　　19 635

同时结转商品销售成本：

借：主营业务成本——男装组　　　　　　　　　　　 5 250
　　　　　　　　——女装组　　　　　　　　　　　 9 000
　　　　　　　　——童装组　　　　　　　　　　　 4 500
　　　　　　　　——内衣组　　　　　　　　　　　 2 700
　　　贷：库存商品——男装组　　　　　　　　　　 5 250
　　　　　　　　　——女装组　　　　　　　　　　 9 000
　　　　　　　　　——童装组　　　　　　　　　　 4 500
　　　　　　　　　——内衣组　　　　　　　　　　 2 700

【例 2-27】 天宝百货公司 2012 年 6 月份实现的含税销售额为 1 200 000 元，增值税率为 17%，月末计算不含税销售额和销项税额。做会计处理如下：

不含税销售额 = 1 200 000 ÷ (1 + 17%) = 1 025 641.03（元）

销项税额 = 1 025 641.03 × 17% = 174 358.98（元）

借：主营业务收入　　　　　　　　　　　　　　174 358.98
　　贷：应交税费——应交增值税（销项税额）　　174 358.98

在销售中可能发生实际收款与应收账款不符的现象，采用售价金额核算的企业，如果销售商品由营业员直接收款，不作销货记录，发生货款错收错付，平时不易发现，只有到月末盘点商品时才能发现，这是造成月末库存商品盘点溢缺的一个原因，对此应结合月末盘点一同处理。销售商品如设有专人收款或由营业员直接收款并做柜台记录，应于每日营业终了将收款凭证或柜台记录加总，与所收销货款相核对。如果实收销货款大于收款凭证或柜台记录，称为"长款"，反之则为"短款"。长短款在未查明原因之前，先记入"待处理财产损溢"账户，待查明原因或经批准核销后，分不同的情况转入"其他应收款"、"销售费用"、"营业外支出"等账户，长短款应该分别处理，两者不得相互抵消。

【例 2-28】 天宝百货公司食品组销货记录（含税）为 6 450 元，实收销货款 6 375 元，短款 75 元，原因待查。经批准，上项短款由责任人赔偿。做会计处理如下：

确认销售收入时：

借：银行存款　　　　　　　　　　　　　　　　6 375
　　待处理财产损溢——待处理流动资产损溢　　 75
　　贷：主营业务收入——食品组　　　　　　　6 450

同时结转商品销售成本：

借：主营业务成本——食品组　　　　　　　　　6 450
　　贷：库存商品——食品组　　　　　　　　　6 450

经批准处理短款时：

借：其他应收款——××　　　　　　　　　　　75
　　贷：待处理财产损溢——待处理流动资产损溢　75

（二）代销商品销售的核算

零售企业接受其他单位委托代销商品时，存在买断代销和收取手续费代销两种方式，采用售价金额核算的企业，与批发企业的会计处理相比，在买断代销方式下，其差异在于受托代销商品按零售价计量，零售价与进价的差价通过"商品进销差价"核算，期末计算并结转已销商品的进销差价时，包含自营商品和受托代销商品进销差价；在收取手续费代销方式下，其会计处理与批发企业相同，此处不再赘述。

【例2-29】天宝百货公司某月接受某服装厂委托代销商品一批，不含税接收价22 500元，含税售价为29 250元。服装组本月代销商品全部售出。做会计处理如下：

收到代销商品时：

借：受托代销商品——服装组　　　　　　　　　　　　29 250
　　贷：商品进销差价——服装组　　　　　　　　　　　　6 750
　　　　受托代销商品款——某服装厂　　　　　　　　　22 500

确认代销商品销售收入时：

借：银行存款　　　　　　　　　　　　　　　　　　　29 250
　　贷：主营业务收入——服装组　　　　　　　　　　　29 250

同时结转代销商品成本：

借：主营业务成本——服装组　　　　　　　　　　　　29 250
　　贷：受托代销商品——服装组　　　　　　　　　　　29 250

向委托单位开出代销清单时：

借：受托代销商品款——某服装厂　　　　　　　　　　22 500
　　应交税费——应交增值税（进项税额）　　　　　　　3 825
　　贷：应付账款——某服装厂　　　　　　　　　　　　26 325

与对方单位结算款项时：

借：应付账款——某服装厂　　　　　　　　　　　　　26 325
　　贷：银行存款　　　　　　　　　　　　　　　　　　26 325

月末计算结转代销商品的销项税额时：

销项税额 = 29 250 ÷ (1 + 17%) × 17% = 4 250（元）

借：主营业务收入　　　　　　　　　　　　　　　　　4 250
　　贷：应交税费——应交增值税（销项税额）　　　　　4 250

月末，计算分摊商品进销差价的账务处理此处略。

（三）图书发行企业商品销售的核算

图书发行企业出售图书时，按销售图书的码洋（售价），借记"银行存款"账户，贷记"主营业务收入"账户，同时，按码洋结转商品销售成本，借记"主营业务成本"账户，贷记"库存商品"账户。码洋中包含的增值税销项税额，可定期或月末计算。计算已销商品应分摊的进销差价并调整进价成本的账务处理一般在月末进行。其账务处理方法与一般商品销售的账务处理基本相同。企业也可以在平时商品销售时不结转商品销售成本，月末采用"固定折扣率法"或"账面折扣率法"计算结转商品销售成本，并注销"库存商品"和结转已销商品的进销差价。固定折扣率法是按销售图书的码洋和规定的折扣率计算商品销售成本的方法。账面折扣率法是按照"商品进销差价"账户与"库存商品"账户余额之比确定折扣率的方法,其计算公式为:

$$\text{本期商品销售成本} = \text{本期销售总价} \times \left(1 - \frac{\text{商品进销差价期末余额}}{\text{库存商品账户余额}}\right)$$

【例2-30】新华书店教育柜组本月销售图书码洋(售价)203 400元,月末按固定折扣率40%计算商品销售成本。做会计处理如下:
(1) 销售商品时:
借:银行存款　　　　　　　　　　　　　　　　203 400
　　贷:主营业务收入——教育组　　　　　　　　203 400
(2) 月末计算增值税销项税额时:
不含税销售额 = 203 400/(1 + 13%) = 180 000(元)
销项税额 = 180 000 × 13% = 23 400(元)
借:主营业务收入——教育组　　　　　　　　　23 400
　　贷:应交税费——应交增值税(销项税额)　　　23 400
(3) 结转商品销售成本和分摊已销商品进销差价时,做账务处理如下:
商品销售成本 = 203 400 × (1 - 40%) = 122 040(元)
已销商品进销差价 = 203 400 - 122 040 = 81 360(元)
借:主营业务成本——教育组　　　　　　　　　122 040
　　商品进销差价——教育组　　　　　　　　　 81 360
　　贷:库存商品——教育组　　　　　　　　　　203 400

四、商品销售成本的计算与结转

实行售价金额核算的企业,由于平时按含税售价注销库存商品,结转商品销售成本,因此月末为了核算本月商品销售业务成果,需计算销售商品应分摊的进销差价(包括不含税的售价与进价之间的差额和应向购买者收取的增值税额),调整"商品销售成本"和"商品进销差价"账户余额,以正确计算库存商品价值和商品销售成果。为正确计算销售商品应分摊的进销差价数额,企业必须根据经营管理的实际情况和核算的具体要求,选择适当的计算方法。计算销售商品应分摊的进销差价的方法有"综合差价率计算法"、"分类(或柜组)差价率计算法"和"盘点商品实际进销差价计算法"。

(一) 综合差价率计算法

综合差价率计算法是根据月末企业全部商品存销比例平均分摊商品进销差价

的方法。其计算程序为:

1. 计算本月存销商品的综合差价率

$$\text{综合差价率} = \frac{\text{月末分摊前"商品进销差价"账户余额}}{\text{月末"库存商品"账户余额} + \text{月末"受托代销商品"账户余额} + \text{本月"主营业务收入"账户贷方发生额}} \times 100\%$$

2. 计算本月销售商品应分摊的进销差价

$$\text{本月销售商品应分摊的进销差价} = \text{本月"主营业务收入"账户贷方发生额} \times \text{综合差价率}$$

$$\text{月末库存商品应保留的进销差价} = \text{月末分摊前"商品进销差价"账户余额} - \text{本月销售商品应分摊的进销差价}$$

【例 2-31】天宝百货公司某月末有关账户的资料如表 2-4 所示。

表 2-4　　　　　　　　　　　　　　　　　　　　　　　　　　　单位:元

营业柜台	月末分摊前"商品进销差价"账户余额	月末"库存商品"账户余额	本月"主营业务收入"贷方发生额
百货组	129 360	252 000	468 000
食品组	210 240	576 000	648 000
服装组	209 700	629 100	768 900
合计	549 300	1 457 100	1 884 900

根据以上资料用综合差价率法计算已销商品应分摊的进销差价:

$$\text{综合差价率} = \frac{549\ 300}{1\ 884\ 900 + 1\ 457\ 100} \times 100\% = 16.44\%$$

本月销售商品应分摊的进销差价 $= 1\ 884\ 900 \times 16.44\% = 309\ 877.56$(元)

根据以上计算结果,做会计处理如下:

借:商品进销差价　　　　　　　　　　　　　　　309 877.56
　　贷:主营业务成本　　　　　　　　　　　　　　　309 877.56

经过以上结转,将"主营业务成本"账户中平时结转的含税售价成本调整成为不含税的实际成本;"商品进销差价"账户余额亦调整成为库存商品(包括受托代销商品)应保留的进销差价。

(二) 分类(或柜组)差价率计算法

分类(或柜组)差价率计算法,是按商品大类或柜组分别计算综合差价率,据以计算各大类或柜组销售商品应分摊的进销差价,并汇总计算全部销售商品应分摊的进销差价的方法。采用这种方法,"商品进销差价"、"库存商品"、"主营业务收入"和"主营业务成本"等账户均应按商品大类或柜组分户设置明细账。

【例2-32】续用上例的资料,用分类(或柜组)差价率计算法计算已销售商品进销差价,如表2-5所示。

表2-5   单位:元

组别	"商品进销差价"账户余额	"库存商品"账户余额	"主营业务收入"账户贷方发生额	进销差价率	已销商品差价
百货组	129 360	252 000	468 000	17.97%	84 099.60
食品组	210 240	576 000	648 000	17.18%	111 326.40
服装组	209 700	629 100	768 900	15%	115 335
合　计	549 300	1 457 100	1 884 900		310 761

根据以上计算结果,做会计处理如下:

借:商品进销差价——百货组　　　　　　　　　　84 099.60
　　　　　　　　——食品组　　　　　　　　　　111 326.40
　　　　　　　　——服装组　　　　　　　　　　115 335
　　贷:主营业务成本——百货组　　　　　　　　84 099.60
　　　　　　　　　　——食品组　　　　　　　　111 326.40
　　　　　　　　　　——服装组　　　　　　　　115 335

(三) 盘点商品实际进销差价计算法

盘点商品实际进销差价计算法,是根据库存商品实际盘点的结果,先求出库存商品实际应保留的进销差价,然后倒挤求出销售商品应分摊的进销差价的方法。其具体做法为:在盘点商品时,列出"商品盘点表",以每种商品的盘存数量,分别乘以该种商品的实际进货单价(或最后一次进货单价)和含税销售单价,求出每种库存商品的实际进价总金额和含税售价总金额;经过加总后,计算出全部库存商品实际进价总金额和含税售价总金额;再用全部库存商品实际含税售价总金额减去进价总金额,计算出全部库存商品期末应保留的进销差价;然后,用分摊前"商品进销差价"账户余额减去全部库存商品期末应保留的进销差价,求出销售商品应分摊的进销差价。其计算公式为:

$$\text{期末库存商品应保留的进销差价} = \text{全部库存商品实际含税售价总金额} - \text{全部库存商品实际进价总金额}$$

$$销售商品应分摊的进销差价 = 分摊前"商品进销差价"账户余额 - 期末库存商品应保留的进销差价$$

【例2-33】天宝百货公司家电组20×2年12月31日分摊前"商品进销差价"账户余额为209 700元,年终盘点结果及进销价格如表2-6所示。

表2-6　　　　　　　　　　商品盘存及进销价格计算表
组别:家电组　　　　　　　　　20×2年12月31日　　　　　　　　　　单位:元

商品品种	单位	盘存数量	含税售价		进价		商品进销差价	
			单价	金额	最后进货单价	金额	单价	金额
A	台	1 000	134.10	134 100	120	120 000	14.10	14 100
B	只	2 000	90.00	180 000	79.50	159 000	10.50	21 000
C	台	3 000	105.00	31 500	90	270 000	15.00	45 000
合计				629 100		549 000		80 100

根据表2-6的资料计算期末库存商品应保留的进销差价和销售商品应分摊的进销差价如下:

期末库存商品应保留的进销差价 = 629 100 - 270 000 = 80 100（元）

销售商品应分摊的进销差价 = 209 700 - 80 100 = 129 600（元）

根据计算结果,做会计处理如下:

借:商品进销差价——家电组　　　　　　　　　　　　　129 600
　　贷:主营业务成本——家电组　　　　　　　　　　　　　129 600

五、鲜活商品的核算

鲜活商品具有季节性强、商品损耗大、质量变化快、调价次数多等特点,如果零售企业或柜组采用售价金额核算,每次调整售价时,就需进行商品盘点,填制有关单证,进行相应的账务处理。这不仅增加营业人员的工作量,而且会延误时间,进一步影响商品质量,加大商品损耗。因此,为了适应鲜活商品的经营特点,对鲜活商品一般采用进价金额核算法。

在进价金额核算法下,库存商品的明细分类账户只反映商品的购进成本金额,不反映实物数量;商品销售后,平时只确认收入,不结转销售成本;月末根据实地盘点的情况确认期末商品的结存金额,从而倒挤出已销商品的销售成本,通过对库存商品的实地盘点计算出期末结存金额,倒挤销售成本。计算公式如下:

本期销售商品成本 = 期初库存商品进价总额 + 本期进货总金额 - 期末库存商品进价总额

(一) 商品购进的核算

鲜活商品购进后,要认真验收,填制"商品验收单",财会部门接到转来的"商品验收单"和增值税专用发票后,审核无误支付款项,确认商品采购并入库。

【例2-34】天华商贸公司水果组购进水果6 000元,应支付的增值税额为1 020元,商品验收入库,款项以银行存款支付。财会部门根据转来的专用发票、"商品验收单"、"支票存根"等有关凭证做会计处理如下:

借:商品采购——水果组　　　　　　　　　　　　6 000
　　应交税费——应交增值税(进项税额)　　　　 1 020
　　贷:银行存款　　　　　　　　　　　　　　　 7 020
同时:
借:库存商品——水果组　　　　　　　　　　　　6 000
　　贷:商品采购——水果组　　　　　　　　　　 6 000

(二) 商品销售的核算

每日营业终了,企业须将销货款送存银行,财会部门根据柜组转来的"商品进销存日报表"和银行"进账单"回单确认商品销售收入,并增加银行存款。零售企业的商品销售额为含税销售额,财会部门确认收入时,按规定的方法计算不含税销售额和销项税额,分别记入"主营业务收入"账户和"应交税费——应交增值税(销项税额)"账户。为简化核算,也可以月末集中进行价税分离。

【例2-35】天华商贸公司水果组将当日销货款3 000元送存银行,将银行"进账单"回单、"商品进销存日报表"送财会部门。财会部门计算不含税销售额和销项税额如下:

不含税销售额 $= \dfrac{3\,000}{1+17\%} = 2\,564.10$ (元)

销项税额 $= 2\,564.10 \times 17\% = 435.90$ (元)

根据以上计算结果做会计处理如下:

借:银行存款　　　　　　　　　　　　　　　　　3 000
　　贷:主营业务收入　　　　　　　　　　　　　 2 564.10
　　　　应交税费——应交增值税(销项税额)　　　 435.90

为简化核算,企业平时亦可按含税的销售额,借记"银行存款"账户,贷记"主营业务收入"账户;定期或月末计算出销项税额,将商品销售额调整成为不含税的商品销售收入,借记"主营业务收入"账户,贷记"应交税费——应交增值税(销项税额)"账户。

(三) 商品销售成本的计算和结转

【例 2 - 36】天华商贸公司水果组月初库存商品余额为 4 500 元，本月购进商品金额为 36 000 元，月末库存商品结存金额为 9 000 元，计算本月商品销售成本如下：

商品销售成本 = 4 500 + 36 000 - 9 000 = 31 500（元）

根据以上计算结果做会计处理如下：

借：主营业务成本　　　　　　　　　　　　　　　　31 500
　　贷：库存商品——水果组　　　　　　　　　　　　31 500

应用与扩展

一、批发业上市公司报表解读

上海物贸（A 股 600822，B 股 900927）

（一）存货

1. 会计政策特点

（1）存货的分类。

存货分类为：在途物资、原材料、周转材料、低值易耗品、包装物、在产品、产成品、库存商品、委托加工物资等。

（2）发出存货的计价方法。

存货发出时按加权平均法或个别认定法计价。

（3）存货可变现净值的确定依据及存货跌价准备的计提方法。

期末对存货进行全面清查后，按存货的成本与可变现净值孰低提取或调整存货跌价准备。

产成品、库存商品和用于出售的材料等直接用于出售的商品存货，在正常生产经营过程中，以该存货的估计售价减去估计的销售费用和相关税费后的金额，确定其可变现净值；需要经过加工的材料存货，在正常生产经营过程中，以所生产的产成品的估计售价减去至完工时估计将要发生的成本、估计的销售费用和相关税费后的金额，确定其可变现净值；为执行销售合同或者劳务合同而持有的存货，其可变现净值以合同价格为基础计算，若持有存货的数量多于销售合同订购数量的，超出部分的存货的可变现净值以一般销售价格为基础计算。

期末按照单个存货项目计提存货跌价准备；但对于数量繁多、单价较低的存货，按照存货类别计提存货跌价准备；与在同一地区生产和销售的产品系列相关、具有相同或类似最终用途或目的，且难以与其他项目分开计量的存货，则合并计提存货跌价准备。

以前减记存货价值的影响因素已经消失的，减记的金额予以恢复，并在原已计提的存货跌价准备金额内转回，转回的金额计入当期损益。

（4）存货的盘存制度。

采用永续盘存制。

（5）低值易耗品和包装物的摊销方法。

① 低值易耗品采用一次转销法；

② 包装物采用一次转销法。

2. 2010年报表附注

（1）存货分类。

项目	期末账面余额	期末跌价准备余额	期末账面价值	年初账面余额	年初跌价准备余额	年初账面价值
原材料	22 259 455.76		22 259 455.76	101 861 682.09	9 494 960.58	92 366 721.51
在途物资	305 465.49		305 465.49	1 129 782.46		1 129 782.46
周转材料	2 978 026.82		2 978 026.82	2 822 127.16		2 822 127.16
委托加工物资				120 507.12		120 507.12
在产品	36 645 239.62		36 645 239.62	37 600 073.20		37 600 073.20
库存商品	2 847 279 662.47	16 274 208.24	2 831 005 454.23	1 660 997 174.13	9 702 626.97	1 651 294 547.16
低值易耗品	156 839.56		156 839.56			
合计	2 909 624 689.72	16 274 208.24	2 893 350 481.48	1 804 531 346.16	19 197 587.55	1 785 333 758.61

期末余额中有账面价值566 400 000.00元的存货用于质押担保。

（2）存货跌价准备。

存货种类	年初账面余额	本期计提额	本期减少额		期末账面余额
			转销	其他	
原材料	9 494 960.58	6 940 640.03		16 435 600.61	
库存商品	9 702 626.97	10 220 433.57	1 333 252.63	2 315 599.67	16 274 208.24
合计	19 197 587.55	17 161 073.60	1 333 252.63	18 751 200.28	16 274 208.24

（二）收入

1. 会计政策特点

（1）销售商品收入确认时间的具体判断标准。

公司已将商品所有权上的主要风险和报酬转移给购买方；公司既没有保留与所有权相联系的继续管理权，也没有对已售出的商品实施有效控制；收入的金额能够可靠地计量；相关的经济利益很可能流入企业；相关的已发生或将发生的成本能够可靠地计量时，确认商品销售收入实现。

2. 2010年报表附注

（1）主营业务（分行业）。

行业名称	本期发生额		上期发生额	
	营业收入	营业成本	营业收入	营业成本
(1) 工业	196 702 748.29	203 651 495.13	245 878 856.58	237 694 189.27
(2) 商业	57 668 057 839.78	57 118 652 206.24	45 463 801 641.46	45 100 343 999.55
(3) 租赁服务	44 523 642.47	3 944 788.10	56 170 337.39	8 802 002.32
合计	57 909 284 230.54	57 326 248 489.47	45 765 850 835.43	45 346 840 191.14

(2) 主营业务（分产品）。

产品名称	本期发生额		上期发生额	
	营业收入	营业成本	营业收入	营业成本
金属	45 449 051 643.77	45 261 841 418.91	36 162 658 835.89	36 063 978 916.40
油品	9 760 278 545.89	9 560 664 703.19	6 750 625 218.51	6 605 730 757.37
汽车	1 284 494 846.25	1 165 283 537.30	1 010 548 854.22	931 544 073.64
化学品	825 500 795.44	797 041 417.23	747 776 820.74	720 520 619.53
木制品	196 702 748.29	203 651 495.13	242 843 988.38	234 659 321.07
进出口	348 732 008.43	333 821 129.61	796 299 650.30	781 604 500.81
租赁及服务	44 523 642.47	3 944 788.10	55 097 467.39	8 802 002.32
合计	57 909 284 230.54	57 326 248 489.47	45 765 850 835.43	45 346 840 191.14

(3) 主营业务（分地区）。

地区名称	本期发生额		上期发生额	
	营业收入	营业成本	营业收入	营业成本
境内销售	57 074 943 207.45	56 508 688 851.83	44 553 718 442.19	44 156 789 562.96
境外销售	834 341 023.09	817 559 637.64	1 212 132 393.24	1 190 050 628.18
合计	57 909 284 230.54	57 326 248 489.47	45 765 850 835.43	45 346 840 191.14

二、零售业上市公司报表解读

豫园商城（A 股 600655）

(一) 存货

1. 会计政策特点

(1) 存货的分类：原材料、在产品、库存商品、低值易耗品、周转材料、开发产品、开发成本、发出商品、委托加工物资等。

(2) 发出存货的计价方法。

① 库存商品中食品类和工艺品零售商品采用售价金额核算制，同时核算商品进销差价，每月末根据商品存销比例，分摊进销差价；其他商品以实际成本核算，发出商品时除珠宝黄金等镶嵌类饰品采用个别计价法，金银饰品采用移动加权平均法外，其他商品发出时均采用先进先出法计价。

② 原材料、产成品按实际成本核算，领用时采用先进先出法。

③ 周转材料按实际成本核算，领用时采用个别计价法。

④ 发出商品核算企业未满足收入确认条件但已发出商品的实际成本。

⑤ 开发用土地核算，纯土地开发项目按其费用支出单独构成土地开发成本，连同房产整体开发的项目按实际占用面积分摊计入房产成本。

⑥ 公共配套设施费用核算，不能有偿转让的公共配套设施按受益比例定标准分配计入房产成本；能有偿转让的公共配套设施按各配套设施项目独立作为成本核算对象，归集所发生的成本。

⑦ 维修基金核算方法，根据公司预计支付的维修基金预提计入开发成本。

⑧ 质量保证金核算方法，按土建、安装等工程合同中所规定的质量保证金的留成比例从应支付的土建安装工程款中预留扣下。在保修期内由于质量而发生的维修费用，在此扣除列支，保修期结束后清算。

⑨ 为房地产开发项目借入资金所发生的利息及有关费用的会计处理方法详见"财务报表附注：二\18 借款费用"。

(3) 存货可变现净值的确定依据及存货跌价准备的计提方法。

于资产负债表日，存货按照成本与可变现净值孰低计量，存货成本高于其可变现净值的，应当计提存货跌价准备，计入当期损益。可变现净值，是指在日常活动中，存货的估计售价减去至完工时估计将要发生的成本、估计的销售费用以及相关税费后的金额。

各类存货可变现净值的确定依据如下：

① 库存商品、开发产品和用于出售的材料等直接用于出售的商品存货，在正常生产经营过程中，以该存货的估计售价减去估计的销售费用和相关税费后的金额，确定其可变现净值。

② 需要经过加工的材料存货，在正常生产经营过程中，以所生产的产成品的估计售价减去至完工时估计将要发生的成本、估计的销售费用和相关税费后的金额，确定其可变现净值。

③ 资产负债表日，同一项存货中一部分有合同价格约定、其他部分不存在合同价格的，应当分别确定其可变现净值，并与其相对应的成本进行比较，分别确定存货跌价准备的计提或转回的金额。

存货跌价准备按单个存货项目计提，与在同一地区生产和销售的产品系列相关、具有相同或类似最终用途或目的，且难以与其他项目分开计量的存货，合并计提存货跌价准备。

(4) 存货的盘存制度。

存货的盘存制度采用永续盘存制。

(5) 低值易耗品的摊销方法。

对低值易耗品采用五五摊销法进行摊销。

2. 2010 年报表附注

(1) 存货分类。

项目	期末数			年初数		
	余额	跌价准备	净额	余额	跌价准备	净额
原材料	76 572 289.03	—	76 572 289.03	101 738 266.83		101 738 266.83
在产品	12 725 483.39	—	12 725 483.39	14 019 206.96		14 019 206.96
周转材料	2 856 857.46	—	2 856 857.46	2 254 631.25		2 254 631.25
低值易耗品	8 548 887.94	—	8 548 887.94	8 408 356.78		8 408 356.78
库存商品	3 552 174 991.24	16 543 211.36	3 535 631 779.88	1 573 488 659.90	17 993 858.11	1 555 494 801.79
发出商品	536 362 519.18	—	536 362 519.18	378 390 444.75		378 390 444.75
委托加工物资	144 519 444.55	—	144 519 444.55	96 891 606.18		96 891 606.18
委托代销商品	—	—	—	44 202.68		44 202.68
开发产品	66 690 522.90	—	66 690 522.90	10 820 917.65		10 820 917.65
开发成本	709 990 886.73	—	709 990 886.73	254 181 149.71		254 181 149.71
合计	5 110 441 882.42	16 543 211.36	5 093 898 671.06	2 440 237 442.69	17 993 858.11	2 422 243 584.58

(2) 存货跌价准备。

存货种类	年初余额	本期计提额	本期减少		期末余额
			转回	转销	
库存商品	17 993 858.11	—	—	1 450 646.75	16 543 211.36

(二) 收入

1. 会计政策特色

(1) 营业收入包括销售商品收入、提供劳务收入以及让渡资产使用权收入。

(2) 销售商品收入的确认。

销售商品收入同时满足下列条件的，予以确认：

① 企业已将商品所有权上的主要风险和报酬转移给购货方；

② 企业既没有保留通常与所有权相联系的继续管理权，也没有对已售出的商品实施有效控制；

③ 收入的金额能够可靠地计量;
④ 相关的经济利益很可能流入企业;
⑤ 相关的已发生或将发生的成本能够可靠地计量。

2. 2010 年报表附注

(1) 主营业务按行业类别列示。

行业名称	本期发生额		上期发生额	
	主营业务收入	主营业务成本	主营业务收入	主营业务成本
黄金及饰品	14 003 832 209.11	13 027 317 880.35	9 197 712 860.34	8 464 605 530.02
其中:上海黄金交易所	1 401 746 208.00	1 402 207 121.32	1 221 335 713.00	1 221 057 366.28
进出口	888 088 770.21	879 006 713.35	804 289 815.88	796 936 380.58
餐饮	492 583 551.70	163 876 581.25	755 269 990.01	289 135 397.33
医药	489 638 587.04	405 630 387.59	470 869 563.32	388 275 737.48
百货及服务	132 733 058.18	86 100 480.25	144 559 289.41	94 831 694.86
食品	102 201 559.02	61 187 946.89	120 954 405.33	70 246 332.04
工艺品	64 312 030.63	39 019 763.45	66 376 786.01	39 641 943.34
房地产	116 382 406.00	61 079 756.72	232 819 135.00	160 530 293.08
合计	16 289 772 171.89	14 723 219 509.85	11 792 851 845.30	10 304 203 308.73

(2) 主营业务按业务地区列示。

地区名称	本期发生额		上期发生额	
	主营业务收入	主营业务成本	主营业务收入	主营业务成本
上海	27 160 423 374.73	25 581 240 331.89	17 623 201 871.36	16 148 310 748.06
四川	114 202 663.70	102 775 617.24	20 747 247.59	19 438 195.21
其他	16 114 628.56	13 309 011.62	54 712 615.93	49 789 069.92
减:合并抵消	11 000 968 495.10	10 974 105 450.90	5 905 809 889.58	5 913 334 704.46
合计	16 289 772 171.89	14 723 219 509.85	11 792 851 845.30	10 304 203 308.73

本章小结

　　商品流通企业是通过组织商品的购进、储存、销售将商品从生产领域转移到消费领域的企业。商品流通包括批发和零售两个环节。

批发企业从生产企业或其他批发商业企业大宗购进商品，批量销售给零售企业或其他批发企业，是商品流转的中间环节。批发企业采用数量进价金额核算法。库存商品明细账既反映数量又反映金额。购进商品时，以供货单位开具的发票等结算凭证确认商品采购成本，根据储备部门转来的入库单作为确认商品入库的依据。批发企业销售商品销售收入的确认应符合会计准则的要求，销售成本的结转，可选择先进先出法、移动加权平均法、月末一次加权平均法或个别计价法，对于库存商品品种规格较多的批发企业，可采用毛利法计算销售成本。采用直运商品销售，商品不通过仓库的储存环节，不通过"库存商品"账户，直接在"商品采购"账户核算商品购进和结转销售成本。

零售企业从批发企业或生产企业购进商品，销售给个人或企事业单位，交易次数频繁、数量零星，是商品流转的最终环节。零售企业通常采用售价金额核算法。库存商品总账和明细账不反映数量，只反映售价金额，采用实物负责制，用金额控制数量。库存商品采购成本与售价之间的差额通过"商品进销差价"账户核算。平时销货时，在确认销售收入的同时，结转销售的售价成本。月末分摊销售商品和结存商品应负担的"商品进销差价"，结转销售商品的"商品进销差价"，将销售商品的售价成本调整为采购成本。零售企业中鲜活商品具有季节性强、商品损耗大、质量变化快、调价次数多等特点，一般采用进价金额核算法，库存商品的总账和明细分类账户只反映商品的购进成本金额，不反映实物数量；商品销售后，平时只确认收入，不结转销售成本；月末根据实地盘点的情况，确认期末商品的结存金额，倒挤出已销商品的销售成本。零售企业商品采购与销售收入的确认原则与批发企业一样。

重要概念

批发企业　零售企业　数量进价金额核算法　售价金额核算法　毛利率法　直运商品销售

思考练习题

一、思考题

1. 商品流通企业会计核算的特点是什么？
2. 商品流通核算有哪些方法？分别说明这些核算方法的特点和适用范围是什么。
3. 批发企业直运商品销售的特点是什么？如何进行核算？
4. "商品进销差价"账户反映什么经济内容？

5. 零售企业为什么要调整商品销售成本？如何调整？

6. 什么是存货与可变现净值孰低？当存货可变现净值低于成本时应怎样核算？

二、练习题

（一）单项选择题

1. 批发企业商品流转的核算适用于哪种核算方法：（   ）。
   A. 进价金额核算　　　　　　　　B. 数量进价金额核算
   C. 售价金额核算　　　　　　　　D. 数量售价金额核算
2. 批发企业在购进商品发生退货时，会计处理不会涉及哪个账户：（   ）。
   A. 商品采购　　　　　　　　　　B. 应交税费
   C. 库存商品　　　　　　　　　　D. 商品进销差价
3. 批发企业"存货跌价准备"期末贷方余额反映（   ）。
   A. 冲减的存货跌价准备　　　　　B. 转销的存货跌价准备
   C. 已提取的跌价准备　　　　　　D. 转回的跌价准备
4. "商品进销差价"账户是哪个账户的备抵调整账户：（   ）。
   A. 在途物资　　　　　　　　　　B. 商品采购
   C. 库存商品　　　　　　　　　　D. 应收账款
5. 进价金额核算方法适用于下面哪种企业：（   ）。
   A. 工业品批发公司　　　　　　　B. 农副产品收购企业
   C. 专业性零售企业　　　　　　　D. 经营鲜活商品的零售企业

（二）多项选择题

1. 购进商品发生补价，同时更正零售价格，核算时采用的有银行存款、商品采购、（   ）等账户。
   A. 应交税费　　　　　　　　　　B. 应收账款
   C. 库存商品　　　　　　　　　　D. 商品进销差价
2. 零售企业对某些正常商品调高售价金额时，借、贷方分别用哪个账户反映：（   ）。
   A. 库存商品　　　　　　　　　　B. 商品采购
   C. 商品进销差价　　　　　　　　D. 待处理财产损溢
3. 以视同买断方式代销商品时，在月末，已销代销商品应与自营商品一并分摊进销差价，涉及的账户有（   ）。
   A. 库存商品　　　　　　　　　　B. 主营业务收入
   C. 商品进销差价　　　　　　　　D. 主营业务成本
4. 在零售企业中，计算销售商品应分摊的进销差价的方法有（   ）。

A. 综合差价率计算法　　　　　　B. 分类差价率计算法
C. 盘点商品实际进销差价计算法　　D. 计划差价率法

5. 购进商品发生拒付货款和拒收商品一般会出现下列哪些情况：（　　）。
A. 拒收商品，后拒付货款　　　　B. 先拒付货款，后拒收商品
C. 先验收入库，后拒付货款　　　D. 先支付货款，后拒收商品

（三）判断题

1. 采用售价金额核算的零售商业企业，库存商品按售价在"库存商品"账户核算，按成本与可变现净值孰低法在报表中列示。（　　）

2. 零售商业企业接受委托代销商品时，"受托代销商品"和"受托代销商品款"不在报表中反映。（　　）

3. 经营鲜活商品的商业企业，采用进价金额核算，销售商品的损耗计入销售费用。（　　）

4. 采用毛利率法计算销售成本的商业批发企业，计算销售成本时，通常采用上季度毛利率和本月销售收入计算本季度各月销售成本。（　　）

5. 商业企业商品的采购成本是指商品的进价，不包括商品的进货费用。
（　　）

（四）业务核算题

1. 某公司向外地一单位购进甲商品一批，计 1 000 公斤，进价 40 元/公斤，货款共计 40 000 元，发票上注明价外增值税额为 6 800 元，供货单位代垫运输费 500 元，采用托收承付结算方式，单货同到。

2. 某批发企业从针织厂购进女式羊毛衫 2 000 件，进货单价为 100 元，进项税额为 34 000 元，直运到上海大世界商厦，售价为 125 元，销项税额为 42 500 元，代垫运费 500 元，合同规定企业和购货单位各负担 250 元。同时，收到采购员寄回的向购货单位托收款项的回单。

3. 某企业 5 月 10 日销售一批商品 200 件，增值税专用发票上注明的售价为 20 000 元，增值税额 3 400 元。企业为了及早收回货款而在合同中规定：2/10、1/20、n/30（假定计算折扣时不考虑增值税）。

4. 某零售企业向外地某批发企业购进粉丝 5 000 千克，进货单价 2.40 元，专用发票上列明货款 12 000 元，增值税额为 2 040 元，供货单位代垫运费 100 元，粉丝的销售单价为 3.15 元（含税），采用托收承付结算方式结算。上述粉丝运到，交柜台验收，发现溢余 210 千克，原因待查。经查，有 200 千克是供货单位多发，其余 10 千克是自然溢余，经协商同意作购进处理，供货方补来发货票，货款已付。

要求：根据上述经济业务编制会计分录。

（五）案例分析题

欣悦商城为一家商业企业（一般纳税人），20×1年发生下列经济业务：

（1）购入商品一批，以银行存款支付货款500 000元、增值税进项税额85 000元、运费6 000元，商品尚未运到。

（2）以银行存款偿还福乐公司购货款120 000元。

（3）收到购买的商品一批并已验收入库，该批商品的购进成本为285 000元，款已预付。

（4）购入商品一批，货款3 000 000元，增值税进项税额510 000元，运杂费3 000元，全部款项以银行汇票支付。收到开户银行转来的银行汇票余款7 000元。该批商品已验收入库。

（5）赊销商品900 000元，增值税销项税额153 000元，款尚未收到。

（6）收到短期股票投资派发的现金股利450元，已存入银行。

（7）购入冷冻设备一批，已交付使用。以银行存款支付价款120 000元、增值税款20 400元，共计140 400元。

（8）为建造库房购入工程物资一批，价税合计450 000元，已用银行存款支付。

（9）购入周转用包装物10 000元，增值税1 700元，款项以银行存款支付。

（10）计提建造库房工程应负担的长期借款利息450 000元（该工程尚未达到预定可使用状态）。

（11）营业场所维修，发生各项费用50 000元，以银行存款支付。

（12）报废两辆货车，其原始价值为600 000元，已提折旧540 000元。发生清理费用1 500元，残值收入2 400元，清理工作结束，款项均已通过银行收付。

（13）为建造地下车库，从银行借入三年期借款800 000元，并存入银行。

（14）销售商品价款3 350 000元，增值税569 500元，款项已存入银行。

（15）一张面值为600 000元的不带息银行承兑汇票到期，款项已存入银行。

（16）收到现金股利90 000元（该项投资采用成本法核算），已存入银行。

（17）出售店面房一间，其账面价值为1 200 000元，累计折旧额495 000元，收到价款900 000元存入银行，营业税率5%。

（18）归还短期借款本金750 000元和应付的利息37 500元。

（19）提取现金1 500 000元，实际发放工资1 420 000元，代扣个人所得税80 000元。

（20）结转分配应付职工薪酬1 500 000元，其中：销售人员职工薪酬1 100 000元（其中：工资800 000元，社会保险费192 000元，住房公积80 000元，工会经费16 000元，职工教育经费12 000元），行政管理人员职工薪酬

400 000元（其中：工资260 000元，社会保险费62 400元，住房公积31 200元，非货币性福利37 300元，工会经费5 200元，职工教育经费3 900元）。

（21）商品盘亏合计3 200元。

（22）经核查，盘亏商品属于丢失和无法查明责任，经批准转营业外支出。

（23）计提借款利息费用共计64 500元，其中：短期借款利息34 500元，长期借款利息30 000元。

（24）摊销已列入长期待摊费用的各门店和总店办公室房屋改造费300 000元，其中：列入管理费用30 000元、销售费用270 000元。

（25）计提固定资产折旧300 000元，其中计入销售费用240 000元、管理费用60 000元。

（26）收到天鹰饭店偿还的应收账款153 000元存入银行。

（27）以银行存款支付一项违约罚款30 000元。

（28）随同商品销售单独计价的包装物75 000元，增值税款为12 750元，款项收到存入银行。

（29）提取现金150 000元备用。

（30）以现金报销管理部门职工出差的差旅费50 000元，业务招待费以及办公费等管理费用100 000元。

（31）销售商品一批，价款750 000元、增值税127 500元。收到一张三个月期限的商业承兑汇票，面值877 500元。

（32）将上述商业承兑汇票到银行办理贴现，贴现利息20 000元。

（33）计算并结转本期应缴纳的城建税3 150元、教育费附加1 350元。

（34）以银行存款缴纳各项税金及附加，其中营业税45 000元、增值税78 490元、城建税3 150元、教育费附加1 350元。

（35）结转本期销售商品的成本1 840 000元，结转已出售包装物的成本45 000元。

根据上述资料编制欣悦商城20×1年的利润表。

练习题答案：

（一）单项选择题

1. B　　2. D　　3. C　　4. C　　5. D

（二）多项选择题

1. ACD　　2. AC　　3. CD　　4. ABC　　5. ABD

（三）判断题

1. √　　2. √　　3. ×　　4. ×　　5. ×

（四）业务核算题

1. 借：在途物资 40 465
        应交税费——应交增值税（进项税额） 6 835
      贷：银行存款 47 300
   借：库存商品——甲商品 40 465
      贷：在途物资 40 465

2. 借：应收账款——上海大世界商厦 292 750
      贷：主营业务收入 250 000
        应交税费——应交增值税（销项税额） 42 500
        应收账款——代垫运费 250
   同时，借：主营业务成本 200 000
       贷：在途物资 200 000

3. （1）销售实现时：
   借：应收账款 23 400
      贷：主营业务收入 20 000
        应交税费——应交增值税（销项税额） 3 400
   （2）若5月18日买方付清货款：
   借：银行存款 23 200
      财务费用 200
      贷：应收账款 23 400
   （3）若买方在5月底付款：
   借：银行存款 23 400
      贷：应收账款 23 400

4. （1）接托收凭证，承付货款：
   借：材料采购 12 093
      应交税费——应交增值税（进项税额） 2 047
      贷：银行存款 14 140
   （2）经验收，发现溢余210千克，原因待查：
   借：库存商品 16 411.5
      贷：材料采购 12 093
        待处理财产损溢 504
        商品进销差价 3 814.5
   （3）查明原因后，协商同意作购进处理：
   借：待处理财产损益 480
      应交税费——应交增值税（进项税额） 81.6

　　　　贷：银行存款　　　　　　　　　　　　　　　　561.6
　　借：待处理财产损溢　　　　　　　　　　　　　　　24
　　　　贷：管理费用　　　　　　　　　　　　　　　　24
（五）案例分析题
根据授课内容，由老师安排择选。

第三章 旅游、餐饮和酒店企业会计

本章学习要求：本章主要讲述旅游、餐饮、酒店企业典型经营活动的主营业务收入和主营业务成本的会计处理。学完本章后，要熟练掌握旅游、餐饮、酒店企业主营业务收入和主营业务成本核算的基本知识、基本方法、基本理论，根据旅游、餐饮、酒店企业经营特点和管理要求，综合运用有关会计核算方法进行旅游、餐饮、酒店活动的会计核算。

第一节 旅游、餐饮和酒店企业会计的特点

旅游、餐饮、酒店企业属于服务业，包括旅行社、餐馆、快餐店、小吃店、咖啡店、酒吧、茶馆、宾馆、饭店、旅店、度假村等各类服务企业，三种行业在业务上密切联系，在会计核算上又独具特点。

一、旅游、餐饮、酒店企业的主要业务

（一）旅游企业的主要业务

旅游企业凭借旅游资源，设计推销旅游产品，招揽游客参与旅行；在旅行中，依托各种服务设施，是为旅行者提供交通、住宿、餐饮、导游、购物、娱乐等综合服务的企业。旅行社是旅游企业的代表。

旅行社的业务分为两类：组团招揽和接待导游，由此派生出组团社和接团社。组团社负责制定旅游行程，招揽旅行者，组织旅游团队，为旅游者办理出入境手续、保险手续，选派翻译和导游随团服务。接团社负责按照旅游计划，在某一地为旅游者安排旅游，提供导游翻译、住宿、餐饮、交通、购物、娱乐等一系列服务。一个旅行社，在不同的业务中，可以既是组团社，又是接团社。

旅行社提供的旅游综合服务属于中介服务，需要依托其他行业，如交通、酒店、餐饮、旅游景点、商业、娱乐业，旅行社向接待单位批量购买服务，可获得很大的商业折扣；另外，在旅行过程中，组团社和接团社相互依存，互为条件，

在时间上环环相扣，所以，旅行社与相关行业的接待单位、组团社与接团社之间都要做大量的组织协调工作；还有，业务量受季节的影响，旅行社收入不均衡，如旅游线路大多受季节影响，节日、寒暑假客源量差别也很大，淡旺季分明，受接待资源的限制，旅行社购买交通、食宿、门票的成本有较大的差异，旅行线路的价格也会随之波动。

（二）餐饮企业的主要业务

餐饮企业，是为消费者提供餐饮加工、销售、服务的企业。餐馆、快餐店、小吃店、咖啡店、酒吧、茶馆均属于餐饮企业。

餐饮企业的产品具有加工时间短、花样繁多、手工制作、单件、小批生产的特点；向消费者销售产品时，需提供服务的场地；营业时间集中，消费者就餐时间集中在早、中、晚三个时间段；餐饮食材成本随时令变化波动；企业产品特色、店堂环境、服务水平、地理位置的选择都会影响餐饮企业的收入水平。

（三）酒店企业的主要业务

酒店企业，是为顾客提供住宿、餐饮、购物、洗衣、健身、会展、美发、美容、娱乐、汽车出租等多项服务的综合企业，其中以提供住宿为主，宾馆、饭店、旅店、度假村均属于酒店。

酒店通过出租房间向顾客提供住宿，客房的出租率，直接影响企业的经济效益，而且受旅游淡旺季的影响，淡旺季房价也有很大差别。

二、旅游、餐饮、酒店企业会计核算的特点

（一）旅游、餐饮、酒店企业会计核算的特点概述

1. 核算对象的多样性

旅行社、餐饮、酒店企业经营的业务往往具有多样性，如除了经营旅行中介业务外，大型旅行社通常经营着与旅游相关的车队、旅店、餐馆、纪念品商店等；大型餐饮企业，除了加工、销售餐饮品外，一般还会兼营卡拉OK、销售特色商品等业务；酒店提供住宿、餐饮、购物、洗衣、美发美容、娱乐健身等多项服务；由于旅行社、餐饮、酒店企业具有兼营的特色，其会计核算的对象具有多样性。

2. 成本核算的特殊性

餐饮企业餐饮品现做现卖，不便于区分生产费用和销售费用，因此餐饮品的成本仅限于耗用的原材料成本，且餐饮品的加工属于单件、小批制作，无法做到逐件逐批核算成本，只计算某一会计期间耗用原材料的总成本。酒店企业经营的

成本费用中建筑物和各项设施投资的折旧和摊销占很大的比重，日常消耗较小，且各类经营业务之间相互交叉，直接费用和间接费用不易区分，在经营的各项业务中，除商品部和餐厅计算营业成本外，其他业务均不核算营业成本，相关的耗费计入销售费用。

3. 收入非均衡性

旅游业受季节影响，旅行社旺季收入较高，淡季收入相对较少，餐饮企业和酒店的营业受旅游业的影响较大，收入也会随之波动；此外，餐饮业食品的销售价格往往随食品原材料的季节性变动而变动。

4. 货币核算的涉外性

出境游和入境游均属于涉外业务，旅行社和酒店货币收支、应收应付结算都会涉及大量外币业务，包括：外币收入、外币支出、外币兑换、汇兑损益的计算等，涉及外币业务，应确定记账本位币，外币货币、债权债务采用双币制记账。

（二）旅游、餐饮、酒店企业会计核算应设置的账户

为核算旅游、餐饮、酒店企业的经营活动，应设置"主营业务收入"、"主营业务成本"、"应收账款"、"预收账款"、"应付账款"、"预付账款"等账户。

旅游、餐饮、酒店企业的营业收入通过"主营业务收入"账户核算。"主营业务收入"账户用于核算旅游、餐饮、酒店企业提供旅游中介服务、加工销售餐饮品、客房等服务取得的收入，按收入的种类设置明细账。

旅游、餐饮企业的营业成本通过"主营业务成本"账户核算。"主营业务成本"账户用于核算旅游企业提供旅游中介服务耗费的成本、餐饮企业加工销售餐饮品耗费的原材料成本。旅游企业按成本的内容设置明细账，餐饮企业按餐饮品的大类设置明细账。

旅游、餐饮、酒店企业在提供服务过程中与客户发生的债权债务通过"应收账款"和"预收账款"账户核算。"应收账款"账户用于核算与客户发生的债权和转销的债权，"预收账款"账户用于核算与客户发生的债务和转销的债务，"应收账款"和"预收账款"账户按客户设置明细账，企业也可以将"应收账款"和"预收账款"账户合并，只开设一个账户，这样，在明细账中综合反映企业与某一客户之间发生的债权债务及结存的净额。

旅游、餐饮、酒店企业在接受服务过程中与供应商发生的债务债权通过"应付账款"和"预付账款"账户核算。"应付账款"账户用于核算与供应商发生的债务和转销的债务，"预付账款"账户用于核算与供应商发生的债权和转销的债权，"应付账款"和"预付账款"账户按供应商设置明细账，企业也可以将"应付账款"和"预付账款"账户合并，只开设一个账户，这样，在明细账中综合反映企业与某一供应商之间发生的债务债权及结存的净额。

第二节　旅游企业收入与成本的核算

一、旅游企业营业收入的核算

（一）旅行社营业收入的内容

旅行社的营业收入是指旅行社为旅游者提供各项服务取得的收入，主要包括：

（1）组团外联收入：组团社自组外联，向旅游者收取的团费，包括住房、用餐、旅游交通、翻译导游、景点游览、文娱活动等收入。

（2）综合服务收入：接团社向旅游者收取的综合服务费用，包括市内交通、导游服务、一般景点门票等在内的包价费用收入。通常，旅游者从组团地到接团地的交通费、服务费由组团社支付，其他费用由组团社拨付接团社，由接团社再支付给相关的酒店、餐馆、车船公司、旅游景点等，这部分拨付款即构成接团社的综合收入。

（3）零星服务收入：旅行社接待零散旅游者和承办委托服务事项所得的收入。

（4）劳务收入：非组团社为组团社提供全程导游、翻译工作所得报酬。

（5）票务收入：旅行社代办国际联运客票、国内客票的手续费收入。

（6）地游及加项收入：旅行社因旅游者要求增加计划外的当地旅游项目及风味餐等收取的费用。

（7）其他服务收入：不属于以上各项的其他收入。

（二）旅行社营业收入的确认与计量

1. 旅行社收入的确认

旅行社收入的确认应符合企业会计准则的要求，同时具备旅游业的特点，旅行社应在旅游活动已经结束时确认收入。无论是组团社还是接团社，旅行社组织境外旅游者到国内旅游，应以旅行团队离境或离开本地时确认营业收入实现；旅行社组织国内旅游者到境外旅游，应以旅行团旅行结束返回时确认营业收入实现；旅行社组织国内旅游者在国内旅游，也应以旅行团旅行结束返回时确认营业收入实现。

2. 旅游服务收入的计量

旅行社的收入应按最终报价单或结算单所记载的金额确定。

对于旅行社发生的商业折扣和现金折扣，旅游者在报名时有销售折扣的，按扣除销售折扣后的金额计量，如某旅行社日本游报价每人 4 000 元，若两人报名，打 9 折，则两人报名实际收取款项 7 200 元，按扣除折扣后实际收款额确认收入；有现金折扣的，应按总价法入账，旅行社为避免坏账的风险，通常对散客不赊账，出团前必须付清全部团费，团体客户在考察其信用后，有时允许一定比例的赊账，如：出团前付 80%，余款在团队返回后 3 日之内必须全部结清。

旅游服务收入发生客人因故退回或部分退回应冲减当期的收入；年度资产负债表日及以前确认的收入，在资产负债表日至财务报告批准日之间发生退回的，应按照资产负债表日后事项的有关规定处理。

旅行社收到航空公司、旅游商或酒店、餐馆、景点、商店为奖励企业超额销售或提供客源支付的佣金或回佣，在实际收到时确认收入。

（三）旅行社营业收入的会计处理

1. 组团社营业收入的核算

组团社的业务程序是：在招揽旅行者时，与旅行者签订旅游合同，收取全部价款，开具发票；根据组团情况，与旅游目的地的接团社签订接团合同，确定接待人数、抵离时间、交通工具、接待标准等内容，协定综合服务包价金额，在旅游团结束旅行后，与接团社结算款项。组团社一般是先收款，后支付费用。组团社收到款项时，作为债务，在旅行者完成旅行后，确认收入。

【例 3-1】2012 年 4 月京华旅行社组团 20 人参加 2012 年"五一"北京赴三亚双飞三日游，每人团费 6 000 元，2012 年 4 月 10 日收取团费，团号为 A501，2012 年 5 月 1 日离开北京，2012 年 5 月 3 日回京。京华旅行社做会计处理如下：

2012 年 4 月 10 日收取团费时：
借：银行存款——人民币户　　　　　　　　　120 000
　　贷：应收账款——A501 团　　　　　　　　　　120 000

2012 年 5 月 3 日回京时：
借：应收账款——A501 团　　　　　　　　　120 000
　　贷：主营业务收入——组团外联收入　　　　　120 000

【例 3-2】2012 年 10 月京华旅行社组团 30 人参加北京赴泰国 6 日游，每人团费 7 000 元，2012 年 10 月 3 日收到团费，团号为 B119，2012 年 10 月 30 日离开北京，11 月 4 日回到北京。京华旅行社做会计处理如下：

2012 年 10 月 3 日收取团费时：
借：银行存款——人民币户　　　　　　　　　210 000
　　贷：应收账款——B119 团　　　　　　　　　　210 000

2012 年 11 月 4 日回京时：

借：应收账款——B119 团　　　　　　　　　　　　210 000
　　贷：主营业务收入——组团外联收入　　　　　　　　　　210 000

2. 接团社营业收入的核算

接团社的业务程序是按照组团社签订的接团合同提供导游、住宿、用餐、交通、购物、娱乐等一条龙服务，接团社通常是先提供服务，后收款，有时也会收取部分订金。接团社在接团结束后，确认债权和收入，收到款项后，清算债权。

【例 3 – 3】承【例 3 – 1】，2012 年 4 月 12 日海南椰风旅行社与京华旅行社签订接团合同，负责京华旅行社 A501 团一行 20 人在三亚三天行程的旅游接待任务，每人收费 2 000 元，共计 40 000 元。4 月 29 日海南椰风旅行社收到京华旅行社预付订金 10 000 元。京华旅行社 A501 团于 2012 年 5 月 1 日抵达三亚，5 月 3 日离开，5 月 1 日到达当晚，增加风味餐一次 2 000 元，向旅行者直接收取现金，5 月 8 日收到京华旅行社结算的接待团款 30 000 元。海南椰风旅行社做会计处理如下：

2012 年 4 月 29 日收到订金时：
借：银行存款——人民币户　　　　　　　　　　　10 000
　　贷：应收账款——A501 团　　　　　　　　　　　　　10 000

2012 年 5 月 1 日收取风味餐费时：
借：库存现金——人民币　　　　　　　　　　　　 2 000
　　贷：应收账款——A501 团　　　　　　　　　　　　　 2 000

2012 年 5 月 3 日离开三亚时：
借：应收账款——京华旅行社　　　　　　　　　　40 000
　　　　　　　——A501 团　　　　　　　　　　　 2 000
　　贷：主营业务收入——综合服务收入　　　　　　　　　40 000
　　　　　　　　　　——地游及加项收入　　　　　　　　 2 000

2012 年 5 月 8 日收到京华旅行社结算余款：
借：银行存款——人民币户　　　　　　　　　　　30 000
　　贷：应收账款——京华旅行社　　　　　　　　　　　　30 000

【例 3 – 4】京华旅行社 2012 年 9 月 7 日与新加坡星洲旅行社签订接团合同，负责新加坡星洲旅行社 Q731 团一行 15 人在北京四天行程的旅游接待任务，共收费 9 000 美元。Q731 团于 2012 年 10 月 15 日抵达北京，10 月 18 日离开，当日美元对人民币中间牌价 6.300 8。10 月 31 日收到新加坡星洲旅行社电汇结算接团余款 9 000 美元，当日美元对人民币中间牌价 6.300 1。京华旅行社做会计处理如下：

2012 年 10 月 18 日离京时：
借：应收账款——新加坡星洲旅行社——Q731 团　　56 707.20
　　贷：主营业务收入——综合服务收入　　　　　　　　　56 707.20

2012年10月31日收到款项时：

借：银行存款——美元户　　　　　　　　　　　56 700.90
　　财务费用——汇兑损益　　　　　　　　　　　　 6.30
　　贷：应收账款——新加坡星洲旅行社——Q731团　56 707.20

二、旅游企业营业成本的核算

（一）旅行社营业成本的内容

旅行社的营业成本是指旅行社为旅游者提供各项服务所发生的支出，主要包括：

（1）组团外联成本：组团社自组外联包价团按规定支付的房费、餐费、旅游交通费、陪同费、文杂费等；

（2）综合服务成本：接团社接待旅行团按规定支付的房费、餐费、旅游交通费、陪同费、文杂费等；

（3）零星服务成本：旅行社接待零散旅游者和承办委托服务事项支付的费用；

（4）劳务成本：非组团社为组团社提供全程导游、翻译工作支付的费用；

（5）票务成本：旅行社代办国际联运客票、国内客票支付的手续费、退票费等；

（6）地游及加项成本：旅行社因旅游者要求增加计划外的当地旅游项目支付的费用；

（7）其他服务成本：不属于以上各项的其他成本。

以上费用，是旅行社发生的直接用于接待旅游团队的相关费用，应计入营业成本，因为它们可以明确成本核算对象；旅行社自身经营活动中发生的各项费用，如办公用房房租、水电费、员工工资、固定资产折旧、办公费等，应计入期间费用，因为它们难以被区分和分配到有关的成本核算对象上去，只能作为企业的销售费用和管理费用核算，计入当期损益。

（二）旅行社营业成本的确认与计量

旅行社成本的确认应符合企业会计准则的要求，遵循营业成本与营业收入配比的原则，旅游者完成旅行时，在确认收入的同时确认相关的成本。旅行社与接待单位结算费用时，有时是先付订金，提供服务后结算；有时是在提供服务后立即结算，或定期结算，对于跨期结算的费用，应采用权责发生制预提。

旅行社的成本应按接待单位的结算账单计量，遇有跨期结算期末未收到账单的情况，应按协议金额或计划的金额计提，实际结算的金额与预提数额不符时，再予以调整,增减营业成本。

旅行社与接待单位发生的预付账款或应付账款,可通过"应付账款"账户一并核算。

(三) 旅行社营业成本的会计处理

1. 组团社营业成本的核算

组团社的营业成本主要包括两部分内容:拨付给接团社的综合服务费和组团外联服务性支出。拨付的综合服务费包括房费、餐费、交通费、门票费、专业活动费、鉴证费、陪同费等。组团社拨付的费用,就是接团社的收入。组团社与接团社结算拨付费用的时间,或者在旅行结束后一次结算,或者先行拨付部分订金,待旅行结束后拨付余款。

【例3-5】承【例3-1】,2012年4月15日京华旅行社为A501团订海南航空公司北京赴三亚机票,支付票款70 000元。2012年4月29日京华旅行社向海南椰风旅行社预付订金10 000元,双方在接团合同中约定综合服务费金额40 000元,其中:房费15 000元、餐费9 000元、市内交通费6 000元、门票费4 000元、陪同费6 000元。2012年5月1日A501团离京,5月3日返京,京华旅行社2012年5月8日收到海南椰风旅行社接待A501团结算账单,支付余款30 000元。京华旅行社做会计处理如下:

2012年4月15日支付机票款时:

借:应付账款——A501团　　　　　　　　　　　　70 000
　　贷:银行存款——人民币户　　　　　　　　　　　　　70 000

2012年4月29日预付订金时:

借:应付账款——海南椰风旅行社　　　　　　　　10 000
　　贷:银行存款——人民币户　　　　　　　　　　　　　10 000

2012年5月3日回京时:

借:主营业务成本——组团外联成本(城市间交通费)　70 000
　　　　　　　　　　　　　　　　　　(房费)　　15 000
　　　　　　　　　　　　　　　　　　(餐费)　　9 000
　　　　　　　　　　　　　　　　　　(市内交通费)6 000
　　　　　　　　　　　　　　　　　　(门票费)　4 000
　　　　　　　　　　　　　　　　　　(陪同费)　6 000
　　贷:应付账款——A501团　　　　　　　　　　　70 000
　　　　　　　——海南椰风旅行社　　　　　　　　40 000

2012年5月8日支付接团费余款时:

借:应付账款——海南椰风旅行社　　　　　　　　30 000

贷：银行存款——人民币户　　　　　　　　　　　　30 000

【例3-6】承【例3-2】，2012年10月4日京华旅行社为B119团成员代办签证支付现金3 000元，2012年10月5日京华旅行社与曼谷普罗旅行社签订接团合同，双方在接团合同中约定综合服务费金额15 000美元，其中：房费5 000美元、餐费4 000美元、交通费3 000美元、门票费2 000美元、陪同费1 000美元。2012年10月10日京华旅行社为B119团订中国国际航空公司北京赴曼谷机票，支付票款102 000元。B119团2012年10月30日离开北京，11月4日回到北京，11月30日未收到曼谷普罗旅行社结算账单，美元汇率中间牌价6.3004。12月2日收到账单，因住宿未达到合同约定的标准，扣除房费500美元，京华旅行社给曼谷普罗旅行社综合服务费金额14 500美元，当日美元汇率中间牌价6.3001。京华旅行社做会计处理如下：

2012年10月4日支付签证费时：
　　借：应付账款——B119团　　　　　　　　　　　　3 000
　　　贷：库存现金——人民币　　　　　　　　　　　　3 000
2012年10月10日支付机票款时：
　　借：应付账款——B119团　　　　　　　　　　　　102 000
　　　贷：银行存款——人民币户　　　　　　　　　　　102 000
2012年11月4日回京时：
　　借：主营业务成本——组团外联成本（交通费）　　102 000
　　　　　　　　　　　　　　　　　　（签证费）　　3 000
　　　贷：应付账款——B119团　　　　　　　　　　　105 000
2012年11月30日预提接团费时：
　　借：主营业务成本——组团外联成本（房费）　　　31 502
　　　　　　　　　　　　　　　　　　（餐费）　　　25 201.60
　　　　　　　　　　　　　　　　　（市内交通费）　18 901.20
　　　　　　　　　　　　　　　　　　（门票费）　　12 600.80
　　　　　　　　　　　　　　　　　　（陪同费）　　6 300.40
　　　贷：应付账款——曼谷普罗旅行社　94 506（15 000×6.3004）
2012年12月2日实际支付接团费时：
　　借：应付账款——曼谷普罗旅行社　94 506（15 000×6.3004）
　　　贷：银行存款——美元户　　　91 351.45（14 500×6.3001）
　　　　　主营业务成本——组团外联成本（房费）
　　　　　　　　　　　　　　　　　3 150.05（500×6.3001）
　　　　　财务费用——汇兑损益　　　4.50

2. 接团社营业成本的核算

接团社的营业成本主要包括接待旅行团时支付的房费、餐费、交通费、门票费、陪同费等。接团社与提供服务的单位结算费用的时间，多在提供服务结束后结算，或立即结算，或定期结算，有时也需要预付部分订金，待服务结束后结算余款。对于跨期结算的费用，应采用权责发生制预提。

【例3-7】承【例3-3】，2012年5月1日至5月3日海南椰风旅行社负责京华旅行社A501团一行20人在三亚三天行程的旅游接待任务，2012年5月3日向有关接待单位支付房费11 000元、餐费6 000元、市内交通费5 000元、门票费3 000元、陪同费5 000元、风味餐费1 000元，共计31 000元。海南椰风旅行社做会计处理如下：

2012年5月1日至3日支付款项时：

借：应付账款——A501团　　　　　　　　　　　　　　31 000
　　贷：银行存款——人民币户　　　　　　　　　　　　　　31 000

2012年5月3日A501团离开海南时：

借：主营业务成本——综合服务成本（房费）　　　　　11 000
　　　　　　　　　　　　　　　　　　（餐费）　　　　　6 000
　　　　　　　　　　　　　　　　　　（市内交通费）　　5 000
　　　　　　　　　　　　　　　　　　（门票费）　　　　3 000
　　　　　　　　　　　　　　　　　　（陪同费）　　　　5 000
　　　　　　　　　　——地游及加项成本　　　　　　　　1 000
　　贷：应付款项——A501团　　　　　　　　　　　　　　31 000

【例3-8】承【例3-4】，京华旅行社2012年10月15日至10月18日负责新加坡星洲旅行社Q731团一行15人在北京四天行程的旅游接待任务，10月18日向有关接待单位支付房费13 000元、餐费12 000元、市内交通费8 000元、门票费10 000元、陪同费5 000元，共支付48 000元。京华旅行社做会计处理如下：

2012年10月15日至18日支付款项时：

借：应付账款——Q731团　　　　　　　　　　　　　　48 000
　　贷：银行存款——人民币户　　　　　　　　　　　　　　48 000

2012年10月18日Q731团离京时：

借：主营业务成本——综合服务成本（房费）　　　　　13 000
　　　　　　　　　　　　　　　　　　（餐费）　　　　12 000
　　　　　　　　　　　　　　　　　　（市内交通费）　　8 000
　　　　　　　　　　　　　　　　　　（门票费）　　　10 000
　　　　　　　　　　　　　　　　　　（陪同费）　　　　5 000
　　贷：应付账款——Q731团　　　　　　　　　　　　　　48 000

3. 旅行社销售费用和管理费用的核算

旅行社销售费用和管理费用是间接服务于旅行团所发生的费用。销售费用是指旅行社业务部门在经营过程中发生的各项经营费用，如：广告及推广宣传费、业务部门发生的职工薪酬、差旅费、业务招待费、运输费、固定资产租赁费、装饰装修费、折旧费、修理费、水电暖费、办公楼物业费、邮电通信费、办公费等。管理费用是指旅行社管理部门在经营过程中发生的各项组织管理费用，如：聘请中介机构费、会议费、管理部门发生的职工薪酬、差旅费、业务招待费、交通费、固定资产租赁费、装饰装修费、折旧费、修理费、水电暖费、办公楼物业费、邮电通信费、办公费等。销售费用和管理费用通过"销售费用"和"管理费用"账户核算，费用发生时，借记"销售费用"、"管理费用"账户，贷记"银行存款"、"库存现金"、"其他应付款"、"应付职工薪酬"、"累计折旧"、"长期待摊费用"等账户，期末将本期发生的销售费用和管理费用转入"本年利润"账户。

第三节 餐饮企业收入与成本的核算

一、餐饮企业营业收入的核算

（一）餐馆营业收入的内容

餐馆的营业收入是指餐馆为消费者提供餐饮品加工、销售、服务各项服务取得的收入，主要包括：

（1）食品收入：加工并出售菜品收入。

（2）酒水收入：出售酒，加工并出售饮料、茶水收入。

（3）香烟收入：出售香烟收入。

（4）服务收入：包房提供专门服务收入。

（5）节令食品及土特产收入：加工并出售节日相关的食品收入，如：年糕、元宵、粽子、月饼收入；出售与餐馆风味地域相关的土特产品收入，如：粟米、蘑菇、大枣、干鱼等收入。

（6）其他收入：不属于以上各项的其他收入。

（二）餐馆营业收入的确认与计量

1. 餐馆营业收入的确认

餐馆收入的确认应符合企业会计准则的要求，同时具备餐饮业的特点，应在消费者完成消费时确认营业收入。消费者完成消费，因结算方式不同而异，销售结算的方式有以下几种：

（1）先就餐后结算，由服务员根据顾客需要开出点菜单，客人用餐后由服务员凭单收款。适用于中餐馆、西餐馆服务到桌的正餐业务。

（2）一手钱一手货，适用于小吃店、快餐店以及餐馆的早点业务。

（3）先结算后就餐，顾客到收款处交钱，拿到取货小票或筹码后凭以到取货处领取食品的方式。适用于小吃店、快餐店、自助餐店、大排档。

消费者实际付款存在不同的情况：绝大多数消费者在就餐时即时付款；大型餐馆，存在预付账款或应收账款的现象，预付账款多为单位消费者经常在同一家餐馆消费，在餐馆预付账款，每次消费后签单，也有个人消费者或单位消费者预订宴席预付的订金；赊账消费多为餐馆熟悉的单位消费者，为避免坏账的风险，赊账消费一般有餐馆高管担保；无论是即时付款，还是先付款，或后付款，餐馆营业收入的确认应符合权责发生制的原则。

2. 餐馆营业收入的计量

餐馆的收入应按餐单所记载的金额确定。

存在商业折扣，按扣除销售折扣后的金额计量。餐馆发生的商业折扣，有三种情形：一是持有优惠卡，如会员卡、金卡、银卡；二是消费返券，如消费100元返20元券，消费者在一定时期内再次消费时可持券抵现金结算；三是直接打折，如每天一款打折菜，或者高管引荐的消费者打折。

消费者在付款时，有现金支付、支票支付和刷银行卡支付，刷卡支付银行要扣手续费，扣除的手续费作为财务费用处理，不冲减营业收入。

（三）餐馆餐饮品售价的确定和营业收入的会计处理

1. 餐饮品售价的确定

餐饮品售价与餐馆的营业收入密切相关，餐馆餐饮品价格确定通常有毛利率法和成本加成率法。

（1）毛利率法。

毛利率法是在预先确定的餐饮品平均毛利率的基础上，计算确定每种餐饮品销售价的一种方法。计算公式为：

$$毛利率 = 销售毛利 \div 销售价格$$
$$销售价格 = 定额成本 \div (1 - 毛利率)$$

（2）成本加成率法。

成本加成率法是在定的成本加成率的基础上计算确定餐饮品销售价格的一种方法。计算公式为：

$$成本加成率 = 销售毛利 \div 定额成本$$
$$销售价格 = 定额成本 \times (1 + 成本加成率)$$

毛利率与成本加成率是相互联系的,确定了一个比率,也就相应确定了另一个比率,两者可以相互转换,相互的计算公式为:

$$成本加成率 = 毛利率 \div (1 - 毛利率) \times 100\%$$

【例3-9】 潮粤食府制作一份清炒虾仁的配料为:虾仁0.25千克,每千克80元;黄瓜0.2千克,每千克5元;其他配料1元。

若餐馆采用毛利率法确定售价,平均毛利率为50%,则售价为:

清炒虾仁售价 = (0.25×80 + 0.2×5 + 1) ÷ (1 - 50%) = 44(元)

若餐馆采用成本加成率法确定售价,平均成本加成率为100%,则售价为:

清炒虾仁售价 = (0.25×80 + 0.2×5 + 1) × (1 + 100%) = 44(元)

餐馆可以选择任一一种方法确定餐饮品的售价,定价的高低,不仅取决于制作成本,如:食材的品质、成本、烹饪技术等;还要考虑就餐环境舒适程度,如:地理位置、装修风格、布置、灯光、室温等;并且要参考服务方式,如服务到桌、自助形式、柜台服务等;另外要考虑服务水平,如服务员的外表、服装打扮、服务质量等多种因素。定价是餐馆的营销策略,价格太高,会影响客流量,价格太低,会影响每单的收入,餐馆应根据实际情况,确定合理的餐饮品价格体系,达到既为顾客接受,又能取得更多的收入的目的。

2. 营业收入的会计处理

餐馆每日营业结束后,根据餐单和结算凭证进行汇总,编制营业收入日报表和收款结算日报表,财务部门据此确认当日营业收入。

【例3-10】 2012年1月18日潮粤食府营业收入日报表和收款结算日报表如表3-1和表3-2所示:

表3-1　　　　　　　　　　营业收入日报表

2012年1月18日　　　　　　　　　　　　　　　　单位:元

项目	金额	折扣	应收金额
食品收入	126 412		126 412
酒水收入	14 813		14 813
香烟收入	470		470
服务收入	14 424		14 424
节令食品收入	2 400		2 400
其他收入	1 905		1 905
合计	160 424	3 640	156 784

表 3-2　　　　　　　　　　收款结算日报表
2012 年 1 月 18 日　　　　　　　　　　单位：元

项目	金额	手续费	应收金额
现金	6 527		6 527
支票	26 904		26 904
银行卡	82 100	821	81 279
预收账款	22 692		22 692
应收账款	18 561		18 561
合计	156 784	821	155 963

潮粤食府做会计处理如下：
2012 年 1 月 18 日确认营业收入时：
　　借：库存现金　　　　　　　　　　　　　　　　　　　　6 527
　　　　银行存款　　　　　　　　　　　108 183（26 904 + 81 279）
　　　　预收账款　　　　　　　　　　　　　　　　　　　　22 692
　　　　应收账款　　　　　　　　　　　　　　　　　　　　18 561
　　　　财务费用　　　　　　　　　　　　　　　　　　　　　821
　　　　贷：主营业务收入——食品收入　　　　　　　　　　126 412
　　　　　　　　　　　　——酒水收入　　　　　　　　　　 14 813
　　　　　　　　　　　　——香烟收入　　　　　　　　　　　　470
　　　　　　　　　　　　——服务收入　　　　　　　　　　 14 424
　　　　　　　　　　　　——节令食品收入　　　　　　　　　2 400
　　　　　　　　　　　　——其他收入　　　　　　　　　　　1 905
　　　　　　　　　　　　——折扣　　　　　　　　　　　　 -3 640

【例 3-11】2012 年 1 月 18 日潮粤食府收到清远公司押支票一张 100 000 元，用以预付餐费；另外收到北方报社支票一张 5 432 元，用以清偿所欠餐费。潮粤食府做会计处理如下：
2012 年 1 月 18 日收到清远公司支票时：
　　借：银行存款　　　　　　　　　　　　　　　　　　　100 000
　　　　贷：预收账款　　　　　　　　　　　　　　　　　 100 000
2012 年 1 月 18 日收到北方报社支票时：
　　借：银行存款　　　　　　　　　　　　　　　　　　　　5 432
　　　　贷：应收账款　　　　　　　　　　　　　　　　　　 5 432

二、餐饮企业营业成本的核算

（一）餐馆营业成本的内容和原材料的分类

1. 餐馆营业成本的内容

餐馆的营业成本是餐饮品的成本，在理论上餐饮品成本应包括耗费的食材、燃气、人工和其他直接费用，但由于餐馆的餐饮品现做现卖，加工和销售密切相连，也不便于区分生产费用和销售费用，因此餐饮品的成本的内容只包括耗用的原材料成本，与经营直接相关的人工、燃气、水电、折旧、物料消耗和其他费用，均作为期间费用计入销售费用；由于餐饮品的加工属于单件、小批制作，且数量零星，品种多，无法做到逐件逐批核算耗用的原材料成本，因此只计算某一会计期间餐饮品耗用原材料的总成本，不计算每批每件餐饮品的成本。

2. 餐馆原材料的分类

（1）按原材料在餐饮品中的作用不同可以分为以下四类：

① 粮食类：指大米、面粉、杂粮等；

② 副食类：指鸡、鸭、鱼、肉、蛋、蔬菜、水果等；

③ 干菜类：指木耳、香菇、干鱼翅、干海参等；

④ 调味品类：指油、盐、酱、醋、味精、辣椒、花椒、白糖等。

（2）按原材料的存放方式不同可以分为以下两类：

① 入库材料：指能较长时间储存且可大量购进的原材料，如粮、油、干货等，购入的材料交仓库保管，使用时从仓库领用，需要建立原材料出入库手续，保持合理的库存；

② 不入库材料：指不能长时间储存的鲜活材料，以及应该少量地随购随用的原材料，如：鱼、肉、蔬菜，购入的材料直接交厨房验收后使用。

（二）餐馆营业成本的核算方法及会计处理

餐馆的原材料按实际成本计量，耗用的原材料的单价可采用先进先出法、移动加权平均法、加权平均法和个别计价法计算，耗用原材料的成本，根据材料存放方式和企业的管理要求不同，核算方法也不同。

对于不入库的原材料，购入验收后直接交付厨房，耗用材料成本一般不通过"原材料"账户核算，采购成本直接计入"主营业务成本"，期末厨房未使用的材料，可办理假退料调整"主营业务成本"；从会计重要性原则出发，企业期末也可以不调整"主营业务成本"，其原因在于不入库材料为鲜活材料，采购量少，厨房未消耗剩余量就更少，可忽略不计，且每月都有余额，成本的实际误差仅为上月末和本月末差额。

对于入库原材料,购入验收后交仓库保管,耗用材料成本通过"原材料"账户核算,按其盘存制度的不同,又分为永续盘存制和实地盘存制。

1. 永续盘存制

永续盘存制是根据领用数量计算发出材料成本的方法。在永续盘存制下,根据"入库单"、"领料单"及相关的凭证,在原材料明细账上,逐笔登记收入材料的数量及金额、发出数量,并随时结出账面结存数量,根据领料数量和单价,计算领用材料的成本,增加"主营业务成本",同时减少"原材料"。月末,对于厨房尚未消耗的材料进行实际盘点,根据"盘点表"办理假退料手续,不移动厨房的材料,冲减"主营业务成本",同时增加"原材料",将主营业务成本调整为实际耗用的成本,并于下月初再将假退料数额原数转回,增加"主营业务成本",同时减少"原材料"。

【例3-12】2012年1月20日潮粤食府购入面粉1 000千克,每千克3.50元,验收入库,款项以支票支付。空运购入活鱼50千克,每千克400元,验收后直接由厨房领用,款项尚未支付。厨房从仓库领用鱼翅0.5千克,每千克5 000元。潮粤食府做会计处理如下:

2012年1月20日购入面粉验收入库时:

借:原材料——粮食类(面粉)　　　　　　　　　　3 500
　　贷:银行存款　　　　　　　　　　　　　　　　　3 500

2012年1月20日购入活鱼由厨房领用时:

借:主营业务成本　　　　　　　　　　　　　　　20 000
　　贷:应付账款　　　　　　　　　　　　　　　　20 000

2012年1月20日从仓库领用鱼翅时:

借:主营业务成本　　　　　　　　　　　　　　　　2 500
　　贷:原材料——干菜类(鱼翅)　　　　　　　　　2 500

【例3-13】2012年1月31日潮粤食府对厨房进行盘点,原材料盘点表如表3-3所示:

表3-3　　　　　　　　　厨房原材料盘点表

2012年1月31日

项目	数量(千克)	单价(元)	金额(元)
大米	1 000	3	3 000
顶级牛肉	50	1 200	60 000
鲍鱼	2	6 000	12 000
色拉油	200	10	2 000
合计			77 000

潮粤食府做会计处理如下：
2012年1月31日办理假退料时：
借：主营业务成本   -77 000
  贷：原材料——粮食类（大米）   -3 000
      ——副食类（顶级牛肉）   -60 000
      ——干菜类（香菇）   -12 000
      ——调料类（色拉油）   -2 000

【例3-14】2012年2月1日假退料转回时，潮粤食府做会计处理如下：
2012年2月1日转回假退料时：
借：主营业务成本   77 000
  贷：原材料——粮食类（大米）   3 000
      ——副食类（顶级牛肉）   60 000
      ——干菜类（香菇）   12 000
      ——调料类（色拉油）   2 000

月末，餐馆也可以不对厨房结存的原材料办理假退料手续，而将实际盘点得到的原材料数额保留在"主营业务成本"中，根据以下公式计算出本月耗用的原材料总成本，据此结转主营业务成本：

$$本月耗用原材料总成本 = 月初厨房或操作间结存 + 本月领用 - 月末厨房或操作间结存$$

2. 实地盘存制

实地盘存制是采用"以存计耗"的方法倒挤发出材料的成本。在实地盘存制下，在原材料明细账上，平时只根据"入库单"及相关的凭证，逐笔登记收入材料的数量及金额，领用材料不填制"领料单"，不登记发出数量，月末根据实际盘点的原材料结存数额倒挤计算出本月耗用原材料的成本。其计算公式为：

$$本期耗用的原材料总成本 = 月初结存 + 本月购进 - 月末结存$$

月末，餐馆根据倒挤出的原材料耗用成本，增加"主营业务成本"，同时减少"原材料"。

采用实地盘存制，不能随时反映原材料的领用和结余，不能区分正常的成本和非正常损失，容易掩盖人为的损失和浪费。这种方法仅适用于小型餐饮企业使用。

【例3-15】2012年1月初巴蜀小吃店原材料账户余额7 200元，本月购入216 000元，原材料采用实地盘存制，1月末实地盘点原材料结存金额9 100元，巴蜀小吃店计算1月成本并做会计处理如下：
2012年1月末计算成本时：

1月成本 = 7 200 + 216 000 - 9 100 = 214 100（元）

借：主营业务成本　　　　　　　　　　　　214 100
　　贷：原材料　　　　　　　　　　　　　　　　214 100

（三）餐馆销售费用和管理费用的核算

餐馆发生的费用，除餐饮品耗用的原材料计入营业成本外，其他费用均计入销售费用和管理费用。销售费用是指餐馆发生的与制作或销售直接有关的费用，如厨师和服务员的薪酬、燃气费、水电暖费、店面租赁费、装修费、折旧费、修理费、周转材料的摊销等。餐馆的周转材料包括厨具、餐具、家具、布草（桌布、餐巾）、员工服装、装饰品等，许多周转材料体现了餐馆的风格，更新较快，所以周转材料摊销是餐馆一笔不小的开销。餐馆为使顾客有新鲜感，店面装修的频率也较快，装修费也是餐馆的一大笔开支。管理费用是指管理部门在加工经营过程中发生的各项组织管理费用，如：管理部门发生的职工薪酬、差旅费、业务招待费、交通费、固定资产租赁费、装饰装修费、折旧费、修理费、水电暖费、办公楼物业费、邮电通信费、办公费、聘请中介机构费、会议费等。餐馆的管理机构较小，有些费用不便于在销售费用和管理费用中分摊，如房屋租赁费、装修费、水电暖费等，可计入销售费用。销售费用和管理费用通过"销售费用"和"管理费用"账户核算，费用发生时，借记"销售费用"、"管理费用"账户，贷记"银行存款"、"库存现金"、"其他应付款"、"应付职工薪酬"、"累计折旧"、"周转材料"、"长期待摊费用"等账户，期末将本期发生的销售费用和管理费用转入"本年利润"账户。

第四节　酒店企业收入与成本的核算

一、酒店营业收入的核算

（一）客房收入的确认与计量

1. 客房收入的确认

酒店客房收入的确认应符合企业会计准则的要求，同时具备酒店业的特点，客房收入应在酒店客房服务已提供且取得收取服务费的权利时确认收入，即客房实际出租时间。

酒店的总服务台负责接待入住的客人，并与住店客人办理结算。客人入住时，在总服务台办理入住手续，根据预计的住宿天数预付一定数额的押金，退房时，在总服务台办理结算，多退少补。客人办理完入住手续入住房间后，就意味者客房开始出租,无论是否收到足够的房租,都应该确认客房收入,直到客人办理完退房手续为止。

2. 客房收入的计量

酒店的客房收入按房价计量,酒店的房价与酒店的舒适程度、地理位置、服务水平有关,而每一家酒店的客房价格又有很大的灵活性,通常有标准房价、优惠价、团体价、淡季价、旺季价等,客房收入应按客房实际出租的价格入账。

客房的租金通常按天数和时段计量,结账日办理结账离店手续的时段不同,结账日收取的房租不同,按照惯例,中午 12 点以前结账不收取结账日的房租,中午 12 点至傍晚 6 点前结账,收取半日房租,傍晚 6 点以后结账,收取 1 天的房租。

遇有酒店为吸引客人搞的积分奖励活动时,对于客人因住宿获取的奖励积分,应将应收账款在实际客房价格与奖励积分的公允价值之间进行分配,将奖励积分的公允价值确认为递延收益,其余部分确认为营业收入。客人兑换奖励积分时,将递延收益转为营业收入,确认为收入的金额以被兑换用于换取奖励的积分数额占预期将兑换用于换取奖励的积分总数的比例为基础计算确定。

(二)客房收入的会计处理

客人入住酒店时,在总服务台填写"入住登记表",建立客人档案,开立在酒店消费的账户,记载入住、查询、退房、结账情况,计算客人在酒店的有待结算费用。

每日营业终了,总服务台应登记"营业日记台账",并编制"营业收入日报表",上报财务部门,财务部门审核无误后据以进行账务处理。

【例 3-16】春都酒店 2012 年 1 月 10 日营业日记台账和营业收入日报表如表 3-4 所示:

表 3-4　　　　　　　　　　营业日记台账
2012 年 1 月 10 日

房号	姓名	入住日期		已住天数	本日应收						结算				备注
		月	日		房金	加床	电话	小酒柜	赔偿	合计	昨日结存	本日收款	本日应收	本日结存	
1001	李君	1	8	3	300	80				380	100	700	380	420	
1002	孟晓菲	1	8	2	300		3		20	323	300	23	323	0	上午 11 时离店
1003	王思雨	1	9	2	350					350	900		350	550	
1004	姚南	1	10	1	350					350		800	350	450	
1005	于淼	1	9	1.5	175			25		200	300	-100	200	0	下午 5 时离店
...	...	...	...	...											
合计					96 000	400	120	800	80	97 400	105 000	100 000	97 400	102 400	

表 3-5　　　　　　　　　　　　营业收入日报表

2012 年 1 月 10 日

本日应收		结算	
项目	金额	项目	金额
房金	96 000	昨日结存	105 000
加床	400	本日收款	100 000
电话	120	其中：现金	33 000
小酒柜	800	银行卡	42 000
赔偿	80	支票	25 000
合计	97 400	本日应收	97 400
本日可出租房：350 间 本日实际出租房：280 间 本日空房：70 间		本日结存	102 400

银行卡结算银行收 1% 手续费。

春都酒店 2012 年 1 月 10 日做会计处理如下：

2012 年 1 月 10 日确认收入时：

借：应收账款　　　　　　　　　　　　　　　　　　97 400

　　贷：主营业务收入——客房收入　　　　　　　　97 200

　　　　销售费用——电话费　　　　　　　　　　　　120

　　　　　　——物料消耗　　　　　　　　　　　　　80

2012 年 1 月 10 日收款时：

借：银行存款　　　　　6 6580（42 000×99% + 25 000）

　　库存现金　　　　　3 3000

　　财务费用　　　　　　420

　　贷：应收账款　　　　100 000

客人入住后，除住宿外，即开始在各部门消费，如就餐、健身、娱乐、美容美发、购物、洗衣等，各项费用的结算有两种方式：分散收费和集中收费。分散收费，客人发生的各项费用由各部门的收银员收取。集中收费，客人发生的各项费用签单记账，将消费信息传递到总服务台，录入客人的消费账户，待客人离店时一并在总服务台结算，目前酒店内部通常采用计算机联网，客人在各部门的消费信息，一般可实现即时传递，这样总服务台的"营业日记台账"除了客房收入外，还包括其他各部门收入。无论是分散收费还是集中收费，总服务台编制"营业收入日报表"时，都应汇总各部门的收入金额。采用分散收费时，各部门每天将本部门的收入凭证和收到的款项送交总服务台，总服务台根据"营业日记台账"和各部门的收入凭证汇总客房收入及其他部门的收入，编制"营业收入日报表"。采用集中收费制时，"营业日记台账"已汇总了各部门的收入金额，可直接根据"营业日记台账"汇总的各项收入，编制"营业收入日报表"。实际上，许多酒店为方便客人的需求，同时采用分散收费和集中收费，用现金和银行卡结算的散客多采用即时分散收费，支票结算的团体客人多采用记账的集中收费。

（三）客房出租率和租金收入率

客房收入是酒店的主要收入，客房的出租情况和收入情况体现了酒店经营状况，客房出租率和租金收入率是考察酒店经营好坏的两项重要指标。

1. 客房出租率

客房出租率，又称客房利用率或开房率，指已出租客房占可以出租客房的比例。计算公式为：

$$客房出租率 = \frac{计算期客房实际出租间天数}{可出租客房数量 \times 计算期天数} \times 100\%$$

可供出租的客房数量在一般情况下是不变的，如有特殊情况，则应将暂时不能出租的客房从可供出租的房间总数中扣除，如维修用房。

【例 3-17】 春都酒店 2012 年 1 月可供出租的房间是 350 间，当月维修有 30 间客房停止出租 5 天，当月有 20 天出租了 300 间，还有 11 天只出租了 235 间，计算 1 月客房出租率如下：

客房出租率 = $(300 \times 20 + 235 \times 11) \div (350 \times 31 - 30 \times 5) \times 100\% = 80\%$

2. 租金收入率

租金收入率，指在一定时期内饭店客房实际收到房租总额占应收房租总额的比例。计算公式为：

$$客房租金收入率 = \frac{报告期实收客房租金}{报告期应收客房租金} \times 100\%$$

$$报告期应收客房租金总额 = \sum \left(某类可供出租客房数 \times 该类客房日租金 \times 报告期天数 \right)$$

租金收入率反映一定时期内饭店客房收入的水平。

【例 3-18】 春都酒店 2012 年 1 月可供出租的房间 350 间中，标准房 300 间，每天每间租金 350 元；单人房 30 间，每天每间租金 300 元，套房 20 间，每天每间租金 500 元，当月 30 间标准房因维修停止出租 5 天，客房实际租金收入为 3 222 775 元，计算 1 月客房租金收入率如下：

客房租金收入率 = $3\,222\,775 \div [31 \times (300 \times 350 + 30 \times 300 + 20 \times 500)$
$- 5 \times 30 \times 350] \times 100\% = 85\%$

客房租金收入率与客房出租率从不同的角度反映酒店的经营状况，客房出租率只反映客房的利用情况，但不能全面反映客房收入和经营情况，在客房出租率完全相同的两个月份内，客房的收入情况可能并不相同，有多种原因：如：出租房结构不同，豪华房、标准房出租比例不同，如果豪华房比例高，客房租金收入率就高；房价折扣不同，团队折扣、淡季旺季价差对客房租金收入率也有很大的影响，如团队占的比例高，客房的出租率可能较高，但折扣高，客房租金收入率低，实际收益不高。在旺季，客房紧张，客房出租率可能是100%，其相应的租金收入率可能还超过100%，其原因在于旺季不但没有折扣，而且还会出现一天一间客房两次出租的情况，如某一房间一位客人晚上9点退房，另一位客人晚上10点入住。一般说来，客房收入率可能高于客房出租率。如果客房出租率过低，而收入率长期高于出租率，则说明房价过高，实际上达不到这个水平，为了有利于经营，应该把价格调低。相反，如果客房的出租率和收入率都很高，则可通过市场分析后，适当调房价，以保证饭店有更大的经济利益。

二、酒店营业成本的核算

客房出租是酒店的主要经营项目。在理论上，客房的营业成本是指客房的出租耗费的各项费用，但由于酒店建筑物和各项设施投资巨大，其耗费是以折旧和摊销的方式体现在费用中，在成本费用中占很大的比重，日常经营中耗费物资较少；而且住宿营业周期较短，各类经营业务间相互交叉，直接费用和间接费用不易区分，使得客房营业成本核算困难，计算求得的营业成本也不会准确。因此，酒店通常不核算客房的营业成本，将各项消耗均作为销售费用处理。酒店中除餐厅和商品部核算营业成本外，其他部门也仅核算销售费用。

酒店的销售费用包括：房屋建筑物及设备的折旧、设施摊销、装修费摊销、维护和维修费、职工薪酬、能源消耗、物料消耗、洗涤费、广告费等。其中：与酒店硬件直接相关的折旧和摊销是销售费用中主要的耗费；为维护酒店硬件的正常运转，维修维护是酒店日常的一大笔开支；物料消耗包括：布草的消耗、一次性用品的消耗、员工服装等，布草包括床单、被罩、枕套、毛巾等，库存量一般为使用量的两三倍，由于洗涤次数频繁，损耗较大；一次性用品包括免费为宾客提供的牙具、梳子、拖鞋等，是每天都会发生的日常开支；员工服装体现了酒店的形象，是酒店一笔特殊的费用；能源消耗指水、电、燃气等，如客房里冷热水、空调及电器耗电等，都是具有酒店特色的销售费用。

酒店的管理费用是指管理部门在经营过程中发生的各项组织管理费用，如：管理部门发生的职工薪酬、差旅费、业务招待费、交通费、固定资产租赁费、装饰装修费、折旧费、修理费、能源费、办公费、聘请中介机构费、会议费等。有些费用不便于在销售费用和管理费用中分摊，可计入销售费用。

销售费用和管理费用通过"销售费用"和"管理费用"账户核算，费用发生时，借记"销售费用"、"管理费用"账户，贷记"银行存款"、"库存现金"、"其他应付款"、"应付职工薪酬"、"累计折旧"、"周转材料"、"长期待摊费用"等账户，期末将本期发生的销售费用和管理费用转入"本年利润"账户。

应用与扩展

一、旅游服务业上市公司报表解读

中国国旅（A股601888）

（一）会计政策特色

收入确认与计量：

1. 旅游服务收入的确认

（1）旅游活动已经结束，代理销售业务已经办妥后，客运活动已完成。

旅游活动已经结束，是指旅行社组织境外旅游者在国内旅游，旅行团已经离境（或离开本地）时；旅行社组织中国公民到境外旅游，旅行团旅行结束已返回境内时；旅行社组织国内旅游者在国内旅游，旅行团旅行结束返回时；旅行社组织会展活动，会展活动结束时。

代理销售业务已经办妥后，是指旅行社企业代理销售机车船票、代办签证业务，有关机车船票已交给委托人后；旅行社受托代办签证业务，已取得有效签证时；旅行社代理酒店预订业务，预订酒店的客人已经使用酒店提供的服务离开酒店时。

客运活动已完成，是指经营旅客运输的企业已经按委托完成旅客运输业务。

（2）旅游活动的经济利益能够流入企业。

（3）相关的收入和成本能够可靠地计量。

2. 旅游服务收入的计量

（1）旅游活动收入，按最终报价单或结算单所记载的金额确定。

（2）代理业务收入，机车船票代理销售业务，按委托代理业务的手续费收入计量；酒店预订和签证业务按委托业务金额计量。

（3）客运业务收入，按最终报价单或结算单所记载的金额确定。

旅游服务收入发生客人因故退回或部分退回应冲减当期的收入；年度资产负债表日及以前确认的收入，在资产负债表日至财务报告批准日之间发生退回的，应按照资产负债表日后事项的有关规定处理。

公司收到航空公司、旅游商或酒店、餐馆、景点、商店为奖励企业超额销售或提供客源支付的佣金或回佣在实际收到时确认收入。

（二）2010 年报表附注

主营业务（分产品）

产品名称	本年发生额		上年发生额	
	营业收入	营业成本	营业收入	营业成本
旅游服务：				
入境游	1 112 652 590.19	944 470 603.76	837 406 497.61	691 010 439.71
出境游	2 781 530 309.87	2 572 460 081.14	1 439 052 440.38	1 310 197 799.28
国内游	2 263 754 302.97	2 118 896 139.74	1 168 470 261.43	1 101 805 381.78
票务代理	194 801 104.76	0	141 051 253.70	0
其他业务	363 611 340.65	310 101 184.84	161 199 554.04	145 878 809.32
商品销售：				
免税商品销售	2 702 124 436.00	1 737 703 601.58	2 219 623 233.70	1 395 933 114.09
有税商品销售	130 701 028.91	88 937 551.77	64 854 543.22	39 974 013.16
合计	9 549 175 113.35	7 772 569 162.83	6 031 657 784.08	4 684 799 557.34

二、饮食服务业上市公司报表解读

全聚德（A 股 002186）

（一）会计政策特色

存货：

（1）发出存货的计价方法。存货取得时按实际成本计价。原材料、库存商品和在产品发出时采用加权平均法计价。

（2）存货的盘存制度。存货盘存制度采用永续盘存制。

（二）2010 年报表

1. 主营业务（报表附注）

行业名称	本期发生额		上期发生额	
	营业收入	营业成本	营业收入	营业成本
餐饮	1 022 086 103.50	353 044 398.41	921 476 318.46	320 385 986.85
商品销售	290 266 942.80	215 461 442.06	251 958 404.40	186 753 514.02
合计	1 312 353 046.30	568 505 840.47	1 173 434 722.86	507 139 500.87

2. 合并口径各大类营业收入和营业成本、毛利率的构成情况（董事会报告）

项目	2010 年度			2009 年度		
	营业收入	营业成本	毛利率	营业收入	营业成本	毛利率
餐饮	1 022 086 103.50	353 044 398.41	65.46%	921 476 318.46	320 385 986.85	65.23%
商品销售	290 266 942.80	215 461 442.06	25.77%	251 958 404.40	186 753 514.02	25.88%
合计	1 312 353 046.30	568 505 840.47	56.68%	1 173 434 722.86	507 139 500.87	56.78%

三、酒店营运及管理业上市公司报表解读

锦江股份（A 股 600754，B 股 900934）

（一）会计政策特色

收入：

（1）提供劳务收入：

本集团对外提供酒店客房服务的，在酒店客房服务已提供且取得收取服务费的权利时确认收入。

提供劳务同时授予客户奖励积分的业务，在提供劳务的同时，将销售取得的货款或应收货款在本次劳务提供产生的收入与奖励积分的公允价值之间进行分配，将取得的现金或应收货款扣除奖励积分公允价值的部分确认为收入、奖励积分的公允价值确认为递延收益。

客户兑换奖励积分时，本集团将原计入递延收益的与所兑换积分相关的部分确认为收入，确认为收入的金额以被兑换用于换取奖励的积分数额占预期将兑换用于换取奖励的积分总数的比例为基础计算确定。

（2）加盟费收入：

根据有关合同或协议，按权责发生制确认收入。

（3）会员卡收入：

在会员受益期内按直线法分期确认收入。

（二）报表附注

主营业务（分行业）

行业名称	2010 年度		2009 年度	
	主营业务收入	主营业务成本	主营业务收入	主营业务成本
经济型酒店营运及管理业务	1 606 012 715.71	123 529 569.37	1 201 110 284.71	92 193 167.57
食品及餐饮业务	230 275 235.47	109 343 718.09	187 491 704.10	88 245 109.67
星级酒店营运业务	156 872 270.33	26 089 519.29	312 162 234.01	56 929 988.58
物品供应业务	66 721 351.45	62 811 311.79	90 648 168.93	85 935 022.49

续表

行业名称	2010 年度		2009 年度	
	主营业务收入	主营业务成本	主营业务收入	主营业务成本
星级酒店管理业务	42 484 368.51	1 041 152.87	76 141 168.14	3 646 805.35
其他业务	710 742.00	330 536.56	1 689 941.66	714 167.40
合计	2 103 076 683.47	323 145 807.97	1 869 243 501.55	327 664 261.06

本章小结

旅游、餐饮、酒店企业属于服务业，三种行业在业务上密切联系，在会计核算上又独具特点。

旅行社是旅游企业的代表，为旅行者提供旅行过程中的中介服务。旅行社的业务分为组团社和接团社，组团社和接团社相互连接，互为条件；在不同的业务中，一个旅行社，可以既是组团社，又是接团社。旅行社的收入应在旅游活动已经结束时确认，应按最终报价单或结算单所记载的金额确定，存在销售折扣的，按扣除销售折扣后的金额计量。旅行社的成本应满足收入与成本配比的原则，按接待单位的结算账单计量。

餐饮企业为消费者提供餐饮品加工、销售、服务各项服务。餐饮企业的收入应在消费者完成消费时确认，按餐单所记载的金额确定，存在商业折扣的，按扣除销售折扣后的金额计量。餐饮企业的成本是餐饮品耗用的原材料实际成本，且仅计算总成本。对于不入库的鲜活材料，购入验收后直接交付厨房的，采购成本直接计入"主营业务成本"；入库的原材料，可采用永续盘存制和实地盘存制计算耗用材料的成本，期末对于厨房的剩余材料通常办理"假退料"手续，冲减成本。除原材料以外的与经营有关的其他相关消耗，均计入销售费用。

酒店为顾客提供住宿、餐饮、购物、洗衣、健身娱乐、美发美容等多项服务，以提供住宿为主。客房收入以实际出租的时间确认收入，按实际出租的价格计量。客人在酒店中的各项消费有分散收费和集中收费两种方式，每日各项收入在总服务台汇总，编制"营业收入日报表"上报财务部门，据以确认当日的收入。酒店客房的成本费用以建筑物和各项设施的折旧和摊销为主，日常消耗较小，且各类经营业务间相互交叉，直接费用和间接费用不易区分，所以不计算客房成本；在酒店中，除商品部和餐厅计算营业成本外，其他业务均不核算营业成本，相关的耗费计入销售费用。

重要概念

核算对象的多样性　成本核算的特殊性　货币核算的涉外性　组团社　接团社　包价　永续盘存制　收付实现制　毛利率法　成本加成率法　客房出租率　租金成本率

思考练习题

一、思考题

1. 简述旅行社经营业务的特点。
2. 简述旅行社营业收入的主要内容。
3. 简述酒店的集中收费方式。饭店集中收费方式需要解决什么问题？
4. 请介绍餐馆各种服务与收款方式的适用情况。
5. 餐饮成本核算的特点有哪些？

二、练习题

（一）单项选择题

1. 旅行社组团出境游确认收入的时点为（　　）。
   A. 离开本地时间　　　　　　　　B. 返回本地时间
   C. 离境时间　　　　　　　　　　D. 返回境内时间
2. 旅游中的"风味餐"属于（　　）。
   A. 综合服务费　　　　　　　　　B. 城市间交通费
   C. 市内车费　　　　　　　　　　D. 专项附加费
3. 不宜入库管理的原材料是（　　）。
   A. 大米　　　　　　　　　　　　B. 花生油
   C. 香菇　　　　　　　　　　　　D. 蔬菜
4. 采用成本加成法制定餐饮制品售价的公式为（　　）。
   A. 售价 = 成本 ×（1 + 销售毛利率）
   B. 售价 = 成本 ×（1 + 成本毛利率）
   C. 售价 = 成本 ×（1 - 销售毛利率）
   D. 售价 = 成本 ×（1 - 成本毛利率）
5. 酒店客房向客人收取的电话费通常应（　　）。
   A. 增加主营业务收入　　　　　　B. 增加其他业务收入
   C. 冲减主营业务成本　　　　　　D. 冲减销售费用

（二）多项选择题

1. 根据国家旅游局的价格规定，按旅游日程及特殊需要项目，旅游价格一般由（　　）构成。
   A. 综合服务费　　　　　　　　B. 房费
   C. 城市间交通费　　　　　　　D. 专项附加费

2. 旅游价格中的"综合服务费"包括（　　）。
   A. 餐饮费　　　　　　　　　　B. 市内车费
   C. 导游劳务费　　　　　　　　D. 风味餐费

3. 餐饮企业应在消费者完成消费时确认营业收入。消费者完成消费，因结算方式不同而异，小吃店结算方式通常有（　　）。
   A. 先就餐后结算　　　　　　　B. 一手钱一手货
   C. 先结算后就餐　　　　　　　D. 赊账

4. 旅游经营业务的营业成本包括（　　）。
   A. 导游费　　　　　　　　　　B. 宣传费
   C. 票务费　　　　　　　　　　D. 住宿费

5. 餐饮业的原材料包括（　　）。
   A. 主食　　　　　　　　　　　B. 副食
   C. 调味品　　　　　　　　　　D. 燃料

（三）判断题

1. 组团社拨付给接团社的综合服务费，是组团社的营业成本，是接团社的营业收入。（　　）

2. 为核算接团社的经营成果，无论款项是否已收到，应以向有关组团社发出"拨款单"的时间和金额作为计算本期营业成本的依据。（　　）

3. 餐饮企业不论月末对盘存的原材料是否办理假退料手续，本月消耗的原材料总成本都应是"营业成本"账户的借方发生额合计数。（　　）

4. 租金成本率始终等于或小于客房出租率。（　　）

5. 餐饮业的生产成本一般只算总成本，不算单位成本。（　　）

（四）业务核算题

1. 和平旅行社2012年4月发生以下业务：

（1）2012年5月10日组团20人北京赴黄山双卧五日游，每人团费2 000元，收取团费40 000元，团号为C508。

（2）2012年5月11日和平旅行社为C508团订北京赴黄山往返火车票，支付票款16 000元。

（3）2012年5月12日向皖麓旅行社预付订金9 000元，双方在接团合同中约定综合服务费金额14 000元，其中：房费3 600元、餐费3 400元、市内交通费 2 600 元、门票费 2 400 元、陪同费 2 000 元。

(4) 2012 年 5 月 16 日 C508 团离京，5 月 18 日返京。

(5) 2012 年 5 月 20 日收到皖麓旅行社接待 C508 团结算账单，支付余款 5 000 元。

(6) 2012 年 5 月 21 日与鲁南旅行社签订接团合同，负责鲁南旅行社 K781 团一行 30 人在北京三天行程的旅游接待任务，共收费 30 000 元。收到鲁南旅行预付订金 20 000 元。

(7) 鲁南旅行社 K781 团于 2012 年 5 月 29 日抵达北京，5 月 31 日离开。

(8) 2012 年 5 月 29 日至 5 月 31 日接待鲁南旅行社 K781 团在北京旅游期间，向有关接待单位支付房费 6 000 元、餐费 4 500 元、市内交通费 3 500 元、门票费 6 000 元、陪同费 2 000 元，共支付 22 000 元。6 月 8 日，收到结算的余款。

要求：根据以上业务编制相应的会计分录。

2. 苏州人家餐馆经营淮扬菜系，对于原材料管理，采购的蔬菜、水果验收后直接交厨房使用；采购的其他原材料入库，采用永续盘存制，每月末盘点，厨房未用完的材料办理假退料手续。2012 年 6 月 30 日发生以下业务：

(1) 从农贸市场购入蔬菜 500 元，购入水果 100 元，验收后交厨房使用，以现金支付。

(2) 向固定的供应商购入牛肉 1 500 元，购入木耳 500 元，购入大米 2 000 元，验收入库，款项尚未支付。

(3) 厨房领用猪里脊 10 千克，单价 25 元；冷冻虾仁 5 千克，单价 30 元。

(4) 当日营业收入扣除折扣后款项全部收到，其中，收取现金 55 400 元，其余为刷卡收费，刷卡收费银行扣 1% 的手续费，当日营业收入日报表如下：

营业收入日报表

2012 年 6 月 30 日
单位：元

项目	金额	折扣	应收金额
食品收入	86 400		86 400
酒水收入	8 000		8 000
服务收入	1 000		1 000
合计	95 400	400	95 000

(5) 当日营业结束,进行6月末厨房盘点,盘点结果如下:

厨房原材料盘点表

2012 年 6 月 30 日

项目	数量（千克）	单价（元）	金额（元）
大米	200	3	600
猪里脊	4	25	100
色拉油	30	10	300
合计			1 000

要求：根据以上业务编制相应的会计分录。

3. 春秋酒店为一家三星级酒店，2012 年 4 月 30 日财务部收到总服务台转来营业收入日报表如下：

营业收入日报表

2012 年 4 月 30 日

本日应收		结算	
项目	金额	项目	金额
房金	62 000	昨日结存	96 000
加床	300	本日收款	72 000
电话	110	其中：现金	25 000
小酒柜	150	银行卡	32 000
赔偿	40	支票	15 000
合计	62 600	本日应收	62 600
本日可出租房：300 间 本日实际出租房：210 间 本日空房：90 间		本日结存	86 600

要求：根据以上业务编制相应的会计分录。

练习题答案：

(一) 单项选择题

1. B   2. D   3. D   4. B   5. D

(二) 多项选择题

1. ABCD   2. ABC   3. BC   4. ACD   5. ABC

（三）判断题

1. √   2. √   3. ×   4. ×   5. √

（四）业务核算题

1.（1）5月10日收取C508团团费时：

借：银行存款——人民币户　　　　　　　　　　　　40 000
　　贷：应收账款——C508团　　　　　　　　　　　　　　40 000

（2）5月11日为C508团支付火车票款时：

借：应付账款——C508团　　　　　　　　　　　　16 000
　　贷：银行存款——人民币户　　　　　　　　　　　　　16 000

（3）5月12日向皖麓旅行社预付订金时：

借：应付账款——皖麓旅行社　　　　　　　　　　　9 000
　　贷：银行存款——人民币户　　　　　　　　　　　　　9 000

（4）5月18日C508团回京时：

借：应收账款——C508团　　　　　　　　　　　　40 000
　　贷：主营业务收入——组团外联收入　　　　　　　　　40 000

借：主营业务成本——组团外联成本（城市间交通费）16 000
　　　　　　　　——组团外联成本（房费）　　　　3 600
　　　　　　　　　　　　　　　　（餐费）　　　　3 400
　　　　　　　　　　　　　　　　（市内交通费）　2 600
　　　　　　　　　　　　　　　　（门票费）　　　2 400
　　　　　　　　　　　　　　　　（陪同费）　　　2 000
　　贷：应付账款——C508团　　　　　　　　　　　　　　16 000
　　　　　　　　——皖麓旅行社　　　　　　　　　　　　14 000

（5）5月20日向皖麓旅行社支付接团费余款时：

借：应付账款——皖麓旅行社　　　　　　　　　　　5 000
　　贷：银行存款——人民币户　　　　　　　　　　　　　5 000

（6）5月21日收到鲁南旅行社K781团订金时：

借：银行存款——人民币户　　　　　　　　　　　　20 000
　　贷：应收账款——鲁南旅行社　　　　　　　　　　　　20 000

（7）2012年5月31日K781团离京时：

借：应收账款——鲁南旅行社　　　　　　　　　　　30 000
　　贷：主营业务收入——综合服务收入　　　　　　　　　30 000

（8）5月21～31日支付K781团款项时：

借：应付账款——K781团　　　　　　　　　　　　22 000
　　贷：银行存款——人民币户　　　　　　　　　　　　　22 000

5月31日离京时：

借：主营业务成本——综合服务成本（房费）		6 000
	（餐费）	4 500
	（市内交通费）	3 500
	（门票费）	6 000
	（陪同费）	2 000
贷：应付账款——K781团		22 000

2012年6月8日收到鲁南旅行社结算余款：

借：银行存款——人民币户	10 000
贷：应收账款——鲁南旅行社	10 000

2. （1）借：主营业务成本   600
    贷：库存现金   600

（2）借：原材料——粮食类（大米）   2 000
     ——副食类（牛肉）   1 500
     ——干货类（木耳）   500
   贷：银行存款   4 000

（3）借：主营业务成本   400
   贷：原材料——副食类（里脊）   250
     ——副食类（虾仁）   150

（4）借：库存现金   55 400
  银行存款   39 600
  财务费用   400
   贷：主营业务收入——食品收入   86 400
     ——酒水收入   8 000
     ——服务收入   1 000
     ——折扣   -400

（5）借：主营业务成本   -1 000
   贷：原材料——粮食类（大米）   -600
     ——副食类（里脊）   -100
     ——调料类（色拉油）   -300

3. （1）2012年4月30日确认收入时：
借：应收账款   62 600
  贷：主营业务收入——客房收入   62 450
   销售费用——电话费   110
     ——物料消耗   40

（2）2012 年 4 月 30 日收款时：

借：银行存款　　　　　　　　46 680（32 000×99% +15 000）
　　库存现金　　　　　　　　　　　　　　　25 000
　　财务费用　　　　　　　　　　　　　　　　　320
　　贷：应收账款　　　　　　　　　　　　　　72 000

第四章 施工企业会计

本章学习要求：本章主要讲述施工企业的合同收入和合同成本的会计处理，与施工生产密切相关的周转材料和临时设施的会计处理，以及施工企业与发包单位或分包单位的结算。学完本章后，要熟练掌握施工企业主营业务收入和主营业务成本核算的基本知识、基本方法、基本理论，根据施工企业经营特点和管理要求，综合运用有关会计核算方法进行施工企业生产经营活动的会计核算。

第一节 施工企业会计的特点

一、施工企业的主要业务

施工企业从事建筑、安装、装饰装修工程施工业务，其业务包括三类：

（1）土木工程建筑业务，指房屋、铁路、公路、桥梁、隧道、堤坝、码头、运动场、矿山等建筑业务。

（2）线路、管道和设备安装业务，指电力、通信线路、燃气、石油、给水、排水、供热等管道系统和各类机械设备、装置的安装等业务。

（3）装饰装修业务，指对建筑物的内外装修、装饰和安装业务，包括对车、船和飞机等的装饰、装潢等。

施工企业生产经营具有以下特点：

（1）流动性。由于施工企业的生产对象是工程，导致企业施工队伍在不同的工程之间流动施工；又因同一工程有不同的工种，导致不同工种的工人在同一建筑物的不同岗位上流动施工；再有，同一工程不同部分有相同的工种，又导致同一工种的工人在同一工地不同单位工程之间流动施工。

（2）单件性。一般的建筑产品应在国家或地区的统一规划内，根据其使用功能、社会经济条件，单独设计、单独施工。

（3）地区性。同一功能的建筑产品即使采用同一标准设计、通用构件，也会因为建筑产品所在地区的自然、技术、经济和社会条件不同，使建筑产品的结构或构造、艺术形式、室内设施、建筑材料、施工技术、施工组织等需要因地制宜地加以修改。

（4）长期性。由于建筑产品体形庞大，需耗费大量的人力、物力和财力，同时建筑产品的施工生产过程还要受到工艺流程的制约，使施工活动的空间具有局限性，从而导致建筑产品生产周期长并占用大量的流动资金。

（5）受自然条件影响大。施工生产露天、高空作业的特点日益明显，使施工生产受自然条件的影响大。

（6）按工程承包合同进行施工生产。工程产品不必推向市场，完工后直接交付发包单位。

二、施工企业会计核算特点

（一）施工企业会计核算特点概述

施工企业生产经营的特点和管理要求使其会计核算具有以下特点：
（1）会计核算应实行分级核算和管理；
（2）预收发包单位工程款及应付发包单位工程款的业务核算较多；
（3）内部往来核算业务较多；
（4）一般材料核算有特点，存在大量周转材料需要单独进行核算；
（5）建筑安装工程成本的核算采用订单法；
（6）工程合同收入确认方法具有独特性：施工企业产品建设时间往往超过一个会计年度，其工程合同收入往往需按工程完工程度来确认；
（7）生产成本除核算工程施工成本外，还要核算工业生产成本、作业成本、辅助生产成本等。

（二）施工企业会计核算应设置的账户

为核算施工企业的生产经营活动，应设置"工程施工"、"机械作业"、"辅助生产成本"、"周转材料"、"临时设施"、"临时设施摊销"、"临时设施清理"、"工程结算"、"主营业务收入"、"主营业务成本"、"应收账款"、"预收账款"、"应付账款"、"预付账款"等账户，各账户核算的内容在本章以后相关各节予以介绍。

第二节　周转材料的核算

周转材料指在施工生产中多次使用并基本保持其实物形态的工具性材料，在使用中价值应采用一定的方法摊销到施工企业的成本费用中去。

一、周转材料的分类

周转材料按其用途不同可分为以下四类:
(1) 模板:指浇灌混凝土用的木模、组合钢模以及配合模板使用的支撑材料和滑模材料等。
(2) 架料:指搭设脚手架用的竹竿、木杆、竹木跳板以及列作流动资产的钢管脚手架及其附件等。
(3) 挡板:指土方工程施工用木挡板以及支撑材料等。
(4) 其他:指塔吊使用的轻轨、枕木等。
周转材料按其使用状况不同,可分为在库周转材料和在用周转材料。

二、周转材料核算应设置的账户

为核算周转材料购入、领用、摊销、退库及结存情况,施工企业应设置"周转材料"账户。本账户核算在库和在用的各种周转材料的计划成本或实际成本。在此账户下设置"在库周转材料"、"在用周转材料"和"周转材料摊销"三个明细账户。"在库周转材料"明细账户用于核算在库周转材料的计划成本或实际成本;"在用周转材料"明细账户用于核算在用周转材料的计划成本或实际成本;"周转材料摊销"明细账户用于核算周转材料摊销额,是"在库周转材料"和"在用周转材料"明细账户的抵减账户。

三、周转材料的摊销的核算

1. 周转材料的摊销核算

在用周转材料应采用一定的摊销方法,计算确定当期应计提的摊销额。各类周转材料特点不同,摊销方法和会计处理也不相同,常用的方法有以下几种:
(1) 分次摊销法。这是根据周转材料的预计使用次数,将其成本分次摊入工程(产品)成本费用的一种方法。主要适用于模板、挡板等周转材料。其计算公式为:

周转材料每次使用摊销额 = 周转材料原价 × (1 - 残值率) ÷ 预计使用次数
本期使用摊销额 = 本期使用次数 × 每次使用摊销额

【例 4 - 1】甲工程领用定型钢模板的实际成本为 50 000 元,预计使用 60 次,残值率为 10%,本期共使用 4 次,做会计处理如下:

周转材料每次使用摊销额 = 50 000 × (1 - 10%) ÷ 60 = 750(元)
本期摊销额 = 750 × 4 = 3 000(元)

借：周转材料——在用周转材料　　　　　　　　　　50 000
　　贷：周转材料——在库周转材料　　　　　　　　　　50 000
借：工程施工——合同成本（甲工程）　　　　　　　3 000
　　贷：周转材料——周转材料摊销　　　　　　　　　　3 000

（2）分期摊销法。这是根据一种周转材料的预计使用年限，将其成本分期摊入工程（产品）成本费用的一种方法。主要适用于架料、轻轨、枕木等周转材料。其计算公式如下：

周转材料每月摊销额 = 周转材料原价 ×（1 - 残值率）÷ 预计使用月数

【例4-2】乙工程本月领用跳板一批，实际成本12 000元，预计使用15个月，预计残值率为计划成本的10%，做会计处理如下：

每月摊销额 = 12 000 ×（1 - 10%）÷ 15 = 720（元）

借：周转材料——在用周转材料　　　　　　　　　　12 000
　　贷：周转材料——在库周转材料　　　　　　　　　　12 000
借：工程施工——合同成本（乙工程）　　　　　　　720
　　贷：周转材料——周转材料摊销　　　　　　　　　　720

（3）定额摊销法。这是根据实际完成的实物工程量和预算定额规定的周转材料消耗定额，计算周转材料摊销额，计入工程（产品）成本费用的一种方法。主要适用于模板的摊销。其计算公式为：

周转材料本期分摊额 = 本期完成的实物工程量 × 单位工程周转材料消耗定额

【例4-3】丙工程领用模板实际成本30 000元，预算余额规定，每完成1立方米的混凝土消耗的模板价值为18元，本期完成工程量400立方米，做会计处理如下：

本期摊销额 = 400 × 18 = 7 200（元）

借：周转材料——在用周转材料　　　　　　　　　　30 000
　　贷：周转材料——在库周转材料　　　　　　　　　　30 000
借：工程施工——合同成本（丙工程）　　　　　　　7 200
　　贷：周转材料——周转材料摊销　　　　　　　　　　7 200

（4）一次摊销法。这是指领用时将周转材料价值一次计入工程成本的方法。主要适用于易腐、易糟周转材料的摊销。

【例4-4】丁工程领用一次摊销的安全网一批，计划成本2000元，材料成本差异率1.5%。做会计处理如下：

借：工程施工——合同成本（丁工程）　　　　　　　2030
　　贷：周转材料——在库周转材料　　　　　　　　　　2000
　　　　材料成本差异——周转材料　　　　　　　　　　30

对各种周转材料的具体摊销方法,由企业根据具体情况确定,一经确定一般不随意改变,如果改变须在会计报表附注中加以说明。

2. 报废、短缺、退库周转材料摊销额的调整

由于施工企业的周转材料大多在露天使用、堆放,受自然影响损耗较大,且施工过程中安装拆卸周转材料的技术水平和施工生产工艺的高低对周转材料的使用寿命也有着直接影响,因此,在实际工作中,周转材料无论采用哪一种摊销方法,平时计算的摊销额,一般都不可能与实际价值损耗完全一致,所以,须在年终或工程竣工时,对周转材料进行盘点,根据实际损耗调整已提摊销额,以保证工程成本和有关费用的正确性。

企业清查盘点中发现短缺、报废周转材料,应及时办理报废手续,并办理补提摊销额。

报废、短缺周转材料应补提摊销额 = 应提摊销额 – 已提摊销额

应提摊销额 = 报废、短缺周转材料的原价
　　　　　　– 残料价值(短缺的周转材料无残值)

已提摊销额 = 报废、短缺周转材料的原价 × (该类在用周转材料账面已提摊销额 / 该类在用周转材料账面原价)

【例 4 – 5】承【例 4 – 1】,甲工程领用定型钢模板,使用 55 次报废,残值 4 500 元,做会计处理如下:

补提摊销额时:

应提摊销额 = 50 000 – 4 500 = 45 500(元)

已提摊销额 = 750 × 55 = 41 250(元)

补提摊销额 = 45 500 – 41 250 = 4 250(元)

借:工程施工——合同成本(甲工程)　　　　4 250
　　贷:周转材料——周转材料摊销　　　　　　　　　4 250

报废时:

借:原材料　　　　　　　　　　　　　　　　　4 500
　　周转材料——周转材料摊销　　　　　　　45 500
　　贷:周转材料——在用周转材料　　　　　　　　50 000

退库指周转材料从施工现场退回仓库;转移指周转材料从一项工程转移到另一项工程,且两个工程分别是两个不同的成本核算对象。周转材料在退库或转移时,首先要核定其成色,若成色降低,应补提摊销额,然后进行核算。

对于工程竣工或不使用的周转材料,应将周转材料从施工现场退回仓库,及时办理退库手续,并确定成色,补提摊销额。

退回周转材料应补提摊销额 = 应提摊销额 – 已提摊销额

应提摊销额 = 退回周转材料的原价 × （1 - 退回时确定的成色）

$$\text{已提摊销额} = \text{退回周转材料的原价} \times \frac{\text{该类在用周转材料账面已提摊销额}}{\text{该类在用周转材料账面原价}}$$

对于从一项工程转移到另一项工程的周转材料，应及时办理转移手续，并比照上述方法，确定转移的成色，补提摊销额。

对于盘点确定降低成色的周转材料，也应比照上述方法，确定成色补提摊销额。

【例4-6】 乙工程退库一批模板，账面原价为1 800元，估计成色为40%，该类模板账面原价为3 000元，已提摊销额为1 500元。做会计处理如下：

补提摊销额时：

应提摊销额 = 1 800 × （1 - 40%） = 1 080（元）

已提摊销额 = 1800 × 1 500 ÷ 3 000 = 900（元）

补提摊销额 = 1 080 - 900 = 180（元）

借：工程施工——合同成本（乙工程）　　　　　180
　　贷：周转材料——周转材料摊销　　　　　　　　180

退回模板入库时：

借：周转材料——在库周转材料　　　　　　　1 800
　　贷：周转材料——在用周转材料　　　　　　　1 800

第三节　临时设施的核算

临时设施是施工企业为保证施工生产顺利进行而建造的各种简易设施，在使用中其成本应采用一定的方法分期摊销到施工企业的成本费用中去，其核算方法与固定资产类似。

一、临时设施的分类

临时设施分为大型临时设施和小型临时设施。

（一）大型临时设施

大型临时设施包括：
（1）现场临时办公室、作业棚、机具棚、化灰池、储水池、材料库。
（2）临时宿舍、食堂；
（3）临时供热、供电、给水、排水设施；

(4) 临时道路、围墙等。

(二) 小型临时设施

小型临时设施包括：
(1) 作业棚、机具棚、收发室、茶炉棚、休息棚、临时厕所；
(2) 化灰池、储水池、便道等。

二、临时设施核算应设置的账户

为核算临时设施的购建、摊销和报废，应设置"临时设施"、"临时设施摊销"和"临时设施清理"账户。

临时设施的账面价值通过"临时设施"和"临时设施摊销"账户核算。"临时设施"账户用于核算临时设施的原始成本，"临时设施摊销"账户用于核算临时设施的摊销计入施工成本费用的价值，是"临时设施"账户的抵减账户。

临时设施的报废清理通过"临时设施清理"账户核算。"临时设施清理"账户用于核算报废清理临时设施的净损益，报废清理的临时设施的净值以及清理支出反映在借方，清理收入和残料反映在贷方，清理结束后，将清理净损益转入营业外收入或营业外支出。

三、临时设施的核算

1. 取得临时设施的核算

施工企业取得临时设施可通过外购和自行建造两种方式，按成本入账。自行建造临时设施的成本可通过"在建工程"账户归集，完工后，转为临时设施。

【例 4-7】2012 年 8 月甲工程为施工现场搭建临时工具棚，领用各种材料的计划成本为 60 000 元，材料成本差异率为 2%，支付工资 5 000 元，以银行存款支付其他费用 2 800 元，2012 年 9 月临时工具棚完工并投入使用。做会计处理如下：

搭建临时设施时：

借：在建工程——临时工具棚　　　　　　　　　　　　69 000
　　贷：原材料　　　　　　　　　　　　　　　　　　60 000
　　　　材料成本差异　　　　　　　　　　　　　　　 1 200
　　　　应付职工薪酬　　　　　　　　　　　　　　　 5 000
　　　　银行存款　　　　　　　　　　　　　　　　　 2 800

临时设施交付使用时：

借：临时设施　　　　　　　　　　　　　　　　　　69 000
　　贷：在建工程——临时工具棚　　　　　　　　　　　　69 000

2. 摊销临时设施的核算

临时设施为整个施工期间提供各种服务，其成本应分摊到"工程施工——间接费用"账户，由于临时设施在工程结束后会拆除，所以摊销期限应按临时设施的耐用期限和施工期限孰短的原则确定。

【例 4-8】承【例 4-7】，临时工具棚预计净残值率为 0，耐用期限 3 年，施工期限 2 年。企业每月摊销时做会计处理如下：

每月摊销额 = 69 000 ÷ 24 = 2 875（元）

借：工程施工——间接费用　　　　　　　　　　　　2 875
　　贷：临时设施摊销　　　　　　　　　　　　　　　　2 875

3. 临时设施报废清理的核算

报废清理临时设施的账面价值、清理费、清理收入通过"临时设施清理"账户核算，并计算结转清理净损益。

【例 4-9】承【例 4-7】、【例 4-8】，工程提前 2 个月完工，拆除临时工具棚，残料 1 200 元，支付拆除费 500 元。做会计处理如下：

结转报废临时设施的账面价值时：

借：临时设施清理　　　　　　　　　　　　　　　　5 750
　　临时设施摊销　　　　　　　　　　　　　　　　63 250
　　贷：临时设施　　　　　　　　　　　　　　　　　69 000

残料入账时：

借：原材料　　　　　　　　　　　　　　　　　　　1 200
　　贷：临时设施清理　　　　　　　　　　　　　　　　1 200

支付拆除费时：

借：临时设施清理　　　　　　　　　　　　　　　　　500
　　贷：银行存款　　　　　　　　　　　　　　　　　　500

结转清理净损益时：

借：营业外支出　　　　　　　　　　　　　　　　　5 050
　　贷：临时设施清理　　　　　　　　　　　　　　　5 050

第四节　施工企业工程成本的核算

施工企业的生产对象是工程，企业为某项工程施工生产而发生的各种生产耗费的总和称为工程成本。

一、工程成本核算对象与成本项目组成

(一) 工程成本核算的对象

工程成本核算对象是指归集和分配施工费用的具体承担对象,通常按每一工程作为成本核算对象。施工前,施工企业(建筑承包商)与建设单位(业主)要为工程签订建造合同,按工程确定成本核算对象,实际就是按建造合同确定成本核算对象。但是,一个建造合同可能只有一个工程,也可能包含设计、技术、功能、最终用途等方面密切相关的数项工程,所以工程成本核算对象的确定不能一概而论,应视施工、管理、建造合同等情况而定。具体地说:

1. 以单项建造合同为工程成本核算对象

按单项建造合同为工程成本核算对象,便于分别计量和确认各单项合同的成本,分析工程预算和施工合同的完成情况,并为核算损益提供依据。

2. 以合同分立后的单项资产为工程成本核算对象

如果一项建造合同包括数项资产,各项资产在商务谈判、设计施工、价款结算等方面都是可以相互分离的,实质上是多项合同,在同时具备下列条件时,每项资产应分立为不同的核算对象:

(1) 每项资产均有独立的建造计划;

(2) 与客户就每项资产单独进行谈判,双方能够接受或拒绝与每项资产有关的合同条款;

(3) 每项资产的收入和成本可以单独辨认。

对该项建造合同进行分立后,应将分立的单项资产作为一个成本核算对象,单独核算其成本,这样有利于正确计算建造每项资产的损益。

3. 以合同合并后的一组合同为工程成本核算对象

如果一组建造合同无论对应单个业主或几个业主,各项资产在设计、技术、功能、最终用途上是密不可分的,实质上是一项合同,在同时具备下列条件的情况下,应合并为一个成本核算对象:

(1) 该组合同按一揽子交易签订;

(2) 该组合同密切相关,每项合同实际上已构成一项综合利润率工程的组成部分;

(3) 该组合同同时或依次履行。

由于在同一地点同时或依次施工,建筑施工企业对施工队伍、工程计量、施工质量与进度等实行统一管理,将符合合并条件的一组合同作为工程成本核算对象,有利于工程管理和简化核算。

工程成本核算对象一经确定,不得任意变更。

（二）工程成本项目的设置

合同成本包括从合同签订开始至合同完成止所发生的与执行合同有关的直接费用和间接费用。

1. 直接费用

直接费用是指为完成合同所发生的、可以直接计入合同成本核算对象的各项费用支出。包括：

（1）耗用的材料费用，指施工生产过程中耗用的构成工程实体或有助于形成工程实体的原材料、辅助材料、构配件、零件、半成品的成本和周转材料的摊销及租赁费用。

（2）耗用的人工费用，指从事工程建造的人员的职工薪酬。

（3）耗用的机械使用费，指施工生产过程中使用自有施工机械所发生的机械使用费、租用外单位施工机械支付的租赁费以及施工机械的安装、拆卸和进出场费。

（4）其他直接费用，指在施工过程中发生的除上述三项直接费用以外的其他可以直接计入合同成本核算对象的费用。如：设计和技术援助费用、施工现场材料的二次搬运费、生产工具和用具使用费、检验试验费、工程定位复测费、工程点交费用、场地清理费用等。

2. 间接费用

间接费用是指为完成合同所发生的、不宜直接归属于合同成本核算对象而应分配计入有关合同成本核算对象的各项费用支出。

间接费用主要包括临时设施摊销费用和企业下属的施工组织和管理施工生产活动所发生的费用，如管理人员薪酬、劳动保护费、固定资产折旧费及修理费、物料消耗、取暖费、水电费、办公费、差旅费、财产保险费、工程保修费、排污费等。这里所说的"施工单位"是指建筑安装企业的施工队、项目经理部等，这些单位可能同时组织实施几项合同，其发生的费用应由这几项合同的成本共同负担。

二、施工企业合同成本核算应设置的账户

为了施工企业的合同成本，应设置"工程施工"、"机械作业"、"辅助生产成本"账户。

合同成本、间接费用和合同毛利通过"工程施工"账户核算。"工程施工"账户下设"合同成本"、"间接费用"和"合同毛利"三个二级账。"合同成本"二级账用于归集施工费用，计算合同成本，直接费用直接计入该账户，间接费用期末分配转入该账户，该二级账期末余额反映未完工程的实际成本，该二级账按成本核算对象设置明细账。"间接费用"二级账平时用于归集间接费用，期末将

本期间接费用分配转入"合同成本"二级账，该二级账期末无余额，"间接费用"二级账按施工队、项目经理部设置，"间接费用"二级账的核算方法与工业企业的"制造费用"相似。"工程毛利"二级账用于核算施工期间分期确定的工程毛利，该二级账反映施工期间累计毛利，工程完工时结转工程毛利。

自有施工机械的机械作业费通过"机械作业"账户核算。"机械作业"账户平时用于归集自有机械在作业过程中直接人工、燃料及动力费、折旧与修理费、其他直接费用和间接费用，期末将本期机械作业费按受益对象分配转入"工程施工——合同成本"明细账，该账户期末无余额。"机械作业"账户按施工机械或运输设备的种类设置明细账，按成本项目设专栏。

辅助生产部门的生产费用通过"辅助生产成本"账户核算。"辅助生产成本"账户平时用于归集辅助生产部门为工程施工生产材料或提供劳动所发生的直接材料、直接人工、其他直接费用和间接费用，期末结转辅助生产费用，计入各受益对象的成本，期末余额反映辅助生产部门在产品的生产成本。"辅助生产成本"账户可按生产材料或提供劳动的类别确定。成本项目设专栏。

三、工程成本的核算

（一）工程成本的核算程序

工程成本的核算程序是指施工企业核算工程成本时应遵循的步骤和顺序。

1. 归集施工生产费用

（1）归集工程施工发生的直接费用，按成本受益对象直接记入"工程施工——合同成本"相关明细账。

（2）归集工程施工发生的各项间接费用，按发生地点和用途记入"辅助生产成本"、"机械作业"、"工程施工——间接费用"等账户。

（3）期末分配辅助生产成本，将"辅助生产成本"账户归集的费用按用途和一定标准分配记入"工程施工——合同成本"、"机械作业"、"工程施工——间接费用"等账户。

（4）期末分配机械作业费，将"机械作业"账户归集的费用按用途和一定标准分配记入"工程施工——合同成本"、"工程施工——间接费用"等账户。

（5）期末分配间接费用，将"工程施工——间接费用"账户归集的费用按一定的方法分配记入"工程施工——合同成本"明细账。

通过上述程序，施工费用都已归集在"工程施工——合同成本"明细分类账中。

2. 已完工程成本的结算

在成本计算期期末，如果某成本核算对象有未完工程时，要对未完工程进行盘点，按一定的方法计算出期末未完工程成本；进而计算本期已完工程成本，并编制本期"已完工程成本表"与预算进行对比，考核工程成本节约、超支情况。

3. 计算并结转竣工工程成本

工程竣工后，将"工程施工——合同成本"、"工程施工——合同毛利"账户与"工程结算"账户对冲。

（二）工程成本费用的归集与分配

1. 材料费的归集与分配

企业在施工生产中耗用的主要材料、结构件、其他材料费用及周转材料摊销和租赁费等均属于材料费，月末，财会部门应根据审核后的各种领料凭证、退料单、残料交库单等原始凭证，编制"发出材料汇总分配表"或"材料费用分配表"据以确定各成本核算对象应分摊的材料费，并记入"工程施工——合同成本"明细账中"材料费"项目。

【例4-10】甲分公司2012年8月耗用材料分配情况如表4-1所示，做会计处理如下：

表4-1　　　　　　　　　材料费用分配表

编制单位：甲分公司　　　　　　2012年8月　　　　　　　　　　单位：元

受益对象 材料类别	A工程	B工程	机械作业	辅助生产成本	合计
一、主要材料					
1. 黑色金属	54 000	27 000			81 000
2. 硅酸盐	41 000	23 000			64 000
3. 其他主要材料	1 500	2 000			3 500
4. 主要材料合计	96 500	52 000			148 500
5. 材料成本差异	986	530			1 516
二、结构件					
1. 金额	15 000	25 000			40 000
2. 材料成本差异	225	375			600
三、机械配件					
1. 金额			600		600
2. 材料成本差异			12		12
四、其他材料					
1. 金额	800	1 000	1 000	800	3 600
2. 材料成本差异	8	10	10	8	36
五、周转材料 　摊销	600	750			1 350
总计	114 119	79 665	1 622	808	196 214

借:工程施工——工程成本——A 工程(材料费)　　　114 119
　　　　　　　——工程成本——B 工程(材料费)　　　 79 665
　　机械作业　　　　　　　　　　　　　　　　　　　 1 662
　　辅助生产成本　　　　　　　　　　　　　　　　　　 808
　　贷:库存材料——黑色金属　　　　　　　　　　　　81 000
　　　　　　　——硅酸盐　　　　　　　　　　　　　 64 000
　　　　　　　——其他主要材料　　　　　　　　　　　3 500
　　　　　　　——结构件　　　　　　　　　　　　　 40 000
　　　　　　　——机械配件　　　　　　　　　　　　　 600
　　　　　　　——其他材料　　　　　　　　　　　　 3 600
　　　　周转材料——周转材料摊销　　　　　　　　　　1 350
　　　　材料成本差异——主要材料　　　　　　　　　　1 516
　　　　　　　　——结构件　　　　　　　　　　　　　 600
　　　　　　　　——机械配件　　　　　　　　　　　　 12
　　　　　　　　——其他材料　　　　　　　　　　　　 36

2. 人工费的归集与分配

施工生产中直接从事工程施工的建筑安装工人以及在施工现场直接为工程制作构件和运料、配料等辅助工人的职工薪酬,应记入"工程施工——合同成本"明细账中的"人工费"项目。人工费归集、分配计入成本核算对象时,应按照费用的性质、内容分别对待。

建筑安装工人的计时工资,根据用工记录,能确定由一个成本核算对象负担的,可以直接计入该成本核算对象;应由几个成本核算对象共同负担的,则按各工程实际用工(或定额用工)进行分配,计入各有关成本核算对象。计时工资分配的计算公式为:

$$\text{某成本核算对象应分配的日工资} = \text{该成本核算对象实际用工数} \times \text{日平均工资}$$

$$\text{日平均工资} = \text{日标准工资} + \frac{\text{加班工资}}{\text{出勤工日数}}$$

【例 4-11】 甲分公司 2012 年 8 月核定建筑安装工人日工资为 40 000 元,该分公司本月有 A 和 B 两项工程,A 工程本月用工 150 工日,B 工程本月用工时 250 工日,A、B 两工程本月分配的工资费用计算过程如下:

日平均计时工资 = 40 000 ÷ (150 + 250) = 100(元)
A 工程应分配计时工资 = 100 × 150 = 15 000(元)
B 工程应分配的计时工资 = 100 × 250 = 25 000(元)

根据上面的计算结果，做会计处理如下：

借：工程施工——工程成本——A 工程（人工费）　　　15 000
　　　　　　——工程成本——B 工程（人工费）　　　25 000
　　贷：应付职工薪酬　　　　　　　　　　　　　　　　　　40 000

建筑安装工人的计件工资，直接计入各成本核算对象的人工费项目。

3. 机械使用费的归集与分配

企业施工中使用的机械包括租赁机械和自有机械。

（1）租赁机械使用费的核算。

租用外单位（或企业内部独立核算单位）施工机械和运输设备发生的机械使用费包括租赁费、安装费、拆卸费和进出场费等，记入"工程施工——合同成本"明细账中"机械使用费"项目。一般可根据机械租赁费结算凭证所列金额编制"租赁机械使用费汇总表"核算，能确定受益对象的，直接计入有关成本核算对象的机械使用费项目；由几个成本核算对象共同负担的，应以定额用量（或实际使用台班）为标准，分配计入有关成本核算对象的机械使用费项目。

【例 4-12】甲分公司 2012 年 8 月"租赁机械使用费汇总表"见表 4-2，机械租赁费已由银行存款结算。

表 4-2　　　　　　　　　租赁机械使用费汇总表

2012 年 8 月

机械名称 受益对象	挖土机		塔吊		汽车		合计金额
	单价	300	单价	600	单价	200	
	台班	金额	台班	金额	台班	金额	
A 工程	16	4 800			40	8 000	12 800
B 工程			18	10 800	5	1 000	11 800
合计	16	4 800	18	10 800	45	9 000	24 600

根据租赁机械使用费汇总表做会计处理如下：

借：工程施工——工程成本——A 工程（机械使用费）　　12 800
　　　　　　——工程成本——B 工程（机械使用费）　　11 800
　　贷：银行存款　　　　　　　　　　　　　　　　　　　　24 600

（2）自有机械使用费的核算。

企业使用自有施工机械和运输设备进行机械作业所发生的各项费用，首先通过"机械作业"账户按机械类别或每台机械归集，月末再根据各个成本核算对象实际使用施工机械的台班数，分配记入"工程施工——合同成本"明细账中"机械使用费"项目。

【例 4-13】甲分公司自有推土机一台、搅拌机两台，2012 年 8 月自有机械发生的各项费用如表4-3所示,其中修理费和其他费用以银行存款支付。根据表4-3及甲分公司"机械运转记录"上登记的各成本核算对象使用机械的台班数记录,可编制表4-4。

表4-3 自有机械使用费明细表

编制单位:甲分公司　　　　　2012年8月31日　　　　　　　　　　单位:元

机械名称 费用项目	推土机	搅拌机	金额合计
	运转台数:50	运转台数:90	
工资	750	1 400	2 150
折旧费	950	800	1 750
修理费	300	200	500
燃料费	3 000		3 000
动力费		4 500	4 500
其他	600	300	900
合计	5 600	7 200	12 800

根据表4-3,做会计处理如下:

借:机械作业　　　　　　　　　　　　　　　　　　　　　　12 800
　　贷:应付职工薪酬　　　　　　　　　　　　　　　　　　　 2 150
　　　　累计折旧　　　　　　　　　　　　　　　　　　　　　 1 750
　　　　原材料　　　　　　　　　　　　　　　　　　　　　　 7 500
　　　　银行存款　　　　　　　　　　　　　　　　　　　　　 1 400

表4-4 自有机械使用费分配表

编制单位:甲分公司　　　　　2012年8月31日　　　　　　　　　　单位:元

机械名称 受益对象	推土机		搅拌机		金额合计
	台班成本	112	台班成本	80	
	台班数量	金额	台班数量	金额	
A工程	50	5 600	30	2 400	8 000
B工程			60	4 800	4 800
合计	50	5 600	90	7 200	12 800

根据表4-4,做会计处理如下:

借:工程施工——工程成本——A工程　　　　　　　　　　　 8 000
　　　　　　——工程成本——B工程　　　　　　　　　　　 4 800
　　贷:机械作业　　　　　　　　　　　　　　　　　　　　　12 800

4. 其他直接费用的归集与分配

企业在施工生产中耗用的水电费、材料二次搬运费、检验试验费等都属于其他直接费用,应记入"工程施工——合同成本"明细账中"其他直接费用"项目。其他直接费用在发生时,凡能分清成本核算对象的,可以直接计入该成本核算对象;应由几个成本核算对象共同负担的,按一定的标准分配计入各有关成本核算对象,或者先通过"辅助生产成本"账户归集,月末按一定的标准分配计入各有关成本核算对象。

【例4-14】甲分公司设有非独立核算的供水站,2012年8月供水站共发生费用15 000元。其中A工程应负担4 000元,B工程应负担11 000元。做会计处理如下:

借:工程施工——工程成本——A工程(其他直接费用)   4 000
　　　　　　　——工程成本——B工程(其他直接费用)   11 000
　　贷:辅助生产成本   15 000

5. 间接费用的归集与分配

施工间接费用由临时设施费和现场管理费组成,发生的各项施工间接费用应先通过"工程施工——间接费用"账户归集,月份终了再将其在各成本核算对象之间分配。分配时,一般应与预算取费标准一致。如土建工程、金属及钢筋混凝土构件吊装工程、机械施工的大型土石方工程,以直接成本为基础进行分配;一般机械及电气设备安装工程、人工施工的大型土石方工程,以人工费为标准进行分配。

【例4-15】甲分公司2012年8月发生的间接费用见表4-5,其中:办公费和水电费以银行存款支付。

表4-5　　　　　　　　　　　　间接费明细表

编制单位:甲分公司　　　　　　2012年8月　　　　　　　　　　单位:元

费用项目	临时设施摊销	职工薪酬	折旧费	办公费	水电费	合计
金额	5 425	3 523	1 100	300.68	225	10 573.68

根据表4-5,做会计处理如下:

借:工程施工——间接费用   10 573.68
　　贷:临时设施摊销   5 425
　　　　应付职工薪酬   3 523
　　　　累计折旧   1 100
　　　　银行存款   525.68

【例4-16】甲分公司2012年8月末在A、B两工程之间分配间接费用,以直接费用作为分配标准,直接费用依据【例4-10】至【例4-14】的数据汇总见表4-6，根据表4-5和表4-6编制"施工间接费用分配表"，见表4-7。

表4-6　　　　　　　　　　　直接费明细表

编制单位：甲分公司　　　　　　2012年8月　　　　　　　　　　　　单位：元

成本核算对象	材料费用	人工费用	机械使用费	其他直接费用	直接费用
A工程	114 119	15 000	20 800	4 000	153 919
B工程	79 665	25 000	16 600	11 000	132 265

表4-7　　　　　　　　　　施工间接费用分配表

编制单位：甲分公司　　　　　　2012年8月

分配对象	分配标准	分配率	分配额
A工程	153 919		5 686.87
B工程	132 265		4 886.81
合计	286 184	0.036 947 1	10 573.68

根据表4-7，做会计处理如下：

借：工程施工——工程成本——A工程（间接费用）　　5 686.87
　　　　　　——工程成本——B工程（间接费用）　　4 886.81
　　贷：工程施工——间接费用　　　　　　　　　　　10 573.68

6. 与建造合同相关的借款费用

建造承包商为客户建造资产，通常是客户筹集资金，并根据合同约定，定期向建造承包商支付工程进度款。但是，建造承包商也可能在合同建造过程中因资金周转等原因向银行借入款项，发生借款费用。建造承包商在合同建造期间发生的借款费用，符合《企业会计准则第17号——借款费用》规定的资本化条件的，应当计入合同成本。合同完成后发生的借款费用，应计入当期损益，不再计入合同成本。

7. 因订立合同而发生的费用

建造承包商为订立合同而发生的差旅费、投标费等，能够单独区分和可靠计量且合同很可能订立的，应当予以归集，待取得合同时计入合同成本；未满足上述条件的，应当计入当期损益。

8. 零星收益

与合同有关的零星收益，是指在合同执行过程中取得的，但不计入合同收入而应冲减合同成本的非经常性的收益。例如，完成合同后处置残余物资（指在施工过程中产生的一些材料物资的下脚料等）取得的收益。由于工程领用材料时已将领用材料的价值直接计入了工程成本，材料物资的下脚料已包括在合同成本中，因此，处置这些残余物资取得的收益应冲减合同成本。

(三) 已完工程实际成本的结算

企业应按月或按期计算未完工程和已完工程的实际成本，工程竣工时还应计算竣工工程的实际成本，并按施工合同的规定及时结算已完工程价款，为考核降低工程成本任务的完成情况提供依据。称"未完施工"，是指已投料施工，但在月末或期末尚未完成预算定额规定的工序与内容的分部分项工程；"已完工程"是在月末或期末已经完成了预算定额规定的全部工序和内容，不需要继续施工的分部分项工程，亦称"已完施工"；"竣工工程"是指按施工图规定全部完工、经验收合格，可以移交发包单位使用的工程项目。

1. 未完工程成本的计算

未完工程实际成本可按预算单价进行计算，也可按实际成本进行计算，现分述如下：

（1）按预算单价计算。

月末未完工程在全月工作量中所占的比重较少，而且月初与月末未完工程的数额都没有太大变化时，为简化核算手续，企业可把月末未完工程的预算成本作为它的实际成本。月末未完工程预算成本的确定方法主要有估量法和估价法两种。

① 估量法，又称"约当产量法"。其基本做法是：将月末未完工程的实物量，按其已完工序和已做工作占分部分项工程的百分比，折合成相当于已完工程的实物量，再乘以该分部分项工程的预算单价，即可求出月末未完工程的预算成本。相关的计算公式如下：

未完工程预算成本 = 未完工程工作量 × 估计完工程度
× 相关分部分项工程预算单价
× （1 + 其他直接费费率）

因为月末未完工程的数额较小，所以未完工程不必分担施工间接费用。

【例 4 – 17】甲分公司 2012 年 8 月末对 B 工程的未完工程进行盘点。该工程本月有 400 m² 砖墙抹灰工程。按预算定额规定应该抹两遍，月末盘点时只抹了一遍。该砖墙抹灰工程的预算单价为 8.10 元，其他直接费费率为 8%。根据资料可计算出本月未完工程的预算成本为：

400 × 50% × 8.1 × (1 + 8%) = 1 749.60（元）

② 估价法。先确定分部分项工程中各工序的单价，再乘以未完工序的实物量，即求出未完施工的预算成本。相关计算公式如下：

工序单价 = 分部分项工程预算单价 × 工程占分部分项工程的比重
未完工程预算成本 = 未完工序实物量 × 工序单价

【例4-18】假设甲分公司A工程2012年8月施工的分部分项工程由a、b两道工序组成,a、b工序占该分部分项工程的比重分别为60%、40%,该分部分项工程的预算单价为22元,月末盘点,完成a工序200m^2,完成b工序50m^2。则月末未完工程预算成本为:

a工序单价 = 22 × 60% = 13.20(元)

b工序单价 = 22 × 40% = 8.80(元)

未完工程预算成本 = 200 × 13.20 + 50 × 8.80 = 3 080(元)

(2)按实际成本计算。

月末未完施工的数额较大,而且月初月末未完工程数量又相差悬殊时,未完工程成本应该采用实际成本进行计算,这样才能保证未完工程、已完工程实际成本的正确性。其计算公式为:

$$\frac{未完工程}{实际成本} = 期末未完工程折合量 \times \frac{本期实际发生的工程成本 + 期末未完工程成本}{本期已完工程数量 + 期末未完工程折合量}$$

【例4-19】假设分部分项工程由甲、乙、丙三道工序组成,各工序占该分部分项工程的比重分别为40%、30%、30%;月末进行盘点,已完工程数量为500m,未完工程数量分别是:甲工序100m、乙工序50m、丙工序10m;月初未完工程施工费用为1 240元;本月实际发生的工程施工为4 340元。

期末未完工程折合量 = 100 × 40% + 50 × 30% + 10 × 30% = 58(m)

未完工程实际成本 = 58 × (1 240 + 4 340) ÷ (500 + 58) = 580(元)

未完工程成本的计算方法一经确定,就不能随意改变,以保证各期成本计算口径的统一,便于成本比较、分析。

2. 已完工程实际成本的计算

期末未完工程实际成本确定以后,就可以在此基础上根据公式计算本期已完工程实际成本:

已完工程实际成本 = 期末未完工程实际成本 + 本期发生的工程成本 − 期末未完工程实际成本

在实际工作中,已完工程实际成本的计算,一般通过编制"已完工程成本计算表"进行,其格式见表4-10。

【例4-20】承【例4-10】—【例4-18】假定甲公司A、B工程2012年8月初未完工程预算成本分别为2 500元、2 000元,则甲分公司2012年8月编制的"已完工程成本计算表"见表4-8。

表 4-8　　　　　　　　　　已完工程成本计算表

编制单位：甲分公司　　　　　　　2012 年 8 月

工程名称	期初未完工程成本	本期发生的工程成本	期末未完工程成本	本期已完工程实际成本
A 工程	2 500	156 997.38	3 080	156 417.38
B 工程	2 000	134 910.30	1 749.60	135 160.70
合计	4 500	291 907.68	4 829.60	291 578.08

3. 竣工工程成本的计算与冲转

合同项目竣工后，应根据施工图预算和工程设计变更、材料代用等有关凭证，及时编制工程结算书，据以确定竣工的合同项目预算成本并作为向发包方办理工程价款结算的依据；应归集该工程从开工至竣工期间所发生的累计实际成本，与预算成本相比较，计算成本降低额，并编制"合同项目竣工成本决算"。同时将"工程施工——合同成本"和"工程施工——合同毛利"账户与"工程结算"账户对冲，对冲处理在本章第五节予以介绍。

【例 4-21】假设某施工单位承包的 102 合同项目办公楼工程已竣工结算，根据有关资料编制的"竣工成本决算"如表 4-9 所示，工、料、机械用量比较略。

表 4-9　　　　　　　　　　竣工成本决算

发包单位：某建设单位　　　　　　　　　　　　工程名称：办公楼
建筑面积：5 000m²　　　　　　　　　　　　　　开工日期：1 月 25 日
工程结构：砖混　　　　　　　　　　　　　　　　竣工日期：12 月 5 日
层数：5　　　　　　　　　　　　　　　　　　　　合同造价：4 520 000 元

成本项目	预算成本	实际成本	降低额	降低率（%）	简要分析与说明
人工费	538 200	497 211	40 989	7.6	单方成本：
材料费	2 375 256	1 907 666	467 590	19.7	预算 717.6
机械使用费	215 280	173 108	42 172	19.6	实际 607.2
其他直接费用	28 704	21 890	6 814	23.7	单方用工：
间接费用	430 560	436 154	-5 594	-1.3	预算 10.5
					实际 10.2
合计	3 588 000	3 036 029	551 971	15.4	

第五节 施工企业工程合同收入的核算

一、合同收入

合同收入是指建筑施工企业在承包工程、提供劳务等日常活动中所形成的经济利益总流入,是建筑施工企业的主营业务收入。

(一) 合同收入的内容

(1) 合同的初始收入,即建造承包商与客户在双方签订的合同中最初商定的合同总金额,它构成合同收入的基本内容。

(2) 因合同变更、索赔、奖励等形成的收入。这部分收入并不构成合同双方在签订合同时已在合同中商定的合同总金额,而是在执行合同过程中由于合同变更、索赔、奖励等原因而形成的收入。建造承包商不能随意确认这部分收入,只有在符合规定条件时才能构成合同总收入。

1) 合同变更收入的确认。

合同变更是指客户为改变合同规定的作业内容而提出的调整。例如,某建造承包商与某建设单位签订合同建造一栋住宅楼,合同执行到 1/3 时,建设单位提出改变住宅的部分户型设计,并同意增加变更收入 100 万元,这就属于合同变更。

因合同变更而增加的收入,应在同时符合以下条件时加以确认:

① 客户能够认可因变更而增加的收入;

② 收入能够可靠地计量。

2) 索赔款收入的确认。

索赔款是指因客户或第三方的原因造成的、由建造承包商向客户或第三方收取的、用于补偿不包括在合同造价中的成本的款项。比如,某建造承包商与客户签订了一项建造水电站的合同。合同规定的建设期是 2012 年 3 月至 2016 年 8 月;同时规定,发电机由客户采购,于 2014 年 8 月交付建造承包商进行安装。该项合同在执行过程中,客户于 2015 年 1 月才将发电机交付建造承包商。建造承包商因客户交货延期要求客户支付延误工期款 80 万元。

因发生索赔而形成的收入即为索赔款收入,应在同时符合以下条件时加以确认:

① 根据谈判情况,预计对方能够同意这项索赔;

② 对方同意接受的金额能够可靠地计量。

上例中，假如客户不同意支付延误工期款，则不能将 80 万元计入合同总收入。假如客户只同意支付延误工期款 50 万元，则只能将 50 万元认定为合同收入的组成部分。

3）奖励款收入的确认。

奖励款是指工程达到或超过规定的标准时，客户同意支付给建造承包商的额外款项。比如，某建造承包商与某客户签订了一项合同金额为 9 000 万元的建造合同，建造一座跨海大桥，合同规定的建设期为 2008 年 12 月 20 日至 2012 年 12 月 20 日。该合同在执行中于 2012 年 9 月主体工程已基本完成，工程质量符合设计标准，并有望提前 3 个月完工。客户同意向建造承包商支付提前竣工奖 100 万元。

因奖励而形成的收入，应在同时符合以下条件时加以确认：

① 根据目前合同的完成情况，足以判断工程进度和工程质量能够达到或超过既定的标准；

② 奖励金额能够可靠地计量。

（二）合同收入的计量

合同收入的计量实际是建筑产品价格的确定，由于建筑产品具有单件性，不能大批量重复生产，期货交易较多，承包生产是施工企业的主要经营方式，因此，建筑产品价格不可能像工业产品价格一样，按产品种类确定一个统一价格，而必须通过逐个编制施工图预算来确定其造价。建筑工程造价可以按成本加成或固定造价确定。建筑安装工程预算造价就是建筑安装产品的价格。

二、施工企业合同收入核算应设置的账户

为了核算施工企业的合同收入，应设置"工程结算"、"主营业务收入"账户。

根据合同完工进度已向发包方开出工程价款结算账单办理结算的价款通过"工程结算"账户核算。"工程结算"账户是"工程施工"账户的备抵账户，已向客户开出工程价款结算账单办理结算的款项记入本账户的贷方，合同完成后，本账户与"工程施工"账户对冲后结平。

合同收入通过"主营业务收入"账户核算。"主营业务收入"账户用于核算当期确认的合同收入。当期确认的合同收入记入本账户的贷方，期末，将本账户的余额全部转入"本年利润"账户，结转后，本账户应无余额。

合同成本通过"主营业务成本"账户核算。"主营业务成本"账户用于核算当期确认合同收入的合同成本。当期确认的合同成本记入本账户的借方，期末，将本账户的余额全部转入"本年利润"账户，结转后，本账户应无余额。

三、合同收入的核算

与提供劳务收入的确认类似,合同收入如何确认要看建造合同的结果是否能可靠地估计。

(一) 建造合同的结果能够可靠估计时收入的确认

建造合同的结果能够可靠估计的,应采用完工百分比法确认合同收入。对于不同类型的建造合同,判断其结果能否可靠估计的条件也不完全相同。建造合同分为固定造价合同和成本加成合同。固定造价合同,是指按照固定的合同价或固定单价确定工程价款的建造合同。成本加成合同,是指以合同约定或其他方式议定的成本为基础,加上该成本的一定比例或定额费用确定工程价款的建造合同。

1. 判断固定造价合同的结果能够可靠估计的条件

(1) 合同总收入能够可靠地计量;

(2) 与合同相关的经济利益能够流入企业;

(3) 在资产负债表日合同完工进度和为完成合同尚需发生的成本能够可靠地确定;

(4) 为完成合同已经发生的合同成本能够清楚地区分和可靠地计量,以便实际合同成本能够与以前的预计成本相比较。

2. 判断成本加成合同的结果能够可靠估计的条件

(1) 与合同相关的经济利益能够流入企业;

(2) 为完成合同已经发生的合同成本能够清楚地区分和可靠地计量。

3. 完工百分比法合同收入的确认

完工百分比法就是根据合同的完工进度来确认合同收入。其运用程序是:首先确定建造合同的完工程度,计算完工百分比,然后根据完工百分比计量和确认当期的合同收入。

确定合同完工进度有以下三种方法:

(1) 根据累计实际发生的合同成本占全部预计总成本的比例确定。计算公式为:

合同完工进度 = 累计实际发生的合同成本 ÷ 合同预计总成本 × 100%

(2) 已经完成的合同工作量占合同预计总工作量的比例。计算公式为:

合同完工进度 = 已经完成的合同工作量 ÷ 合同预计总工作量 × 100%

(3) 已完合同工作的测量。适用于水下工程等特殊建造合同。

根据完工百分比计量和确认当期合同收入的公式为：

$$当期确认的合同收入 = 合同总收入 \times 完工进度 - 以前会计年度累计已确认的合同收入$$

（二）建造合同的结果不能可靠估计时收入的确认

如果建造合同的结果不能可靠地估计，则不能采用完工百分比法确认合同收入，而应分别以下情况进行会计处理：

（1）合同成本能够收回的，合同收入根据能够收回的实际合同成本加以确认；

（2）合同成本不能收回的，不应确认收入。

（三）合同预计损失的确认

建造承包商正在建造的资产，类似于工业企业的在产品，性质上属于建造承包商的存货，期末应当对其进行减值测试。如果建造合同的预计总成本超过合同总收入，则形成合同预计损失，应提取损失准备，并确认为当期费用。合同完工时，将已提取的损失准备冲减合同费用。

（四）合同收入的会计处理应用

【例 4-22】某施工单位与甲建设单位签订了一项总金额为 58 000 000 元的固定造价合同，承建一幢商住楼。工程于 2012 年 2 月开工，2014 年 8 月竣工。最初，预计工程总成本为 55 000 000 元；至 2013 年年底，由于钢材价格上涨等因素调了预计总成本，工程质量优良，客户同意支付奖励款 200 000 元。建筑公司年末根据累计实际发生的合同成本占全部预计总成本的比例确定完工百分比。建造该商住楼的其他有关资料如表 4-10 所示。

表 4-10　　　　　　　　　　　　　　　　　　　　　　　　　　　　　单位：元

项　　目	2012 年	2013 年	2014 年
至目前为止已发生成本	15 400 000	48 000 000	59 500 000
完成合同尚需发生成本	39 600 000	12 000 000	—
已结算合同价款	17 400 000	29 600 000	13 000 000
实际收到价款	17 000 000	29 000 000	14 000 000

本例中，该公司采用完工百分比法确认收入。做会计处理如下：

1. 2012 年

（1）登记发生的合同成本（实际成本）时：

借：工程施工——合同成本——商住楼　　　　　15 400 000
　　贷：原材料、应付职工薪酬等　　　　　　　　　　　15 400 000
（2）登记已结算的合同价款时：
借：应收账款　　　　　　　　　　　　　　　　17 400 000
　　贷：工程结算　　　　　　　　　　　　　　　　　　17 400 000
（3）登记实际收到的合同价款时：
借：银行存款　　　　　　　　　　　　　　　　17 000 000
　　贷：应收账款　　　　　　　　　　　　　　　　　　17 000 000
（4）确认收入时：
2012年的完工进度 = 15 400 000 ÷ (15 400 000 + 39 600 000) = 28%
2012年应确认的合同收入 = 58 000 000 × 28% = 16 240 000（元）
借：工程施工——合同毛利　　　　　　　　　　　 840 000
　　主营业务成本　　　　　　　　　　　　　　15 400 000
　　贷：主营业务收入　　　　　　　　　　　　　　　　16 240 000

2. 2013年

（1）登记发生的合同成本（实际成本）时：
借：工程施工——合同成本——商住楼　　　　　32 600 000
　　贷：原材料、应付职工薪酬等　　　　　　　　　　　32 600 000
（2）登记已结算的合同价款时：
借：应收账款　　　　　　　　　　　　　　　　29 600 000
　　贷：工程结算　　　　　　　　　　　　　　　　　　29 600 000
（3）登记实际收到的合同价款时：
借：银行存款　　　　　　　　　　　　　　　　29 000 000
　　贷：应收账款　　　　　　　　　　　　　　　　　　29 000 000
（4）确认收入时：
2013年的完工进度 = 48 000 000 ÷ (48 000 000 + 12 000 000) = 80%
2013年应确认的合同收入 = 58 000 000 × 80% - 16 240 000
　　　　　　　　　　　= 30 160 000（元）
借：主营业务成本　　　　　　　　　　　　　　32 600 000
　　贷：主营业务收入　　　　　　　　　　　　　　　　30 160 000
　　　　工程施工——合同毛利　　　　　　　　　　　　 2 440 000
（5）预计合同损失时：
预计合同损失 = (48 000 000 + 12 000 000) - 58 000 000 = 2 000 000（元）
2012—2013年已确认合同损失 = 2 440 000 - 840 000 = 1 600 000（元）
2013年预计的合同损失 = 2 000 000 - 1 600 000 = 400 000（元）

借：资产减值损失 400 000
　　贷：存货跌价准备 400 000

3. 2014 年

（1）登记发生的合同成本（实际成本）时：

借：工程施工——合同成本——商住楼 11 500 000
　　贷：原材料、应付职工薪酬等 11 500 000

（2）登记已结算的合同价款时：

借：应收账款 13 000 000
　　贷：工程结算 13 000 000

（3）登记实际收到的合同价款时：

借：银行存款 14 000 000
　　贷：应收账款 14 000 000

（4）确认收入时：

2014 年应确认的合同收入 =（58 000 000 + 2 000 000）-（16 240 000 + 30 160 000）= 13 600 000（元）

借：主营业务成本 11 100 000
　　存货跌价准备 400 000
　　工程施工——合同毛利 2 100 000
　　贷：主营业务收入 13 600 000

（5）2014 年工程竣工时：

借：工程结算 60 000 000
　　贷：工程施工——合同成本——商住楼 59 500 000
　　　　工程施工——合同毛利 500 000

【例 4 - 23】某建筑公司与客户签订了一项总金额为 200 万元的建造合同。第一年实际发生工程成本 50 万元，双方均能履行合同规定的义务，但建筑公司在年末时对该项工程的完工进度无法可靠确定。

本例中，该公司不能采用完工百分比法确认收入。由于客户能够履行合同，当年发生的成本均能收回，所以公司可将当年发生的成本金额同时确认为当年的收入和费用，当年不确认利润。做会计处理如下：

借：主营业务成本 500 000
　　贷：主营业务收入 500 000

如果该公司当年实际发生的工程成本 50 万元不可收回，这种情况下，该公司应将 50 万元确认为当年的费用，不确认收入。其账务处理如下：

借：主营业务成本 500 000
　　贷：工程施工——合同毛利 500 000

如果建造合同的结果不能可靠估计的不确定因素不复存在的,就不应再按照上述规定确认合同收入和费用,而应转为按照完工百分比法确认合同收入和费用。

第六节 施工企业往来业务的核算

施工企业承揽的建筑合同无力独立完成时,会将一部分工程分包给其他单位,有时也会从其他单位承包一部分工程项目,这样施工企业在进行建筑安装等施工活动中,经常要与发包单位、承包单位等发生往来业务。

一、向发包方预收备料款、预收工程款的核算

为了保证施工企业在工程价款结算以前流动资金的需要,施工企业可以按照规定向发包单位预收备料款和工程款。

施工企业向发包方预收的款项通过"预收账款"账户核算,"预收账款"账户下设"预收备料款"和"预收工程款"两个二级账。"预收账款——预收备料款"账户核算预收备料款的预收和抵扣等情况。"预收账款——预收工程款"账户核算施工企业预收工程款的预支和归还情况。两个二级账户均按发包单位名称设置明细账户进行明细核算。

凡工程合同规定由承包单位包工包料或采购建筑材料的,施工企业可在工程合同签订后按年度承包合同造价的一定比例向发包单位预收备料款,以满足企业主要材料、结构件储备所需资金。备料款的预收额度,建筑工程一般不得超过当年建筑工程(含水暖电卫等安装工程)合同造价的30%,大量采用预制构件及工期在6个月以内的工程,可适当增加;机电设备安装工程一般不超过当年合同造价的10%,安装材料用量较大则可适当增加。其收取数额按下式计算:

预收备料款数额=年度承包合同造价×预收备料款额度

【例4-24】某项工程年度承包合同造价为180万元,预收备料款额度为30%,企业于2012年1月15日收到备料款数额54万元,存入银行。做会计处理如下:

借:银行存款　　　　　　　　　　　　　　　　540 000
　　贷:预收账款——预收备料款　　　　　　　　　540 000

企业收到的备料款,应在未完工程所需材料、结构件储备刚好等于备料款数额起,以抵充工程价款的形式陆续归还,到工程完工时全部归还。其计算公式为:

$$\frac{\text{预收备料}}{\text{款起扣点}} = \text{当年承包工程} - \frac{\text{预收备料款数额}}{\text{主要材料比重}}$$

以后每次抵扣额 = 当期完成工程价值 × 主要材料比重

【例 4-25】 假设【例 4-24】的主要材料比重为 60%；2012 年 7 月底累计完成工程价值 85 万元，8 月底累计完成工程价值 120 万元。

预收备料款起扣点 = 180 - 54 ÷ 60% = 90（万元）

7 月底累计完成工程价值不足 90 万元，不必抵扣备料款。

8 月底累计完成工程价值 120 万元，已超过 90 万元，应于 8 月底结算已完工程价款时，抵扣备料款数额：(120 - 90) × 60% = 18（万元）

根据计算结果，做会计处理如下：

借：预收账款——预收备料款　　　　　　　　　180 000
　　贷：应收账款——应收工程款　　　　　　　　　　180 000

施工企业向发包单位预收工程款时，贷记"预收账款——预收工程款"账户，在工程结算时抵扣应收工程款，借记"预收账款——预收工程款"账户，贷记"应收账款——应收工程款"账户。

二、预付分包单位款的核算

施工企业将工程分包给其他单位施工时，为了保证分包单位在工程价款结算以前流动资金的需要，施工企业可以按照规定向分包单位预付备料款和工程款。

施工企业与分包单位发生的债权债务通过"预付账款——应付分包单位款"和"应付账款——预付分包单位款"账户核算。"预付账款——预付分包单位款"二级账用于核算预付给分包单位的工程款、备料款以及拨给分包单位抵作备料款的材料价值。"应付账款——应付分包单位款"二级账用于核算应付分包单位的已完工程价款。上述两个二级账均按分包单位名称和分包合同设置明细账户。

【例 4-26】 某建筑工程公司 2012 年二季度以来发生如下经济业务：

(1) 2012 年 4 月 5 日根据分包合同向分包单位预付备料款 10 000 元。做会计处理如下：

借：预付账款——预付分包单位款　　　　　　　10 000
　　贷：银行存款　　　　　　　　　　　　　　　　　10 000

(2) 该企业按工程分包合同规定，于 9 月 15 日根据工程进度预付给分包单位工程款 12 000 元。做会计分录如下：

借：预付账款——预付分包单位款　　　　　　　12 000
　　贷：银行存款　　　　　　　　　　　　　　　　　12 000

(3) 9 月末根据经审核的分包单位提出的"工程价款结算账单"结算应付

已完工程价款 40 000 元。

如分包工程不作为企业自行完成的工作量,做会计分录如下:

借:主营业务成本　　　　　　　　　　　　　　　　　40 000
　　贷:应付账款——应付分包单位款　　　　　　　　　　　40 000

如作为企业自行完成的工作量,做会计分录如下:

借:工程施工——合同成本　　　　　　　　　　　　　40 000
　　贷:应付账款——应付分包单位款　　　　　　　　　　　40 000

(4) 9 月末根据合同规定从应付分包工程款中扣除预付的工程款 12 000 元和预付备料款 2 500 元,做会计分录如下:

借:应付账款——应付分包单位款　　　　　　　　　　14 500
　　贷:预付账款——预付分包单位款　　　　　　　　　　　14 500

(5) 10 月 3 日以银行存款支付分包单位工程款 25 500 元,做会计分录如下:

借:应付账款——应付分包单位款　　　　　　　　　　25 500
　　贷:银行存款　　　　　　　　　　　　　　　　　　　25 500

应用与扩展

施工企业上市公司报表解读

中国建筑(A 股 601688)

(一)建造合同(成本、存货)

1. 会计政策特点

建造合同:

建造合同按实际成本计量,包括从合同签订开始至合同完成止所发生的、与执行合同有关的直接费用和间接费用。在建合同累计已发生的成本和累计已确认的毛利(亏损)与已结算的价款在资产负债表中以抵消后的净额列示。在建合同累计已发生的成本和累计已确认的毛利(亏损)之和超过已结算价款的部分作为已完工尚未结算款列示;在建合同已结算的价款超过累计已发生的成本与累计已确认的毛利(亏损)之和的部分作为已结算尚未完工款列示。

为订立合同而发生的差旅费、投标费等,能够单独区分和可靠计量且合同很可能订立的,在取得合同时计入合同成本;未满足上述条件的,则计入当期损益。

2. 2010 年报表附注

建造合同:

建造合同的详细情况如下:

人民币千元

项 目	年末数	年初数
于资产负债表日的在建合同工程		
已完工尚未结算款	44 274 116	33 142 441
已结算尚未完工款	-9 528 331	-7 524 440
合计	34 745 785	25 618 001

项 目	年末数	年初数
在建合同工程分析		
累计发生成本	1 009 890 823	721 443 924
累计已确认毛利减已确认预计损失之净额	79 097 125	50 351 328
减:已办理结算款	-1 054 242 163	-746 177 251
合计	34 745 785	25 618 001
应收账款中尚未收到的工程进度款	48 088 563	38 595 697

(二) 收入

1. 会计政策特点

建造合同收入:

在建造合同的结果能够可靠估计的情况下,于资产负债表日按照完工百分比法确认合同收入和合同费用。合同完工进度按累计实际发生的合同成本占合同预计总成本的比例确定。

如建造合同的结果不能可靠地估计,但合同成本能够收回的,合同收入根据能够收回的实际合同成本予以确认,合同成本在其发生的当期确认为合同费用;合同成本不可能收回的,在发生时立即确认为合同费用,不确认合同收入。使建造合同的结果不能可靠估计的不确定因素不复存在的,按照完工百分比法确定与建造合同有关的收入和费用。

合同预计总成本超过合同总收入的,将预计损失确认为当期费用。

在建合同累计已发生的成本和累计已确认的毛利(亏损)与已结算的价款在资产负债表中以抵消后的净额列示。在建合同累计已发生的成本和累计已确认的毛利(亏损)之和超过已结算价款的部分作为存货列示;在建合同已结算的价款超过累计已发生的成本与累计已确认的毛利(亏损)之和的部分作为预收款项列示。

对于提供建设经营移交方式(BOT)参与公共基础设施建设业务,本集团于项目建造期间,对所提供的建造服务按照《企业会计准则第 15 号——建造合同》确认相关的收入和费用；基础设施建成后，按照《企业会计准则第 14 号——收入》确认与后续经营服务相关的收入和费用。

2. 2010 年报表附注

收入：

主营业务（分行业）　　　　　　　　　　　　单位：人民币千元

行业名称	本年发生额		上年发生额	
	营业收入	营业成本	营业收入	营业成本
建造合同	316 283 714	292 808 658	215 126 829	198 474 707
房地产销售	45 575 226	26 593 735	38 338 434	25 019 910
其他	7 652 521	5 548 276	6 344 086	4 780 976
合计	369 511 461	324 950 669	259 809 349	228 275 593

（三）会计估计

会计估计所采用的关键假设和不确定因素：

建造合同：

资产负债表日，会计估计中很可能导致未来期间资产、负债账面价值作出重大调整。各项合同的收入均按完工百分比法确认。预计损失一经确定，即会就有关合同计提相关准备。本集团管理层根据为建造合同编制的预算，估计建造工程的收入、成本和预计亏损金额。由于建设和设计的工程活动性质，于合同进行过程中，本集团对各合同所编制预算内的合同收入及合同成本的估计进行复核及修订。

本章小结

施工企业是指从事建筑安装工程施工生产的企业。施工企业会计是应用于施工企业的专业会计。

施工企业的周转材料是指在施工生产中能够不断周转使用并基本保持原有实物形态的材料。其价值的摊销方法主要有分期摊销法、分次摊销法和定额摊销法三种。

临时设施是指为保证施工和管理正常进行而建造的各种临时性生产、生活设施。临时设施应通过"专项工程支出"账户计算其建造成本，并将临时设施的成本扣减预计净残值的价值，按其使用期限分月摊销，计入工程施工间接费用。

施工企业建造合同收入的确认主要有两种方法，即完工百分比法和完成合同法。施工企业一般应以每一个独立编制施工图预算的单位工程作为成本核算对象。施工企业成本核算时间应与工程价款的结算时间相一致。为分析考核工程成本计划完工情况，施工企业应按月计算成本。企业在施工生产过程中发生的人工费、材料费、机械使用费和其他直接费用等，应直接计入有关工程成本，间接费用可先在"工程施工"账户中设置的"间接费用"明细账中进行归集，月终再按一定的分配标准分摊计入有关工程成本。企业应按月（或按季）计算未完工程和已完工程的实际成本，工程竣工时，还应计算竣工工程的实际成本。未完工程的成本一般按预算成本计算，可先将未完施工的工程实物量折合为已完分部（分项）工程的实物量，然后再乘以分部（分项）工程的预算单价。已完工程的实际成本可按月初未完施工成本加上本月工程实际成本再减去月末未完施工成本倒挤计算。

重要概念

合同成本　合同收入　合同损失　周转材料　临时设施　完工百分比法
成本核算对象　成本项目　直接费用　间接费用

思考练习题

一、思考题

1. 什么是施工企业？施工企业会计核算有哪些特点？
2. 比较实际成本法和计划成本法下取得材料时核算方法的异同。
3. 周转材料的摊销方法有哪几种？各自如何进行摊销额的计算？
4. 在核算施工的工程成本时，一般需设置哪几个成本项目？
5. 如何归集施工生产费用？
6. 什么是建造合同？建造合同分为哪几类？不同类别的建造合同结果能被可靠估计的标准是什么？
7. 采用完工百分比法如何确定合同完工进度？

二、练习题

（一）单项选择题

1. 甲工程短缺一批模板，计划成本500元，甲工程在用模板账面余额为6 200元，账面累计摊销额为3 100元，该模板应补提的摊销额为（　　）元。

　　A. 250　　　　　B. 500　　　　　C. 0　　　　　D. 300

2. 甲工程将一批不需用架料退库，经计算应补提摊销额320元，应借记（　　）账户。

A. 周转材料　　　　　　　　　　B. 周转材料摊销
C. 原材料　　　　　　　　　　　D. 工程施工

3. 某工程领用跳板一批，计划成本 12 000 元，预计残值占计划成本的 10%，预计使用期限为 20 个月，跳板的月摊销额为（　　）元。
A. 540　　　　　　　　　　　　B. 600
C. 500　　　　　　　　　　　　D. 660

4. 工程成本核算一般应以（　　）作为成本核算的对象。
A. 单位工程　　　　　　　　　　B. 分项工程
C. 工程项目　　　　　　　　　　D. 分部工程

5. 工程成本中的间接费用包括（　　）。
A. 周转材料摊销额　　　　　　　B. 施工机械租赁费
C. 夜间施工增加费　　　　　　　D. 工程保修费

(二) 多项选择题

1. 施工企业在施工现场建造的（　　）属于临时设施。
A. 临时库房　　　　　　　　　　B. 简易作业棚
C. 临时办公室　　　　　　　　　D. 道路

2. 工程成本可以（　　）结转。
A. 按月　　　　　　　　　　　　B. 按季
C. 分段结转　　　　　　　　　　D. 竣工后一次结转

3. 工程成本中的其他直接费用包括（　　）。
A. 临时设施摊销费　　　　　　　B. 场地清理费
C. 生产工具、用具使用费　　　　D. 材料二次搬运费

4. 周转材料的价值摊销方法一般有（　　）等几种。
A. 分次摊销　　　　　　　　　　B. 五五摊销
C. 一次摊销　　　　　　　　　　D. 定额摊销

5. 施工企业某项目经理部发生的财务、计划等人员的工资，根据实际情况可以记入（　　）账户。
A. 管理费用
B. 工程施工——合同成本——间接费用
C. 销售费用
D. 施工间接费

(三) 判断题

1. 采用按期结算工程价款时，期末应在"已完工程"和"未完施工"之间分配施工间接费。　　　　　　　　　　　　　　　　　　　　　　　（　　）
2. 周转材料是按存货进行管理和核算的。　　　　　　　　　　　（　　）

3. 工程项目的建筑安装工人及管理人员的工资应记入工程实际成本中的人工费。   (   )
4. 施工企业使用的材料,都应记入工程成本中的材料费项目。   (   )
5. 周转材料的摊销额,应在工程竣工和年度终了时进行调整。   (   )

(四)业务核算题

1. 某施工企业收到外地建材公司转来发票、待垫运费等单据,发来的原木买价10 000元,增值税率为17%,代垫运费1 300元,经审核无误,已开出商业承兑汇票。该企业原材料按计划成本计价核算,该批材料的计划成本为12 500元。

要求:为该施工企业对上述业务进行会计处理。

2. 某施工企业发生下列业务:

(1) 甲工程领用库存的新模板一批,计划成本为10 000元。

(2) 按规定的摊销法,计算本期模板应提摊销额为500元。

(3) 甲工程领用库存的安全网计划成本1 500元,材料成本差异率为－1%,该安全网采用一次摊销法。

(4) 将不需要的挡板退回仓库,计划成本5 000元,估计成色60%,在用挡板计划成本为58 000元,账面已提摊销额为26 100元。

(5) 甲工程报废跳板一批,计划成本为8 000元,残值1 400元,已验收入库,材料的成本差异率为1%,跳板账面计划成本30 000元,已提摊销额24 000元。

(6) 乙工程经盘点清理,将不需用的钢模板一批转移到丙工程使用,该批钢模板的计划成本为15 000元,转移时确定其成色为80%,账面在用钢模板的计划成本为67 000元,累计摊销额为10 050元。

要求:为该施工企业对上述业务进行会计处理。

3. 某施工企业承担甲公司的厂房A、B工程施工任务,本月发生部分经济业务如下:

(1) 用银行存款支付大中型机械进场运输费4 200元,其中A工程负担2 000元,B工程负担2 200元。

(2) 用银行结算存款支付A工程土方运输费17 000元。

(3) 用银行存款支付施工现场经理部差旅交通费10 400元,办公费2 282元,其他管理费1 700元。

(4) 用银行存款支付企业行政管理部门办公费14 000元,差旅交通费15 000元,其他管理费5 000元。

(5) 月末,根据工资费用分配表列示:建筑安装工程施工工人工资200 000元(按工人工时比例分配,其中A工程工时4 500,B工程工时5 500),企业行政管理人员工资7 000元。

（6）本月施工发生材料费用1 000 000元，其中A工程耗用400 000元，B工程耗用600 000元。

（7）本月租用运输及机械施工支付租金30 000元，其中A工程负担12 000元，B工程负担18 000元。

（8）本月发生的施工间接费用按照工程的直接费用比例进行分配。

要求：根据以上资料编制会计分录，计算A、B工程本月的实际总成本。

4. 某建筑公司签订了一项总额为2 000万元的建造合同，承建一座桥梁。工程已于2009年7月开工，预计2011年9月完工。最初，预计工程总成本为1 800万元，到2010年年底，由于材料价格上涨等因素调整了预计总成本，预计工程总成本为2 100万元。该项工程于2011年6月提前3个月完成了建造合同，客户同意支付奖励款300万元。建造该项工程的其他有关资料如下表所示：（单位：万元）

项　　目	2009年	2010年	2011年
至目前为止已发生的成本	630	1 575	2 080
完成合同尚需发生成本	1 170	525	—
已结算工程价款	900	900	500
实际收到价款	850	860	590

要求：根据上述资料，编制该建筑公司2009年、2010年和2011年相关业务的会计分录。（金额单位用万元表示）

（五）案例讨论题

1. 工程概况

A项目是×施工企业的一个项目。A项目作为××路的一个标段，主要承建大桥和与之相接的路基工程。

2. 项目实际成本核算与分析

A项目实际成本汇总表　　　　　　　　　　　单位：万元

成本目标	预算成本	目标成本	实际成本	实际与预算节（+）超（-）	实际与目标节（+）超（-）	备注
人工费	607.6	575.4	598.6	9	-23.2	
材料费	6 903.5	6 846.3	6 755.9	147.6	90.4	
机械费	1 657.9	1 561.5	1 532.2	125.7	29.3	
其他费	1 198.4	1 143.4	1 159.8	38.6	-16.4	
合计	10 367.4	10 126.6	10 046.5	320.9	80.1	

A 项目实际成本汇总表如上表所示。由上表可以看出，A 项目的总成本比预算成本降低了 320.9 万元，比目标成本降低了 80.1 万元。人工费比目标成本超支 23.2 万元，主要原因有以下两个：一方面是因为物价上涨引起的人工费单价差，在制定目标成本时，对物价上涨的影响考虑得不到位；另一方面是因为赶工期间，人工加班工资要比平时高，而且对一些临时用工控制得仍然不够严格。

材料费比目标成本降低了 90.4 万元，主要原因是与主材料供应商达成长期合作的协议，使得材料的价格上涨幅度比计划的要小得多；同时，A 项目对材料的管理也做得较好，避免了许多不必要的浪费，在很大程度上节约了材料费用；另外，A 项目还重视对新型材料的应用，在功能不变的情况下，用量相对减少，使得材料费用相应减少。机械费比目标成本降低了 29.3 万元，在燃油费上涨的条件下，机械费用仍然降低的原因，主要是项目部加强了对机械的管理，尤其是对机械配置结构的优化，提高了机械的利用率，降低了机械成本。其他费用比目标成本超支了 16.4 万元，主要是受到物价的影响，现场经费有所增加，同时项目部管理费用也有超支。在项目经理部全体管理人员的共同努力下，采取的成本管理方法和手段得到了有效的实施。A 项目发生的工程实际成本为 10 046.5 万元，比预算成本 10 367.4 万元降低了 320.9 万元，比项目目标成本 10 126.6 万元降低了 80.1 万元，实现了总体成本降低的目的。

请根据上述案例回答以下问题：

1. 结合本例中的项目实际成本核算与分析，说明在成本管理的过程中每月按费用进行成本归集的意义。

2. 简述如何做好施工项目成本管理。

练习题答案：

（一）单项选择题

1. A　　2. D　　3. A　　4. A　　5. D

（二）多项选择题

1. ABC　　2. ABCD　　3. ABCD　　4. ACD　　5. BD

（三）判断题

1. ×　　2. √　　3. ×　　4. ×　　5. √

（四）业务核算题

1.（1）购入材料时：

借：材料采购——原木　　　　　　　　　　　　　　　11 209

　　应交税费——应交增值税（进项税额）　　　　　　1 791

　　贷：应付票据——建材公司　　　　　　　　　　　13 000

（2）材料验收入库时：

```
借：原材料——原木                                    12 500
    贷：材料采购——原木                               11 209
        材料成本差异                                  1 291
2. (1) 借：周转材料——在用周转材料——模板            10 000
       贷：周转材料——在库周转材料——模板            10 000
   (2) 借：工程施工——甲工程                             500
       贷：周转材料——周转材料摊销——模板                500
   (3) 借：工程施工——甲工程                           1 485
           材料成本差异——周转材料                        15
       贷：周转材料——在库周转材料安全网              1 500
   (4) 退库时：
       借：周转材料——在库挡板                         5 000
       贷：周转材料——在用挡板                         5 000
```

计算应补提摊销额：

应提摊销额 = 5 000 × (1 - 60%) = 2 000（元）

已提摊销额 = 5 000 × 26 100/58 000 = 2 250（元）

应冲销摊销额 = 2 250 - 2 000 = 250（元）

将补提摊销额计入成本：

```
借：工程施工——甲工程                                    250
    贷：周转材料——周转材料摊销——挡板                    250
```

(5) 计算应补提摊销额：

应提摊销额 = 8 000 - 1 400 = 6 600（元）

已提摊销额 = 8 000 × 24 000 ÷ 30 000 = 6 400（元）

补提摊销额 = 6 600 - 6 400 = 200（元）

将补提摊销额计入成本：

```
借：工程施工——甲工程                                    200
    贷：周转材料——周转材料摊销——跳板                    200
```

残料入库，并结转报废跳板计划成本：

```
借：原材料                                            1 400
    周转材料——周转材料摊销——跳板                   6 600
    贷：周转材料——在用周转材料——跳板               8 000
```

分摊成本差异：

```
借：工程施工——甲工程                                     80
    贷：材料成本差异——周转材料                            80
```

(6) 计算钢模板应补提的摊销额时：

应提摊销额 = 15 000 × (1 - 80%) = 3 000（元）
已计提摊销额 = 15 000 × (10 050/67 000) = 2 250（元）
应补提摊销额 = 3 000 - 2 250 = 750（元）

借：工程施工——乙工程　　　　　　　　　　　　750
　　贷：周转材料——周转材料摊销　　　　　　　　750

将钢模板转移到丙工程使用时：

借：周转材料——在用周转材料（钢模丙工程）　15 000
　　贷：周转材料——在用周转材料（钢模乙工程）　15 000

3.（1）借：工程施工——A 工程（机械使用费）　2 000
　　　　　　　　——B 工程（机械使用费）　2 200
　　　　贷：银行存款　　　　　　　　　　　　4 200

（2）借：工程施工——A 工程（机械使用费）　17 000
　　　贷：银行存款　　　　　　　　　　　　17 000

（3）借：施工间接费用——现场管理费　　　14 382
　　　贷：银行存款　　　　　　　　　　　　14 382

（4）借：管理费用——办公费　　　　　　　14 000
　　　　　　——差旅费　　　　　　　15 000
　　　　　　——其他费　　　　　　　5 000
　　　贷：银行存款　　　　　　　　　　　34 000

（5）借：工程施工——A 工程（人工费）　　90 000
　　　　　　——B 工程（人工费）　　110 000
　　　管理费用　　　　　　　　　　　　7 000
　　　　贷：应付职工薪酬　　　　　　　207 000

（6）借：工程施工——A 工程（材料费）　　400 000
　　　　　　——B 工程（材料费）　　600 000
　　　贷：原材料　　　　　　　　　　　1 000 000

（7）借：工程施工——A 工程（机械使用费）　12 000
　　　　　　——B 工程（机械使用费）　18 000
　　　贷：银行存款　　　　　　　　　　　30 000

（8）A 工程直接费用 = 2 000 + 17 000 + 90 000 + 400 000 + 12 000 = 521 000（元）

B 工程直接费用 = 2 200 + 110 000 + 600 000 + 18 000 = 730 200（元）

间接费用分配率 = 14 382 ÷ (521 000 + 730 200) = 0.011495

A 工程分配间接费 = 0.011495 × 521 000 = 5 988.90（元）

B 工程分配间接费 = 0.011495 × 730 200 = 8 393.10（元）

借：工程施工——A工程（间接费用）　　　　　　　5 988.90
　　　　——B工程（间接费用）　　　　　　　8 393.10
　　贷：施工间接费用——现场管理费　　　　　　　　14 382

(9) A工程本月总成本 = 521 000 + 5 988.90 = 526 988.90（元）

B工程本月总成本 = 730 200 + 8 393.10 = 738 593.10（元）

4. 2009年：

(1) 借：工程施工——成本——桥梁　　　　　　　　630
　　贷：原材料、应付职工薪酬等　　　　　　　　　　　630

(2) 借：应收账款　　　　　　　　　　　　　　　　900
　　贷：工程结算　　　　　　　　　　　　　　　　　900

(3) 借：银行存款　　　　　　　　　　　　　　　　850
　　贷：应收账款　　　　　　　　　　　　　　　　　850

(4) 确认本年合同收入、毛利、费用：

2009年完工百分比 = [630 ÷ (630 + 1 170)] × 100% = 630 ÷ 1 800 × 100% = 35%

2009年确认合同收入 = 2 000 × 35% = 700（万元）

2009年确认合同费用 = 1 800 × 35% = 630（万元）

2009年确认合同毛利 = 700 - 630 = 70（万元）

借：主营业务成本　　　　　　　　　　　　　　　630
　　工程施工——毛利　　　　　　　　　　　　　　70
　　贷：主营业务收入　　　　　　　　　　　　　　　700

2010年：

(1) 借：工程施工——成本——桥梁　　　　　　　　945
　　贷：原材料、应付职工薪酬等　　　　　　　　　　　945

(2) 借：应收账款　　　　　　　　　　　　　　　　900
　　贷：工程结算　　　　　　　　　　　　　　　　　900

(3) 借：银行存款　　　　　　　　　　　　　　　　860
　　贷：应收账款　　　　　　　　　　　　　　　　　860

(4) 确认2010年合同收入、毛利、费用：

2010年完工百分比 = [1 575 ÷ (1 575 + 525)] × 100% = 1 575 ÷ 2 100 × 100% = 75%

2010年确认合同收入 = 2 000 × 75% - 700 = 800（万元）

2010年确认合同费用 = 2 100 × 75% - 630 = 945（万元）

2010年确认合同毛利 = 800 - 945 = -145（万元）

2010年确认合同预计损失 = (1 575 + 525 - 2 000) × (1 - 75%) = 25（万元）

借：主营业务成本　　　　　　　　　　　　　　　945
　　贷：主营业务收入　　　　　　　　　　　　　　800
　　　　工程施工——毛利　　　　　　　　　　　　145

同时：

借：资产减值损失　　　　　　　　　　　　　　　25
　　贷：存货跌价准备　　　　　　　　　　　　　　25

2011 年：

（1）借：工程施工——成本——桥梁　　　　　　505
　　　贷：原材料、应付职工薪酬等　　　　　　　　505

（2）借：应收账款　　　　　　　　　　　　　　　500
　　　贷：工程结算　　　　　　　　　　　　　　　500

（3）借：银行存款　　　　　　　　　　　　　　　590
　　　贷：应收账款　　　　　　　　　　　　　　　590

（4）确认 2011 年合同收入、毛利、费用：

2011 年完工百分比 = 100%

2011 年确认合同收入 =（2 000×100% + 300）- 700 - 800 = 800（万元）

2011 年确认合同费用 = 2 080 - 630 - 945 = 505（万元）

2011 年确认合同毛利 = 800 - 505 = 295（万元）

借：主营业务成本　　　　　　　　　　　　　　　505
　　工程施工——毛利　　　　　　　　　　　　　295
　　贷：主营业务收入　　　　　　　　　　　　　　800

（5）2011 年项目完工，结转成本：

借：存货跌价准备　　　　　　　　　　　　　　　25
　　贷：主营业务成本　　　　　　　　　　　　　　25

借：工程结算　　　　　　　　　　　　　　　　2 300
　　贷：工程施工——成本——桥梁　　　　　　2 080
　　　　　　　　——毛利　　　　　　　　　　　220

（五）案例讨论题

1. 答：在成本管理的过程中，每月按费用进行成本归集，并将其与目标进行比较，有利于分析原因，采取相应的改进措施。如本例，A 项目 X 月工程实际成本与目标成本相比较，总成本降低了，但就各分项成本来看，人工费、其他费用均超过了目标成本，而材料费、机械费则略有降低。A 项目就每项成本的节超进行了分析，找出了原因，并针对找出的原因，采取了相应的措施，对成本项目及其因素进行综合分析、改进和完善，使其更具有可控性。

2. 答：（1）做好成本计划，确定较准确的成本目标；抓好成本环节控制，保证项目成本目标的实现；认真组织成本核算与成本分析，为成本环节控制提供依据。

（2）明确施工项目成本控制对象，对人工费、材料费、机械费、措施费和管理费成本进行有效控制。

（3）采取适当的成本控制措施。项目成本控制的组织措施、技术措施、经济措施三者融为一体，相互作用。实际应用时应因地制宜，针对不同的工程规模、工程类型和不同的管理体制，灵活地选择适宜、有效的控制措施，使项目成本目标控制能够顺利实现。

（4）正确处理质量、工期、安全与成本之间的关系，实施系统控制：搞好质量控制工作，降低质量成本；合理安排工期，降低工期成本；搞好安全管理，消除安全事故发生所引起的成本增加；建立、健全成本控制体系，实行成本控制责任制。

第五章 房地产开发企业会计

本章学习要求：本章主要讲述房地产开发企业的开发成本和收入的会计处理。学完本章后，要熟练掌握房地产开发企业营业收入和营业成本核算的基本知识、基本方法、基本理论，根据房地产开发企业经营特点和管理要求，综合运用有关会计核算方法进行房地产开发企业生产经营活动的会计核算。

第一节 房地产开发企业会计的特点

一、房地产开发企业的主要业务

房地产开发企业是从事房地产开发、销售或出租的企业。

房地产开发企业开发业务分为以下四类：（1）土地开发；（2）房屋开发；（3）配套设施开发；（4）代建工程开发。

房地产开发企业既是房地产商品的生产者，又是房地产商品的经营者，其经营活动可以划分为生产、流通和消费三个环节。

（一）生产环节的主要经济业务

在生产环节，房地产开发企业在取得土地使用权以后对土地和房屋进行开发建设。土地开发是指对土地进行地面平整、建筑物拆除、地下管线铺设和道路基础设施的建设，以便对土地进行有效利用。房屋开发是指对城市各种房屋，包括住宅、厂房和其他用房的开发建设。它包括可行性研究、规划设计、工程施工、竣工验收、交付使用等工作内容。

（二）流通环节的主要经济业务

在流通环节，房地产开发企业对于已开发建设完成的房地产进行转让、出售和房地产租赁活动。房地产转让、出售是指将土地的使用权一次有偿转让给使用者，将房屋的所有权一次性出售给购买者；房地产租赁是指房地产使用权的分期出售，出租方以租金方式分期收回成本和利润，承租方分期支付租金获得房地产的使用权。

(三) 消费环节的主要经济业务

在消费环节，房地产开发企业通过转让、出售和租赁，投入使用阶段。由于房地产具有使用期限长、价值高等特点，因此，在这个环节中房产的维修、服务和管理活动是不可缺少的。

房地产开发企业经营具有开发建设周期长且耗资巨大，开发的产品单件性，房地产位置的固定性，产品使用寿命的长期性，开发产品具有保值、增值的功能等特点。

二、房地产开发企业会计核算的特点

(一) 房地产开发企业会计核算特点概述

房地产开发企业生产经营的特点和管理要求使其会计核算具有以下特点：

1. 成本核算周期长

房地产的产品使用寿命长、价值高，开发建设需要经过可行性研究、勘察设计、工程施工、工程竣工、产品销售若干阶段；并且，房地产开发完工也要由房地产开发企业、市政勘察设计部门和施工企业等单位共同协作完成，生产周期较其他行业长得多，导致成本计算期长。

2. 产品成本计算对象独特

房地产开发是按照特定设计图纸的要求，经过建筑安装等施工合同完成的，每一开发对象的用途、结构性能各异，施工的土地的水文地质等自然条件有很大的差异，不存在完全相同的开发过程，所以房地产企业应按每一开发项目分别设置成本计算单，如每幢房屋或每块土地，以各开发项目为对象归集费用、计算成本。

3. 业务核算内容多样

如前所述，房地产开发企业开发业务分为土地开发、房屋开发、配套设施开发和代建工程开发四类，有的企业还有房屋出租和售后服务业务。房地产企业要按不同的项目分别归集成本费用，计算营业收入，如可以按不同的用途，归集为土地开发成本与收入、房屋开发成本与收入、配套设施开发成本与收入、代建工程开发成本与收入以及出租房屋成本与收入等。

4. 往来结算关系复杂

房地产开发企业在经营过程中，要与许多单位发生经济往来关系，如勘察设计单位、施工企业、物资供应企业、委托建房单位、房屋承租单位、房屋购买顾客等，在购销过程中大量采用预收预付结算方式。在与材料物资供应企业的采购业务中，要预付一部分定金，待材料物资发出时，再办理应付货款的结算；在与施工企业的承发包往来中，往往采用预付备料款或工程款，而后再根据工程进度分期结算完工款项；在与购房客户的销售业务或委托单位的代建工程业务中，也会采用预收购房定金或代建工程款的方式，待房屋竣工或工程移交时，再进行房屋或工程款结算，从而使得房地产企业与多方面之间的财务关系和债权债务关系极其复杂。

5. 资金筹集渠道多元化

房地产开发产品价值高，耗资大。土地资源是有限的，在城市化的进程中，社会对房地产开发产品的数量需求不断增加，导致土地价格快速攀升，大城市的房屋造价每平米已超过万元，导致房地产开发企业经营所需的资金较其他行业的企业大得多。房地产开发企业筹资的渠道主要包括：股东投入、银行借款、预收购房定金或预收代建工程款；上市公司还可以通过向社会公开发行股票或公司债券的方式募集资金。

（二）房地产开发企业会计核算应设置的账户

为核算房地产开发企业的生产经营活动，应设置"开发成本"、"开发间接费"、"开发产品"、"周转房"、"投资性房地产"、"投资性房地产累计摊销"、"投资性房地产减值准备"、"主营业务收入"、"主营业务成本"、"其他业务收入"、"其他业务成本"等账户，各账户核算的内容在本章以后相关各节予以介绍。

第二节　房地产开发企业开发成本的核算

房地产开发企业的开发过程中发生的各种生产耗费的总和称为开发成本。

一、开发成本的内容

（一）开发成本核算对象

开发成本核算对象是归集和分配开发费用的具体承担对象，房地产开发企业通常在土地开发、房屋开发、配套设施开发、代建工程开发四类开发业务下，按每一开发产品作为成本核算对象。成本核算对象设置的一般原则为：

（1）一般以每一独立编制的设计概算，或每一独立的施工图预算的单位工程为成本核算对象；

（2）规模大、工期长的开发项目，可结合经济责任，按开发项目的一定区域或部位划分成本核算对象；

(3) 同一地点、结构类型相同的群体开发项目，开竣工时间接近，又由同一施工队伍施工，可以合并为一个成本核算对象。

（二）开发成本项目的设置

开发成本通常有以下六个成本项目：

(1) 土地征用及拆迁安置补偿费，指房地产开发企业按照城市建设总体规划进行土地开发而发生的各项费用，包括土地补偿费，耕地占用税，劳动力安置费及有关地上、地下附着物拆迁补偿的净支出（即扣除拆迁旧建筑物回收的残值），安置动迁居民用房支出等。

(2) 前期工程费，指开发项目前期所发生的各项费用，包括规划、设计、项目可行性研究、水文、地质、勘探、测绘、"三通一平"（通水、通电、通路和场地平整）等支出。

(3) 建筑安装工程费，指开发项目在开发过程中发生的各项建筑安装工程支出，主要包括以出包方式支付给承包单位的建筑安装工程费、以自营方式发生的列入开发工程施工图预算的各项费用。

(4) 基础设施费，指开发企业在开发过程中发生的各项基础设施支出，包括开发小区内供水、供电、供气、道路、绿化、排污、排洪、照明、环卫等工程支出。

(5) 公共配套设施费，指开发项目内部发生的不能有偿转让的公共配套设施支出，包括居委会、派出所、锅炉房、水塔、自行车棚、公共厕所等设施支出。

(6) 开发间接费用，指房地产开发企业内部独立核算单位及开发现场为开发房地产而发生的各项间接费用，包括管理人员职工薪酬、折旧费、修理费、办公费、水电费、劳动保护费、周转房摊销费等。

各类开发产品成本核算对象和成本项目的设置各有特点，在本节以后的相关内容中予以介绍。

二、房地产开发企业开发成本核算应设置的账户

为了归集和分配各项开发费用和确定各开发项目的实际成本，房地产开发企业应设置"开发成本"和"开发间接费用"两个成本类账户。

土地、房屋、配套设施和代建工程开发的成本费用通过"开发成本"账户核算。"开发成本"账户用于归集开发过程中所发生的各项费用，计算开发产品成本。该账户按开发项目的种类下设"土地开发"、"房屋开发"、"配套设施开发"、"代建工程开发"四个二级账，在二级账下按成本核算对象设置明细账，

按成本项目进行明细核算。

企业内部独立核算单位为开发产品而发生的各项间接费用通过"开发间接费用"账户核算。"开发间接费用"账户用于归集和分配开发间接费用,该账户期末无余额。该账户按内部独立核算单位及开发现场设置明细账,按费用种类设置专栏用于核算。

开发产品用于出售、出租和安置拆迁居民周转的,分别通过"开发产品"、"投资性房地产"和"周转房"账户核算。"开发产品"账户用于核算开发产品的成本;出租的通过"投资性房地产"账户核算出租投资性房地产的成本或公允价值。

三、开发成本的核算

各类房地产开发项目的成本核算具有各自的特殊性,下面按开发项目种类介绍开发成本的核算。

(一)土地开发成本的核算

1. 土地开发的用途

(1)商品性建设场地:为销售或有偿转让而开发的商品性建设场地。

(2)自用建设场地:为本企业兴建商品房和其他经营性房屋而开发的自用建设场地。

2. 土地开发成本核算对象和成本项目

土地开发成本核算对象的设置:对开发面积不大,开发工期较短的土地,可以按每一块独立开发的项目为成本核算对象;对开发面积较大,开发工期较长、分区域开发的土地,可以以一定的区域为成本核算对象。

土地开发成本的成本项目包括:(1)土地征用及拆迁补偿费;(2)前期工程费;(3)基础设施费;(4)开发间接费。

3. 土地开发费用的归集和成本计算

(1)用于商品性建设场地开发所发生的各项费用:发生的直接费用,如土地征用拆迁补偿费、前期工程费、基础设施费等,直接记入"开发成本——土地开发"账户所属明细账;发生的间接开发费用,先记入"开发间接费用"账户,期末通过一定的分配标准,按受益的成本核算对象,分配转入"开发成本——土地开发"账户所属明细账;开发完成,将成本转入"开发产品——土地"账户。

(2)用于自用建设场地开发所发生的各项费用,具体分为两种情况:一是能够直接确定土地使用对象时,发生的费用直接记入"开发成本——房屋开发"账户所属明细"土地征用及拆迁安置补偿费"成本项目;二是不能直接确定土地使用对象时,土地的开发费用的归集方法,与商品性建设场地的核算相同,开发完成,开发成本自"开发成本——土地开发"账户所属明细账转入"开发成本——房屋开发"账户所属明细账。

【例5-1】某房地产开发公司开发一建设用地,其中甲区作为商品性建设用地对外销售,乙区用于本企业商品房开发用地。本期发生下列经济业务,根据有关凭证,做会计处理如下:

(1) 以银行存款支付土地征用及补偿费400 000元,其中甲区250 000元,乙区150 000元。

借:开发成本——土地开发——甲区　　　　　　250 000
　　　　　——土地开发——乙区　　　　　　150 000
　　贷:银行存款　　　　　　　　　　　　　　400 000

(2) 以银行存款支付甲区劳动力安置费500 000元,乙区劳动力安置费300 000元。

借:开发成本——土地开发——甲区　　　　　　500 000
　　　　　——土地开发——乙区　　　　　　300 000
　　贷:银行存款　　　　　　　　　　　　　　800 000

(3) 用银行存款支付项目开发设计费,共计350 000元,其中甲区200 000元,乙区150 000元。

借:开发成本——土地开发——甲区　　　　　　200 000
　　　　　——土地开发——乙区　　　　　　150 000
　　贷:银行存款　　　　　　　　　　　　　　350 000

(4) 应付某地质勘探队水文地质勘察费,共计200 000元,其中甲区120 000元,乙区80 000元。

借:开发成本——土地开发——甲区　　　　　　120 000
　　　　　——土地开发——乙区　　　　　　80 000
　　贷:应付账款　　　　　　　　　　　　　　200 000

(5) 施工企业承包的基础设施工程已经竣工,甲区应付工程款150 000元,乙区应付工程款100 000元。

借:开发成本——土地开发——甲区　　　　　　150 000
　　　　　——土地开发——乙区　　　　　　100 000
　　贷:应付账款　　　　　　　　　　　　　　250 000

(6) 本期应付现场管理机构人员工资56 000元,固定资产折旧费25 000元,水电费5 000元。

借:开发间接费用　　　　　　　　　　　　　　86 000
　　贷:应付职工薪酬　　　　　　　　　　　　56 000
　　　　累计折旧　　　　　　　　　　　　　　25 000

应付账款　　　　　　　　　　　　　　　　　　　　　5 000

（7）期末分配土地开发应负担的开发间接费用，其中甲区承担 56 000 元，乙区承担 30 000 元。

借：开发成本——土地开发——甲区　　　　　　　56 000
　　　　　　——土地开发——乙区　　　　　　　30 000
　　贷：开发间接费用　　　　　　　　　　　　　　86 000

（8）期末，土地开发全部完成，甲区实际成本为 1 276 000 元，乙区实际成本为 810 000 元。

借：开发产品——土地开发——甲区　　　　　　1 276 000
　　开发产品——土地开发——乙区　　　　　　　810 000
　　贷：开发成本——土地开发——甲区　　　　1 276 000
　　　　　　　　——土地开发——乙区　　　　　810 000

甲、乙两区土地开发明细账如表 5-1 和表 5-2 所示。

表 5-1　　　　　　　开发成本——土地开发明细账

甲区　　　　　　　　　　　　　　　　　　　　　　　　单位：万元

年		凭证号数	摘要	成本项目						合计
月	日			土地征用拆迁补偿费	前期工程费	基础设施费	建筑安装工程费	公共配套设施费	开发间接费	
略	略	略	支付土地征用及补偿费	25						25
			支付劳动力安置费	50						50
			支付开发设计费		20					20
			应付水文地质勘察费		12					12
			支付基础设施工程款			15				15
			分配结转开发间接费用						5.6	5.6
			合计	75	32	15			5.6	127.6
			结转完工成本	75	32	15			5.6	127.6

表 5-2　　　　　　　　　开发成本——土地开发明细账

乙区　　　　　　　　　　　　　　　　　　　　　　　　　　　　单位：万元

年		凭证号数	摘要	成本项目						合计
月	日			土地征用拆迁补偿费	前期工程费	基础设施费	建筑安装工程费	公共配套设施费	开发间接费	
略	略	略	支付土地征用及补偿费	15						15
			支付劳动力安置费	30						30
			支付开发设计费		15					15
			应付水文地质勘察费		8					8
			支付基础设施工程款			10				10
			分配结转开发间接费用						3	3
			合计	45	23	10			3	81
			结转完工成本	45	23	10			3	81

（二）配套设施开发成本的核算

1. 配套设施的分类

（1）可以有偿转让的公共配套设施项目，包括：开发区内营业性公共配套设施，如银行、邮局、商店等；开发区内非营业性公共配套设施，如学校、医院、文化站等；开发项目内为居民服务的给排水、供气、供电的增容增压设施以及交通道路等。

（2）不能有偿转让的公共配套设施项目，如居委会、派出所、消防设施、幼儿园、水塔、锅炉房、自行车棚、公厕等。

2. 配套设施成本核算对象和成本项目

（1）可以有偿转让的公共配套设施，成本核算对象按独立的配套设施设置，成本项目包括：①土地征用及拆迁补偿费；②前期工程费；③基础设施费；④建筑安装工程费；⑤配套设施费；⑥开发间接费。

（2）不能有偿转让的公共配套设施，成本核算对象一般按独立的配套设施设置；如果工程规模不大、其他建设项目较近、开竣工时间接近、工程为同一个施工队承包，可以将多项公共配套设施合并为一个成本核算对象。成本项目包括：①土地征用及拆迁补偿费；②前期工程费；③基础设施费；④建筑安装工程费。为简化核算，不再负担其他公共设施的费用和间接开发费。

3. 配套设施开发费用的归集和成本计算

（1）可以有偿转让的配套设施的各项支出，发生的直接费用，直接记入"开发成本——配套设施开发"账户所属明细账；发生的间接开发费用，先记入"开发间接费用"账户，期末通过一定的分配标准，按受益的成本核算对象，分配转入"开发成本——配套设施开发"账户所属明细账，开发完成，将成本转入"开发产品——配套设施"账户。

（2）不能有偿转让的配套设施的各项支出，具体分为两种情况：一是能够直接确定配套设施使用对象时，发生的费用直接记入"开发成本——房屋（或土地）开发"账户所属明细"公共配套设施费"成本项目。二是配套设施的开发费用由两个或两个以上的成本核算对象共同负担时，配套设施的开发费用的归集方法，与可以有偿转让的配套设施的核算相同，开发完成，按一定的标准分配，开发成本自"开发成本——配套设施开发"账户所属明细账，转入"开发成本——房屋（或土地）开发"账户所属明细账，或转入有偿转让的配套设施的"开发成本——配套设施开发"账户所属明细账。

如果配套设施与房屋等开发产品不同步建设，商品房已建成出售，而配套设施尚在建设之中，未全部完成，为了及时结转已完工商品房成本，经批准后，可按预算成本或计划成本预提商品房应负担的配套设施费，计入商品房开发成本相关成本项目中，借记"开发成本——房屋开发"账户，贷记"预提费用"账户。开发产品预提配套设施费用，可按下列公式确定：

配套设施费预提率 = 该配套设施预算成本（或计划成本）/应负担该配套设施各开发产品的预算成本（或计划成本）合计数 ×100%

某项开发产品负担的配套设施费 = 该项开发产品预算成本（或计划成本）× 配套设施费预提率

将来配套设施完工时，再调整实际成本与预算成本（或计划成本）的差额。

【例5-2】某房地产开发公司开发建设住宅小区，根据设计规划需建设一家商店、一个小学和一座锅炉房，且均承包给施工企业进行施工。其中商店、小学建成后有偿转让给商业部门，锅炉房按规定计入小区 A 座商品房和 B 座商品房的成本。以上设施与商品房同步建设。配套设施发生的各项成本如表5-3所示。

表5-3　　　　　　　　　　　配套设施开发成本项目表　　　　　　　　　　　单位：元

项　目	商店	小学	锅炉房
支付土地征用及拆迁补偿费	450 000	200 000	50 000
支付承包设计单位前期工程款	50 000	60 000	20 000
应付施工单位基础设施工程款	100 000	120 000	80 000
应付施工单位建筑安装工程款	200 000	180 000	60 000
分配锅炉房设施配套设施费	30 000	20 000	
分配开发间接费用	20 000	30 000	
合　计	850 000	610 000	210 000

根据上述资料，做会计处理如下：

(1) 以银行存款支付配套设施土地征用及拆迁补偿费。

借：开发成本——配套设施开发——商店　　　　　　450 000
　　　　　　——配套设施开发——小学　　　　　　200 000
　　　　　　——配套设施开发——锅炉房　　　　　 50 000
　　贷：银行存款　　　　　　　　　　　　　　　　　　　　700 000

(2) 以银行存款支付承包设计单位前期工程款。

借：开发成本——配套设施开发——商店　　　　　　 50 000
　　　　　　——配套设施开发——小学　　　　　　 60 000
　　　　　　——配套设施开发——锅炉房　　　　　 20 000
　　贷：银行存款　　　　　　　　　　　　　　　　　　　　130 000

(3) 应付施工单位基础设施工程款。

借：开发成本——配套设施开发——商店　　　　　　100 000
　　　　　　——配套设施开发——小学　　　　　　120 000
　　　　　　——配套设施开发——锅炉房　　　　　 80 000
　　贷：应付账款　　　　　　　　　　　　　　　　　　　　300 000

(4) 应付施工单位建筑安装工程款。

借：开发成本——配套设施开发——商店　　　　　　200 000
　　　　　　——配套设施开发——小学　　　　　　180 000
　　　　　　——配套设施开发——锅炉房　　　　　 60 000
　　贷：应付账款　　　　　　　　　　　　　　　　　　　　440 000

(5) 分配应计入商场、小学的开发间接费用。

借：开发成本——配套设施开发——商店　　　　　　 20 000
　　　　　　——配套设施开发——小学　　　　　　 30 000
　　贷：开发间接费用　　　　　　　　　　　　　　　　　　 50 000

（6）锅炉房验收，分配锅炉房的成本，商店负担 30 000 元、小学负担 20 000元，商品房 A 座、B 座共负担 160 000 元，A 座、B 座按照建筑面积分配锅炉房成本，A 座为 1 万平方米，B 座为 3 万平方米。

借：开发成本——配套设施开发——商店　　　　　　30 000
　　　　　　——配套设施开发——小学　　　　　　20 000
　　　　　　——房屋开发——A 座　　　　　　　　40 000
　　　　　　——房屋开发——B 座　　　　　　　　120 000
　　贷：开发成本——配套设施开发——锅炉房　　　　210 000

（7）商店、小学验收。

借：开发产品——配套设施——商店　　　　　　　　850 000
　　　　　　——配套设施——小学　　　　　　　　610 000
　　贷：开发成本——配套设施开发——商店　　　　　850 000
　　　　　　——配套设施开发——小学　　　　　　610 000

商店、小学、锅炉房开发明细账，如表 5 - 4、表 5 - 5 和表 5 - 6 所示。

表 5 - 4　　　　　　　开发成本——配套设施开发明细账

商店　　　　　　　　　　　　　　　　　　　　　　　　单位：万元

年		凭证号数	摘要	成本项目						合计
月	日			土地征用拆迁补偿费	前期工程费	基础设施费	建筑安装工程费	公共配套设施费	开发间接费	
略	略	略	分摊土地征用及补偿费	45						45
			支付设计费		5					5
			应付基础设施工程款			10				10
			应付建筑安装工程款				20			20
			分配结转开发间接费用						2	2
			分摊公共配套设施费					3		3
			合计	45	5	10	20	3	2	85
			结转完工成本	45	5	10	20	3	2	85

表 5-5　　　　　　　　　　开发成本——配套设施开发明细账

小学　　　　　　　　　　　　　　　　　　　　　　　　　单位：万元

年		凭证号数	摘要	成本项目						合计
月	日			土地征用拆迁补偿费	前期工程费	基础设施费	建筑安装工程费	公共配套设施费	开发间接费	
略	略	略	分摊土地征用及补偿费	20						20
			支付设计费		6					6
			应付基础设施工程款			12				12
			应付建筑安装工程款				18			18
			分配结转开发间接费用						3	3
			分摊公共配套设施费					2		2
			合计	20	6	12	18	2	3	61
			结转完工成本	20	6	12	18	2	3	61

表 5-6　　　　　　　　　　开发成本——配套设施开发明细账

锅炉房　　　　　　　　　　　　　　　　　　　　　　　　单位：万元

年		凭证号数	摘要	成本项目						合计
月	日			土地征用拆迁补偿费	前期工程费	基础设施费	建筑安装工程费	公共配套设施费	开发间接费	
略	略	略	支付土地征用及补偿费	5						5
			支付开发设计费		2					2
			支付基础设施工程款			8				8
			应付建筑安装工程款				6			6
			合计	5	2	8	6			21
			结转完工成本	5	2	8	6			21

(三) 房屋开发成本的核算

1. 开发房屋的种类

房屋开发是房地产开发企业的主要经营业务，按其用途可分为四类：（1）为销售而开发的商品房；（2）为出租经营而开发的出租房；（3）为安置被拆迁居民周转使用而开发的周转房；（4）接受其他单位委托而代为开发建设的代建房。

2. 房屋开发成本核算对象和成本项目

房屋开发成本核算对象的设置，应结合开发地点、用途、结构、装修、层高、施工队伍等因素综合确定：

（1）一般房屋开发，以每一独立编制的设计概算，或每一独立的施工图预算的单位工程为成本核算对象；

（2）规模大、工期长的房屋开发，可结合经济责任，按开发项目的一定区域或部位划分成本核算对象；

（3）同一地点、结构类型相同的群体房屋开发，开竣工时间接近，又由同一施工队伍施工，可以合并为一个成本核算对象。

房屋开发成本项目包括：（1）土地征用及拆迁补偿费；（2）前期工程费；（3）基础设施费；（4）建筑安装工程费；（5）配套设施费；（6）开发间接费。

3. 房屋开发费用的归集和成本计算

房屋开发过程中，发生的直接费用，直接记入"开发成本——房屋开发"账户所属明细账；发生的间接开发费用，先记入"开发间接费用"账户，期末通过一定的分配标准，按受益的成本核算对象，分配转入"开发成本——房屋开发"账户所属明细账，开发完成，将成本转入"开发产品"、"周转房"、"投资性房地产"账户。

房屋开发的土地征用及拆迁补偿费、前期工程费、基础设施费和公共配套设施费分为两种情况：一是能直接确定成本核算对象的，应直接记入"开发成本——房屋开发"账户所属明细账的"土地征用及拆迁补偿费"、"前期工程费"、"基础设施费"和"公共配套设施费"成本项目；二是不能直接确定成本核算对象的，或应由两个或两个以上成本核算对象共同负担的，应先通过"开发成本——土地开发"和"开发成本——配套设施"账户进行归集，待土地或配套设施开发完成用于房屋建设时，再按一定的分配标准，将相关费用自"开发成本——土地开发"和"开发成本——配套设施"账户转入"开发成本——房屋开发"账户所属明细账相关的成本项目。其中，房屋开发成本中的配套设施费用，指建设不能有偿转让的开发小区内公共配套设施发生的支出。

【例5-3】某房地产开发公司在已经开发完成的自用建设场地开发商品房甲座、出租的经营用房乙座，分别占用场地面积的70%和30%。本期发生下列经

济业务,做会计处理如下:

(1) 结转土地开发成本 5 000 000 元,其中土地征用及拆迁补偿费 4 000 000 元,基础设施费 1 000 000 元。

借:开发成本——房屋开发——商品房甲座　　　　　3 500 000
　　　　　　——房屋开发——经营用房乙座　　　　1 500 000
　贷:开发产品——土地　　　　　　　　　　　　　　5 000 000

(2) 以银行存款支付设计费,其中商品房甲座设计费 126 000 元,经营用房乙座设计费 54 000 元。

借:开发成本——房屋开发——商品房甲座　　　　　126 000
　　　　　　——房屋开发——经营用房乙座　　　　54 000
　贷:银行存款　　　　　　　　　　　　　　　　　　180 000

(3) 本期房屋开发工程领用各种设备 500 000 元,其中商品房甲座领用设备 200 000 元,经营用房乙座领用设备 300 000 元。

借:开发成本——房屋开发——商品房甲座　　　　　200 000
　　　　　　——房屋开发——经营用房乙座　　　　300 000
　贷:库存设备　　　　　　　　　　　　　　　　　　500 000

(4) 结转分配开发间接费用 150 000 元,其中商品房甲座负担 105 000 元,经营用房乙座负担 45 000 元。

借:开发成本——房屋开发——商品房甲座　　　　　105 000
　　　　　　——房屋开发——经营用房乙座　　　　45 000
　贷:开发间接费用　　　　　　　　　　　　　　　　150 000

(5) 期末,房屋开发工程全部竣工,根据工程价款结算单,应付施工单位工程结算款 3 000 000 元,其中商品房甲座 2 200 000 元,经营用房乙座 800 000 元。

借:开发成本——房屋开发——商品房甲座　　　　　2 200 000
　　　　　　——房屋开发——经营用房乙座　　　　800 000
　贷:应付账款　　　　　　　　　　　　　　　　　　3 000 000

(6) 房屋开发全部完成,但配套设施尚未竣工,经批准,按其预算成本 300 000 元预提计入房屋成本,其中商品房甲座负担 210 000 元,经营用房乙座负担 90 000 元。

借:开发成本——房屋开发——商品房甲座　　　　　210 000
　　　　　　——房屋开发——经营用房乙座　　　　90 000
　贷:预提费用　　　　　　　　　　　　　　　　　　300 000

(7) 期末,结转完工成本,其中商品房甲座为 6 341 000 元,经营用房乙座为 2 789 000 元。

借:开发产品——商品房甲座　　　　　　　　　　　　6 341 000

投资性房地产——经营用房乙座　　　　　　　　2 789 000
　　贷：开发成本——房屋开发——商品房甲座　　6 341 000
　　　　　　——房屋开发——经营用房乙座　　　2 789 000
商品房甲座和经营用房乙座的开发明细账如表5-7和表5-8所示。

表5-7　　　　　　　　　开发成本——房屋开发明细账

商品房甲　　　　　　　　　　　　　　　　　　　　　　　单位：万元

年		凭证号数	摘要	成本项目						合计
月	日			土地征用拆迁补偿费	前期工程费	基础设施费	建筑安装工程费	公共配套设施费	开发间接费	
略	略	略	分摊土地成本	300		50				350
			支付设计费		12.6					12.6
			领用各种设备				20			20
			分配结转开发间接费用						10.5	10.5
			应付工程结算款				220			220
			预提公共配套设施费					21		21
			合计	300	12.6	50	240	21	10.5	634.1
			结转完工成本	300	12.6	50	240	21	10.5	634.1

表5-8　　　　　　　　　开发成本——房屋开发明细账

经营用房乙　　　　　　　　　　　　　　　　　　　　　　单位：万元

年		凭证号数	摘要	成本项目						合计
月	日			土地征用拆迁补偿费	前期工程费	基础设施费	建筑安装工程费	公共配套设施费	开发间接费	
略	略	略	分摊土地成本	120		30				150
			支付设计费		5.4					5.4
			领用各种设备				30			30

续表

年		凭证号数	摘要	成本项目						合计
月	日			土地征用拆迁补偿费	前期工程费	基础设施费	建筑安装工程费	公共配套设施费	开发间接费	
			分配结转开发间接费用						4.5	4.5
			应付施工单位工程结算款				80			80
			预提公共配套设施费					9		9
			合计	120	5.4	30	110	9	4.5	278.9
			结转完工成本	120	5.4	30	110	9	4.5	278.9

（四）代建工程开发成本的核算

代建工程指接受有关单位的委托代为开发建设的工程，或参加委托单位招标，经过投标中标后承建的开发项目。代建工程的种类分为：土地开发、房屋开发、市政工程开发（城市道路、基础设施、园林绿化、旅游风景区开发）等。

代建工程的成本核算对象和成本项目，因代建工程的种类而异，可仿照土地开发、房屋开发、配套设施开发的做法，此处不再赘述。

代建工程发生的费用、代为开发的土地和房屋，通过"开发产品——土地开发"和"开发产品——房屋开发"账户进行核算，费用的归集和分配与前述商品性建设场地、商品房开发的成本核算基本相同；其他代建项目通过"开发产品——代建工程"账户核算，发生的直接费用，直接记入"开发成本——代建工程"账户所属明细账；发生的间接开发费用，先记入"开发间接费用"账户，期末通过一定的分配标准，按受益的成本核算对象，分配转入"开发成本——代建工程"账户所属明细账；代建工程完工，成本自"开发产品——土地开发"、"开发产品——房屋开发"和"开发成本——代建工程"账户转入"开发产品——代建工程"账户。

【例5-4】某房地产开发公司接受市政府委托，代为建设风景区，有关经济业务和会计处理如下：

（1）企业用银行存款支付居民拆迁补偿费300 000元、设计勘察等费用40 000元。

借：开发成本——代建工程开发　　　　　　　　　　340 000

　　　　贷：银行存款　　　　　　　　　　　　　　　　　340 000
（2）企业用现金支付规划设计费 120 000 元。
　　借：开发成本——代建工程开发　　　　　　　　120 000
　　　　贷：库存现金　　　　　　　　　　　　　　　　　120 000
（3）企业应付甲施工企业基础设施工程款 400 000 元。
　　借：开发成本——代建工程开发　　　　　　　　400 000
　　　　贷：应付账款　　　　　　　　　　　　　　　　　400 000
（4）支付风景区绿化费 20 000 元。
　　借：开发成本——代建工程开发　　　　　　　　 20 000
　　　　贷：银行存款　　　　　　　　　　　　　　　　　 20 000
（5）企业分配风景区应负担的开发间接费用 30 000 元。
　　借：开发成本——代建工程开发　　　　　　　　 30 000
　　　　贷：开发间接费用　　　　　　　　　　　　　　　 30 000
（6）领用代建工程所需的各种设备 30 000 元。
　　借：开发成本——代建工程开发　　　　　　　　 30 000
　　　　贷：库存设备　　　　　　　　　　　　　　　　　 30 000
（7）风景区竣工，结转其实际成本 940 000 元。
　　借：开发产品——代建工程　　　　　　　　　　940 000
　　　　贷：开发成本——代建工程开发　　　　　　　　　940 000

四、周转房的核算

　　周转房是指房地产开发企业用于安置拆迁居民周转使用，产权归本企业所有的房屋。其成本在使用期间应摊销计入开发项目的成本中，周转房在报表列示时属于存货。

　　周转房的净值通过"周转房"账户核算，下设"在用周转房"和"周转房摊销"两个明细账户进行明细核算。"周转房——在用周转房"账户用于核算周转房的历史成本，"周转房——周转房摊销"账户用于核算摊销的成本，是"周转房——在用周转房"账户的抵减账户。

　　企业取得周转房有三种渠道，一是来源于开发完成的开发产品，二是来源于出租的投资性房地产，三是自用的房屋。取得时，按转入资产的账面价值，确认在用周转房的成本。

　　周转房摊销，采用年限平均摊销法；摊销的成本，能确定其为某项房屋开发项目负担的，记入"开发成本——房屋开发"明细账"开发间接费用"成本项目，若不能确定其为某项房屋开发项目负担的，记入"开发间接费用"账户。

周转房发生的修理费用,仿照周转房摊销的做法。

周转房可能因为报废、出售、转为出租房、转为自用房而减少,此时,应转销周转房的账面价值,增加相关资产价值或成本费用。

【例 5-5】某房地产开发公司开发完成用于安置拆迁居民周转使用的房屋,其实际成本 800 000 元,残值率 2.5%,预计使用 13 年,在周转房使用过程中发生修理费用 8 000 元。两年后,将该周转房作为商品房出售。做会计处理如下:

(1) 开发完成周转房交付使用时:

借:周转房——在用周转房　　　　　　　　　　　　800 000
　　贷:开发产品——房屋　　　　　　　　　　　　　800 000

(2) 每月计提周转房的摊销额时:

每月摊销额 = 800 000 × (1 - 2.5%) ÷ (13 × 12) = 5 000(元)

借:开发成本——房屋开发　　　　　　　　　　　　5 000
　　贷:周转房——周转房摊销　　　　　　　　　　　5 000

(3) 周转过程中支付修理费用时:

借:开发成本——房屋开发　　　　　　　　　　　　8 000
　　贷:银行存款　　　　　　　　　　　　　　　　　8 000

(4) 结转对外销售的周转房的实际成本:

销售时周转房的摊余价值 = 800 000 - 5 000 × 12 × 2 = 680 000(元)

借:主营业务成本——商品房销售成本　　　　　　　680 000
　　周转房——周转房摊销　　　　　　　　　　　　120 000
　　贷:周转房——在用周转房　　　　　　　　　　　800 000

第三节　房地产开发企业营业收入的核算

房地产开发企业的收入包括:出售开发产品收入、出租投资性房地产收入,以及少量出售改变用途的周转房收入和出售投资性房地产收入;其中出售开发产品收入、出售周转房收入属于主营业务收入,出租投资性房地产收入和出售投资性房地产收入属于其他业务收入。

一、房地产开发企业营业收入的确认与计量

(一) 房地产开发企业营业收入的确认

房地产开发企业的出售开发产品收入、出售周转房收入、出售投资性房地产收入的确认应满足企业会计准则商品销售收入确认的条件的要求,出租投资性房

地产收入应满足企业会计准则让渡资产使用权收入确认条件的要求，同时具备房地产开发企业的特点：

（1）转让、销售土地和商品房，通常在土地和商品房已经移交，并已将发票结算账单提交给买主时，确认销售收入实现。值得注意的是，在房地产销售中，房地产的法定所有权转移给买方，通常表明其所有权上的主要风险和报酬也已转移，企业应确认销售收入。但是，仍存在法定所有权转移后，所有权上的风险和报酬尚未转移的情况：

1）卖方根据合同规定，仍有责任实施重大行动，如工程尚未完工。在这种情况下，企业应在所实施的重大行动完成时确认收入。

2）合同存在重大不确定因素，如买方有退货选择权的销售。企业应在这些不确定因素消失后确认收入。

3）房地产销售后，卖方仍有某种程度的继续涉入，如销售回购协议、卖方保证买方在特定时期内获得投资报酬的协议等。在这些情况下，卖方在继续涉入的期间内一般不应确认收入。

（2）代建工程，在代建工程竣工验收，办妥财产交接手续，并已将代建的房屋和工程的工程价款结算账单提交委托单位时，确认销售收入的实现。如果代建工程已符合建造合同的要求，并且有不可撤销的建造合同时，也可按照建造合同收入确认原则，按照完工百分比法确认房地产开发业务的收入。

（3）出租投资性房地产，在出租合同（或协议）约定日期，无论是否收到款项，均确认租金收入的实现。

（二）房地产开发企业营业收入的计量

房地产开发企业的营业收入签订合同或协议的，按合同或协议规定的金额确认；存在商业折扣的，按照扣除商业折扣后的金额计量；存在现金折扣的，按照总价法计量；具有融资性质的分期收款销售，按未来现金流量的现值或现销价计量。

二、房地产开发企业营业收入核算应设置的账户

房地产开发企业营业收入核算应设置"主营业务收入"、"其他业务收入"、"主营业务成本"、"其他业务成本"账户。

房地产开发企业出售开发产品和周转房所取得的收入通过"主营业务收入"账户核算。本期实现的主营业务收入登记在"主营业务收入"账户贷方，期末，将本账户的余额全部转入"本年利润"账户，结转后，本账户应无余额。"主营业务收入"账户应按照主营业务的类别设置明细账户。

房地产开发企业出售开发产品和周转房的成本通过"主营业务成本"账户核算。本期实现的主营业务成本登记在"主营业务成本"账户借方,期末,将本账户的余额全部转入"本年利润"账户,结转后,本账户应无余额。"主营业务成本"账户应按照主营业务的类别设置明细账户,进行明细核算。

房地产开发企业出售和出租投资性房地产所取得的收入通过"其他业务收入"账户核算。本期实现的其他业务收入登记在"其他业务收入"账户贷方,期末,将本账户的余额全部转入"本年利润"账户,结转后,本账户应无余额。"其他业务收入"账户应按照其他业务的类别设置明细账户。

房地产开发企业出售和出租投资性房地产的成本通过"其他业务成本"账户核算。本期实现的其他业务成本登记在"其他业务成本"账户借方,期末,将本账户的余额全部转入"本年利润"账户,结转后,本账户应无余额。"其他业务成本"账户应按照其他业务的类别设置明细账户,进行明细核算。

三、房地产开发企业营业收入的核算

(一)主营业务收入的核算

房地产开发企业销售开发产品或周转房时,将发票提交给买方,并办理移交手续后,确认主营业务收入,同时确认主营业务成本,如果属于一次性收款销售,按销售价款确认主营业务收入,如果是具有融资性质的分期收款销售,按售价确认债权,按未来现金流量的现值或现销价确认主营业务收入,债权与营业收入之间的差额确认为未实现融资收益,在以后期间采用实际利率法分期摊销确认融资收益。

【例5-6】某房地产开发公司销售所开发小区大型商场用房,共计500万元,按照合同规定,已预收定金200万元,现房屋已竣工并办理决算,实际总成本400万元,并与买方办理了交接手续,余款已全部收讫并存入银行。做会计处理如下:

(1)房屋竣工进行决算时:
借:开发产品——房屋　　　　　　　　　　　　　4 000 000
　　贷:开发成本——房屋开发成本　　　　　　　　　　　4 000 000
(2)确认已实现的收入时:
借:预收账款　　　　　　　　　　　　　　　　　5 000 000
　　贷:主营业务收入——房屋　　　　　　　　　　　　　5 000 000
(4)收到余款时:
借:银行存款　　　　　　　　　　　　　　　　　3 000 000
　　贷:预收账款　　　　　　　　　　　　　　　　　　　3 000 000

(5) 结转营业成本时：

借：主营业务成本——房屋　　　　　　　　　　　　　4 000 000
　　贷：开发产品——房屋　　　　　　　　　　　　　　　4 000 000

【例 5 – 7】 某房地产开发公司 2012 年 1 月 1 日采用分期收款方式销售商品房 800 平方米，每平方米售价 2.5 万元，销售合同约定 2 000 万元，分 5 次于每年 12 月 31 日等额收取。该商品房成本为 1 560 万元。在现销方式下，该商品房的销售价格为 1 600 万元。做会计处理如下：

根据本例的资料，当期确认的收入金额为 1 600 万元。

根据公式：未来五年收款额的现值 = 现销方式下应收款项金额

可以得出：$400 \times (P/A, r, 5) = 1\,600$（万元）

用插值法计算折现率得出：$r = 7.93\%$。

每期计入财务费用的金额如表 5 – 9 所示。

表 5 – 9　　　　　　　　财务费用和已收本金计算表　　　　　　　单位：万元

日　　期	未收本金 ① = 上期① – 上期④	财务费用 ② = ① × 7.93%	收现总额 ③	已收本金 ④ = ③ – ②
20×1 年 1 月 1 日	1 600.00			
20×1 年 12 月 31 日	1 600.00	126.88	400	273.12
20×2 年 12 月 31 日	1 326.88	105.22	400	294.78
20×3 年 12 月 31 日	1 032.10	81.85	400	318.15
20×4 年 12 月 31 日	713.95	56.62	400	343.38
20×5 年 12 月 31 日	370.57	29.43*	400	370.57
总　　额		400.00	2 000	1 600.00

注：* 尾数调整。

根据表 5 – 9 的计算结果，各期的账务处理如下：

(1) 2012 年 1 月 1 日公司将商品房移交给买方销售实现时：

借：长期应收款　　　　　　　　　　　　　　　　　　20 000 000
　　贷：主营业务收入——房屋　　　　　　　　　　　　16 000 000
　　　　未实现融资收益　　　　　　　　　　　　　　　　4 000 000
借：主营业务成本——房屋　　　　　　　　　　　　　15 600 000
　　贷：开发产品——房屋　　　　　　　　　　　　　　15 600 000

(2) 2012 年 12 月 31 日收取货款：

借：银行存款　　　　　　　　　　　　　　　　　　　4 000 000
　　贷：长期应收款　　　　　　　　　　　　　　　　　4 000 000
借：未实现融资收益　　　　　　　　　　　　　　　　1 268 800

贷：财务费用　　　　　　　　　　　　　　　　1 268 800

以后各年收款的会计处理以此类推。

(二) 其他业务收入的核算

　　房地产开发企业将开发完成的产品用于出租时，开发产品转为投资性房地产，按开发产品的账面价值对投资性房地产进行初始计量，出租投资性房地产的收入，按出租合同约定日期和金额确认；投资性房地产后续计量采用成本模式的，应计提折旧，计提的折旧费计入其他业务成本；投资性房地产后续计量采用公允价值模式的，公允价值变动计入公允价值变动损益；出租期间，投资性房地产后续支出，符合资本化条件的，予以资本化，不符合资本化条件的，计入其他业务成本。

　　出租的投资性房地产如果改变用途，将其对外销售，应按转让价格确认其他业务收入，同时转销投资性房地产的原价和累计折旧，按转销投资性房地产的账面价值确认其他业务成本。

　　【例5-8】 某房地产开发公司将自行开发的商铺在完工时直接出租给一家公司，租期10年，商铺实际成本为900万元。合同规定每年租金为80万元，租金年末支付，每年计提摊销额54万元。10年后，将该商铺出售，出售价格700万元，款项已收到。某房地产开发公司投资性房地产按成本模式进行后续计量，商铺预计使用30年，预计净残值率1%。做会计处理如下：

(1) 在将商铺出租给某公司使用时：

　　借：投资性房地产——商铺　　　　　　　　　　9 000 000
　　　　贷：开发产品——房屋——商铺　　　　　　　　　9 000 000

(2) 年末收取出租商铺的租金时：

　　借：银行存款　　　　　　　　　　　　　　　　　800 000
　　　　贷：其他业务收入——出租投资性房地产收入　　　800 000

(3) 每年计提商铺折旧额时：

每年折旧 = 9 000 000 × (1 - 1%) ÷ 30 = 297 000（元）

　　借：其他业务成本——出租产品经营成本　　　　　297 000
　　　　贷：投资性房地产累计折旧　　　　　　　　　　　297 000

(4) 10年后，将该商铺出售时：

　　借：银行存款　　　　　　　　　　　　　　　　7 000 000
　　　　贷：其他业务收入——商品房销售收入　　　　　7 000 000

商铺的摊余价值是：9 000 000 - 297 000 × 10 = 6 030 000（元）

　　借：其他业务成本——商品房销售成本　　　　　6 030 000
　　　　投资性房地产累计折旧　　　　　　　　　　2 970 000

贷：投资性房地产——商铺　　　　　　　　　　　　9 000 000

【例5-9】承【例5-8】，假设该房地产开发公司投资性房地产按公允模式进行后续计量，该商铺第一年年末公允价值为910万元。第一年做会计处理如下：

（1）在将商铺出租给某公司使用时：
借：投资性房地产——成本——商铺　　　　　　　　9 000 000
　　贷：开发产品——房屋——商铺　　　　　　　　　　9 000 000
（2）年末收取出租商铺的租金时：
借：银行存款　　　　　　　　　　　　　　　　　　800 000
　　贷：其他业务收入——出租投资性房地产收入　　　　800 000
（3）第一年年末公允价值变动时：
借：投资性房地产——公允价值变动——商铺　　　　　100 000
　　贷：公允价值变动损益　　　　　　　　　　　　　100 000

应用与扩展

房地产开发企业上市公司报表解读

珠江实业（A股600684）

（一）存货（开发成本、开发产品、周转房）

1. 会计政策特点
(1) 存货的分类。
存货分类为：开发成本、开发产品、周转房及低值易耗品等。
(2) 发出存货的计价方法。
各类存货的购入和入库按实际成本计价，开发项目采用个别计价法核算。
(3) 存货可变现净值的确定依据及存货跌价准备的计提方法。
年末对存货进行全面清查后，按存货的成本与可变现净值孰低提取或调整存货跌价准备。年末按照单个存货项目计提存货跌价准备。
以前减记存货价值的影响因素已经消失的，减记的金额予以恢复，并在原已计提的存货跌价准备金额内转回，转回的金额计入当期损益。
(4) 存货的盘存制度。
采用永续盘存制。
(5) 低值易耗品采用一次摊销法。
(6) 周转房为安置拆迁居民周转使用的房屋，按50年分期平均摊销。
(7) 开发用土地的核算方法。
纯土地开发项目，其费用支出单独构成土地开发成本；连同房产整体开发的项目，其费用可分清负担对象的，一般按实际面积分摊记入商品房成本。

（8）公共配套设施费用的核算方法。

不能有偿转让的公共配套设施：按受益比例确定标准分配记入商品房成本；

能有偿转让的公共配套设施：以各配套设施项目作为成本核算对象，归集所发生的成本。

2. 2010 年会计报表附注

存货及存货跌价准备分类如下：

项目	2010.12.31			2009.12.31		
	账面余额	跌价准备	账面价值	账面余额	跌价准备	账面价值
开发成本	1 242 852 055.12	—	1 242 852 055.12	986 202 285.33	—	986 202 285.33
开发产品	91 129 610.28	1 338 898.56	89 790 711.72	103 370 260.59	1 338 898.56	102 031 362.03
低值易耗品	556 613.37	—	556 613.37	745 503.27	—	745 503.27
周转房	2 860 750.81	—	2 860 750.81	2 941 000.69	—	2 941 000.69
合计	1 337 399 029.58	1 338 898.56	1 336 060 131.02	1 093 259 049.88	1 338 898.56	1 091 920 151.32

本年记入存货成本的资本化借款费用为人民币 16 131 515.59 元，其中珠江璟园 12 102 515.59 元，资本化率为 5.20%，珠江花城 4 029 000.00 元，资本化率为 5.40%。

公司年末余额中账面价值人民币 35 379.41 万元的存货用于担保，其中：珠江新城 L3 - 1、L3 - 3 地块土地权利价值 23 270.94 万元，长沙市开福区西路 99 号珠江花城第三组团 4、11、12、13 号楼地下室、北地下室在建工程（含土地使用权价值）10 763.80 万元。

（1）开发成本。

项目名称	开工时间	预计竣工时间	预计投资总额（万元）	年末余额	年初余额
珠江新城	2009 年 7 月	—	—	407 636 956.42	262 581 416.41
珠江新岸公寓	2006 年 6 月	2009 年 5 月	44 675.00	171 764 306.10	191 280 269.67
珠江花城	2006 年 2 月	—	68 230.00	570 172 385.60	439 140 599.25
S8 地块	—	—	—	93 278 407.00	93 200 000.00
合计				1 242 852 055.12	986 202 285.33

其中珠江花城项目开发成本明细如下：

项目名称	开工时间	预计竣工时间	预计投资总额	2010.12.31	2009.12.31
390亩项目待分摊	2005年	2015年	1 700 000 000.00	120 693 268.70	171 709 772.80
桂苑	2005年	2007年	215 800 000.00	26 365 214.09	25 469 638.32
扶水岸	2007年	2009年	430 000 000.00	66 007 894.89	18 166 702.71
艺术中心	2005年	2007年	—	6 158 229.72	5 116 047.34
幼儿园	2007年	2009年		6 645 512.03	1 788 358.15
工地办公室	2007年	2007年			954 195.21
锦里	2010年	2012年	792 236 936.13	46 280 460.82	1 135 884.72
珠江花城第四组团	2010年	2013年		386 803.60	—
珠江花城三组团酒店	2010年	2013年		100 000.00	—
471亩项目	未开工	—	—	297 535 001.75	214 800 000.00
合计	—	—	—	570 172 385.60	439 140 599.25

（2）开发产品。

项目名称	竣工时间	年初余额	本年增加金额	本年减少金额	年末余额
淘金华庭	2002年2月	31 609 218.76	1 126 664.32	5 523 162.57	27 212 720
金山阁	2000年5月	17 301 014.98	—	774 915.56	16 526 099
金威大厦	2000年5月	8 190 826.49			8 190 826
金昌大厦	1999年5月	11 026 480.09	273 495.69	6 044 135.11	5 255 840
金盛大厦	2006年12月	29 986 544.09	193 055.05	8 206.38	30 171 392
站前A	1989年12月	50 806.15	—	—	—
站前7#楼	1991年12月	102 518.09			
又一居	—	3 561 266.22			3 561 266
百事佳花园	—	1 541 585.72		1 483 445.75	
珠江新岸公寓	2010年1月	—	66 625 369.66	66 625 369.66	
珠江新城	2010年11月	—	34 119 103.23	34 119 103.23	
桂苑	2007年	—	969 461.70	969 461.70	
扶水岸	2009年	—	60 606 016.70	60 606 016.70	
锦里	2012	—	142 086 184.04	142 086 184.04	—
合计	—	103 370 260.59	305 999 350.39	318 240 000.70	91 129 610

(3) 周转房。

项目名称	年初余额	本期增加	本期减少	年末余额
淘金 A 区 37 号 103	11 727.02	—	334.8	11 392.22
永胜新街 5 号	295 856.20	—	2 858.64	292 997.56
站前 A 区（中展里 58-59 号）	81 467.29	—	2 450.88	79 016.41
站前 2-3 号楼（95-101 号）	97 558.44	—	10 041.12	87 517.32
站前小区 6 号楼	341 858.64	—	23 595.36	318 263.28
站前小区 7 号楼	840 324.79	—	12 756.00	827 568.79
西华路	1 120 374.45	—	24 851.40	1 095 523.05
百事佳西二街 7 号 104 房	52 519.77	—	1 162.80	51 356.97
百事西二街 7 号 201 房	99 314.09	—	2 198.88	97 115.21
合计	2 941 000.69	—	80 249.88	2 860 750.81

(4) 存货跌价准备。

存货种类	年初账面余额	本年计提额	本年减少额		年末账面余额
			转回	转销	
开发成本	—	—	—	—	—
开发产品	1 338 898.56	—	—	—	1 338 898.56
周转材料	—	—	—	—	—
合计	1 338 898.56	—	—	—	1 338 898.56

(5) 存货年末余额比年初余额增加 244 139 979.70 元，增加比例为 22.33%，主要原因为：本期拍下珠江花城 471 亩项目用地，缴付土地价款 214 800 000.00 元所致。

(二) 收入

1. 会计政策特点

收入确认原则：

本公司收入主要包括房地产销售收入、物业出租收入、劳务收入等。

(1) 房地产销售收入确认原则：

① 房产主体工程完工并已封顶；

② 取得国土资源和房屋管理局签发的商品房预售许可证；

③ 签订了销售合同；

④ 销售合同业经房地产交易登记中心鉴定确认；

⑤ 收到房款或取得了买方付款证明。

同时达到以上条件时,公司以实际收到的金额按比例确认销售收入的实现。

(2) 物业出租收入确认原则：

按本公司与承租方签订的合同或协议规定的承租方付租日期和金额,收到租金或取得了买方付款证明时,确认为物业出租收入的实现。

(3) 劳务收入确认原则：

① 收入的金额能够可靠地计量；

② 相关的经济利益很可能流入企业；

③ 交易的完工进度能够可靠地确定；

④ 交易中已发生和将发生的成本能够可靠地计量。

(4) 让渡资产使用权收入确认原则：

相关的经济利益很可能流入企业；收入的金额能够可靠地计量。

2. 报表附注

营业收入及营业成本：

项目	2010 年度		2009 年度	
	收入	成本	收入	成本
1. 主营业务	—	—	—	—
房屋销售	592 952 818.80	332 268 529.88	491 770 737.20	311 384 227.03
物业出租及管理	47 928 572.93	31 227 024.78	38 320 698.62	25 246 194.73
主营业务小计	640 881 391.73	363 495 554.66	530 091 435.82	336 630 421.76
2. 其他业务	11 824 338.78	663 793.01	576 322.89	52 051.61
合计	652 705 730.51	364 159 347.67	530 667 758.71	336 682 473.37

(1) 按行业列示主营业务收入、主营业务成本。

项目	2010 年度		2009 年度	
	主营业务收入	主营业务成本	主营业务收入	主营业务成本
房地产业	640 881 391.73	363 495 554.66	530 091 435.82	336 630 421.76
合计	640 881 391.73	363 495 554.66	530 091 435.82	336 630 421.76

(2) 按产品列示主营业务收入、主营业务成本。

项目	2010 年度		2009 年度	
	主营业务收入	主营业务成本	主营业务收入	主营业务成本
①开发产品	—			
珠江花城——桂苑	1 157 168.00	969 461.70	480 000.00	420 640.50
珠江花城——扶水岸	83 670 645.00	60 606 016.70	264 313 274.00	185 947 390.31
锦里	198 726 316.00	142 086 184.04	—	—
淘金小区	610 000.00	—	294 000.00	—
金山阁	910 000.00	774 915.56	2 008 915.00	1 934 763.90
淘金华庭	8 931 900.00	5 523 162.57	4 575 420.00	2 602 724.64
金昌大厦	8 673 500.00	6 044 135.11	2 682 031.00	1 134 978.06
金盛大厦	14 110.80	6 130.64	1 213 526.20	403 209.49
珠江新岸公寓	139 788 380.00	66 625 368.83	211 241 445.60	116 711 836.75
百事佳花园	2 828 978.00	1 483 445.75	657 575.00	295 455.50
珠江新城	100 938 229.00	34 119 102.42	—	—
其他小区	25 111.00	—	72 367.40	—
开发产品小计	546 274 337.80	318 237 923.32	487 538 554.20	309 450 999.15
②投资性房地产	—			
华侨乐园	3 281 600.00	1 627 966.38	2 457 000.00	1 148 294.90
松柏岗	1 302 861.00	207 714.97	1 064 642.00	521 199.72
昌岗小区	—	—	212 130.00	119 505.04
文昌南停车场	40 465 055.00	11 372 429.38	—	—
马王庙 4 号	1 628 965.00	822 495.83	—	—
投资性房地产小计	46 678 481.00	14 030 606.56	3 733 772.00	1 788 999.66
③周转房				
永胜街	—	—	498 411.00	144 228.22
周转房小计	—	—	498 411.00	144 228.22
④物业出租及管理	47 928 572.93	31 227 024.78	38 320 698.62	25 246 194.73
合计	640 881 391.73	363 495 554.66	530 091 435.82	336 630 421.76

(3) 按地区列示主营业务收入、主营业务成本。

地区	2010 年度		2009 年度	
	主营业务收入	主营业务成本	主营业务收入	主营业务成本
广州地区	357 327 262.73	159 833 892.22	265 298 161.82	150 262 390.95
长沙地区	283 554 129.00	203 661 662.44	264 793 274.00	186 368 030.81
合计	640 881 391.73	363 495 554.66	530 091 435.82	336 630 421.76

(4) 营业收入本年金额比上年金额增加 122 037 971.80 元，增加比例为 23.00%，主要原因为销售规模扩大，珠江新城、锦里项目结算增加所致。

本章小结

　　房地产开发企业是从事房地产开发、销售或出租的企业,开发业务包括土地开发、房屋开发、配套设施开发、代建工程开发四类。房地产开发企业会计是应用于房地产开发企业的专业会计。

　　房地产开发企业为考核每一开发项目的成本,一般以每一独立编制的设计概算或每一独立的施工图预算的单位工程为成本核算对象,企业在开发过程中发生的土地征用及拆迁补偿费、前期工程费、基础设施费、建筑安装工程费、配套设施费等直接费用,应直接计入有关项目的开发成本,间接费用可先在"开发间接费"账户归集,期末再按一定的分配标准分摊计入有关项目的开发成本。开发过程中发生的土地征用及拆迁补偿费、前期工程费、基础设施费和公共配套设施费,如果不能分清成本核算对象,先通过"开发成本——土地开发"和"开发成本——配套设施"账户进行归集,待土地或配套设施开发完成用于房屋建设时,再按一定的分配标准,将相关费用转入相关项目的开发成本。开发成本中的配套设施费用,指建设不能有偿转让的开发小区内公共配套设施发生的支出。周转房是房地产开发企业用于安置拆迁居民周转使用的房屋,在周转过程中消耗的价值是为开发项目付出的代价,计入开发成本的间接开发费。

　　房地产开发企业的收入主要是出售开发产品和出租投资性房地产取得的收入,以及少量出售周转房和投资性房地产取得的收入。出售开发产品和周转房收入属于主营业务收入,出租和出售投资性房地产收入属于其他业务收入。出售业务和出租收入的确认,应分别满足企业会计准则商品销售收入确认的条件和让渡资产使用权收入确认条件的要求。收入通常按合同约定的价格计量,具有融资性质的分期收款销售,按未来现金流量的现值或现销价计量;出售资产的营业成本按出售资产的账面价值计量,出租资产的营业成本按出租资产的折旧费和维修费计量。

重要概念

　　开发成本　周转房　成本核算对象　成本项目　直接开发费用　间接开发费用　配套设施

思考练习题

一、思考题
1. 什么是房地产开发企业？房地产开发企业的经营有哪些特点？
2. 开发产品的成本构成有哪些？
3. 代建工程开发成本应如何核算？
4. 房地产开发企业分期收款销售收入应如何确定？
5. 房地产开发企业的营业收入包括哪些？

二、练习题

（一）单项选择题

1. 房地产开发企业是从事房地产开发和经营的企业，其经营特点与其他行业相同的是（　　）。
   A. 开发产品的单件性　　　　　　　B. 开发建设的长期性
   C. 建设项目的固定性　　　　　　　D. 经营的盈利性

2. "开发间接费用"账户的借方登记（　　）。
   A. 发生的各项间接费用
   B. 分配结转的开发间接费用
   C. 各成本核算对象所发生的各项开发费用
   D. 开发完成并验收合格的开发项目的实际成本

3. 商品性建设场地开发所发生的各项直接费用，应借记（　　）账户进行归集。
   A. "开发产品——土地"　　　　　　B. "开发成本——房屋开发"
   C. "开发间接费用"　　　　　　　　D. "开发成本——土地开发"

4. 某房地产开发公司开发一商品性建设用地，共支付土地征用及补偿费200 000元，劳动力安置费300 000元，开发设计费150 000元，水文地质勘察费120 000元，则该开发土地实际成本为（　　）元。
   A. 650 000　　　B. 770 000　　　C. 270 000　　　D. 500 000

5. （　　）属于房地产开发企业的其他业务收入。
   A. 出租开发产品租金收入　　　　　B. 配套设施销售收入
   C. 土地转让收入　　　　　　　　　D. 出售开发产品收入

（二）多项选择题

1. 房地产开发企业的主要经营业务范围包括（　　）。
   A. 土地开发与建设　　　　　　　　B. 房屋开发和经营

C. 配套设施开发与建设 　　　　　D. 代建工程开发与建设
E. 社会公共福利设施开发和建设

2. 属于房地产开发产品在成本核算中的成本项目有（　　）。
A. 土地开发成本 　　　　　　　　B. 前期工程费
C. 建筑安装工程费 　　　　　　　D. 基础设施费

3. 下列属于房地产开发企业的主营业务收入的是（　　）。
A. 土地转让收入 　　　　　　　　B. 出租产品的租金收入
C. 配套设施销售收入 　　　　　　D. 代建工程销售收入
E. 商品房销售收入

4. 房地产开发企业在产品销售、转让、出租阶段涉及的资金形态有（　　）。
A. 在建资金 　　　　　　　　　　B. 成品资金
C. 货币资金 　　　　　　　　　　D. 储备资金

5. "主营业务成本"账户应按主营业务的类别设置明细账户，该账户的明细账户包括（　　）。
A. "土地转让成本" 　　　　　　　B. "商品房销售成本"
C. "配套设施销售成本" 　　　　　D. "出租房屋成本"
E. "代建工程结算成本"

（三）判断题

1. 对土地进行地面平整、建筑物拆除、地下管线铺设和道路、基础设施的建设，均属于土地开发的范畴。　　　　　　　　　　　　　　　　（　　）

2. 分期收款销售的开发产品，应分期确认营业收入和营业成本。（　　）

3. 出租开发产品在"投资性房地产"账户核算，该账户的借方期末余额反映尚在出租中的土地或房屋的实际成本。　　　　　　　　　　　　（　　）

4. 房地产开发企业采取预收款方式销售的开发产品，应在开发商品或产品已提交买方或劳务已经提供后确认营业收入的实现。　　　　　　　（　　）

5. 自用建设场地开发所发生的各项费用，不能直接确定土地使用对象时，对于发生的各项直接费用，应借记"开发成本——土地开发"账户，对于发生的各项间接费用，其核算方法与商品性建设场地的核算不相同。（　　）

（四）业务核算题

1. 某房地产开发公司开发某小区，规划建设商品住宅 31 000 平方米、邮局 300 平方米、锅炉房 90 平方米，其中邮局建好后将有偿转让给市邮政局。该小区发生的土地征用及拆迁费、前期工程费、基础设施费按各项开发产品的建筑面积进行分配。

该小区在开发过程中，发生了下列有关业务：

（1）用银行存款支付土地征用及拆迁补偿费 13 000 000 元、前期工程费

420 000元、基础设施费6 000 000元。

（2）土地开发完工，结转其开发成本。

（3）将建筑面积3 000平方米的1号楼商品住宅的建筑安装工程发包给某建筑公司施工，工程标价为2 560 000元。已预付工程款2 000 000元，工程完工验收后用银行存款支付余款。

（4）用银行存款支付各项开发间接费用500 000元。

（5）经分配，1号楼应负担开发间接费用9 000元。

（6）锅炉房工程完工，结算工程价款350 000元。

（7）计算1号楼应负担的锅炉房成本。

（8）结转1号楼的开发成本。

（9）邮局工程完工，支付工程价款250 000元，并结转其成本。

要求：为该房地产开发公司对上述业务作出会计处理。

2. 某房地产开发公司发生了下列有关出租开发产品的经济业务：

（1）企业开发的一幢商品房于2012年4月份完工，经计算其实际开发成本为1 500 000元，5月份签订出租合同，用于出租；

（2）每月计提该房租的摊销额，出租房的预计使用年限为60年，预计净残值率为4%；

（3）10月份该房承租人退租，公司委托某建筑公司对该出租房进行装修，装修完工用银行存款支付装修费350 000元；

（4）12月将装修后的该出租房对外销售，收入价款2 100 000元存入银行。

要求：为该房地产开发公司对上述业务作出会计处理。

3. 某房地产开发公司发生了下列周转房业务：

（1）为安置安民小区的动迁居民，将其建造的1号楼作为周转房，实际成本为2 600 000元。

（2）该公司计提1号楼周转房的月摊销额5 000元。

（3）1号楼周转房发生修理费20 000元，以银行存款支付。

（4）1号楼周转房使用两年后，公司将其作为商品房对外出售，售房收入为3 800 000元，已存入银行。该房累计摊销额为120 000（5 000×24）元。

要求：为该房地产开发公司对上述业务作出会计处理。

4. 某房地产开发公司发生了下列业务：

（1）公司出售商品住宅一幢，取得价款收入7 650 000元，已存入银行，该住宅的实际开发成本为6 250 000元。

（2）公司出租写字楼一幢，收到本月租金收入150 000元，已存入银行。同时计提月摊销额10 000元。

（3）公司为某公司代建办公楼一幢，按照代建合同规定，竣工后一次结算。

该工程本月已全部竣工验收合格，同委托方结算工程价款 3 100 000 元，其代建工程开发成本为 2 200 000 元。

（4）公司出售剩余材料，收到价款 45 000 元，已存入银行，该材料的成本为 40 000 元。

要求：为该房地产开发公司对上述业务作出会计处理。

（五）案例分析题

万科的收入确认之争

万科股份有限公司成立于 1984 年 5 月，以房地产为核心业务，是中国大陆首批公开上市的企业之一。至 2000 年底，公司总资产 56.2 亿元，净资产 29.1 亿元，拥有员工 6 616 名，全资及关联公司 37 家。公司于 1988 年开始介入房地产领域，凭借一贯的创新精神及专业开发优势，为公司带来了良好的回报。截至 2000 年底，公司历年累计竣工住宅面积 263 万平方米，土地储备 450 万平方米。

万科收入确认原则为：房地产销售在房产完工并验收合格，签订了销售合同，取得了买方按销售合同约定交付房产的付款证明（通常收到销售合同金额 20% 或以上之定金或/及已确认余下房款的付款安排）时确认销售收入的实现。

对万科的收入确认是否符合企业会计准则，争论各方意见不一。有人认为万科的收入确认符合《企业会计准则》，有人则认为万科的收入确认不符合《企业会计准则》。

（一）万科的收入确认符合会计准则的观点

持此观点者认为：万科的收入确认标准符合《企业会计准则》，而且还是比较谨慎的。第一，"房产完工并验收合格"就已经具备了交付条件，开发商完成了实质上所需的义务，不存在因为房屋的原因而不能交付的情况，根据管理层的经验，购房者拒收的可能性很小，成本亦已基本可以可靠计量；第二，"签订了销售合同"就说明交易已经发生；第三，"取得了买方按销售合同约定交付房产的付款证明"满足了相关的经济利益很可能流入企业这一收入确认条件。

（二）万科的收入确认不符合会计准则的观点

持此观点者认为：第一，房屋竣工并验收合格，仅说明商品是合格的，并不能说明与房屋所有权相联系的风险和报酬转移，也不能说明"企业既没有保留通常与所有权相联系的继续管理权，也没有对已售出的商品实施控制"，只有房屋办理了移交手续交付业主使用，才说明与房屋所有权相联系的风险和报酬转移，以及房屋的管理权和控制权的全部转移。在商品房交付前商品房所有权上的主要风险尚未转移，如果在交房前发生地震，则房屋损毁的损失应由房地产开发公司来承担，所以风险报酬并未转移。第二，完成竣工结算，才能说明成本能够可靠地计量。第三，签订售房合同及收取房款，说明房款收入已能可靠计量且已经或能够流入企业。

通过分析可以看出，双方争论的焦点是在对"企业已将商品所有权上的主要风险和报酬转给购货方"的理解判断上，是以"房产完工并验收合格"还是以"商品房办理了交付手续"作为收入确认的时点。

思考：1. 你认为万科收入的确认符合会计准则吗？

2. 对于同一会计事项，同为会计专业人员，依据同一会计准则，为什么会有人认为万科收入确认符合会计准则，而有人则认为不符合会计准则呢？由此引发哪些思考？

思考练习题答案

一、思考题

1. 房地产开发企业，是指以营利为目的，从事房地产开发和经营的企业。房地产开发企业的经营特点是：房地产的单件性，房地产位置的固定性，房地产使用寿命的长期性，房地产开发建设周期长、耗资巨大，房地产具有保值、增值的功能。

2. 房地产开发企业主要从事房地产开发建设活动，其开发成本主要指开发产品的成本，包括土地开发成本、房屋开发成本、配套设施开发成本以及代建工程开发成本。具体包括土地征用及拆迁补偿费、前期工程费、建筑安装工程费、基础设施建设费、公共配套设施费、开发间接费用及其他开发费用。

3. 代建工程是指房地产开发企业接受有关单位的委托，代为开发建设的工程，或参加委托单位招标，经过投标中标后承建的开发建设工程。房地产开发企业承接的代建工程，既有建设场地和房屋，又有其他工程，如城市道路、基础设施、园林绿化、旅游风景等市政工程。企业接受委托代为开发的商品性建设场地和房屋，由于其建设内容和特点与企业开发的商品性建设场地和房屋基本相同，因此，代为建设的场地和房屋成本可比照土地及房屋开发的成本核算，分别通过"开发成本——土地开发"及"开发成本——房屋开发"两个明细科目进行。代委托单位开发建设的除商品性建设场地及房屋以外的其他工程，纳入"开发成本——代建工程开发"科目核算。企业发生的各种代建工程开发支出，应按成本核算对象及成本项目分别进行归集，待代建工程竣工后，结转"开发产品——代建工程"科目。

4. 分期收款销售，是指商品已经交付、货款分期收回的一种销售方式。房地产开发企业对土地和商品房采取分期收款销售办法是由于其产品价值较大，收款期限较长，收款的风险大。在分期收款销售方式下，企业应按合同规定的收款时间分期确认收入。同时，按商品全部销售成本与全部销售收入的比率计算出本期应结转的销售成本。

5. 房地产开发企业的收入按照经营业务的主次分类,可以分为主营业务收入和其他业务收入。主营业务收入是指对外转让、销售和出租开发产品等所取得的收入,具体包括土地转让收入(建设场地销售收入)、商品房销售收入、配套设施销售收入、代建工程结算收入和出租开发产品的租金收入等。其他业务收入包括商品房售后服务收入、饮食服务收入,以及销售材料、转让无形资产、出租固定资产等形成的收入。

二、练习题

(一) 单项选择题

1. D   2. A   3. D   4. B   5. D

(二) 多项选择题

1. ABCD   2. BCD   3. ACDE   4. BC   5. ABCE

(三) 判断题

1. √   2. ×   3. ×   4. √   5. ×

(四) 业务核算题

1. (1) 借:开发成本——土地开发   19 420 000
          贷:银行存款   19 420 000

(2) 计算各成本核算对象应分摊的土地开发成本:

土地开发费用分配比例:

商品住宅 = 31 000/(31 000 + 300) × 100% = 99.04%

其中,1 号楼 = 3 000/(31 000 + 300) × 100% = 9.58%

邮局 = 300/(31 000 + 300) × 100% = 0.96%

分配额:

商品住宅楼 = 19 420 000 × 99.04% = 19 233 568(元)

1 号楼 = 19 233 569 × 9.58% = 1 842 575.9(元)

邮局 = 19 420 000 × 0.96% = 186 432(元)

注:因锅炉房的价值也需分摊到商品住宅房和邮局的开发成本中,故不可分摊土地开发成本。

结转土地开发成本:

借:开发成本——房屋开发——商品住宅   19 233 568
            ——配套设施开发——邮局   186 432
    贷:开发成本——土地开发   19 420 000

(3) 借:开发成本——房屋开发   2 560 000
    贷:银行存款   560 000
        预付账款   2 000 000

(4) 借：开发间接费用　　　　　　　　　　　　　500 000
　　　贷：银行存款　　　　　　　　　　　　　　　　500 000
(5) 借：开发成本——房屋开发　　　　　　　　　　9 000
　　　贷：开发间接费用　　　　　　　　　　　　　　9 000
(6) 借：开发成本——配套设施开发　　　　　　　350 000
　　　贷：应付账款　　　　　　　　　　　　　　　350 000
(7) 1 号楼应负担的锅炉房开发成本 = 350 000 × 9.58% = 33 530（元）
借：开发成本——房屋开发　　　　　　　　　　　　33 530
　　贷：开发成本——配套设施开发　　　　　　　　　33 530
(8) 1 号楼开发成本 = 1 842 575.9 + 2 560 000 + 9 000 + 33 530 = 4 445 105.9（元）
　　借：开发成本——房屋　　　　　　　　　　　4 445 105.9
　　　　贷：开发成本——房屋开发　　　　　　　　　445 105.9
(9) 借：开发成本——配套设施开发　　　　　　　250 000
　　　贷：银行存款　　　　　　　　　　　　　　　250 000
2. (1) 借：投资性房地产　　　　　　　　　　　1 500 000
　　　　贷：开发产品　　　　　　　　　　　　　1 500 000
(2) 借：其他业务成本　　　　　　　　　　　　　2 000
　　　贷：投资性房地产累计折旧　　　　　　　　　2 000
(3) 借：在建工程　　　　　　　　　　　　　　1 490 000
　　　投资性房地产累计折旧　　　　　　10 000（2 000 × 5）
　　　贷：投资性房地产　　　　　　　　　　　1 500 000
借：在建工程　　　　　　　　　　　　　　　　350 000
　　贷：银行存款　　　　　　　　　　　　　　　350 000
借：开发产品　　　　　　　　　　　　　　　1 840 000
　　贷：在建工程　　　　　　　　　　　　　　1 840 000
(4) 借：银行存款　　　　　　　　　　　　　　2 100 000
　　　贷：主营业务收入　　　　　　　　　　　　2 100 000
借：主营业务成本　　　　　　　　　　　　　1 840 000
　　贷：开发产品　　　　　　　　　　　　　　1 840 000
3. (1) 借：周转房——在用周转房　　　　　　　2 600 000
　　　　贷：开发产品　　　　　　　　　　　　　2 600 000
(2) 借：开发间接费用（开发成本）　　　　　　　5 000
　　　贷：周转房——周转房摊销　　　　　　　　　5 000
(3) 借：开发间接费用（开发成本）　　　　　　　20 000

	贷：银行存款	20 000
（4）	借：银行存款	3 800 000
	贷：主营业务收入——商品房销售收入	3 800 000
	借：主营业务成本——商品房销售成本	2 480 000
	周转房——周转房摊销	120 000
	贷：周转房——在用周转房	2 600 000
4.（1）	借：银行存款	7 650 000
	贷：主营业务收入——商品房销售收入	7 650 000
	借：主营业务成本——商品房销售成本	6 250 000
	贷：开发产品——房屋	6 250 000
（2）	借：银行存款	150 000
	贷：主营业务收入——出租产品租金收入	150 000
	借：主营业务成本——出租产品经营成本	10 000
	贷：出租开发产品——出租产品摊销	10 000
（3）	借：应收账款——XX 公司	3 100 000
	贷：主营业务收入——代建工程结算收入	3 100 000
	借：主营业务成本——代建工程结算成本	2 200 000
	贷：开发产品——代建工程	2 200 000
（4）	借：银行存款	45 000
	贷：其他业务收入——材料销售收入	45 000
	借：其他业务成本	40 000
	贷：原材料	40 000

（五）案例分析题

对同一收入确认事项的不同观点源自于会计职业判断。2006年我国发布的《企业会计准则》是以原则导向为主的会计准则，原则导向为主的会计准则赋予了会计人员更大的职业判断空间，会计业务的具体处理在很大程度上依赖于职业判断，使得会计处理的弹性空间加大。经济业务或会计事项发生后，能否确认为收入、什么时间确认收入、确认多少金额的收入等，都需要会计人员的职业判断，万科的收入确认争论的焦点是收入确认时点问题，如何把握和运用收入确认时点，与会计职业判断息息相关。

第六章　邮电通信企业会计

本章学习要求：邮电通信企业是主要从事信息传递和服务等经营活动的企业，由于邮电通信企业经营业务有别于其他行业，从而使邮电通信企业在会计核算上具有其特殊性。本章在概括邮电通信企业生产经营特点的基础上，介绍了邮电通信企业行业会计的特点，并分别阐述了邮电通信企业业务收入和业务成本的具体核算。

通过本章的学习，能够全面地了解邮电通信企业会计的特点，掌握邮政企业和电信企业业务收入和业务成本的核算。

第一节　邮电通信企业会计概述

一、邮电通信企业的经营特点

邮电通信企业是主要从事信息传递和服务等经营活动的企业，是我国信息产业的基础。邮电通信企业的经营范围主要包括邮政通信和电信通信两部分。

邮政通信经营的邮政业务主要是信息流的传递服务，一般情况下，其服务过程至少由两个或两个以上的邮政企业共同完成，即需要全程全网、联合作业。

电信通信经营的电信业务是利用电磁系统所产生的电信号来携带信息并进行传播的一种通信业务，主要包括：电报、电话、无线电寻呼、传真、电子函件、数据通信、图像通信等。

邮电通信企业所从事的经营活动与其他企业不同，其生产经营特点如下。

（一）外部经济性

邮电通信企业通过其提供的服务可以使整个社会节约大量人力、物力，大量减少开支，加速资金周转和商品流通，产生巨大的社会效应。

(二) 规模经济性

邮电通信企业是通过网络来提供产品和服务的，网络的建设要耗费大量的资金，邮电通信企业固定成本的比重相当大，只有业务量达到相当规模后，产出增加的比例才会超过投入增加的比例，邮电通信企业才可获得经济效益。

(三) 产业管制性

由于邮电通信企业的生产经营活动对国民经济各部门的生产经营和居民生活具有重大影响，为了保障社会经济的正常发展和人民群众的正常生活，政府必须对其加以管制，其主要包括市场进入限制、价格限制、普遍服务限制、网络连接限制。

(四) 网络连通性

邮电通信企业的业务活动主要是依赖于网络进行的，因此必须全城全网联合作业，主干网、基本业务网、增值业务网、信息服务网四个层次信息网络中所有子网在同一的制度、标准、规范下互相连通。邮电通信企业的每一项业务都需要若干业务部门，甚至几个不同的企业共同参加才可能完成。

二、邮电通信企业会计的特点

由于邮电通信企业生产经营活动与其他行业相比具有很大差异，因此，其会计核算也具有自身的特点，具体表现在以下几个方面。

(一) 会计科目设置的特殊性

由于邮电通信企业是每当用户有需要时才生产，因而没有产品的储备过程，没有实物形态的"在产品"和"产成品"，没有"原材料"等科目。由于邮电通信企业大量涉及各营业部门和邮电通信企业各分支机构应交和已交营业款的核算，因此，应设置"营业款结算"会计科目。此外，邮电通信企业应设置"收支差额"会计科目，用以核算企业当期实现的收支差额。

(二) 会计核算体系的专业性

邮电通信企业是主要从事信息传递等经营活动的经济组织。其中，邮政企业把函件、包裹、汇票、报刊发行、储蓄、集邮、机要通信、特快专递、物流、代办业务分别作为不同的成本计算对象确认收入，并进行费用的分摊。电信企业按照行业管理的有关规定，禁止业务交叉补贴，实行会计分离制度。电信企业将通信网络按照组网的特点及其业务功能划分为固定本地电话网、长途电话网、数据通信网、移动通信网、卫星通信网、无线寻呼网、专用通信网 7 个通信网，建立了以通信组网为基础的会计核算体系，并分别进行核算。

（三）成本核算的特殊性

1. 生产成本与销售成本的混合

邮电通信企业为社会提供的产品是信息的位移，表现为对社会提供的通信劳务或给用户使用的最终通信效用，其生产过程与销售过程是同步的，因而其成本核算不具体区分生产成本和销售成本。

2. 一般没有未完成的在产品

由于邮电通信企业的生产周期很短，成本计算期末一般无未完成的"在产品"，因此不需要将通信业务成本在当期和下期之间进行分配。

3. 成本构成中不包括直接材料费用

由于邮电通信企业不创造实物产品，因而在其通信成本构成中，不包括构成产品实体的直接材料费用，除人工费用外，主要包括折旧费、修理费、低值易耗品摊销和各种业务费用。

4. 成本期末结转到"收支差额"科目

由于邮电通信业具有全程全网、联合作业的特点，因此，就单个邮电通信企业而言，不能确认盈亏状况，所以，邮电通信企业通信业务成本期末不能结转到"本年利润"，而应结转到"收支差额"科目。

（四）结算业务的复杂性

邮电通信企业全程全网、联合作业的经营特点决定了其网间互联业务结算的复杂性。各邮电通信企业间相互利用彼此的电信网络服务应根据双方确认的结算金额给付或收取。

第二节 邮政企业会计核算

一、邮政业务收入的核算

（一）邮政业务收入的分类

（1）函件业务收入：指邮政企业办理函件业务所取得的收入，包括国内普通函件收入、国内商业函件收入、国际及港澳台函件收入和其他收入。

（2）包裹业务收入：指邮政企业办理包裹业务所取得的收入，包括国内普通包裹收入、国内快递包裹收入、国际及港澳台包裹收入和其他收入。

（3）报刊发行业务收入：是指邮政企业经营报纸、杂志发行、订阅及零售业务所取得的收入，包括报纸收入、杂志收入和其他收入。

（4）特快专递业务收入：是指邮政企业办理快递业务所取得的收入，包括国内异地特快专递收入、国内同城特快专递收入、国际及港澳台特快专递收入、其他收入。

（5）机要通信业务收入：是指邮政企业收寄各种机要邮件基本资费及挂号费等收入，以及代发新华社"内参选编"的资费收入，包括机要通信收入、其他收入。

（6）集邮业务收入：是指邮政企业销售集邮票品及提供相关服务所取得的收入，包括集邮邮票收入、集邮品收入和其他收入。

（7）储蓄业务收入：是指邮政企业办理储蓄业务所取得的利息收入和办理中间业务所取得的手续费收入，包括储蓄业务收入、中间业务收入和其他收入。

（8）汇票业务收入：是指邮政企业通过汇票结算方式所取得的收入，包括国内汇票收入、国际及港澳台汇票收入和其他业务收入。

（9）物流业务收入：是指邮政企业经营物流业务所取得的收入，包括一体化物流收入、功能性物流收入和其他收入。

（10）代办业务收入：是指邮政企业代办电信业务和代销商品所取得的收入，包括代办电信收入、代销商品收入和其他收入。

（二）邮政业务收入核算主要账户的设置

1．"营业款结算"账户

"营业款结算"账户是核算邮政企业所属各营业部门、邮政分支机构应交和已交的营业收入款。收到各营业部门和分支机构的交款时，借记"库存现金"或"银行存款"账户，贷记本账户；根据"营业日报单"或"收入汇总表"的收方转账金额，借记本账户，贷记"主营业务收入"、"其他业务收入"、"应收账款"、"预收账款"（用户预存款或预收报刊款）等账户；根据"营业日报单"或"收入汇总表"的付方转账金额，借记"主营业务收入"、"其他业务收入"、"应收账款"、"预收账款"（用户预存款或预收报刊款）等账户，贷记本账户。本账户应按营业部门和分支机构设置明细账进行明细核算。本账户期末一般无余额。

2．"主营业务收入"账户

"主营业务收入"账户是核算邮政企业实现的各项邮政业务收入。根据邮政企业业务收入的分类，在"主营业务收入"账户下设"函件业务收入"、"包裹业务收入"、"报刊发行业务收入"、"特快专递业务收入"、"集邮业务收入"、"储蓄业务收入"、"汇票业务收入"、"物流业务收入"、"机要通信业务收入"、

"代办业务收入" 10 个二级明细科目。期末,将"主营业务收入"账户余额转入"收支差额"账户,结转后本账户无余额。

(三) 邮政业务收入的核算

1. 营业缴款核算

邮政企业各支局、所营业部门的营业缴款和报账,一般不能同步反映到市、县局,因此,市、县局应通过"营业款结算"科目来核算企业所属各营业部门、邮政分支机构应缴和已缴的营业收入款。

【例 6-1】某市邮政局财务部门收到支局缴银行进账单,其中甲支局 3 000 元、乙支局 4 000 元、丙支局 5 000 元,会计处理如下:

借:银行存款　　　　　　　　　　　　　　　　12 000
　　贷:营业款结算——甲支局　　　　　　　　　3 000
　　　　　　　　——乙支局　　　　　　　　　4 000
　　　　　　　　——丙支局　　　　　　　　　5 000

2. 邮政业务收入核算

邮政企业可根据"营业日报单汇总表"或"收入汇总表"进行邮政收入核算。"营业日报单汇总表"或"收入汇总表"可作为记账凭证,根据"汇总表"中反映的借、贷方金额登记明细账,对于汇总表中反映的"应收账款——用户欠费"、"预收账款——用户预存款"和"营业款结算"科目,必须按所属营业单位分别设置明细账进行登记,以便核对所属营业单位营业缴款、用户欠费和用户预存款情况。

【例 6-2】某市邮政局 2012 年 8 月末根据下属各营业部门上报的"营业日报单",编制"营业日报单汇总表",如表 6-1 所示:

表 6-1　　　　　　　　　　营业日报单汇总表
2012 年 8 月　　　　　　　　　　　　　　　　　　　　　　　　　单位:元

单位名称	函件收入		包裹收入	特快专递收入	应收账款——用户欠费(收回)	预收账款——用户预存款	退还收入	退还用户预存款
	国内函件	国际及港澳台函件	国内快递包裹	国内同城特快专递			国内函件	
甲支局	16 000	10 000	6 000	5 700	4 000	1 000	800	150
乙支局	7 600	8 000	3 200	2 000		1 800	100	
丙支局	5 800	5 000	2 500	1 800		1 200	50	
合计	29 400	23 000	11 700	9 500	4 000	4 000	950	150

结转收取的用户预存款和收回的用户欠费等,做如下会计处理:

借:营业款结算 8 000
  贷:应收账款——用户欠费——甲支局 4 000
    预收账款——用户预存款—— 甲支局 1 000
    ——用户预存款—— 乙支局 1 800
    ——用户预存款—— 丙支局 1 200

结转当月收入:

借:营业款结算 73 600
  贷:主营业务收入——函件业务收入——国内函件收入 29 400
    ——函件业务收入——国际及港澳台函件收入
      23 000
    ——包裹业务收入——国内快递包裹收入 11 700
    ——特快专递业务收入——国内同城快递收入
      9 500

退还收入及退还用户预存款会计处理:

借:主营业务收入—— 函件业务收入——国内函件收入 950
  预收账款——用户预存款——甲支局 150
  贷:营业款结算——甲支局 950
    ——乙支局 100
    ——丙支局 50

【例6-3】 某邮政局受理本地生日礼仪业务一笔,金额为600元,其中资费部分为180元,购买生日礼品费用为420元。

(1) 营业缴款时:

借:库存现金 600
  贷:营业款结算 180
    其他应付款——代购生日礼品 420

(2) 购生日礼品支出:

借:其他应付款——代购生日礼品 420
  贷:库存现金 420

月终,根据收入汇总,将营业款结算转列"主营业务收入——特快专递业务收入"。

借:营业款结算 180
  贷:主营业务收入——特快专递业务收入——国内同城快递收入
      180

二、邮政业务成本的核算

（一）邮政业务成本的分类

邮政业务成本是指邮政企业在生产过程中，为取得邮政通信业务收入而实际发生的与生产有直接关系的各项支出。为了准确反映各项邮政业务的成本费用情况，邮政企业在"主营业务成本"账户下设置了"函件"、"包裹"、"报刊发行"、"特快专递"、"机要通信"、"集邮"、"储蓄"、"汇票"、"物流"、"代办业务"10个二级科目。同时又设置了"待转业务成本"二级科目对上述10项业务需共同负担的费用进行归集和分配，在各二级科目下，按成本项目分别设置了"职工薪酬"、"折旧费"、"邮件运输费"、"修理费"、"周转材料摊销"、"业务费"等明细核算科目。

（二）邮政业务成本核算主要账户的设置

1. "主营业务成本——专业项目成本"账户

"主营业务成本——专业项目成本"账户是邮政企业为了反映各项邮政业务的成本费用情况，在"主营业务成本"账户下设置了"函件"、"包裹"、"报刊发行"、"特快专递"、"机要通信"、"集邮"、"储蓄"、"汇票"、"物流"、"代办业务"10个二级科目，具体核算各项业务的成本费用情况，期末，将"主营业务成本——××专业项目成本"账户余额转入"收支差额"账户，结转后无余额。

2. "主营业务成本—待转业务成本"账户

"主营业务成本——待转业务成本"账户对"主营业务成本"账户下"函件"、"包裹"、"报刊发行"、"特快专递"、"机要通信"、"集邮"、"储蓄"、"汇票"、"物流"、"代办业务"10项业务需共同负担的费用进行归集和分配，归集共同负担的费用时记入本科目借方，在每月终了将借方余额按各项费用测定比例分摊至各项业务中，分摊后本科目应无余额。

（三）邮政业务成本的核算

邮政企业预提本月职工薪酬时，按照职工薪酬总额借记"主营业务成本——待转业务成本——职工薪酬"和"管理费用"的相关明细科目，贷记"应付职工薪酬"科目，月末，列入"主营业务成本——待转业务成本——职工薪酬"中的职工薪酬总额应按各业务项目分摊比例进行分摊。分摊时，借记"主营业务成本——××专业项目成本——职工薪酬"，贷记"主营业务成本——待转业务成本——职工薪酬"。

邮政企业对固定资产按月计提折旧，计提折旧时，借记"主营业务成本——××专业项目成本——折旧费"、"管理费用——折旧费"科目,贷记"累计折旧"科目。当某项固定资产由几个部门共同使用时,其折旧费应通过"主营业务成本——待转业务成本——折旧费"科目分摊计入各相关专业项目成本中。计提时借记"主营业务成本——待转业务成本——折旧费",贷记"累计折旧"科目。分摊时借记"主营业务成本——××专业项目成本——折旧费"科目,贷记"主营业务成本——待转业务成本——折旧费"。

邮政企业的邮件运输费是指企业支付的通过自办和委办形式运输邮件所发生的费用,包括铁路运费、航空运费、自办汽车运费、委办汽车运费、自办或委办水运运费、其他运费以及国际联邦运费的结算等。其中列入邮件运输费的汽车运费是指干线邮路的邮运汽车耗用的润料和燃料费、车辆保险费、养路费、过路过桥费等,市内转趟及县以下农村邮路邮运汽车支付的上述费用列入"业务费"科目,不列入"邮件运输费"科目核算。邮政企业支付邮件运输费时,借记"主营业务成本——待转业务成本——邮件运输费"科目,贷记"银行存款"、"库存现金"等科目,若由两个或两个以上的专业项目共同发生的邮件运输费,应通过"主营业务成本——待转业务成本——邮件运输费"科目分摊计入各相关专业项目成本中,分摊时,借记"主营业务成本——××专业项目成本——邮件运输费"科目,贷记"主营业务成本——待转业务成本——邮件运输费"。

邮政企业的修理费是指企业对各项固定资产进行维修所发生的支出。其包括为维修固定资产而支付的维修材料费、运杂费、机要车辆耗用的燃料、油料、轮胎及蓄电池的更换等费用。邮政企业支付修理费时,借记"主营业务成本——××专业项目成本——修理费"科目,贷记"银行存款"、"库存现金"、"库存材料"等科目。如果所发生的修理费需要在两个及两个以上的专业项目之间进行分摊,需通过"主营业务成本——待转业务成本——修费费"科目进行归集,月末,按照测定的各专业项目应分摊比例进行分摊,分摊时借记"主营业务成本——××专业项目成本——修理费"科目,贷记"主营业务成本——待转业务成本——修理费"。

邮政企业的周转材料摊销是指邮政企业经营各项业务所使用的周转材料的购置费、摊销额和修理费。周转材料费用一般采用一次摊销法列入成本,数额大且有必要的通过"长期待摊费用"账户分次摊销计入成本。邮政企业领用周转材料时,借记"主营业务成本——××专业项目成本——周转材料摊销",贷记"周转材料"科目。若由两个或两个以上的专业项目共同使用的周转材料,应通过"主营业务成本——待转业务成本——周转材料摊销"科目分摊计入各相关专业项目成本中,分摊时借记"主营业务成本——××专业项目成本——周转材料摊销"科目,贷记"主营业务成本——待转业务成本——周转材料摊销"科目。

邮政企业的业务费包括代办手续费、业务宣传费、业务材料和用品费、邮袋

（容器）购置费、邮袋（容器）修理费、过路过桥费、车辆保险费、养路费、生产用通信费用、差旅费、劳动保护费、水电取暖费、生产用图书资料费以及由"待转业务成本"科目按比例分摊至各专业项目的其他业务费。邮政企业发生的业务费用，如明确为某专业项目所耗用，借记"主营业务成本——××专业项目成本——业务费"科目，贷记"银行存款"、"库存现金"、"库存材料"等科目。若由两个或两个以上的专业项目共同发生的业务费，应通过"主营业务成本——待转业务成本——业务费"科目分摊计入各相关专业项目成本中，分摊时借记"主营业务成本——××专业项目成本——业务费"科目，贷记"主营业务成本——待转业务成本——业务费"科目。

【例 6-4】某市邮政局 2012 年 10 月按照规定的职工薪酬总额发放职工薪酬 580 000 元，代扣养老保险 12 000 元；计提折旧 48 000 元，其中管理部门的折旧费为 6 800 元；支付邮件运输费和通信费分别为 280 000 元和 6 500 元，其中管理部门的通信费 600 元。

各专业项目成本分摊比例如表 6-2 所示。

表 6-2　　某市邮政局 2012 年 10 月份各专业项目成本分摊计算表

专业项目	成本分摊比例（%）			
	职工薪酬	折旧费	邮件运输费	业务费
函件	20	35	20	25
包裹	5	15	20	28
汇票	5	5	10	10
特快专递	15	7	25	15
机要通信	5	5	5	2
报刊发行	10	10	15	10
储蓄	25	20		5
集邮	15	3	5	5
合计	100	100	100	100

会计分录如下：

1. 职工薪酬的核算

（1）月末转账，将本月所发放的职工薪酬列入成本：

借：主营业务成本——待转业务成本——职工薪酬　　580 000
　　　　贷：应付职工薪酬　　　　　　　　　　　　　　　　580 000

（2）发放职工薪酬时：

借：应付职工薪酬　　　　　　　　　　　　　　　　580 000

贷：银行存款	568 000
其他应付款	12 000

（3）分摊职工薪酬：

借：主营业务成本——函件专业成本——职工薪酬	116 000
——包裹专业成本——职工薪酬	29 000
——汇票专业成本——职工薪酬	29 000
——特快专递专业成本——职工薪酬	87 000
——机要通信专业成本——职工薪酬	29 000
——报刊发行专业成本——职工薪酬	58 000
——储蓄专业成本——职工薪酬	145 000
——集邮专业成本——职工薪酬	87 000
贷：主营业务成本——待转专业成本——职工薪酬	580 000

2. 折旧费的核算

（1）计提折旧：

借：主营业务成本——待转业务成本——折旧费	41 200
管理费用——折旧费用	6 800
贷：累计折旧	48 000

（2）月末分摊折旧费：

借：主营业务成本——函件专业成本——折旧费	14 420
——包裹专业成本——折旧费	6 180
——汇票专业成本——折旧费	2 060
——特快专递专业成本——折旧费	2 884
——机要通信专业成本——折旧费	2 060
——报刊发行专业成本——折旧费	4 120
——储蓄专业成本——折旧费	8 240
——集邮专业成本——折旧费	1 236
贷：主营业务成本——待转业务成本——折旧费	41 200

3. 邮件运输费的核算

（1）支付运费时：

借：主营业务成本——待转业务成本——邮件运输费	280 000
贷：银行存款	280 000

（2）结转分摊时：

借：主营业务成本——函件专业成本——邮件运输费	56 000
——包裹专业成本——邮件运输费	56 000
——汇票专业成本——邮件运输费	28 000

　　　　——特快专递专业成本——邮件运输费　　　70 000
　　　　——机要通信专业成本——邮件运输费　　　14 000
　　　　——报刊发行专业成本——邮件运输费　　　42 000
　　　　——集邮专业成本——邮件运输费　　　　　14 000
　　　贷：主营业务成本——待转业务成本——邮件运输费　280 000

4. 业务费的核算

（1）支付业务费时：

借：管理费用——通信费　　　　　　　　　　　　600
　　主营业务成本——待转业务成本——业务费　5 900
　　贷：银行存款　　　　　　　　　　　　　　　　6 500

（2）业务费分摊时：

借：主营业务成本——函件专业成本——业务费　1 475
　　　　——包裹专业成本——业务费　　　　1 652
　　　　——汇票专业成本——业务费　　　　　590
　　　　——特快专递专业成本——业务费　　　885
　　　　——机要通信专业成本——业务费　　　118
　　　　——报刊发行专业成本——业务费　　　590
　　　　——储蓄专业成本——业务费　　　　　295
　　　　——集邮专业成本——业务费　　　　　295
　　贷：主营业务成本——待转业务成本——业务费　5 900

三、收支差额的核算

（一）收支差额的概念

邮政企业在一定时期内，生产经营活动所取得的全部收入用于补偿全部支出和上缴税费后的差额，称为"收支差额"。收大于支，简称为"收差"；支大于收，简称为"支差"。由于邮政企业具有全程全网、联合作业的生产特点，每个企业的业务收入都是全程全网收入，因此，各个企业的收支差额并不是该企业的利润（或亏损），只有国家邮政局汇总的全国邮政企业所实现的收支差额总额，才是全国邮政企业的利润或亏损。

（二）收支差额核算主要账户的设置

1. "收支差额"账户

"收支差额"账户用来核算企业当期实现的收支差额。企业期末应将各损益类账户金额转入本账户，结转后本账户的贷方余额为当期实现的收差，借方余额为当期实现的支差。年度终了,将本账户转入"收支差额分配"账户,借记"收支差额"账户,贷记"收支差额分配"账户,或做相反会计分录,年终结转后,"收支差额"账户应无余额。

2."收支差额分配——未分配收支差额"账户

"收支差额分配"账户核算邮政企业收差的分配(或支差的弥补)和历年分配(或弥补)后的结存余额。其下设"应交所得税"、"盈余公积补亏"、"提取盈余公积"、"应付利润"、"应交特种基金"、"上交收支差额"、"未分配收支差额"7个明细账户。

"收支差额分配——未分配收支差额"是在年度终了时,邮政企业将全年实现的收支差额自"收支差额"账户转入本账户,如为收差,借记"收支差额",贷记"收支差额分配——未分配收支差额"。如为支差,做相反的分录。同时,将本账户下的其他明细账户的余额转入本明细账户。结转后,本明细账户的借方余额为未弥补的亏损,贷方余额为未分配的收支差额。其他明细账户应无余额。

企业年终结账后,对于涉及以前年度损益的会计事项,也应在"收支差额分配——未分配收支差额"账户中进行核算。

(三)收支差额的核算

【例 6-5】某邮政局 2012 年实现邮政收入 5 000 000 元,其他业务收入 660 000元,营业外收入 24 000 元,投资收益 380 000 元,发生邮政成本 4 100 000元,其他业务成本 220 000 元,营业税金及附加 169 800 元,管理费用 600 000元,财务费用 70 000 元,营业外支出 13 000 元,所得税费用 65 000 元,年终结转收支差额,做如下会计处理:

```
借:主营业务收入——年终结转              5 000 000
    其他业务收入——年终结转                660 000
    营业外收入——年终结转                   24 000
    投资收益——年终结转                    380 000
  贷:收支差额                           6 064 000
借:收支差额                             5 237 800
  贷:主营业务成本——年终结转            4 100 000
      其他业务成本——年终结转              220 000
      管理费用——年终结转                  600 000
      财务费用——年终结转                   70 000
      营业外支出——年终结转                 13 000
      营业税金及附加                      169 800
      所得税费用                          65 000
```

借：收支差额　　　　　　　　　　　　　　　　　　826 200
　　贷：收支差额分配——未分配收支差额　　　　　　　826 200

第三节　电信企业会计核算

一、电信业务收入的核算

（一）电信业务收入的分类

1. 电信主营业务收入的分类
（1）固定本地电话网业务收入。
① 本地电话业务收入。
② 企业内网间结算收入。
③ 企业间网间结算收入。
④ 出租电话及网元业务收入。
⑤ 装移机收入。
⑥ 出租设备业务收入。
⑦ 其他收入。
（2）长途电话网业务收入。
① 国内长途电话业务收入。
② 国际电话业务收入。
③ 港澳台电话业务收入。
④ 企业内网间结算收入。
⑤ 企业间网间结算收入。
⑥ 出租电路及网元业务收入。
⑦ 出租设备业务收入。
⑧ 其他收入。
（3）数据通信网业务收入。
① 国内数据业务收入。
② 国际及港澳台数据业务收入。
③ 企业内网间结算收入。
④ 企业间网间结算收入。
⑤ 出租电路及网元业务收入。
⑥ 出租设备业务收入。
⑦ 其他收入。

（4）移动通信网业务收入。
① 基本通话业务收入。
② 月租费收入。
③ 移动数据业务收入。
④ 企业内网间结算收入。
⑤ 企业间网间结算收入。
⑥ 出租电路及网元业务收入。
⑦ 出租设备业务收入。
⑧ 其他收入。
（5）卫星通信网业务收入。
① 出租电路及网元业务收入。
② 卫星固定通信业务收入。
③ 卫星移动通信业务收入。
④ 企业内网间结算收入。
⑤ 企业间网间结算收入。
⑥ 出租设备业务收入。
⑦ 其他收入。
（6）无线寻呼网业务收入。
① 无线寻呼收入。
② 电话信息收入。
③ 计算机信息收入。
④ 其他收入。
（7）专用通信网业务收入。

专用通信网业务收入包括党政等专用通信网的各项业务收入，其他企业内部使用的通信网不在此内。
① 本地电话业务收入。
② 国内长途电话业务收入。
③ 国际及港澳台电话收入。
④ 数据业务收入。
⑤ 其他收入。

2. 电信其他业务收入的分类

电信企业的"其他业务收入"是指除电信主营业务收入以外的其他业务收入。具体包括：
（1）出售通信商品收入。
（2）出租通信商品收入。

(3) 代办业务收入。

(4) 其他收入。

(二) 电信业务收入核算主要账户的设置

1. "营业款结算"账户

"营业款结算"账户用于核算电信企业营业部门、分支机构应交和已交的营业收入款项。

收到营业部门和分支机构交款时，借记"库存现金"或"银行存款"，贷记本科目。根据"营业报告单"或"营业收入汇总表"的收方转账时，借记本科目，贷记"主营业务收入"、"应收账款"（用户欠费）、"预收账款"（用户预存款）、"其他业务收入"（出售通信商品收入）等科目。根据"营业报告单"或"营业收入汇总表"的付方转账时，借记"主营业务收入"（退费）、"应收账款"、"预收账款"、"应付账款"等，贷记本科目。"营业款结算"账户应按营业部门和分支机构设置明细账进行明细核算，并要定期核对。"营业款结算"账户期末一般无余额。

2. "主营业务收入"账户

电信企业的"主营业务收入"账户核算电信企业经营的基础电信业务和增值电信业务所取得的资费收入，以及电信企业之间网间互联电信业务的结算收入。"主营业务收入"账户下设"固定本地电话网业务收入"、"长途电话网业务收入"、"数据通信网业务收入"、"移动通信网业务收入"、"卫星通信网业务收入"、"无线寻呼网业务收入"、"专用通信网业务收入"7个明细科目。主营业务收入通过"营业款结算"科目进行核算，根据"营业报告单"的收方，借记"营业款结算"科目，贷记本科目（相关明细科目），按"营业报告单"的付方，借记本科目（相关明细科目）（业务退费），贷记"营业款结算"科目，也可以根据"营业报告单"先登记"营业收入汇总表"，月终根据"营业收入汇总表"转账。期末，应将本科目的余额转入"本年利润"科目，结转后本科目应无余额。

(三) 电信业务收入的核算

电信企业各营业部门或分支机构每天应编制"营业报告单"，作为将其营业收款向会计部门报账和缴款的凭证，反映该营业部门或分支机构当日通信业务收入的总括情况。会计部门每月或定期将营业部门或分支机构每日填报的营业报告单汇总后，填制"通信业务收入汇总表"，并据以登账。

电信企业的网间结算收入包括企业内网间结算收入和企业间网间结算收入。企业内网间结算收入是指由企业内部其他通信网结入的结算收入；企业间网间结算收入是指由其他电信企业结入的结算收入。对于可由一个电信企业的单个通信网完成的通信业务,可直接计入本企业各通信网相关收入账户;对于需要由单个电信企业的两个或两个以上的通信网,或两个以上电信企业共同完成的通信业务,其业务收入是一种待分配性质的收入,应先将其作为共同收入入账,然后再在网间进行结算。

企业内网间结算收入、支出应根据"企业内网间结算明细表"所列数据,结出方借记"主营业务收入——××通信网业务收入——企业内网间结算收入";结入方贷记"主营业务收入——××通信网业务收入——企业内网间结算收入"。

企业间网间结算收入、支出一般为每月末结算一次。根据"账务中心"出具的经双方确认的"企业间网间结算收入、支出明细表"收方项目及金额,借记"应收账款——企业间网间结算款——××电信公司"或"银行存款",贷记"主营业务收入——××通信网业务收入——企业间网间结算收入";根据"企业间网间结算收入、支出明细表"付方项目及金额借记"主营业务收入——××通信网业务收入——企业间网间结算收入",贷记"应付账款——企业间网间结算款——××电信公司"或"银行存款"。

【例6-6】某电信企业2012年9月收到营业部门上报的"电信营业报告单",如表6-3所示。

表6-3　　　　　　　　　电信营业报告单

2012年9月30日　　　　　　　　　　　　　　　单位:元

收入		支出	
项目	金额	项目	金额
本地电话业务收入	650 200	用户欠款	36 700
国际电话业务收入	216 800	退回用户预存款	35 600
移动数据业务收入	286 100		
出售通信商品收入	60 000	缴款:	
收回用户欠款	15 300	库存现金	354 000
用户预存款	87 000	银行存款	889 100
合计	1 315 400	合计	1 315 400

1. 根据"电信营业报告单"收入方资料,会计分录如下:

借:营业款结算　　　　　　　　　　　　　1 315 400
　　贷:主营业务收入——本地电话业务收入　　650 200
　　　　主营业务收入——国际电话业务收入　　216 800
　　　　主营业务收入——移动数据业务收入　　286 100
　　　　其他业务收入——出售通信商品收入　　60 000
　　　　应收账款——用户欠费　　　　　　　　15 300
　　　　预收账款——用户预存款　　　　　　　87 000

2. 根据"电信营业报告单"支出方资料,会计分录如下:

借:应收账款——用户欠费　　　　　　　　　　　　36 700
　　预收账款——用户预存款　　　　　　　　　　　35 600
　　贷:营业款结算　　　　　　　　　　　　　　　　　72 300

3. 收到营业部门缴款,会计分录如下:

借:库存现金　　　　　　　　　　　　　　　　　　354 000
　　银行存款　　　　　　　　　　　　　　　　　　　889 100
　　贷:营业款结算　　　　　　　　　　　　　　　　1 243 100

【例6-7】某电信企业2012年9月末收到"企业间网间结算收入、支出明细表",经双方共同确认,甲电信企业转入国内长途电话网间互联业务结算收入56 700元,款项已收到,并存入银行。其会计分录如下:

借:银行存款　　　　　　　　　　　　　　　　　　56 700
　　贷:主营业务收入——国内长途电话网业务收入
　　　　　　　　　　——企业间网间结算收入　　　　56 700

【例6-8】某电信企业2012年10月末根据"企业间网间结算收入、支出明细表",以银行存款结付给乙电信企业网间互联业务通信费16 000元。其分录如下:

借:主营业务收入——国内长途电话网业务收入
　　　　　　　　——企业间网间结算收入　　　　　16 000
　　贷:银行存款　　　　　　　　　　　　　　　　　16 000

【例6-9】某电信企业内部进行网间互联业务结算,由国内长途电话网分割给固定本地电话网收入18 000元。会计分录如下:

借:主营业务收入——国内长途电话网业务收入
　　　　　　　　——企业内网间结算收入　　　　　18 000
　　贷:主营业务收入——固定本地电话网业务收入
　　　　　　　　　　——企业内网间结算收入　　　　18 000

二、电信业务成本的核算

(一)电信业务成本项目的构成

电信业务成本是指电信企业在一定期间内经营基础电信业务、增值电信业务和电信企业之间的网间互联业务实际发生的各种耗费,以及从事其他业务活动发生的各项支出。电信企业为了反映其成本构成,在"主营业务成本"账户下设置以下7个二级明细账,分别为"固定本地电话网业务成本"、"长途电话网业务成本"、"数据通信网业务成本"、"移动通信网业务成本"、"卫星通信网业务成本"、"无限寻呼网业务成本"、"专用通信网业务成本"。在二级明细账下又按成本项目设置了三级明细账。主要包括：

（1）职工薪酬：生产人员职工薪酬和按规定支付的职工福利费。

（2）折旧费：固定资产按规定计提的折旧费。

（3）修理费：企业在用的固定资产发生的各种维护费、修理费。

（4）周转材料摊销：在用的各种周转材料的购置、摊销额和修理费等。

（5）业务费：支付通信生产的各种业务费用，包括频率占用费、卫星测控费、安全保卫费、号码资源费、保险费、交换机用电池费、业务材料和用品费、因公使用名章刻制费、差旅费、过路过桥费等，以及有"共同费用"按比例分摊到主营业务成本中的业务费。

（6）电路及网元租赁费：支付给其他电信企业的电路及网元等传输系统及设备的租赁费用。

（二）电信业务成本核算主要账户的设置

1."主营业务成本"账户

"主营业务成本"账户核算电信企业各项主营业务成本。

企业计提职工薪酬时，借记"主营业务成本——××网业务成本——职工薪酬"，贷记"应付职工薪酬"；企业每月对各通信网计提折旧时，借记"主营业务成本——××网业务成本——折旧费"，贷记"累计折旧"；企业发生的与固定资产有关的后续支出，如果不能使流入企业的经济利益超过原先的估计，应当确认为费用，借记"主营业务成本——××网业务成本——折旧费"、"管理费用"等科目，贷记"银行存款"等科目。企业发生的修理费、周转材料摊销、业务费、电路及网元租赁费等项开支，凡能直接计入各通信网业务成本的，应直接计入，借记"主营业务成本——××网业务成本——××费"，贷记"库存材料"、"周转材料摊销"、"库存现金"、"银行存款"等科目；其中不能直接计入相关通信网业务成本的修理费和业务费，先归集记入"共同费用"科目，月份终了再按确定的分摊标准，分摊计入相关通信网业务成本，借记"主营业务成本——××网业务成本——××费"，贷记"共同费用"科目。期末，应将本科目的余额转入"本年利润"科目，结转后本科目无余额。

2."其他业务成本"账户

电信企业"其他业务成本"账户是核算企业发生的，除主营业务成本以外与其他业务收入相配比的各种成本、费用支出。包括：出售通信商品成本、出租通信商品的成本、代办工程支出和提供劳务而发生的相关成本费用，以及相关营业税金及附加。还包括用于未出售住房的维修费用、管理费用以及按规定用于房改方面的其他费用等。本科目下设"出售通信商品支出"、"出租通信商品支出"、"代办业务支出"、"其他支出"等明细科目。

企业发生其他业务成本时，借记本科目的相关明细科目，贷记"库存现金"、"银行存款"、"库存材料"、"库存商品"、"应付职工薪酬"、"出租商品——出租商品摊销"等科目。企业发生代办业务支出，借记本科目（代办业务支出），贷记"银行存款"科目。企业发生的用于未出售住房的维修、管理费用以及按国家规定用于房改方面的其他费用性支出，借记本科目，贷记"银行存款"等科目。月终，按其他业务收入计交税金时，借记本科目，贷记"应交税费"科目；计交教育费附加时，借记本科目，贷记"应交税费——应交教育费附加"科目。

期末，应将本科目的余额转入"本年利润"科目，结转后本科目应无余额。

3. "共同费用"账户

电信企业"共同费用"账户核算应由各通信网业务成本和管理费用、其他业务成本等共同承担的修理费、动力费、房屋租赁费和业务费等各项开支。发生共同费用时，先在本科目归集，借记本科目相关明细科目，贷"库存现金"、"银行存款"、"库存材料"、"库存商品"、"周转材料"、"其他应收款"、"其他应付款"等科目。月终按规定的方法和标准，分摊本月发生的共同费用。如分摊修理费时，借记"主营业务成本——××网业务成本（修理费）"、"管理费用"、"其他业务成本"、"在建工程"等科目，贷记本科目（修理费），本科目月末结转后无余额。

凡能直接计入各通信网业务成本或相关费用、支出的，不通过本科目核算。本科目下设修理费、动力费、水电取暖费、劳动保护费、房屋租赁费、物业管理费、其他费用7个明细账户。

（三）电信业务成本的核算

【例6-10】某电信企业2012年8月"职工薪酬计算表"列示：市内固定电话业务职工薪酬450 000元，长途电话业务职工薪酬678 000元，移动通信业务职工薪酬237 000元，行政管理人员职工薪酬156 000元。会计分录如下：

借：主营业务成本——本地固定电话网业务成本——职工薪酬
　　　　　　　　　　　　　　　　　　　　　　　　450 000
　　主营业务成本——长途电话网业务成本——职工薪酬　678 000
　　主营业务成本——移动通信网业务成本——职工薪酬　237 000
　　管理费用　　　　　　　　　　　　　　　　　　　156 000
　　贷：应付职工薪酬　　　　　　　　　　　　　　1 521 000

【例6-11】某电信企业2012年6月固定资产"折旧费计算表"列示：本地固定电话网固定资产计提折旧273 000元，长途电话网固定资产计提折旧305 500元，数据通信网固定资产计提折旧325 800元，本地固定电话和长途电话共用同步网设备计提折旧56 000元，管理用固定资产计提折旧36 000元。会计分录如下：

借:主营业务成本——本地固定电话网业务成本——折旧费
                    273 000
  主营业务成本——长途电话网业务成本——折旧费 305 500
  主营业务成本——数据通信网业务成本——折旧费 325 800
  共同费用   56 000
  管理费用   36 000
  贷:累计折旧   996 300

【例6-12】某电信企业2010年2月业务费、周转材料摊销、电路及网元租赁费项目支出如表6-4所示,其中领用材料50 600元。

表6-4   主营业务成本明细表

2012年2月   单位:元

主营业务成本项目	本地固定电话网	长途电话网	数据通信网	合计
业务费	26 500	26 700	24 300	77 500
周转材料摊销	13 500	12 500	13 600	39 600
修理费	26 700	36 000	12 600	75 300
电路及网元租赁费			68 700	68 700
合计	66 700	75 200	119 200	261 100

借:主营业务成本——本地固定电话网业务成本——业务费 26 500
                ——周转材料摊销
                   13 500
                ——修理费 26 700
  主营业务成本——长途电话网业务成本——业务费 26 700
                ——周转材料摊销
                   12 500
                ——修理费 36 000
  主营业务成本——数据通信网业务成本——业务费 24 300
                ——周转材料摊销
                   13 600
                ——修理费 12 600
                ——电路及网元租货费
                   68 700
  贷:周转材料摊销   39 600
    库存材料   50 600

银行存款　　　　　　　　　　　　　　　　　　　170 900

【例6-13】某电信企业2012年3月计提综合大楼折旧费180 000元,支付外购电力费70 000元,其会计分录为:

　　借:共同费用　　　　　　　　　　　　250 000
　　　　贷:累计折旧　　　　　　　　　　　　180 000
　　　　　　银行存款　　　　　　　　　　　　70 000

月末,企业按规定的长途电话、市内电话、管理部门各占40%、40%、20%的比例进行分摊,做会计分录如下:

　　借:主营业务成本——长途电话网业务成本　　100 000
　　　　　　　　　　——本地固定电话网业务成本　100 000
　　　　管理费用　　　　　　　　　　　　　　50 000
　　　　贷:共同费用　　　　　　　　　　　　　250 000

应用与扩展

电信通信业上市公司报表解读

中国联通(A股601050)

(一) 会计政策特色

收入的确认:

收入的金额按照本集团在日常经营活动中提供电信服务、其他劳务或销售通信产品时,已收或应收合同或协议价款的公允价值确定。收入按扣除商业折扣、销售折让、销售退回、增值税以及对集团内部销售后的净额列示。

与交易相关的经济利益能够流入本集团,相关的收入和成本能够可靠计量且满足下列各项经营活动的特定收入确认标准时,确认相关的收入:

① 通话费和月租费在提供服务时确认。

② 提供宽带和其他互联网相关服务以及管理数据服务的收入在提供服务时予以确认。

③ 销售有价电话卡收入指为提供通话服务向用户收取的预收服务费,按用户实际使用量进行确认。

④ 对于信息与通信技术服务收入,若提供劳务交易的结果能够可靠估计,采用完工百分比法确认收入;若提供劳务交易的结果不能可靠估计,则不能按照完工百分比法确认而应区别下列情况处理:(i) 已经发生的劳务成本预计全部能够得到补偿的,应按已收或预计能够收回的金额确认提供劳务收入,并结转已经发生的劳务成本;(ii) 已经发生的劳务成本预计部分能够得到补偿的,应按能够得到补偿的劳务成本金额确认提供劳务收入,并结转已经发生的劳务成本;

（iii）已经发生的劳务成本预计全部不能得到补偿的，应将已经发生的劳务成本计入当期损益，不确认提供劳务收入。

⑤ 网间结算收入指本集团与国内外其他电信运营商网络间通信而获得的收入，于发生时确认；网间结算支出指本集团与国内外其他电信运营商网络间通信所产生的支出，于发生时确认。

⑥ 增值服务收入是指向用户提供如短信、炫铃、个性化彩铃、无线数据服务、来电显示以及秘书服务等，并在服务提供时确认。

⑦ 提供劳务收入是指对外提供通信信息工程和建筑工程的资讯、勘察、设计、监理、客服等劳务，当合同已经签订且相关服务已提供完毕时确认相关的收入。

⑧ 销售通信产品收入指销售手机、通信设备等通信产品而产生的收入，在产品所有权上的风险和报酬转移给买方时确认。

⑨ 本集团将向用户收取的为开通移动通信服务的一次性不退还的手机识别卡（如 SIM 卡）收入于预计用户服务期限内按照直线法平均确认。

⑩ 向固网业务用户收取的市话初装费和装移机费被予以递延，并在预计客户服务期内分期确认收入。于 2001 年 7 月 1 日起已停止向客户收取市话初装费。

⑪ 经营租赁收入在租赁期限内按合同约定确认。

⑫ 存放于银行或其他金融机构的存款利息收入按照其他方使用本集团货币资金的时间，采用实际利率计算确定。

（二）报表附注特色

（1）营业收入。

项　　目	2010 年度	2009 年度
主营业务收入：		
通话费	63 156 911 125	62 817 268 174
增值业务收入	31 551 284 457	24 956 849 252
宽带、数据及互联网收入	33 579 997 899	27 182 025 981
月租费	15 066 827 707	15 992 370 010
网间结算收入	14 610 463 604	14 164 978 891
电路及网元租赁收入	6 191 073 662	5 859 755 116
装移机收入及一次性不退还收入的摊销	1 244 804 260	1 357 157 500
信息与通信技术服务及设计服务收入等	1 137 011 209	2 313 463 678
初装费收入	192 419 908	489 600 437
其他	1 976 351 042	1 001 887 190
小计	168 707 144 873	156 135 356 229
其他业务收入：		
销售通信产品收入	7 461 216 697	2 233 463 304
合计	176 168 361 570	158 368 819 533

(2) 营业成本。

项　　目	2010 年度	2009 年度
主营业务成本：		
折旧及摊销	52 332 722 311	46 281 559 348
网间结算支出	13 727 014 066	12 954 807 898
人工成本	15 779 884 363	15 259 109 757
网络运行及支撑成本（注）	26 382 931 056	23 727 803 042
信息与通信技术服务成本	895 476 652	839 179 780
其他	3 929 260 305	3 902 724 988
小计	113 047 288 753	102 965 184 813
其他业务成本：		
销售通信产品成本	10 687 585 929	2 688 580 076
合计	123 734 874 682	105 653 764 889

本章小结

邮电通信企业是主要从事信息传递和服务等经营活动的企业。邮电通信企业主要包括邮政通信和电信通信两部分。

邮政企业会计的特点主要体现在成本核算的特殊性和业务收入的全程全网性两个方面。

邮政业务收入主要包括函件收入、包裹收入、报刊发行收入、特快专递收入、机要通信收入、储蓄收入、集邮收入、汇票收入、物流收入和代办收入。

邮政业务成本是指邮政企业在生产经营过程中，为取得邮政通信业务收入而实际发生的与生产直接有关的各项支出。具体内容包括邮政企业直接从事生产人员的职工薪酬和在生产过程中发生的固定资产折旧费、修理费、周转材料摊销及各种与生产有关的业务费用。

邮政企业在一定时期内，生产经营活动所取得的全部收入用于补偿全部支出和上缴税金后的差额，称为"收支差额"。

电信业务收入主要包括本地固定电话网业务收入、长途电话网业务收入、数据通信网业务收入、移动通信网业务收入、卫星通信网业务收入、无线寻呼网业务收入、专用通信网业务收入。电信企业的网间结算收入包括企业内网间结算收入和企业间网间结算收入。企业内网间结算收入是指由企业内部其他通信网结入的结算收入；企业间网间结算收入是指由其他电信企业结入的结算收入。

电信业务成本是指电信通信的各项支出，包括本地固定电话网业务成本、长途电话网业务成本、数据通信网业务成本、移动通信网业务成本、卫星通信网业务成本、无线寻呼网业务成本和专用通信网业务成本。核算中具体包括电信企业直接从事生产人员的职工薪酬和在生产过程中发生的固定资产折旧费、修理费、周转材料摊销、业务费及电路和网元租赁费。

重要概念

网络连通性　收支差额　营业款结算　待转业务成本　收支差额分配——未分配收支差额　企业内网间结算收入　企业间网间结算收入　共同费用

思考练习题

一、思考题

1. 邮电通信企业会计有哪些特点？
2. 邮电通信企业成本核算具有哪些特点？
3. 邮电通信企业业务收入核算包括哪些内容？
4. 邮电通信企业业务成本核算包括哪些内容？
5. 比较分析邮政企业与电信企业成本项目构成的异同。

二、练习题

（一）单项选择题

1. （　　）账户核算邮电通信企业所属各营业部门、分支机构应交和已交的营业收入款。
    A. 营业款结算　　　　　　　B. 收支差额
    C. 主营业务收入　　　　　　D. 其他业务收入

2. （　　）账户核算邮政企业收支差额收差的分配（或支差的弥补）和历年分配（或弥补）后的结存余额。
    A. 本年利润　　　　　　　　B. 营业款结算
    C. 收支差额分配　　　　　　D. 收支差额

3. 出售各种电话机收入属于电信企业中的（　　）。
    A. 电话信息收入　　　　　　B. 移动数据业务收入
    C. 主营业务收入　　　　　　D. 其他业务收入

4. 短消息服务收入属于移动通信网业务收入中的（　　）。
    A. 基本通话业务收入　　　　B. 移动数据业务收入
    C. 月租费收入　　　　　　　D. 其他收入

5. 邮政企业运输邮件所支付的铁路运费、航空运费、自办汽车运费、委办汽车运费、自办或委办水运运费等称为（　　）。
  A. 邮件运输费　　　　　　　　B. 邮件装卸费
  C. 其他费用　　　　　　　　　D. 业务费

6. 邮政企业在一定时期内，生产经营活动所取得的全部收入用于补偿全部支出和上缴税费后的差额，称为（　　）。
  A. 营业款结算　　　　　　　　B. 收支差额
  C. 主营业务收入　　　　　　　D. 其他业务收入

（二）多项选择题

1. 邮电通信企业的经营特点包括（　　）。
  A. 外部经济性　　　　　　　　B. 规模经济性
  C. 产业管制性　　　　　　　　D. 网络连通性

2. 邮电通信企业会计的特点是（　　）。
  A. 结算的差异性　　　　　　　B. 成本核算的特殊性
  C. 会计科目设置的特殊性　　　D. 核算体系的专业性

3. （　　）属于邮政业务收入。
  A. 函件业务收入　　　　　　　B. 机要通信业务收入
  C. 物流业务收入　　　　　　　D. 数据通信网业务收入

4. 邮电通信企业的经营范围主要包括（　　）部分。
  A. 移动通信　　　　　　　　　B. 数据通信
  C. 电信通信　　　　　　　　　D. 邮政通信

5. 邮电通信业务成本项目包括（　　）。
  A. 修理费　　　　　　　　　　B. 周转材料摊销
  C. 职工薪酬　　　　　　　　　D. 折旧费

（三）判断题

1. 邮政企业的收支差额，就是该企业的利润（或亏损）。　　　　　　（　　）
2. 为了核算电信企业经营的基础电信业务和增值电信业务所取得的资费收入，以及电信企业之间网间互联电信业务的结算收入，应设置"营业款结算"科目进行核算。　　　　　　　　　　　　　　　　　　　　　　　　　（　　）
3. 按照《电信企业会计核算办法》的规定，电信企业发生的福利费支出，应当据实列支，不再按照工资总额的14%进行计提。　　　　　　（　　）
4. 邮政企业期末应将各损益类账户金额转入"收支差额"账户，结转后的"收支差额"账户的贷方余额为当期实现的支差，借方余额为当期实现的收差。
                       （　　）
5. "营业款结算"账户期末一般无余额。　　　　　　　　　　　　（　　）

（四）业务核算题

1. 某市邮政局财务部门收到下属甲支局银行收款回单 5 000 元，营业款现金 800 元。

2. 某市邮政局 2012 年 × 月末根据下属各营业部门上报的"营业日报单"，编制"营业日报单汇总表"，如下表所示：

营业日报单汇总表

2012 年 × 月　　　　　　　　　　　　　　　　　　　　单位：元

单位名称	函件收入		包裹收入	特快专递收入	集邮收入	应收账款——用户欠费（收回）	预收账款——用户预存款
	国内普通函件	国内商业函件	国内快递包裹	国内同城特快专递			
甲支局	6 000	5 000	3 000	1 600	4 500		1 700
乙支局	7 400	8 500	3 400	2 500	6 500	2 800	
丙支局	5 600	6 000	2 600	1 400	3 900		1 200
合计	19 000	19 500	9 000	5 500	14 900	2 800	2 900

要求：编制相关会计分录。

3. 某邮政局 2012 年实现邮政收入 7 100 000 元，其他业务收入 580 000 元，营业外收入 24 000 元，发生邮政成本 6 300 000 元，其他业务成本 320 000 元，营业税金及附加 189 800 元，管理费用 310 000 元，财务费用 63 000 元，营业外支出 11 000 元，所得税费用 45 000 元。年终结转收支差额。

4. 某电信企业 2012 年 × 月收到营业部门上报的"电信营业报告单"，如下表所示。

电信营业报告单

2012 年 × 月　　　　　　　　　　　　　　　　　　　　单位：元

收入		支出	
项目	金额	项目	金额
市内通话收入	550 100	退国际长话费	15 600
国内长话收入	286 800	退回用户预存款	34 300
移动数据业务收入	276 100	退月租费	20 000
出售通信商品收入	55 000	缴款：	
收回用户欠款	14 200	库存现金	369 000
用户预存款	75 000	银行存款	818 300
合计	1 257 200	合计	1 257 200

练习题答案：

（一）单项选择题
1. A　　2. C　　3. D　　4. B　　5. A　　6. B

（二）多项选择题
1. ABCD　　2. ABCD　　3. ABC　　4. CD　　5. ABCD

（三）判断题
1. ×　　2. ×　　3. √　　4. ×　　5. √

（四）业务核算题

1. 借：银行存款　　　　　　　　　　　　　　　　　　　　5 000
　　　库存现金　　　　　　　　　　　　　　　　　　　　　800
　　　贷：营业款结算——甲支局　　　　　　　　　　　　5 800

2. （1）结转收取的用户预存款和收回的用户欠费等，做如下会计处理：
借：营业款结算　　　　　　　　　　　　　　　　　　　5 700
　　贷：应收账款——用户欠费——乙支局　　　　　　　2 800
　　　　预收账款——用户预存款—— 甲支局　　　　　　1 700
　　　　　　　　——用户预存款—— 丙支局　　　　　　1 200

（2）结转当月收入：
借：营业款结算　　　　　　　　　　　　　　　　　　 67 900
　　贷：主营业务收入——函件业务收入——国内普通函件收入 19 000
　　　　　　　　　　—— 函件业务收入——国内商业函件收入
　　　　　　　　　　　　　　　　　　　　　　　　　　19 500
　　　　　　　　——包裹业务收入——国内快递包裹收入 9 000
　　　　　　　　——特快专递业务收入——国内同城快递收入
　　　　　　　　　　　　　　　　　　　　　　　　　　 5 500
　　　　　　　　——集邮业务收入——集邮品收入　　　14 900

3. 借：主营业务收入——年终结转　　　　　　　　　7 100 000
　　　其他业务收入——年终结转　　　　　　　　　　 580 000
　　　营业外收入——年终结转　　　　　　　　　　　　24 000
　　　贷：收支差额　　　　　　　　　　　　　　　 7 704 000
借：收支差额　　　　　　　　　　　　　　　　　　 7 238 800
　　贷：主营业务成本——年终结转　　　　　　　　 6 300 000
　　　　其他业务成本——年终结转　　　　　　　　　 320 000
　　　　管理费用——年终结转　　　　　　　　　　　 310 000
　　　　财务费用——年终结转　　　　　　　　　　　　63 000
　　　　营业外支出——年终结转　　　　　　　　　　　11 000

营业税金及附加		189 800
所得税费用		45 000
借：收支差额		465 200
贷：收支差额分配——未分配收支差额		465 200

4.（1）根据电信营业报告单收入方资料，做会计分录如下：

借：营业款结算　　　　　　　　　　　　　　1 257 200
　　贷：主营业务收入——本地电话业务收入　　550 100
　　　　主营业务收入——国内长话业务收入　　286 800
　　　　主营业务收入——移动数据业务收入　　276 100
　　　　其他业务收入——出售通信商品收入　　 55 000
　　　　应收账款——用户欠费　　　　　　　　 14 200
　　　　预收账款——用户预存款　　　　　　　 75 000

（2）根据电信营业报告单支出方资料，会计分录如下：

借：主营业务收入——国际长话业务收入　　　　 15 600
　　　　　　　　——移动通信网络业务收入　　 20 000
　　预收账款——用户预存款　　　　　　　　　 34 300
　　贷：营业款结算　　　　　　　　　　　　　 69 900

（3）收到营业部门缴款，会计分录如下：

借：库存现金　　　　　　　　　　　　　　　　369 000
　　银行存款　　　　　　　　　　　　　　　　818 300
　　贷：营业款结算　　　　　　　　　　　　 1 187 300

第七章　交通运输企业会计

本章学习要求： 交通运输企业会计是专门核算和监督交通运输企业生产经营资金运动的一门行业会计。与工业企业相比，交通运输企业在生产过程、产品的特点、对劳动对象的影响以及资产的构成等方面都具有自己的特点，交通运输企业生产经营的这些特点使得在经济业务的会计处理上与工业企业有很大不同。本章主要介绍了交通运输企业的生产经营特点及交通运输企业会计的特点，具体阐述了交通运输企业存货、营运收入和营运成本的核算。

通过本章的学习，能够全面了解交通运输企业会计的特点，掌握交通运输企业存货、营运成本、营运收入的核算。

第一节　交通运输企业会计核算特点

一、交通运输企业经营的特点

(一) 交通运输企业概述

交通运输企业是指利用运输工具专门从事运输生产或直接为运输生产服务的企业。交通运输企业的主要业务是提供客货运输，运输生产活动使得劳动对象发生空间位置上的变化。

交通运输企业按其运输生产方式不同分为公路运输企业、铁路运输企业、航空运输企业、水路运输企业和管道运输企业等。

公路运输企业的运输工具主要是汽车，分为短途运输和长途运输。铁路运输企业以火车为运输工具，铁路运输目前是我国客货运输的主要方式。航空运输企业运输工具为飞机，近年来发展迅猛。水路运输企业以船舶为主要运输工具，根据运输线路的不同，分为内河运输和海洋运输，海洋运输又可以分为沿海运输和远洋运输。管道运输企业主要运送自来水、石油、天然气等，运输工具为管道。

（二）交通运输企业生产经营的特点

交通运输业是物质生产部门中的一种特殊生产行业，它既与工业等其他行业有共性，又具有其特性，主要表现为以下几个方面：

1. 生产过程的流动性和分散性

交通运输企业不像一般工商业的生产经营活动在一个固定地点进行，而是具有极强的流动性，它的生产过程是通过各沿线单位、各工种分工协作，持续不停地进行来完成的，具有点多、线长、面广等特点。

2. 生产过程和消费过程的同步性

交通运输的产品是一种劳务，即运输企业不生产有形产品，运输劳务作为人和物的转移是与运输生产过程一致的，而且只能在运输生产过程中被消费。运输过程既是生产过程，同时也是销售和消费过程。

3. 产品的特殊性

交通运输的产品是一种劳务，即运输企业不生产有形产品，交通运输业对于产品质量的要求比其他任何行业都要细致、严格，因为运输产品无法退还，一旦出现问题就可能造成永远无法挽回的损失。

4. 资产构成比例的差异性

在交通运输企业的资产构成中，固定资产所占比重较大，流动资产所占比例较小，在流动资产中，原材料所占比重较小，燃料、备品配件所占比重较大。

二、交通运输企业会计的特点

由于交通运输企业经营上的特殊性，决定了其在存货、成本、收入等方面的核算与一般工商业企业相比，也具有不同之处，主要表现在以下几个方面：

（一）存货核算的特殊性

交通运输企业的存货，主要是运输用燃料、润滑油、轮胎及维修运输工具用的材料、备品配件、工具等。其中，燃料和轮胎的核算方法比较特殊。

（二）成本核算的特殊性

由于交通运输企业不创造实物产品，不消耗劳动对象，它的生产过程也就是它的销售过程，成本核算不能区分生产成本和销售成本，因此，交通运输企业不需要核算产成品、在产品成本，成本核算比较简单，直接通过损益类科目进行归集。运输企业除运输业务外，一般有装卸业务和堆存业务，需要核算装卸成本和堆存成本。

(三) 收入核算的特殊性

交通运输企业确认运输业务收入的方式是通过出售客票或开出货票同时取得票款实现的。由于交通运输企业运输生产点多、运输生产线长、流动性大等特点，使得其生产过程是通过各沿线单位、各工种分工协作，持续不断地进行来完成的。除了售票点多以外，运输企业的收入类型也较多，分为客运收入、货运收入、代理业务收入、堆存收入、装卸收入等，收入复杂，结算量大。

(四) 计量单位的特殊性

交通运输企业运输生产的结果是劳动对象的位移，由此决定了交通运输企业会计计量单位的特殊性，即其计量单位是货物与旅客的周转量，而货物与旅客的周转量的大小取决于"数量"和"距离"两个因素，因此交通运输企业运输生产的计量单位为人公里、吨公里和换算吨公里等。

第二节 公路运输企业会计核算

一、公路运输企业存货的核算

(一) 存货的分类

存货是指企业在日常活动中持有以备出售的产成品或商品，处在生产过程中的在产品，在生产过程或提供劳务过程中耗用的材料、物料等。以汽车运输企业为例，它的存货不构成产品的实体，而是其运输成本的主要组成部分。汽车运输企业的存货分为燃料、材料、轮胎、备品配件和低值易耗品等类别。

(二) 存货的核算特点

汽车运输企业的存货核算与工业企业的存货核算的不同点主要是：存货的内容不包括能构成物质产品实体的原材料，也不包括能独立存在于生产过程之外的产成品；材料采购成本的构成内容应包括购入材料的增值税款；在燃料的核算中，车存燃料应作为燃料存货的一部分专门设账核算，车存燃料以及车耗燃料需要按照燃料管理制度、采用特殊方法进行核算；作为车辆总体组成部分的轮胎，其性质及领用情况比较特殊，需要单独作为一类存货进行核算，同时，在用轮胎的耗费原则上应当采用特殊的摊提方法，分次计入营运成本。轮胎耗费的核算方法既与一般备品配件的领用核算不同，也有别于低值易耗品的领用核算。

（三）存货的核算

在本章汽车运输企业存货核算中主要介绍燃料和轮胎的具体核算。

1. 燃料的核算

燃料购进的核算与工业企业存货的购进相同，在此不再赘述，主要介绍营运耗用的燃料的管理和核算。

（1）燃料的管理制度。

燃料被领用出库后，装入车的油箱内，开始运输生产活动，但当运输过程告一段落后，在车辆的油箱内仍存有部分尚未消耗的燃料。因此，车辆领用的燃料不等于消耗的燃料，所以燃料管理制度分为车存燃料管理和车耗燃料管理。

① 车存燃料的管理。

车存燃料管理制度是指对营运车辆在接受任务出车运行前所储存在车辆油箱内的燃料的管理。通常有两种方法。

ⅰ 满油箱制。

在实行满油箱制时，车辆投产后即由车队根据油箱容积填制领油凭证到油库加满油箱作为车存燃料。领油凭证由发油油库保存，并可视需要作出备查记录。财会部门一般不做会计处理。在每次加油时补足车存燃料的原领用数，使车存燃料成为一个固定数。每月月末，车存燃料不能作为已消耗了的燃料处理，车辆送厂大修或保修时必须如数收回。这些业务，油库均应在燃料明细账上进行记录。

ⅱ 盘存制。

盘存制是指车辆在投入运营后每次加油并非都将油箱加满，在采用这种燃料管理制度时，车存燃料的实际数应该于实地盘存之后才可确定。因此，车存燃料不再是一个固定数，需要每月月末测量结算后补足原领用油数或收回超过原领备用油数，才能恢复原领备用油数。如不进行补、收清理，则实地测量结果就是月底的车存燃料数。采用这种办法，应在"燃料"账户下设置"车存燃料"明细账进行核算。

② 车耗燃料的管理。

车耗燃料管理是指对营运车辆在出车后耗用的燃料的管理，常见方法有以下几种。

ⅰ 路单套写领油收据。

油库根据调度部门签发的"行车路单"供油，"行车路单"一式两联，车辆领用燃料时，领用数量由发油人填写，一联留在"行车路单"上作为车耗依据，另一联作为油库发出燃料的依据。

ⅱ 路单贴附燃料领用凭证。

车辆领用燃料时，由发油人在一式三联的"燃料领用凭证"上填写领用数量。"燃料领用凭证"第一联留存油库作为发出燃料的依据；第二联交由车队进行核对、签发或作为结算油款的凭证；第三联则贴在"行车路单"上作为车耗燃料的依据。

ⅲ 路单领油记录和行车燃料领发登记表。

在领用燃料时，由发油人填写路单的"领油记录"并签章；同时，发油人填写由油库设置的"行车燃料领发登记表"并交由驾驶员签章。该种方法较为简单，由此可保证燃料领用的正确性，但企业营运车辆若是在企业油库以外的地方加油，则应补充相关的燃料领用凭证。

ⅳ 定额油票。

定额油票是指印有固定数额的领油凭证。驾驶员按定额油票领油。定额油票作为油库结算发出燃料的依据。

（2）燃料领用的核算。

燃料领用的核算应通过"原材料——燃料"账户进行，车存燃料和库存燃料构成未消耗的燃料存货，为了反映其增减结存情况，可在"燃料"科目下设置"库存"和"车存"两个三级科目。若实行的是满油箱制，因为月初月末数是固定的，所以不用设置三级科目。

① 油库发出燃料的核算。

油库发出燃料的核算，目的在于计算各油库发出燃料的数量。一般在月末，由各油库将编制的燃料收发结存月报连同有关发油凭证报送企业财会部门汇总计算。

对于营运车辆领用的燃料，根据实际上车的数量计价，做如下分录：

借：原材料——燃料——车存
　　贷：原材料——燃料——库存

② 行车实耗燃料的核算。

行车实耗燃料的核算，目的在于正确计算计入运输成本的燃料费用。一般由财会部门按月末收回的行车路单及有关凭证核实。

采用满油箱制的企业，因为月初月末的油箱都是满的，因此行车路单上本月加油的累计数便是该月营运实耗数。

采用盘存制的企业，本月行车实耗燃料数应根据下列公式计算：

本月行车实耗燃料数 = 月初车存数 + 本月领用数 − 月末车存数

核实行车实耗燃料数后，财会部门便可根据各油库报送的发油凭证，按用途汇总编制燃料发出汇总表，并据以进行有关的财务处理。

【例 7−1】东方汽车运输公司燃料采用满油箱制，并按计划成本核算成本，

2012 年 10 月燃料发出汇总表如表 7-1 所示，本月材料成本差异率为 1%。

表 7-1　　　　　　东方汽车运输公司燃料发出汇总表

2012 年 10 月　　　　　　　　　　　　　　　　单位：元

领用部门或用途	计划成本
客运一部	40 000
客运二部	30 000
货运一部	50 000
货运二部	45 000
车队管理部门	5 000
对外销售	15 000
合　计	185 000

（1）领用燃料计划成本。

借：主营业务成本——运输支出——客运　　　　　　70 000
　　　　　　　　　　　　　　——货运　　　　　　95 000
　　管理费用　　　　　　　　　　　　　　　　　　5 000
　　其他业务成本　　　　　　　　　　　　　　　　15 000
　　贷：原材料——燃料　　　　　　　　　　　　　　　185 000

（2）结转材料成本差异。

借：主营业务成本——运输支出——客运　　　　　　700
　　　　　　　　　　　　　　——货运　　　　　　950
　　管理费用　　　　　　　　　　　　　　　　　　50
　　其他业务成本　　　　　　　　　　　　　　　　150
　　贷：材料成本差异——燃料　　　　　　　　　　　1 850

【例 7-2】东方汽车运输公司燃料采用盘存制，并按计划成本核算成本，2011 年×月燃料耗用汇总表如表 7-2 所示，本月材料成本差异率为 1%。

表 7-2　　　　　　　燃料耗用计算汇总表

领用单位	本月领用（升）	期初存油（升）	期末存油（升）	本期耗用（升）	计划成本（5 元/升）	成本差异（1%）（元）
客车	45 000	4 000	1 000	48 000	240 000	2 400
货车	72 000	1 600	1 900	71 700	358 500	3 585
管理部门	1 800			1 800	9 000	90
对外销售	5 000			5 000	25 000	250
合计	123 800	5 600	2 900	126 500	632 500	6 325

公司油库发出燃料时,做会计分录如下:

借:原材料——燃料——车存　　　　　　　　　598 500
　　管理费用　　　　　　　　　　　　　　　　　9 000
　　其他业务成本　　　　　　　　　　　　　　25 000
　　贷:原材料——燃料——库存　　　　　　　　　632 500

结转本月车队耗用燃料的计划成本时,做会计分录如下:

借:主营业务成本——运输支出——客运　　　240 000
　　主营业务成本——运输支出——货运　　　358 500
　　贷:原材料——燃料——车存　　　　　　　　598 500

结转本月材料成本差异时,做会计分录如下:

借:主营业务成本——运输支出——客运　　　　2 400
　　主营业务成本——运输支出——货运　　　　3 585
　　管理费用　　　　　　　　　　　　　　　　　　90
　　其他业务成本　　　　　　　　　　　　　　　 250
　　贷:材料成本差异　　　　　　　　　　　　　6 325

2. 轮胎的核算

轮胎是汽车运输企业的重要部件,运输企业的轮胎是指车用外胎、内胎和垫带等。内胎和垫带价值比较低,可在"原材料"科目内核算,而外胎价值比较大,使用时间比较长,因此需要设置"原材料——轮胎"二级账户来进行核算。该账户主要用于核算交通运输企业轮胎的增减变动,轮胎领用时可直接计入主营业务成本。

运输企业领用轮胎时,一般有两种核算方法。

(1) 一次摊销法。

这种核算方法是将轮胎价值于更换领用时一次计入运输成本。理论依据是轮胎是汽车的零部件,因此轮胎更换的核算,应同汽车修理更换其他零部件一样,将其价值直接计入运输成本。下面仅列示与其有关的业务分录,假设按计划成本法核算成本:

① 领用轮胎。

借:主营业务成本——运输支出
　　贷:原材料——轮胎
　　　　材料成本差异——轮胎

② 报废轮胎退库。

借:原材料——废料
　　贷:主营业务成本——运输支出

③ 发生轮胎翻新费用。

借：主营业务成本——运输支出
    贷：银行存款
        其他应付款

④ 一次集中大量领用轮胎。

如果一次集中领用轮胎数量较多，则为了均衡各期的成本和损益，将领用轮胎的价值先通过"待摊费用"科目核算，然后再分月计入运输成本。

借：待摊费用
    贷：原材料——轮胎
        材料成本差异——轮胎

按月分次摊销，应在一个会计年度内摊销完。

借：主营业务成本——运输支出
    贷：待摊费用

（2）按行驶里程提取轮胎费用。

这种核算方法是在新车开始运行后，便逐月按轮胎已行驶的公里数预提轮胎费用；待轮胎需要更换时，再将领用轮胎的价值冲减预提摊销费。当轮胎不能使用报废时，应计算、冲减该汽车的第一套轮胎的预提费用。其理论依据是：①轮胎价值较高，使用期较长，采用逐月预提摊销费的方法能均衡各期的成本，使损益计算较为客观、正确；②轮胎的磨损与轮胎的已行驶里程数成正比关系，按行驶里程数预提轮胎摊销费符合配比关系。

① 轮胎摊提费的计算。

轮胎的价值损耗与其行驶里程具有密切关系，因此可以将领用轮胎的价值按各月行驶公里计算预提额，分月计入各月的运输支出。

$$月轮胎预提费 = 月轮胎实际行驶里程 \times 轮胎费用摊提率$$

轮胎费用摊提率有三种计算方法：

ⅰ 轮胎费用摊提率 = ［外胎实际（计划）成本 – 残值］/（外胎使用里程定额 ÷ 1 000）

该式中，分子不包括翻新费，分母不包括翻新延长里程，翻新费直接计入运输成本，翻新后继续使用不再提取轮胎费用。

ⅱ 轮胎费用摊提率 = ［外胎实际（计划）成本 + 预计翻新费 – 残值］/［外胎（经翻新）平均使用里程定额 ÷ 1 000］

该式中，分子包括翻新费，分母包括翻新延长里程，发生翻新费用计入轮胎成本，翻新后继续使用时仍提取轮胎费用。

ⅲ 轮胎费用摊提率 = ［外胎实际（计划）成本 – 残值］/［外胎（经翻新）平均使用里程定额 ÷ 1 000］

该式中,分子不包括翻新费,分母包括翻新延长里程,翻新费直接计入运输成本,翻新后继续使用时仍提取轮胎费用。实际中这种方法比较好。这是因为:首先,翻新费一般不会太大,可直接计入运输成本,如采用第二种方法,将翻新费用计入轮胎成本,实际翻新费和预计翻新费之间存在一定差异,核算起来比较麻烦。其次,轮胎翻新后继续使用其编号没有变,所以再制定里程定额时应考虑翻新延长里程。

【例 7-3】昌宏汽车运输公司外胎的计划成本为 900 元,行驶里程定额为 90 000 胎公里,报废时残值为 90 元,外胎每次计划翻新费用为 150 元,平均翻新次数为 2 次,外胎翻新后由新至废平均使用里程定额为 120 000 胎公里。

分别使用上述计算方法可得:

由 i 式得轮胎费用摊提率 = (900 - 90)/(90 000 ÷ 1 000) = 9(元/胎千公里)

由 ii 式得轮胎费用摊提率 = (900 + 150 × 2 - 90)/(120 000 ÷ 1 000) = 9.25(元/胎千公里)

由 iii 式得轮胎费用摊提率 = (900 - 90)/(120 000 ÷ 1 000) = 6.75(元/胎千公里)

由上可知采用不同的计算方法,摊提率的结果是不一样的,其结果会导致每月轮胎摊提费用的不同。因此一旦确定轮胎摊提率的计算方法,一般不得随意改变。

② 报废轮胎超(亏)定额里程差异的调整。

轮胎报废时,根据轮胎卡片记录可计算出轮胎的实际行驶里程,与计算轮胎费用摊提率时所确定的定额行驶里程存在一定的差异,需要调整运输成本。

实际行驶里程大于定额行驶里程时,称为超驶,按实际行驶里程计提的轮胎摊提费大于"外胎实际(计划)成本 - 残值",即多提了轮胎摊提费,报废时应冲减运输成本。反之,实际行驶里程小于定额行驶里程时,称为亏驶,按实际行驶里程计提的轮胎摊提费小于"外胎实际(计划)成本 - 残值",即少提了轮胎摊提费,报废时应补提轮胎摊提费,增加运输成本。

超(亏)行驶里程摊提费差异额 = 轮胎费用摊提率 × 超(亏)里程

③ 在用轮胎耗费的核算。

按行驶公里预提的轮胎费用计入运输成本,应在"预提费用"账户下设"轮胎预提费用"明细账进行核算。

下面举例说明领用轮胎核算全过程。

【例 7-4】双环汽车运输公司 2012 年 3 月末根据胎卡记录汇总,当月轮胎实际行驶 25 万胎公里,轮胎费用摊提率为 8 元/胎千公里,应做如下会计分录:

借:主营业务成本——运输支出   2 000

贷：预提费用——轮胎预提费用　　　　　　　　　　　　　2 000

【例7-5】双环汽车运输公司2012年1月根据外胎领用凭证汇总编制轮胎发出汇总表，本月领用新胎的计划成本是10 000元，应做如下分录：

　　借：预提费用——轮胎预提费用　　　　　　　　　　　　10 000
　　　贷：原材料——轮胎　　　　　　　　　　　　　　　　10 000

【例7-6】接【例7-5】，双环汽车运输公司2012年1月分配轮胎成本差异，设经计算本月轮胎成本差异率为5%，应做如下分录：

　　借：主营业务成本——运输支出　　　　　　　　　　　　　500
　　　贷：材料成本差异——轮胎　　　　　　　　　　　　　　500

如当月成本差异率为负数，则上述金额为红字表示。

【例7-7】双环汽车运输公司2012年1月报废一批轮胎，残料作价计划成本600元，报废轮胎已交库，根据废胎交库凭证做如下分录：

　　借：原材料——废胎　　　　　　　　　　　　　　　　　　600
　　　贷：主营业务成本——运输支出　　　　　　　　　　　　600

【例7-8】昌宏汽车运输公司2012年1月翻新一批轮胎，实际翻新费2 700元，已通过银行支付。经计算计划翻新费为2 500元，根据有关凭证做如下分录：

　　借：预提费用——轮胎预提费用　　　　　　　　　　　　2 500
　　　主营业务成本——运输支出　　　　　　　　　　　　　200
　　　贷：银行存款　　　　　　　　　　　　　　　　　　　2 700

若上列中计划翻新费为2 800元，则应做如下分录：

　　借：预提费用——轮胎预提费用　　　　　　　　　　　　2 800
　　　主营业务成本——运输支出　　　　　　　　　　　　　100
　　　贷：银行存款　　　　　　　　　　　　　　　　　　　2 700

【例7-9】双环汽车运输公司2012年3月末计算得知当月报废轮胎行驶里程费用超预提500元，则做如下分录：

　　借：主营业务成本——运输支出　　　　　　　　　　　　　500
　　　贷：预提费用——轮胎预提费用　　　　　　　　　　　　500

若报废轮胎实际行驶里程费用小于预提费用，则应调减运输成本，用红字编制上述分录。

二、汽车运输企业营运收入的核算

（一）汽车运输企业营运收入的分类

汽车运输企业的营运收入是指企业在提供与运输有关的各种劳务后按规定取

得的收入。汽车运输企业营运收入按照经营业务可划分为以下几类。

1. 运输收入

运输收入是企业经营旅客、货物运输业务所取得的各项营业收入，是最主要的主营业务收入。按照收入的不同来源，运输收入可分为以下三种：

（1）客运收入。指企业经营旅客运输业务所取得的营业收入。包括长短途客票收入、计时或计程的包车收入等。

（2）货运收入。指企业经营货物运输业务所取得的营业收入，如长、短途整车、零担货运收入，自动装卸车运输货物收取的装卸费。

需指出的是，客运收入与货运收入一般按运别划分，不按承运的车别划分。凡是客票收入，不论是客车还是货车承运，均属于客运收入；凡是货票的收入，不论是客车还是货车承运，均属于货运收入。

（3）其他运输收入。指随客、货运输业务而收取的其他附加收入，如行李包裹的托运收入、邮件收入、空调收入等。

2. 装卸收入

装卸收入是指企业经营装卸业务所取得的主营业务收入。

3. 堆存收入

堆存收入指企业经营仓库、堆场业务所取得的主营业务收入。

4. 代理业务收入

代理业务收入是指企业办理联运业务以及为其他运输企业办理各种代理业务收取的手续费收入。

5. 其他业务收入

其他业务收入指除了以上各项业务外所取得的收入，如客运服务收入、材料销售、技术转让、广告收入等。

（二）汽车运输企业营运收入核算会计账户的设置

汽车运输企业按收入的种类分别在"主营业务收入"账户下开设"运输收入"、"装卸收入"、"堆存收入"、"代理业务收入"等明细账户，主要核算主营业务的发生和结转。同时设置"其他业务收入"账户核算其他业务收入的发生和结转。

1. "主营业务收入——运输收入"账户

"主营业务收入——运输收入"账户用于核算企业经营客、货运业务所发生的收入。该账户一般设置"客运收入"、"货运收入"和"其他运输收入"等明细账户，并可根据管理需要，分别各类车、货种等进行明细核算。

2. "主营业务收入——装卸收入"账户

"主营业务收入——装卸收入"账户用于核算企业经营装卸业务所发生的收

入。本账户可以按照专业作业区或货种来设置明细账。

3. "主营业务收入——堆存收入"账户

"主营业务收入——堆存收入"账户用于核算企业经营仓库、堆场业务所发生的收入。本账户可按照装卸作业区、仓库、堆场等进行明细核算。

4. "主营业务收入——代理业务收入"账户

"主营业务收入——代理业务收入"账户用于核算企业经营各种代理业务所发生的收入。本账户可以按照代理业务的种类进行明细核算。

5. "其他业务收入"账户

"其他业务收入"账户用于核算企业除用于主营业务以外的其他业务所发生的各项收入。本账户可以按照其他业务的种类设置"客运服务收入"、"材料销售"、"技术转让"、"广告收入,""车辆修理"进行明细核算。

(三) 汽车运输企业营运收入的核算

1. 基层站、所营运收入的核算

目前,我国汽车运输企业多采用客运、货运兼营的形式,在组织设置上一般是在公司之下,设置基层车站或基层营业所,在基层车站或基层营业所下设有车间或车队。有些汽车运输企业的车站、营业所和车间及车队是平行的。基层车站或基层营业所一般是内部独立核算单位,而车队和车间一般为内部核算单位。与车站平行设置的车队、车辆保养修理车间,一般也为企业内部独立核算单位。

基层站、所及所属分站所实现的业务收入定期向其上级报账,并及时将收入款项解缴上级。为了核算企业各内部单位之间应收、应付营业收入款项的解缴及结存情况,一般可增设资产类的"应收内部单位款"科目和负债类的"应付内部单位款"科目。

【例7-10】新立汽车运输公司根据分站编制的营运收入日报定期汇总确认营运收入,2012年8月1~10日第一中心站甲分站营运收入为54 000元,其中客运收入26 000元,货运收入28 000元;乙分站营运收入为46 000元,其中客运收入22 000元,货运收入24 000元。

第一中心站做如下会计分录:

借:应收内部单位款——甲分站　　　　　　　　　　54 000
　　　　　　　　　　——乙分站　　　　　　　　　　46 000
　　贷:主营业务收入——运输收入——客运收入　　　48 000
　　　　　　　　　　　　　　　　——货运收入　　　52 000

【例7-11】新立汽车运输公司第一中心站将为某公司代理运费收入3 000元扣除2%代理手续费后上交公司。做如下会计分录:

借:应付内部单位款——总公司　　　　　　　　　　3 000

        贷：银行存款   2 940
            主营业务收入——代理业务收入   60

【例7-12】新立汽车运输公司第一中心站收到托运单位B公司预交货物运费的银行汇票4 000元。做如下会计分录：

        借：银行存款   4 000
            贷：预收账款——B公司   4 000

上述B公司托运货物已送达，结算运费为3 800元，余款200元已用现金退还。做如下会计分录：

        借：预收账款——B公司   4 000
            贷：库存现金   200
                主营业务收入——运输收入——货运收入   3 800

【例7-13】新立汽车运输公司2012年5月末各中心站汇总本站及各分站营运收入月报，编制营运收入月报上报总公司转账，第一中心站本月客运收入为340 000元，货运收入为280 000元，代理业务收入为5 000元。做如下会计分录：

        借：主营业务收入——运输收入——客运收入   340 000
                            ——货运收入   280 000
                    ——代理业务收入   5 000
            贷：应付内部单位款——总公司   625 000

2. 企业营运收入的核算

【例7-14】新开汽车运输公司2012年6月末根据各基层站、所的营运收入月报汇总编制"营运收入汇总表"，如表7-3所示。

表7-3　　　　　　新开汽车运输公司营运收入汇总表

2012年6月　　　　　　　　　　　　　　　　　　　　单位：元

部门	运输收入			代理业务收入	营业收入合计
	客运收入	货运收入	小计		
第一中心站本站	16 000	96 000	112 000	2 160	114 160
A分所	64 000	72 000	136 000	800	136 800
B分所	48 000	56 000	104 000	1 040	105 040
小计	128 000	224 000	352 000	4 000	356 000
第二中心站本站	120 000	112 000	232 000	800	232 800
C分所	48 000	56 000	104 000	320	104 320
D分所	72 000	48 000	120 000	480	120 480
小计	240 000	216 000	456 000	1 600	457 600
合计	368 000	440 000	808 000	5 600	813 600

根据表 7-3，做如下会计分录：

借：应收内部单位款——第一中心站　　　　　356 000
　　　　　　　　　　——第二中心站　　　　　457 600
　　贷：主营业务收入——运输收入——客运收入　　368 000
　　　　　　　　　　　　　　　　——货运收入　　440 000
　　　　　　　　　　　　——代理业务收入　　　　　5 600

3. 企业间营运收入的核算

汽车运输企业经营联运业务和代理业务，从而产生与其他企业之间收入资金的划拨与结算。

【例 7-15】某汽车运输公司在与 A 企业所在两市 80 公里线上对开客运班车，根据本月份行车路单汇总计算，该汽车运输公司车辆在 A 企业区间运费收入计 40 000 元，A 企业车辆在该汽车运输公司区间运费收入计 30 000 元，该汽车运输公司与 A 企业客运收入差额 10 000 元，已由 A 企业扣除代理业务手续费（按 2% 计算）后汇付该汽车运输公司 9 800 元。

(1) 该汽车运输公司根据在 A 企业区间站点的运费收入，扣除代理业务手续费 800 元后，做如下会计分录：

借：应收账款——A 企业　　　　　　　　　　39 200
　　贷：主营业务收入——运输收入——客运收入　　39 200

根据 A 企业在该汽车运输公司区间站点（设属第一中心站）的运费收入，扣除代理业务手续费 600 元后，做如下会计分录：

借：应收内部单位款——第一中心站　　　　　30 000
　　贷：应付账款——A 企业　　　　　　　　　　29 400
　　　　主营业务收入——代理业务收入　　　　　　600

根据 A 企业汇付客运收入补差金额 9 800 元，做如下会计分录：

借：银行存款　　　　　　　　　　　　　　　9 800
　　应付账款——A 企业　　　　　　　　　　29 400
　　贷：应收账款——A 企业　　　　　　　　　39 200

(2) A 企业根据在该汽车运输公司区间站点的运费收入，扣除代理业务手续费 600 元后，做如下会计分录：

借：应收账款——某汽车运输公司　　　　　　29 400
　　贷：主营业务收入——运输收入——客运收入　　29 400

根据该汽车运输公司在 A 企业区间站点的运费收入，扣除代理业务手续费 800 元后，做如下会计分录：

借：应收内部单位款——××站　　　　　　　40 000
　　贷：应付账款——某汽车运输公司　　　　　　39 200

　　　　主营业务收入——代理业务收入　　　　　　　　　　800

　　根据汇付该汽车运输公司的运费收入补差金额为9 800元，做如下会计分录：
　　　　借：应付账款——某汽车运输公司　　　　　　　39 200
　　　　　　贷：应收账款——某公司　　　　　　　　　　　29 400
　　　　　　　　银行存款　　　　　　　　　　　　　　　　9 800

　　关于企业之间相互代理客货运业务的营业收入的相互结算，经过以上处理，企业取得的这部分客运收入和货运收入，应与自营运输业务收入合并，并于月终一并转入"本年利润"科目。

三、汽车运输企业营运成本的核算

（一）汽车运输企业营运成本的构成

　　汽车运输企业营运成本是指企业在营运生产过程中实际发生的与运输、装卸、堆存和代理业务等营运生产直接有关的支出。其主要包括运输成本、装卸成本、堆存成本等类别。运输成本是指企业完成一定客运和货运运输周转量所发生的各项营运费用。装卸成本是指企业完成一定装卸操作量所发生的各项营运费用。堆存成本是指企业经营仓库和堆存业务完成一定业务量所发生的各项营运费用。

　　由于汽车运输企业生产与销售同步，所以不区分生产成本和销售成本。根据汽车运输企业生产耗用的特点，汽车营运成本具体包括以下四个方面的基本内容。

　　1. 直接材料

　　直接材料是指汽车在营运生产过程中实际消耗的各种燃料、轮胎、材料、润料、低值易耗品、备品配件、热隔材料、专用工器具等支出。

　　2. 直接人工

　　直接人工是指企业直接从事营运生产活动人员的工资、奖金、津贴、福利费和补贴等。

　　3. 其他直接费用

　　其他直接费用是指企业在营运生产过程中发生的固定资产折旧费、修理费、行车杂费、车辆牌照和检验费、车辆清洗费、养路费、过路费、司机途中住宿费、保险费、差旅费、取暖费、办公费等支出。

　　4. 营运间接费用

　　营运间接费用是指基层单位组织与管理汽车营运所发生的车队经费和车站经费等支出。

（二）汽车运输企业营运成本核算会计账户的设置

1. "主营业务成本——运输支出"账户

"主营业务成本——运输支出"账户用来核算汽车运输企业经营旅客、货物运输业务所发生的各项费用支出。其借方登记运输业务所发生的各项费用，贷方金登记期末转入"本年利润"账户的本期运输支出的实际发生额。结转后，本账户一般无余额。本账户按运输工具类型或单车（船）设置明细账进行核算。

2. "主营业务成本——装卸支出"账户

"主营业务成本——装卸支出"账户用来核算交通运输企业经营装卸业务所发生的各项费用支出。其借方登记装卸支出的全部发生额，贷方登记月终转入"本年利润"账户的全部装卸支出。结转后，本账户一般无余额。该账户一般按专业区域或按货种和规定的成本项目设置明细账进行明细核算。

3. "主营业务成本——堆存支出"账户

"主营业务成本——堆存支出"账户用来核算企业经营仓库和堆存业务所发生的费用支出。其借方登记堆存支出的全部发生额，贷方登记月末转入"本年利润"账户的全部堆存支出。结转后本账户一般无余额。该账户按装卸作业区、仓库、堆存场地设置明细账，进行明细核算。

4. "主营业务成本——代理业务支出"账户

"主营业务成本——代理业务支出"账户用来核算企业经营各种代理业务所发生的各项费用。其借方登记各项代理业务发生的支出，包括工资、职工福利费、材料、低值易耗品摊销、折旧费、水电费、修理费、租赁费、差旅费、取暖费、劳动保护费等；贷方登记月末转入"本年利润"账户数额。结转后本账户无余额。

5. "辅助营运费用"账户

"辅助营运费用"账户核算企业辅助生产部门生产产品、提供劳务所发生的辅助生产费用，包括工资、福利费支出、燃料、折旧费用、劳动保护费及事故损失费。发生辅助营运费用时，借记本账户，贷记"应付职工薪酬"、"原材料"、"银行存款"等账户。月末，按照规定的分配标准由各项受益业务对象负担时，借记"主营业务成本——运输支出"、"主营业务成本——装卸支出"、"主营业务成本——堆存支出"、"其他业务成本"、"在建工程"等账户，贷记本账户。

6. "营运间接费用"账户

"营运间接费用"账户主要用来核算运输企业基层单位，如车队、车站为组织和管理营运过程所发生的费用。该账户借方核算运输企业发生的各种营运间接费用;贷方核算期末按一定标准结转至"主营业务成本——运输支出"、"主营业务成本——装卸支出"、"主营业务成本——堆存支出"等明细账户的数额。期末分配后该账户无余额。

7. "其他业务成本"账户

"其他业务成本"账户用来核算企业经营的不属于上述业务的其他主要业务所发生的费用。当企业发生不能直接记入上述不同成本项目(运输支出、装卸支出、堆存支出、代理业务支出)的费用时,借记本账户,贷记"原材料"、"银行存款"、"预付账款"等账户,期末将本账户余额转入"本年利润"账户,结转后本账户无余额。

(三)汽车运输企业营运成本的核算

1. 汽车运输企业运输成本的核算

(1) 直接材料的归集与分配。

① 燃料。

根据当月发料凭证汇总表、库存燃料消耗表编制"燃料消耗情况汇总表",并据以编制会计分录,分配燃料费用。

【例7-16】鸿运汽车运输公司2012年10月31日根据燃料领用凭证和车存燃料盘点表等编制"燃料耗用计算汇总表",成本差异率为1%,如表7-4所示。

表7-4   鸿运汽车运输公司燃料耗用计算汇总表
2012年10月31日

领用部门	月初存油(升)	本月领用(升)	月末存油(升)	本月耗用(升)	计划成本(元)	成本差异(元)
客车一队	15 500	13 500	13 000	16 000	48 000	480
客车二队	13 000	15 000	16 000	12 000	36 000	360
货车一队	17 000	19 000	14 000	22 000	66 000	660
货车二队	7 000	16 000	5 000	18 000	54 000	540
保养场	0	800	0	800	2 400	24
公司交通队	0	1 100	0	1 100	3 300	33
合计	52 500	65 400	48 000	69 900	209 700	2 097

根据表7-4,编制如下会计分录:

```
借：主营业务成本——运输支出——客车（燃料）      84 000
                              ——货车（燃料）     120 000
    生产成本——辅助营运费用                        2 400
    管理费用                                       3 300
    贷：原材料——燃料——车存                    204 000
                    ——库存                       5 700
```

同时，结转成本差异：

```
借：主营业务成本——运输支出——客车（燃料）         840
                              ——货车（燃料）      1 200
    生产成本——辅助营运费用                          24
    管理费用                                          33
    贷：材料成本差异——燃料                         2 097
```

② 轮胎。

营运车辆车装外胎，如果采用一次摊销法，则领用时直接计入成本；分期摊销时，则每月从"待摊费用"转入运输成本。如果采用按行驶里程计提轮胎费用的方法，则根据每月编制的"轮胎摊提费计算表"计入运输成本；发生翻新费用时直接计入成本。

内胎、垫带根据"材料发出凭证汇总表"中各分类成本领用的金额计入成本。发生轮胎零星修补费时，在外单位修理时，根据付款凭证计入成本；由本单位辅助生产部门修理的，根据"辅助营运费用分配表"中分配的各类成本的金额计入成本。

【例 7-17】 鸿运汽车运输公司 2012 年 9 月末编制"轮胎摊提费计算表"计算本月应计提的轮胎摊提费。其中，客车应计提轮胎摊提费 15 600 元，货车应计提轮胎摊提费 13 400 元，支付客车外胎翻新费 120 元，货车内胎修补费 50 元。

```
借：主营业务成本——运输支出——客车（轮胎）     15 600
                              ——货车（轮胎）     13 400
    贷：预提费用——轮胎预提费用                   29 000
借：主营业务成本——运输支出——客车（轮胎）        120
    贷：银行存款                                     120
借：主营业务成本——运输支出——货车（轮胎）         50
    贷：银行存款                                      50
```

（2）直接人工的归集与分配。

【例 7-18】 某汽车运输公司 2012 年 9 月的"工资总额分配表"见表 7-5。

表7-5　　　　　　　　　　　　工资总额分配表
2012年9月

借方科目		工资总额
运输支出	客车	20 520
	货车	27 360
辅助营运费用	修理车间	5 130
营运间接费用	车站	1 710
	车队	1 026
管理费用		684
合　　计		56 430

根据"工资总额分配表",做如下会计分录:
借:主营业务成本——运输支出——客车　　　　　　20 520
　　　　　　　　　　　　　　——货车　　　　　　27 360
　　主营业务成本——辅助营运费用——修理车间　　5 130
　　营运间接费用——车站　　　　　　　　　　　　1 710
　　　　　　　　——车队　　　　　　　　　　　　1 026
　　管理费用　　　　　　　　　　　　　　　　　　684
　贷:应付职工薪酬　　　　　　　　　　　　　　　56 430

(3) 其他直接费用的归集和分配。

① 养路费的分配。

汽车运输企业缴纳的养路费是由企业按客运收入的一定比例计算的。在客车、货车分别进行客、货运输的情况下,可直接按照客运、货运收入的一定比例分别计算养路费;如有客车带货或货车带客的情况,则需将客运、货运收入换算为客车、货车收入,从而将养路费分配计入各分类成本中。换算公式是:

客车收入 = 客运平均单位收入 × 客车旅客周转量 +
　　　　　 货运平均单位收入 × 客车货物周转量

货车收入 = 货运平均单位收入 × 货车货物周转量 +
　　　　　 客运平均单位收入 × 货车旅客周转量

支付养路费时,借记"主营业务成本——运输支出"、"管理费用"等账户,贷记"银行存款"账户。

② 折旧费用的分配。

根据固定资产折旧计算表编制"固定资产折旧费用分配表",然后据以分配计入各有关分类成本。

【例7-19】某汽车运输公司2012年9月的"折旧费用分配表"见表7-6。

表7-6　　　　　　　　　　　折旧费用分配表

2012年9月　　　　　　　　　　　　　　　　单位：元

借方科目		本月计提折旧					合计
总账	明细	客车	货车	非营运车	机器设备	建筑物	
运输支出	客车	15 000					15 000
	货车		30 000				30 000
营运间接费用	修理车间				3 000	1 500	4 500
	车站			2 000		1 000	3 000
	车队			1 000			1 000
管理费用				3 000		5 000	8 000
合　计		15 000	30 000	6 000	3 000	7 500	61 500

根据表7-6做会计分录如下：

借：主营业务成本——运输支出——客车（折旧费）　　15 000
　　　　　　　　　　　　　　——货车（折旧费）　　30 000
　　营运间接费用——修理车间　　　　　　　　　　　4 500
　　　　　　　　——车站　　　　　　　　　　　　　3 000
　　管理费用　　　　　　　　　　　　　　　　　　　8 000
　　贷：累计折旧　　　　　　　　　　　　　　　　　　　61 500

③ 保养修理费的归集与分配。

由保养场进行的保养主要是大修理所发生的费用，视为辅助生产费用，一般通过"辅助营运费用"账户进行归集和分配。营运车辆的大修理费一般采用预提法。预提大修理费时借记"主营业务成本——运输支出"账户，贷记"预提费用"账户。发生修理费时借记"预提费用"账户，贷记"辅助营运费用"账户。

【例7-20】新立汽车运输公司2012年8月大修理材料耗用情况如表7-7所示。

表7-7　　新立汽车运输公司修理材料耗用计划成本汇总表

2012年8月

领用部门	润料（元）	备品配件（元）	其他材料（元）	合计（元）
货车队（保修班）	8 000	2 400	1 600	12 000
客车队（保修班）	9 600	3 200	2 400	15 200
保养场	2 400	9 600	8 800	20 800
公司交通队	400		200	600
合　计	20 400	15 200	13 000	48 600

根据表7-7，做会计处理如下：

借：主营业务成本——运输支出——货车（保养修理费）　12 000

　　　　　　　　　　　　　　——客车（保养修理费）　15 200

　　辅助营运费用　　　　　　　　　　　　　　　　　　20 800

　　管理费用　　　　　　　　　　　　　　　　　　　　600

　　贷：原材料　　　　　　　　　　　　　　　　　　　　　48 600

若该公司材料成本差异率为2%，则做会计处理如下：

借：主营业务成本——运输支出——货车（保养修理费）　240

　　　　　　　　　　　　　　——客车（保养修理费）　304

　　辅助营运费用　　　　　　　　　　　　　　　　　　416

　　管理费用　　　　　　　　　　　　　　　　　　　　12

　　贷：材料成本差异　　　　　　　　　　　　　　　　　　972

④ 其他费用。

其他费用包括公路运输管理费、行车事故引起的救援善后费、车辆牌照和检验费、车船税、过桥费、过渡费、司机途中宿费等。这些费用在发生时可凭相关凭证直接计入各类运输成本，借记"主营业务成本——运输支出"、"管理费用"等账户，贷记"银行存款"账户。

(4) 营运间接费用的归集和分配。

汽车运输企业下属基层营运单位，包括车站、车场等组织和管理营运过程中所发生的不能直接计入成本计算对象的各种间接费用，一般通过"营运间接费用"账户进行核算。发生各项费用时：

借：营运间接费用——某车队（某车站）

　　贷：应付职工薪酬

　　　　银行存款

　　　　待摊费用

原材料
累计折旧等

【例7-21】某汽车运输公司2012年9月客车车队经费为36 000元,货车车队经费为31 000元;车站经费中客车应负担12 000元,货车应负担8 000元。

借:主营业务成本——运输支出——客车(站队经费)　　48 000
　　　　　　　　　　　　　　　——货车(站队经费)　　39 000
　　贷:营运间接费用——客车队　　　　　　　　　　　36 000
　　　　　　　　　　——货车队　　　　　　　　　　　31 000
　　　　　　　　　　——车站　　　　　　　　　　　　20 000

2. 汽车运输企业装卸成本的核算

汽车运输企业的装卸成本一般实行企业和装卸队两级核算,装卸队计算其装卸成本,企业汇总计算各装卸队总的成本。装卸成本的计算对象是机械装卸和人工装卸,计算单位为"元/千操作吨"。装卸成本通过"主营业务成本——装卸支出"账户进行归集与分配,该账户一般按成本计算对象设置明细账户。汽车运输企业的装卸成本一般分成四大类。

(1) 直接材料。主要是指装卸机械耗用的燃料和动力、轮胎等。

(2) 直接人工。指支付给装卸机械司机、助手和装卸工人的工资、职工福利费等。

(3) 其他直接费用。主要指装卸机械保养修理费、折旧费及与装卸业务直接有关的工具费、劳动保护费、事故损失等。

(4) 营运间接费用。营运间接费用指各装卸队为组织与管理装卸业务而发生的管理费用和业务费用。

【例7-22】某运输公司装卸队2012年9月发生工资如下:机械装卸队司机及助手29 000元,保修工人6 000元,人工装卸队48 000元,保修工人2 000元,管理人员9 000元。会计处理如下:

借:主营业务成本——装卸支出——机械(直接人工)　　29 000
　　　　　　　　　　　　　　——机械(保养修理费)　　6 000
　　　　　　　　　　　　　　——人工(直接人工)　　　48 000
　　　　　　　　　　　　　　——人工(保养修理费)　　2 000
　　营运间接费用——装卸　　　　　　　　　　　　　　9 000
　　贷:应付职工薪酬　　　　　　　　　　　　　　　　94 000

该机械装卸队送保养场零星修补轮胎,分配修补费用260元,会计分录如下:

借:主营业务成本——装卸支出——机械(轮胎)　　　　260
　　贷:辅助营运费用　　　　　　　　　　　　　　　　260

该机械装卸队委托外单位翻新轮胎,支付翻新费用 1 000 元,会计分录如下:

借:主营业务成本——装卸支出——机械(轮胎)　　　　1 000
　　贷:银行存款　　　　　　　　　　　　　　　　　　　　1 000

3. 汽车运输企业堆存成本的核算

汽车运输企业堆存成本是指企业从事仓库和堆场业务所发生的费用。在"主营业务成本——堆存成本"二级账户下按"仓库"或"堆场"设置明细账户,分别以"仓库"或"堆场"为成本计算对象归集堆存业务发生的各项费用。成本计算单位为"千堆存吨"或"千堆存吨天"。

堆存成本分为直接费用和间接费用。堆存直接费用指仓库、堆场因营运堆存保管业务而发生的直接费用,包括工资及福利费、材料费、堆存工具摊销、动力及照明费、折旧费、修理费、劳动保护费、事故损失、其他费用等。堆存间接费指堆存仓库、堆场发生的不能直接计入堆存成本的费用。如堆存仓库、堆场的管理人员的工资及福利费、办公用品费、水电费等。发生时计入"营运间接费用",月末分配计入各堆存成本计算对象。

发生费用时会计分录如下:

借:主营业务成本——堆存成本——某仓库或堆场
　　贷:应付职工薪酬
　　　　银行存款
　　　　营运间接费用

第三节　铁路运输企业会计核算

一、铁路运输企业会计特点

由于我国铁路运输企业的经营管理具有一定的特殊性,从而使得其会计核算也具有自身的特点,具体主要表现在以下几方面。

(一)实行分级核算

我国铁路运输企业的运输业务是在铁道部的统一领导下,由各个铁路局及其下属的各个铁路分局共同配合完成的。在会计核算上,铁路运输企业实行铁路局、铁路分局、基层站段分级核算,由铁路局掌管全局的资金,根据铁道部批准的生产计划,组织生产、计算运输收入、确定经营成果;铁路分局和基层单位属于铁路运输企业内部的经济核算单位,对铁路企业的经济活动进行局部的、独立的核算，按计划核收铁路局划拨的运营资金，正确核算本单位的运输支出，并计算应取得的运输清算收入。

（二）上下级往来业务较多

铁路运输企业的分级核算方式决定了上下级单位之间的往来业务较多，主要包括：投资资金转拨业务、运营资金清算拨款业务、运输收入结算业务、利润解缴业务。

（三）铁路运输收入进款单独进行会计核算

铁路运输收入进款是指在铁路沿线各个点上实现的，由车站的各收款点收取的，以车站（段）为单位按有关规定通过银行向铁路分局、铁路局逐级解缴的客货运输收入。对于运输收入进款，铁路局及其所属分局、车站（段）要在银行开立存款专户，进行专门核算和存储，逐级上缴到铁道部，然后由铁道部按照规定的方法重新分配到各铁路分局。

在会计核算中，对铁路运输收入进款进行独立核算、设置专门会计科目和账户、单独编制会计报表。

二、铁路运输收入进款的核算

（一）铁路运输收入进款概述

铁路运输收入进款是指铁路运输企业所属各营业站、列车段在办理客货运输中，收取的各种运输收入。铁路运输收入进款在铁路沿线各个点上集中后按有关规定通过银行向铁路分局、铁路局逐级上缴，最后由铁道部集中后重新按规定分配使用。

1. 铁路运输收入进款的内容

铁路运输收入进款主要包括运输收入、铁路建设基金和代收款。

（1）运输收入。

运输收入是指铁路运输企业在进行客货运输工作过程中，按规定向旅客、托运人或收货人核收的票价、运费、杂费等款项。按运送对象的不同，运输收入分为货物运费收入、旅客票价收入、行李运输收入、包裹运输收入、邮运运费收入、保价收入、客货运服务收入、其他收入等。

（2）铁路建设基金。

铁路建设基金是指铁路运输企业在办理货物运输业务过程中，使用铁路运输票据，按规定向托运人、收货人核收的经国家批准征收的款项。建设基金包括按规定货物品类核收的建设基金和按全部货物品类核收的建设基金两类。

(3) 代收款。

代收款是指铁路运输企业在办理旅客、货物运输业务和辅助作业中，使用铁路运输票据或其他专用票据，按规定向旅客、托运人、收货人核收的费用。它主要包括路外装卸费、路内装卸费、国际联运外国铁路运费、水路联运水运段运杂费、无主货物、货底、遗失品变价收入以及经铁道部批准的其他代收款等。

2. 铁路运输收入进款的管理

目前，我国铁路运输收入进款管理办法要求各营业站、列车段、铁路分局、铁路局单独核算，按时逐级上缴，并分别在中国人民银行开设专户，办理运输收入存款和结算业务。

车站核收的运输收入进款，应由专人负责，对当日收进的各种款项当日结清，同时将进款的收、存登记运输收入进款日记账，并在次日将进款全部送存银行，按规定日期汇缴铁路分局；铁路分局收到各车站的进款，除路内装卸费等代收款拨付有关单位外，其余款项全部汇缴铁路局；铁路局除收到铁路分局汇缴的运输收入进款以外，还会收到后付运费和运营单位归还的垫款，这些款项按规定日期汇缴铁道部。

铁路运输收入进款属于直接上缴铁道部的专用资金，一般情况下，各级部门不能随意动支。

（二）铁路运输收入进款核算会计账户的设置

1. "应缴运输收入"账户

"应缴运输收入"账户核算铁路局和铁路分局应缴的运输收入，包括旅客票价收入、行李运费收入、包裹运费收入、邮运运费收入、货物运费收入、客货运服务收入、旅游车票价上浮收入等。

2. "车站在途"账户

"车站在途"账户核算车站已收未存进款、暂存车站的进款和汇缴上级的途中款。

3. "应收运营款"账户

"应收运营款"账户是核算铁路局和铁路分局应收营运部门的各种款项，包括后付运费、路外人员伤亡费、超过180天未收回的少收款等。

4. "运输进款"账户

"运输进款"账户核算铁路分局应收和已收的运输收入进款。

5. "下级欠缴运输进款"账户

"下级欠缴运输进款"账户核算铁路分局欠铁路局、铁路局欠铁道部的进款，该科目一般由铁路局和铁道部使用。

6. "应付运营款"账户

"应付运营款"账户核算铁路局和铁路分局应付运营单位的运营款项,包括路内装卸费、路外装卸费、运营临管线收入、利息收入等。

7. "应缴铁路建设基金"账户

"应缴铁路建设基金"账户核算铁路局和铁路分局应缴的铁路建设基金。

8. "应缴外汇结汇损益"账户

"应缴外汇结汇损益"账户核算铁路局和铁路分局应缴的外币汇兑损益。

9. "应缴保价收入"账户

"应缴保价收入"账户核算铁路局和铁路分局应缴的保价费收入。

10. "欠缴上级运输进款"账户

"欠缴上级运输进款"账户核算铁路局和铁路分局欠缴上级的进款。

11. "已缴运输进款"账户

"已缴运输进款"账户核算铁路局和铁路分局向上级缴纳的进款。

12. "应付账款"账户

"应付账款"账户核算铁路局和铁路分局应退或应付外单位(不包括运营单位)的运杂费或进款,包括应付的各种多收款、国际联运清算款、水运运杂费、代收外局款等。

13. "应收账款"账户

"应收账款"账户核算铁路局和铁路分局应收外单位(不包括运营单位)的各种票款和运杂费,包括应收的各种少收款、运杂费、邮运运费、军运后付运费、国际联运清算款、水运运杂费、外局代收款等。

14. "其他应收款"账户

"其他应收款"账户核算铁路局和铁路分局应收账款和应收运营款以外的款项。

15. "其他货币资金"账户

"其他货币资金"账户核算铁路局和铁路分局向上级汇缴的途中款。

(三) 铁路运输收入进款的核算

铁路运输收入进款的核算包括站段运输收入进款的核算、铁路分局运输收入进款的核算、铁路局运输收入进款的核算。

1. 站段运输收入进款的核算

站段运输收入进款在整个铁路运输收入进款中占有很大的比重,为了保证运输收入进款的完整、准确和及时上缴,站段应配备专职的进款人员负责进款的管理,首先站段在银行开立运输收入进款的专门账户,办理运输收入的存入与解缴。每天按规定的时间做好运输收入进款的结账工作,并于次日将进款全部送存银行。站段在运输收入进款的核算中,应设置"运输收入进款日记账"和"运输收入银行进款存款明细账",用以反映运输收入进款和送存银行的情况,同时也便于与铁路分局进行账目核对。

2. 铁路分局运输收入进款的核算

铁路分局应在审核车站运输收入进款收支报告的基础上,定期汇总编制铁路分局的"运输收入进款总表",以反映应收、应付、应缴等结算情况,并据以编制相关的会计分录,进而登记有关账簿。下面举例说明铁路分局运输收入进款的会计核算。

【例7-23】2012年×月×日,某铁路分局收到车站汇缴的运输收入进款35 000元。会计分录为:

借:银行存款　　　　　　　　　　　　　　　　35 000
　　贷:车站在途——汇缴途中款　　　　　　　　　　35 000

【例7-24】2012年×月×日,某铁路分局上缴运输收入进款32 000元。会计分录为:

借:已缴运输进款——上缴运输进款　　　　　　32 000
　　贷:银行存款　　　　　　　　　　　　　　　　32 000

【例7-25】2012年×月×日,某铁路分局以运输收入银行存款支付路外装卸费160 000元、路内整车装卸费150 000元。会计分录为:

借:应付运营款——路外装卸费　　　　　　　160 000
　　　　　　　——路内装卸费　　　　　　　150 000
　　贷:银行存款　　　　　　　　　　　　　　　310 000

【例7-26】2012年×月×日,某铁路分局收到车站向旅客收取的行李保价费55 600元。会计分录为:

借:银行存款　　　　　　　　　　　　　　　　55 600
　　贷:应缴保价收入——行李保价收入　　　　　　55 600

【例7-27】2012年×月×日,某铁路分局以运输收入银行存款支付港务局水路联运运费100 000元。会计分录为:

借:应付账款——应付水运运杂费　　　　　　100 000
　　贷:银行存款　　　　　　　　　　　　　　　100 000

【例7-28】2012年×月×日,某铁路分局接银行通知收到港务局水路联运运费50 000元。会计分录为:

借:银行存款　　　　　　　　　　　　　　　　50 000
　　贷:应收账款——应收水运运杂费　　　　　　50 000

【例7-29】某铁路分局2012年×月运输收入总表如表7-8所示。

表 7-8　　　　　　　　某铁路分局运输收入进款总表

2012 年 × 月　　　　　　　　　　　　　　　　　　单位：万元

收方		支方	
项　目	金　额	项　目	金　额
客运收入	42	退客票款	9
货运收入	60	其他退款	6
行李运输收入	5	机煤支出（路内记账）	4
邮运收入	10	货主欠款	9.5
其他收入	2	路外伤亡垫款	5.5
客货运服务收入	4	职工责任赔款	5
路外装卸费	6	防灾品记账	4
路内装卸费	3.5	车站途中款	105
收回少缴款	3	退多收款	2
收回货主欠款	2.5		
收回垫支款	5.5		
多收款	2.5		
运营临管线收入	4		
合　计	150	合　计	150

根据表 7-8，该铁路分局应编制如下相关的会计分录：

运输收入进款总表的收方反映一定时期内铁路分局各种来源的进款。其中收回垫支款和少缴款记入"其他应收款——垫款"账户；收回货主欠款记入"应收账款——货主欠款"账户；多收款记入"应付账款——多收款"账户；路内、路外装卸费记入"应付运营款"账户；客运收入、货运收入等运营收入均记入"应缴运输收入"账户。

相关会计分录如下：

借：运输进款　　　　　　　　　　　　　　　　　1 500 000
　　贷：应缴运输收入——客运收入　　　　　　　　420 000
　　　　　　　　　　——货运收入　　　　　　　　600 000
　　　　　　　　　　——行李运输收入　　　　　　 50 000
　　　　　　　　　　——邮运收入　　　　　　　　100 000
　　　　　　　　　　——其他收入　　　　　　　　 20 000
　　　　　　　　　　——客货运服务收入　　　　　 40 000
　　　　其他应收款——垫支款　　　　　　　　　　 55 000
　　　　　　　　　——少缴款　　　　　　　　　　 30 000

应付运营款——路内装卸费　　　　　　　　　　　　　　35 000
　　　　　　——路外装卸费　　　　　　　　　　　　　　60 000
　　　　　　——运营临管线收入　　　　　　　　　　　　40 000
　　应收账款——货主欠款　　　　　　　　　　　　　　　25 000
　　应付账款——多收款　　　　　　　　　　　　　　　　25 000

运输收入进款总表的支方项目反映当期进款的存在和占用形态。其中退票款、其他退款等退还旅客、货主的款项应冲减"应缴运输收入"账户；路外伤亡垫款、防灾品记账费用、职工责任赔款、机煤支出（路内记账）等应由运营部门统一结算的款项应该记入"应收运营款"账户；货主欠款、少收的运输款记入"应收账款"账户；退多收款记入"应付账款"账户；编表时尚未进入铁路分局的运输收入专户的运输收入进款一般可能尚未存储、在车站的存款户中或汇缴途中，应记入"车站在途"账户。

相关会计分录如下：

　借：应缴运输收入——客运收入　　　　　　　　　　　　90 000
　　　　　　　　　——其他收入　　　　　　　　　　　　60 000
　　　应付账款——退多收款　　　　　　　　　　　　　　20 000
　　　车站在途　　　　　　　　　　　　　　　　　　1 050 000
　　　应收运营款——防灾品记账费用　　　　　　　　　　40 000
　　　　　　　——路外伤亡垫款　　　　　　　　　　　　55 000
　　　　　　　——职工责任赔款　　　　　　　　　　　　50 000
　　　　　　　——机煤支出（路内记账）　　　　　　　　40 000
　　　应收账款——货主欠款　　　　　　　　　　　　　　95 000
　　　贷：运输进款　　　　　　　　　　　　　　　　1 500 000

【例7-30】2012年年终，某铁路分局"应缴运输收入"账户余额9 700 000元，"已缴运输收入进款"账户余额9 560 000元，做会计分录如下：

　借：应缴运输收入　　　　　　　　　　　　　　　9 700 000
　　　贷：欠缴上级运输进款　　　　　　　　　　　9 700 000
　同时，
　借：欠缴上级运输进款　　　　　　　　　　　　　9 560 000
　　　贷：已缴运输收入进款　　　　　　　　　　　9 560 000

从以上的业务举例可以看出，铁路分局运输收入进款的日常会计核算主要是关于进款的取得与上缴，以及相关往来款项的确认与收付的核算，年终要将"应缴运输收入"账户与"已缴运输收入进款"账户结转到"欠缴上级运输进款"账户，以确定"欠缴上级运输进款"账户的余额。

3. 铁路局运输收入进款的核算

铁路局运输收入进款的核算主要包括通过审核下属铁路分局上报的各类会计报表和收入总表，全面掌握下属各铁路分局应缴运输收入进款、已缴运输收入进款和运输收入在途款，从而确定"欠缴上级运输进款"余额；办理各种往来结算，随时核对银行收款回单，及时清理往来项目，按照有关规定向铁道部解缴运输收入进款。

【例7-31】2012年10月末，某铁路局收到甲、乙铁路分局通知，其运输收入进款分别为6 500 000元和6 800 000元，已经通过银行汇出，款项未到。会计分录为：

借：其他货币资金——汇缴途中款（甲分局） 6 500 000
　　　　　　　　——汇缴途中款（乙分局） 6 800 000
　　贷：应缴运输收入 13 300 000

【例7-32】接【例7-31】，2012年11月5日，某铁路局收到银行通知，收到甲铁路分局运输收入进款6 500 000元，乙铁路分局运输收入进款6 800 000元。会计分录为：

借：银行存款 13 300 000
　　贷：其他货币资金——汇缴途中款（甲分局） 6 500 000
　　　　　　　　　　——汇缴途中款（乙分局） 6 800 000

【例7-33】某铁路局接银行通知收到后付单位邮运运费250 000元，其中邮运运费80 000元，水运运费40 000元，军运运费130 000元。会计分录为：

借：银行存款 250 000
　　贷：应收账款——应收邮运运费 80 000
　　　　　　　　——应收水运运费 40 000
　　　　　　　　——应收军运运费 130 000

【例7-34】2012年11月6日，某铁路局以银行存款上缴铁道部运输收入进款13 300 000元。会计分录为：

借：已缴运输进款 13 300 000
　　贷：银行存款 13 300 000

【例7-35】2012年10月某铁路局甲、乙铁路分局报送的运输收入进款总表如表7-9所示，编制相关会计分录。

表 7-9　　　　　　　铁路分局运输收入进款总表　　　　　　　单位：万元

项　目	甲铁路分局	乙铁路分局
应缴运输收入进款总额	750	760
其中：旅客票价收入	250	280
货物运输收入	380	390
行李运输收入	35	28
其他收入	65	55
客货运服务收入	20	7
已缴运输收入进款	650	680
欠缴运输收入进款	100	80

根据表 7-9，甲铁路分局欠缴运输进款的会计分录为：
借：下级欠缴运输进款——甲分局　　　　　　　　7 500 000
　　贷：应缴运输收入——旅客票价收入　　　　　　2 500 000
　　　　　　　　　　——货物运输收入　　　　　　3 800 000
　　　　　　　　　　——行李运输收入　　　　　　　 350 000
　　　　　　　　　　——其他收入　　　　　　　　　 650 000
　　　　　　　　　　——客货运服务收入　　　　　　 200 000
乙铁路分局欠缴运输进款的会计分录：
借：下级欠缴运输进款——乙分局　　　　　　　　7 600 000
　　贷：应缴运输收入——旅客票价收入　　　　　　2 800 000
　　　　　　　　　　——货物运输收入　　　　　　3 900 000
　　　　　　　　　　——行李运输收入　　　　　　　 280 000
　　　　　　　　　　——其他收入　　　　　　　　　 550 000
　　　　　　　　　　——客货运服务收入　　　　　　　70 000
甲、乙铁路分局汇缴运输进款的会计分录：
借：其他货币资金——汇缴途中款（甲分局）　　　7 500 000
　　　　　　　　——汇缴途中款（乙分局）　　　7 600 000
　　贷：下级欠缴运输进款——甲分局　　　　　　7 500 000
　　　　　　　　　　　　——乙分局　　　　　　7 600 000

【例 7-36】某铁路局 2012 年 ×月的运输收入进款总表如表 7-10 所示，编制相关会计分录。

表 7-10 某铁路局运输收入进款总表

2012 年 × 月   单位:万元

收方		支方	
项目	金额	项目	金额
客运收入	650	报部集中结算款	1 700
货运收入	2 150	应收专运进款	250
行李运输收入	290	应收邮运进款	560
邮运收入	560	应收旅游局进款	400
其他收入	90	应收外局款	150
应付代收外局款	80	应收国外铁路局运费	80
应付国外铁路运费	40	应收军运后付运费	720
合计	3 860	合计	3 860

根据运输收入进款总表(见表 7-10)的收方编制如下会计分录:

借:运输进款　　　　　　　　　　　　　　　　38 600 000
　　贷:应缴运输收入——客运收入　　　　　　　6 500 000
　　　　　　　　　　——货运收入　　　　　　21 500 000
　　　　　　　　　　——行李运输收入　　　　 2 900 000
　　　　　　　　　　——邮运收入　　　　　　 5 600 000
　　　　　　　　　　——其他收入　　　　　　　 900 000
　　　　应付账款——应付外局款　　　　　　　　 800 000
　　　　　　　　——应付国际联运清算款　　　　 400 000

根据运输收入进款总表的支方编制如下会计分录:

借:应收账款——应收邮运进款　　　　　　　　 5 600 000
　　　　　　——应收外局款　　　　　　　　　 1 500 000
　　　　　　——应收国际联运清算款　　　　　　 800 000
　　　　　　——应收军运后付运费　　　　　　 7 200 000
　　　　　　——其他　　　　　　　　　　　　 6 500 000
　　已缴运输进款——报部集中结算款　　　　　17 000 000
　　贷:运输进款　　　　　　　　　　　　　　38 600 000

【例 7-37】年终,某铁路局"应缴运输收入"账户余额 46 000 000 元,"已缴运输进款"账户余额 35 000 000 元,做会计分录如下:

借:应缴运输收入　　　　　　　　　　　　　　46 000 000
　　贷:欠缴上级运输进款　　　　　　　　　　46 000 000

同时,

借:欠缴上级运输进款　　　　　　　　　　　　35 000 000
　　贷:已缴运输进款　　　　　　　　　　　　35 000 000

三、铁路运输收入的核算

（一）铁路运输收入的特征

铁路运输收入包括客货运输收入、运输收入进款和运输清算收入。按照我国铁路运输收入管理规程，铁路运输企业对旅客票价和货物运杂费采用发站核算制，运输收入进款单独运转，首先自下而上，逐级上缴；然后再自上而下，层层划拨，在所有参与运输生产的部门之间进行分配，参与运输业务的企业经分配后取得的收入才是企业当期实现的运输收入。铁路各级运输收入部门将运输进款逐级解缴到铁道部后，铁道部按规定的清算办法将取得的全部运输收入在各铁路局之间进行分配的过程，称为运输工作结算。各级铁路部门通过运输工作结算而取得的收入称为运输清算收入，即一般工商业所称的营业收入，在运输企业称为运输收入。

客货运输收入、运输收入进款和运输清算收入三个概念之间存在密切的联系。客货运输收入即运输产品的销售收入，是运输企业营业收入的原生概念，而运输收入进款和运输清算收入则是派生概念，没有客货运输收入，就没有运输收入进款，更没有运输清算收入。从本质上看，三个概念都指运输收入，运输收入进款只是一种过渡形态的资金，而运输清算收入才是运输企业取得的真正收入。

（二）铁路运输收入核算会计账户的设置

铁路运输收入应分别在铁路局、铁路分局和基层站段等不同主体间进行核算。在核算时涉及的会计账户主要有"运输收入"、"铁路建设基金"、"完成工作清算"、"上下级往来"、"运输收入往来"等账户。

1. "运输收入"账户

"运输收入"账户用于核算铁路局按规定方法分配取得的运输收入。该账户贷方登记铁路局向铁道部清算应得的运输清算收入，借记登记期末结转"本年利润"的数额，结转后本账户无余额。该账户一般下设"铁路运输收入"、"铁路建设基金收入"两个明细账户。

2. "铁路建设基金"账户

"铁路建设基金"账户用于核算铁路系统按规定随运费收到的铁路建设基金。日常随运费收到铁路建设基金时，先登记在"运输收入——铁路建设基金"账户中，月末结转到"铁路建设基金"账户中，年末再结转到"实收资本"账户中。

3. "完成工作清算"账户

"完成工作清算"账户用于核算企业内部营运单位上下级之间对完成运输工作进行的内部清算，属于损益类账户，上级单位使用本科目时，借方登记上级单位拨付所属单位的清算款，贷方登记期末结转"本年利润"的数额。下级单位使用本账户时，贷方登记按规定的清算方法向上级单位清算的完成运输工作款，借方登记期末结转"本年利润"科目的数额。结转后，本账户无余额。

4. "上下级往来"账户

"上下级往来"账户用于核算铁路运输系统上下级之间的往来款项，包括预拨的运营款、燃料、线上料等垫付款，完成运输工作清算款，营业外支出清算款，上缴上级的款项等。该账户借方登记应收的往来款和偿还的应付款；贷方登记应付的往来款和收到的应收款。

5. "运输收入往来"账户

"运输收入往来"账户用于核算铁道部及铁路局之间有关运输收入以及铁路局对铁道部抵拨款项的往来业务。该账户借方登记铁道部应收铁路局的运输收入以及铁路局将铁道部抵拨款项转为投资的金额，贷方登记铁道部收到铁路局上缴的运输收入以及铁路局收到的铁道部委托进款部门抵拨回来的款项。

(三) 铁路运输收入核算

铁路运输收入核算包括铁路局运输收入的核算、铁路分局运输收入的核算、基层运营单位运输收入的核算。

1. 铁路局运输收入的核算

铁路局将每月应得的运输清算收入用通知书上报到铁道部财务司时，借记"上下级往来——铁道部"科目，贷记"运输收入"科目；将所属铁路分局完成运输工作结算的运输清算收入作为本局的运输支出入账时，借记"完成工作清算"科目，贷记"上下级往来——铁路分局"科目；将运输收入减去对铁路分局的运输清算支出后，按规定计提营业税时，借记"营业税金及附加"科目，贷记"应交税金"科目；期末，结转运输收入及支出时，借记"运输收入"科目，贷记"本年利润"科目，或者借记"本年利润"科目，贷记"完成工作清算"、"营业税金及附加"等科目。

2. 铁路分局运输收入的核算

铁路分局按规定的清算方法向铁路局清算完成工作应得的运输清算收入时，借记"上下级往来——铁路局"科目，贷记"完成工作清算"科目；对所属基层运营单位按规定清算时，借记"完成工作清算"科目，贷记"上下级往来——基层单位"科目；计提应缴纳的营业税时，借记"营业税金及附加"科目，贷记"应交税金"科目；结转本年利润时，借记"本年利润"科目，贷记"完成工作清算"科目，借记"本年利润"科目，贷记"营业税金及附加"科目。

3. 基层运营单位运输收入的核算

基层运营单位取得清算收入时，借记"上下级往来——铁路分局"科目，贷记"完成工作清算"科目。结转本年利润时，借记"完成工作清算"科目，贷记"本年利润"科目。

【例7-38】某铁路局2012年×月完成运输工作应得清算收入8 000万元,已上报到铁道部会计司。该铁路局同时与所属分局清算了完成工作款,分局应得清算收入5 000万元,分局也与其基层单位完成运输工作的清算,基层单位应得清算收入3 000万元。有关会计分录如下:

(1) 铁路局:

借:上下级往来——铁道部	80 000 000
贷:运输收入	80 000 000
借:完成工作清算	50 000 000
贷:上下级往来——铁路分局	50 000 000

(2) 铁路分局:

借:上下级往来——铁路局	50 000 000
贷:完成工作清算	50 000 000
借:完成工作清算	30 000 000
贷:上下级往来——基层单位	30 000 000

(3) 基层单位:

借:上下级往来——铁路分局	30 000 000
贷:完成工作清算	30 000 000

【例7-39】2012年×月末,某铁路局将运输收入中的铁路建设基金25万元转为国家对铁路部门的建设基金。会计分录为:

借:运输收入——铁路建设基金	250 000
贷:铁路建设基金	250 000

【例7-40】2012年10月某铁路局按本月运输支出计划,在运输进款中获得铁道部批准的抵拨款10 000万元。会计分录为:

借:银行存款	100 000 000
贷:运输收入往来——铁道部	100 000 000

【例7-41】接【例7-40】,2012年10月末,某铁路局将本月已收到的抵拨款转到铁道部往来账户。会计分录为:

借:运输收入往来——铁道部	100 000 000
贷:上下级往来——铁道部	100 000 000

四、铁路运输成本的核算

铁路运输企业在营运过程中发生的各种成本费用,主要包括运输成本、管理费用和财务费用。其中管理费用和财务费用与一般企业没什么差别,但运输成本的特点比较突出，这里主要介绍运输成本。

（一）铁路运输成本核算特点

（1）铁路运输企业的主要业务是使旅客和货物发生位移，因此，成本核算对象一般按运输的种类设置，如客运成本、货运成本等。

（2）铁路运输企业成本耗费的多少主要取决于运输距离的长短。

（3）铁路运输的成本核算也实行分级核算制。各基层单位分别核算与自身业务相关的成本，最后逐级汇总到铁路分局和铁路局。

（4）铁路运输企业的成本计算单位为周转量，分为换算吨公里、人公里和吨公里三个基本单位。

（二）铁路运输成本项目的构成

铁路运输成本是铁路运输企业营运生产过程中实际发生的与运输、装卸和其他业务等营运生产直接相关的各项支出。主要包括直接消耗的材料费用、人工费用、间接支出费用三部分。

1. 直接消耗的材料费用

直接消耗的材料费用是指铁路运输企业在营运过程中实际消耗的各种燃料、材料、润料、备品备件、动力照明和低值易耗品等直接支出的材料费用。

2. 人工费用

人工费用是指企业直接从事营运生产活动人员的工资、福利费、奖金、津贴和补贴等直接支出的人工费用。

3. 间接支出费用

间接支出费用是指铁路运输企业在营运生产中发生的不能直接计入运输成本的支出。其包括固定资产折旧费、修理费、租赁费、铁路线路灾害防治费、铁路线路绿化费、铁路护路护桥费、乘客紧急救护费、集装箱费用、车辆清洗费、车辆冬季预热费、养路费等间接支出的费用。

（三）铁路运输成本的计算方法

首先，由于运输时空间位移，不能以旅客人数和货物吨数为单位来计算成本，而只能采用复合单位如旅客人公里，货物吨公里作为成本计算的产品单位。其次，运输成本中的间接费用较大。由于铁路运输生产设备中的固定性设备为客货运输所共用，这些设备的运输维修支出和折旧支出在成本计算时都应该采用适当的方法进行分配。再次，直接运输跨局进行，在成本计算时，有些费用要在相关铁路局之间进行分配。最后，铁路运输生产费用按分级核算制要求，分散在基层运营站段、铁路分局和铁路局进行核算，而运输产品成本计算主要在铁路局和铁路分局进行，因此，铁路运输企业成本计算应通过编制"成本计算表"才能进行。

铁路运输企业通常要计算铁路运输的总成本、单位成本、专项成本、作业成本和分线运输成本。其中总成本指全局、铁路局、铁路分局为完成客货运输生产任务而发生的运输总支出；单位成本指单位运输产品应负担的运输总成本；专项成本指铁路运输企业承运不同等级、不同席别的旅客和不同运输方式、不同种类的货物而分别计算的运输成本；作业成本指铁路运输企业为完成某项目具体生产作业而应负担的运输支出；分线运输成本指根据某一铁路线路进行客货运输生产所发生的客货运输支出和所完成的客货周转量而计算的各种运输成本。

（四）铁路运输成本的核算

为了核算运输企业在运输生产过程中发生的实际成本，应设置"运输支出"账户，该账户为损益类账户，借方登记运输支出的实际发生数，包括与营运生产直接相关的各项支出；贷方登记期末结转数；期末结转后该账户无余额。当发生与营运生产直接相关的各项支出时，借记"运输支出"账户，贷记"原材料"、"应付职工薪酬"、"累计折旧"、"银行存款"等账户。期末结转时，借记"本年利润"账户，贷记"运输支出"账户。

第四节　航空公司的会计核算

一、航空公司会计的特点

航空公司经营过程的特点决定了航空公司会计核算的特点。航空公司会计核算与一般工商企业相比具有以下特点：

（1）不需要组织在产品和产成品的核算。由于航空公司不生产物质产品，其产品是运输周转量吨公里、飞行小时及所提供的劳务，它们不能储存，而且在生产过程中于生产的同时就被运输对象所消耗，因而没有在产品，也就不存在在产品的核算。由于运输产品（运输周转量吨公里、飞行小时、换算吞吐量）不是物质产品，不能储存，因而没有产成品，所以也就不存在产成品的核算。

（2）不以销售票证的票款作为营业收入，而以飞机实际完成承运票证所列金额为营业收入。航空公司之间存在大量的联运业务，所有票证在销售环节都只能先确认为负债，再根据实际的承运情况，通过国际航空业流行的双边或多边清算办法，在承运的航空公司之间进行分配。

（3）成本计算是将运输生产费用汇集到机型、任务、航线而形成的，于是产生了运输成本与通用航空成本、机型成本、任务成本、航线成本等特有的成本核算方法。

(4) 由于国内、国际航空运输生产和通用航空作业需要各地区、各部门及国外同行业共同协作完成，因此航空公司存在大量的国内、国际结算工作。

二、航空公司营业收入的核算

(一) 航空公司收入的种类

1. 主营业务收入

航空公司的主营业务收入是公司承运旅客、货物、邮件、逾重行李和执行专包机等日常生产经营活动中所产生的收入。根据收入来源的类型，航空公司的主营业务收入通常划分为运输收入、通用航空收入、代理售票手续费收入、代理退票手续费收入等。

(1) 航空运输收入。

航空运输收入是指航空公司的飞机在国际、国内航线上承运客货、邮件、行李和执行包机任务，按照规定的运价或国际航空业之间的协议价格或国际民航组织发布的运价应得的业务收入。航空运输收入分为国际航线运输收入（包括国际航线国内段飞行收入）和国内航线收入（不包括国际航线国内段飞行收入）。航空运输收入可能来自本公司自行销售票证、自行承运所得，也可能来自于不同航空公司之间的联合运输分摊所得。

(2) 通用航空业务收入。

通用航空业务收入是指航空公司的飞机完成专业飞行任务按照规定计算应得的业务收入。它包括：工业航空收入，指航空摄影收入、磁力仪器测矿收入、吊挂飞行作业收入等；农业飞行收入，指利用飞机在空中喷洒化学药品，为农业消灭病虫害、施肥、除草等农业飞行取得的收入；林业飞行收入，指为防止火灾而利用飞机在林业上空进行巡逻飞行或空中播撒树种、灭虫害等林业飞行取得的收入；其他收入，指进行人工降雨、救灾、拍电影等取得的收入。

(3) 代理售票手续费收入。

代理手续费收入是指航空公司为本公司以外的其他航空运输企业提供客货销售、代办退票等服务所取得的代理手续费收入。

为进一步明确航空公司营业收入的地域来源和区分不同的运输类型，上述各项收入还可以进一步划分。按照收入的地域来源分类，航空公司的主营业务收入主要包括：国内、国际及地区航线收入；按照运输类型分类，航空公司的主营业务收入主要包括：旅客、货物、邮件、专机、包机、逾重行李等收入。

2. 其他业务收入

航空公司的其他业务收入主要包括行李、货物、邮件的声明价值附加费收入、让渡资产使用权的收入。比如，出租飞机给其他公司的收入和航空公司拥有航线运营资格但没有实际运营的，收到其他航空公司按照协议支付的航线补偿收入等。

（二）航空公司营业收入确认的原则

航空公司收入的确认应遵循权责发生制原则。即收入在经济利益很可能流入本公司且金额能够可靠计量，并同时满足下列条件时予以确认。

（1）客运、货运和邮运服务的票款在提供运输服务时确认为收入。尚未提供运输服务的票款，则列作票证结算负债。

客运收入的确认应以运输服务提供或者未使用票款过期为依据，而并非以票款销售为依据。未使用票款通常在销售日起一年后过期。对于部分使用的票款在第一次承运起一年后过期。航空公司出售的机票在尚未承运时计入流动负债，通过"国内票证结算"或"国际票证结算"进行核算。航空公司如果与其他航空公司签订了代码共享协议，根据协议的规定，某一方承运人的航班班号能够使用另一方承运人的航空指定代码。以代码共享实现的收入根据签订的合同协议以及航空业的比例分摊标准在代码共享伙伴之间进行分摊，该收入也应在运输服务提供时确认为客运收入。货邮运输收入的确认应以运输服务提供为依据。

（2）航空运输辅助及延伸业务提供服务时确认收入。

提供其他航空有关劳务的收入，在完成劳务时确认收入。租金收入在租约持续期间按直线法确认。无形资产使用费收入按照有关合同或协议约定的收费时间和方法计算确定。

（三）航空公司收入业务的核算

1. 主营业务收入的核算

为了核算经营主要业务所取得的收入，应设置"主营业务收入"账户。航空公司取得运输收入、通用航空收入和代理手续费收入等业务收入时，记入该账户的贷方；期末将本期实现的收入从借方转至"本年利润"账户，结转后该科目没有余额。航空公司主营业务收入的核算内容及会计科目的设置参见表 7-11。

表 7-11 航空公司主营业务收入科目设置表

一级科目	二级科目	三级科目	四级科目
主营业务收入	运输收入	国内航线、国际航线、香港航线、澳门航线	旅客、货物、邮件、专机、包机、逾重行李等
	通用航空收入	航空摄影、石油勘探、林业飞行、农业飞行、航空遥感、航空探矿、航空吊挂、海洋监测等	
	代理售票手续费收入	国内航线、国际航线、香港航线、澳门航线	
	代理退票手续费收入		

(1) 承运本公司销售客票的核算。

航空公司承运本公司销售的机票，应在运输服务完成之后，根据撕收的乘机联总额，确认运输收入。

【例 7-42】2012 年 5 月，某航空公司承运本公司销售的机票，共计 500 000 元。应编制的会计分录为：

借：票证结算　　　　　　　　　　　　　　　　500 000
　　贷：主营业务收入　　　　　　　　　　　　　　500 000

(2) 承运代理人销售客票的核算。

目前航空公司客票大部分是通过代理人销售。航空公司通常按公布的票价给予代理人一定百分比的手续费，作为代理人提供代理售票服务的报酬。多数情况下，航空公司是通过给予代理人一定折扣票价的方式，作为其提供代理售票服务的报酬。航空公司通常在确认运输收入的同时，确认手续费和折扣的成本，即在客票销售时，不确认销售费用或折扣，而是在每期根据收回的运输票证确认收入时，再确认销售费用和折扣。

航空客票代理手续费分为标准手续费和总代理手续费。标准手续费是航空公司对代理人支付的一种正常的劳务支出，一般按某一会计期间运输收入的一定百分比计算，并在确认运输收入的同时将其确认为销售费用，在利润表中列示。航空公司指定总代理的目的是让其承担航站的部分功能，所以，支付的总代理手续费具有管理费用的性质，在跨级核算中应当作为管理费用处理。

【例 7-43】某航空公司当月与一般代理人确认的运输收入为 7 800 000 元，其中手续费为 700 000 元。应编制的会计分录为：

借：票证结算　　　　　　　　　　　　　　　　7 100 000
　　销售费用　　　　　　　　　　　　　　　　　700 000
　　贷：主营业务收入　　　　　　　　　　　　　7 800 000

【例 7-44】某地区总代理本期实现的运输收入销售额为 1 200 000 元，按总代理协议应付给该地区总代理 3% 的附加手续费，共计 36 000 元。应编制的会计分录为：

借：管理费用——总代理费　　　　　　　　　　36 000
　　贷：应付账款　　　　　　　　　　　　　　　36 000

航空公司承运其他航空公司销售的机票，也应在双方确认运输收入时，确认手续费。

【例 7-45】根据联运协议，某航空公司承运了其他航空公司的销售运输票证，运输收入为 120 000 元，扣除 9% 的代理手续费 10 800 元后，应收账款为 109 200 元。会计分录为：

借：应收账款　　　　　　　　　　　　　　　　　109 200
　　　　销售费用　　　　　　　　　　　　　　　　　 10 800
　　　　贷：主营业务收入　　　　　　　　　　　　　120 000
　（3）承运外航销售客票的核算。
　　当本公司为其他航空公司销售的票证提供运输服务时，航空公司应根据撕收的乘机联，按照协议确定的比例或固定收费，确定本公司承运航段的收入，进行应收联运款的开账，同时进行会计处理。
　【例7-46】本公司根据撕收甲航空公司售出的机票乘机联，经计算本公司提供的航段运输收入应为50 000元，扣除甲公司客票代理手续费5 000元后，应收账款为45 000元。会计分录为：
　　借：应收账款——甲公司　　　　　　　　　　　 45 000
　　　　销售费用　　　　　　　　　　　　　　　　　 5 000
　　　　贷：主营业务收入　　　　　　　　　　　　　 50 000
　　对于其他航空公司由于承运本公司销售票证进行的开账，会计部门经过审核后，应确认应付账款和代理手续费收入。
　【例7-47】本公司收到乙航空公司的联运开账，经审核后确认应付账款为22 500元，应得客票代理销售手续费2 225元。会计分录为：
　　借：票证结算　　　　　　　　　　　　　　　　　 24 725
　　　　贷：应付账款——乙公司　　　　　　　　　　 22 500
　　　　　　其他业务收入——手续费收入　　　　　　 2 225
　　在运输收入确认中涉及的应收账款和应付账款的计算基础是乘机联，因此，对于乘机联这一运输凭证必须有严格的管理。会计部门应及时掌握并处理某一会计期间本公司撕收的各航空公司销售的机票乘机联，并通过双边清算或多边清算协议，与各航空公司准确地进行票款清算。运输凭证及乘机联的延迟传递或丢失都将是航空公司收入的损失。
　【例7-48】本公司某会计期间在应收账款和应付账款的清算过程中，收到应收运输收入款45 500元，支付应付账款22 500元。会计处理为：
　　借：银行存款　　　　　　　　　　　　　　　　　 45 500
　　　　贷：应收账款　　　　　　　　　　　　　　　 45 500
　　借：应付账款　　　　　　　　　　　　　　　　　 22 500
　　　　贷：银行存款　　　　　　　　　　　　　　　 22 500
　　航空公司的营业收入除了客货运输收入之外，还有通用航空收入。通用航空业务所取得的收入应通过"通用航空收入"科目核算，其核算方法与一般企业收入的核算类似，这里不再赘述。

2. 其他业务收入的核算

航空公司在经营过程中，还会发生一些非经常性的、具有兼营性的其他业务。航空公司的其他业务收入是指航空公司从事除主营业务以外的其他业务所取得的收入。通常其他业务收入包括飞机租赁收入、退票手续费收入、提供地面服务所产生的收入、佣金收入、飞行员租赁收入以及其他与航空运输相关业务的收入。这些收入在提供有关服务时予以确认。其中佣金收入是航空公司代理人为其他航空公司售票而收取的佣金，在出售机票时确认。

在会计核算过程中，对于其他业务实现的收入是通过"其他业务收入"账户进行核算的。该账户是损益类账户，用来核算企业除主营业务以外的其他业务收入的实现及其结转情况。其贷方登记其他业务收入的实现，即增加，借方登记期末转入"本年利润"账户的其他业务收入额，经过结转之后期末没有余额。本账户应按其他业务的种类设置明细账，进行明细核算。明细账户可以设置为"飞机租赁收入"、"退票手续费收入"、"提供地面服务所产生的收入"、"佣金收入"、"飞行员租赁收入"等。

三、航空公司成本计算与核算

（一）航空公司费用成本核算的内容

航空公司是以飞机为生产工具，一切生产经营活动都是围绕着飞机的飞行而进行的，营运费用也是由于飞机的飞行而产生的。由于航空公司并不生产物质产品，只是实现社会产品空中位置的转移和进行通用航空作业，因此，运输周转量吨公里或飞行小时和通用航空飞行小时或通用航空作业面积就是企业的产品。同时，社会产品空中位置的转移或通用航空作业是通过其主要生产工具飞机的飞行来实现的。由于各种机型飞机的经济技术性能不同，使其所产生的吨公里成本和飞行小时成本有很大差别。为了加强成本管理和便于进行经济效益分析，航空公司的成本核算必须以每种机型为成本核算对象，归集直接营运费用和分配间接营运费用，再进而计算任务成本、航线成本，以达到计算和考核吨公里成本或飞行小时成本的目的。航空公司的成本核算由以下内容组成。

1. 运输成本及通用航空成本计算

运输成本、通用航空成本是根据航空公司所使用的每种机型按其执行运输生产与通用航空作业任务中所消耗的直接营运费用以及应分配的间接营运费用汇集而计算的成本。运输成本、通用航空成本计算是航空公司成本计算的基础与关键。

2. 机型成本计算

根据已计算出的分机型的运输成本和通用航空成本，按照各机型的飞行小时比例或运输周转量吨公里比例分配本期所发生的期间费用（管理费用、销售费用、财务费用），进而计算各机型总成本（完全成本）与机型单位成本。

3. 任务成本计算

任务成本是以每种机型的机型成本为基础，汇集因其执行不同任务而发生的特殊费用按不同的任务而分别计算的成本。

4. 吨公里成本

吨公里成本是将国内、国际航线运输飞行机型成本总额除以运输周转量吨公里计算得来。吨公里成本是运输飞行的产品单位成本，综合反映了航空公司运输飞行的成本水平。

5. 飞行小时成本

飞行小时成本是将执行飞行任务的各种机型的机型成本，分别除以各种机型的飞行小时，以计算各种机型的飞行小时单位成本。各种机型的飞行小时成本综合反映了各种机型的成本水平。

（二）航空公司费用成本核算的特点

航空公司的生产经营过程具有生产过程短、不生产物质产品、没有在产品的结存，没有产成品的库存，只是实现社会产品空中位移和从事通用航空作业等特点。因此，航空公司成本费用核算的特点可概括为以下几点：

（1）成本核算对象是机型、任务航线、机号、吨公里和飞行小时或作业面积等。

成本核算对象是成本或费用的归属者或承担者。由于航空公司的产品是社会产品在空中位置的转移和进行通用航空作业，其产品以运输周转量吨公里、飞行小时、作业面积等来表示。因而，为了计算单位产品成本，吨公里和飞行小时就理所当然应成为成本计算对象。由于社会产品的位移和通用航空作业是借助于飞机的生产飞行而实现的，又由于各型飞机的经济技术性能各异，生产营运耗费有别，致使其所产生的吨公里成本、飞行小时成本有很大差别，因此，航空公司必须以机型作为最基本的成本核算对象。又由于同一机型因执行不同的飞行任务而产生的耗费不同，成本有别，因此，飞行任务也应成为核算对象。此外，为了考核航线经营结果，航线也应成为成本核算对象。

（2）成本核算方法采用制造成本法。

航空公司在生产经营过程中发生的各种耗费，包括直接营运费用、间接营运费用和期间费用。航空公司的成本计算只包括与生产有关的耗费，即直接营运费用与间接营运费用；期间费用不得计入成本，而直接计入当期损益。

（3）成本计算只计算产品成本，不需计算"在产品"成本。

由于航空公司生产过程短，没有"在产品"的结存，也没有"产成品"的库存，因此，运输生产和通用航空过程中本期发生的各项直接营运费用和间接营运费用，就是本期运输生产和通用航空生产的总成本而无须计算在产品成本。

（4）成本计算以月份为计算期。

（三）设置的主要会计科目

1. "运输成本"账户

"运输成本"科目核算航空公司在执行航空运输业务过程中所发生的各项费用，包括：

（1）能直接计入机型成本的直接营运费用，如空勤人员、机务人员工资及福利费、制服费，航空油料消耗，国外加油价差，飞机发动机折旧费，修理费，保险费，高价周转件摊销，飞行训练费，国内外起降服务费，经营性租赁飞机的租赁费，旅客餐宿供应品费，客舱服务费，赔偿费，运营过程中货物行李损失、丢失赔偿净损失以及其他直接飞行费用等。

（2）不能直接计入机型成本，需按照一定办法进行分摊计入机型成本的间接营运费用，如工资和福利费、折旧费、办公费、水电费、差旅费、保险费、机物料消耗、制服费、劳动保护费、票证印制费、警卫消防费、职工教育经费、地面运输费、租赁费等。

企业发生的各项运输成本，借记"运输成本"科目，贷记"现金"、"银行存款"、"航材消耗件"、"高价周转件"、"累计折旧"、"机上供应品"、"低值易耗品"、"应付职工薪酬"等科目。

期末，应将该科目借方发生额净额转入"本年利润"科目，结转后该科目应无余额。该科目应按机型或机号、费用项目设置明细科目进行明细核算。

2. "通用航空成本"账户

该科目用来核算航空公司在执行通用航空业务过程中发生的各项费用，包括：

（1）可以直接计入机型成本的营运费用，诸如空勤人员、机务人员工资及福利费、制服费，航空油料消耗，国外加油价差，飞机发动机折旧费，修理费，保险费，高价周转件摊销，飞行训练费，国内外起降服务费，作业准备费，作业赔偿费以及其他直接飞行费用等。

（2）不能直接计入机型成本、需按照一定办法进行分摊计入机型成本的间接费用，如工资和福利费、折旧费、办公费、水电费、差旅费、保险费、机物料消耗、制服费、劳动保护费、警卫消防费、地面运输费、租赁费等。

企业发生的各项通用航空费用，借记"通用航空成本"科目，贷记"现金"、"银行存款"、"航材消耗件"、"高价周转件"、"累计折旧"、"低值易耗品"、"应付职工薪酬"等科目。

期末，应将该科目的借方发生额净额转入"本年利润"科目，结转后该科目应无余额。该科目应按机型或机号、费用项目设置明细科目进行明细核算。

(四) 航空公司营业成本核算

航空公司的生产经营过程与工业企业不同，具有生产过程短，不生产实物产品，只是实现社会产品空中位置的转移或进行通用航空作业的特点。"吨公里"和"飞行小时"或"作业面积"，就是航空运输和通用航空作业的产品。然而，社会产品空中位置的转移和通用航空作业均需要通过航空公司飞机的生产飞行而实现。由于各型飞机的经济技术性能不同、生产耗费水平不同，使各型飞机生产的吨公里成本和飞行小时成本差别甚大。

为了考核各型飞机的经济效果，必须以每种机型作为成本核算对象，归集和分配各类营运费用，计算分机型的运输成本和分机型的通用航空成本，然后计算机型总成本（含各机型应分配的期间费用），再进而计算任务成本和航线成本，以达到计算和考核营运生产的吨公里成本和生产飞行小时成本的目的。

1. 运输成本、通用航空成本计算的特点

运输成本、通用航空成本是根据航空公司所使用的每种机型，按其执行运输生产与通用航空作业任务中所消耗的直接营运费用以及应分配的间接营运费用汇集而计算的成本。运输成本、通用航空成本是航空公司成本计算的基础与关键。

运输成本、通用航空成本计算有如下特点：

（1）成本核算对象是各种机型。须直接以机型（机号）开设成本计算表，汇集各机型的各项费用。

（2）采用制造成本法，只计算各型飞机在运输生产与通用航空生产过程中所发生的直接营运费和应分配的间接营运费。

（3）按月定期计算成本。由于航空公司的生产周期过程短，为了简化成本计算，应定期（每月月末）计算机型成本，此时成本计算期与生产周期不一致，但与会计报告期一致。

（4）月末不需计算在产品成本。由于航空公司生产经营的特点，企业在期末不存在在产品，也没有产成品的结存，因此，不需计算在产品成本。成本计算表中汇集的各项费用就是本月该机型的营运生产成本，然后根据该机型完成的运输周转量或飞行小时即可计算出该机型的吨公里成本或飞行小时成本。有关营运费用汇集到机型的程序和方法在前面已经阐述。

2. 成本计算及核算举例

【例 7 – 49】××航空公司有甲、乙两种机型，分别从事航空运输和通用航空作业。该公司 2011 年 × 月有关产品及工时资料如表 7 – 12 所示。

表 7-12　　　　　　　　　本月产品及工时资料表

机型	产品及工时	产品		维修工时（小时）
		运输周转量（吨公里）	飞行小时	
甲		1 980 000	330（其中国际航线飞行 90 小时）	110
乙		—	220（通用航空飞行小时）	55
合计		1 980 000	550	165

有关资料如下：

（1）根据本月应付工资及应付福利费，编制"工资及福利费分配表"，如表 7-13 所示。

表 7-13　　　　　　　　　工资及福利费分配表

2011 年 × 月　　　　　　　　　　　　　　单位：百元

成本、费用项目	工资								职工福利费	工资及福利费合计
	空勤人员工资	机务维修人员工资				销售人员工资	行政管理工资	其他业务工资		
		直接工资	间接工资							
			分配标准	分配率	应分配金额					
运输成本——甲	313 500	600	100	18	198 000				735	512 835
通用航空成本——乙	231 000	450	50	18	49 500				483	281 433
销售费用						1 500			210	1 710
管理费用							750		105	855
其他业务支出								750	105	855
合　计	544 500	1 050			247 500	1 500	750	750	1 638	797 688

（2）根据本月飞行任务书所附的飞机加油凭证，核对相符后，编制航空油料消耗计算表，预提航空油料消耗，如表 7-14 所示。

表 7-14　　　　　　　　　航空油料消耗计算表

2011 年 × 月　　　　　　　　　　　　　　单位：元

油料种类	机型及金额	甲		乙	
		公斤	金额	公斤	金额
航空油料		850 000	2 550 000	150 000	450 000
1#航空汽油		120 000	360 000	20 000	60 000
2#航空汽油		80 000	240 000	10 000	30 000
合　计			3 150 000		540 000

(3) 根据固定资产折旧计算表，编制"固定资产折旧分配表"，如表 7-15 所示。

表 7-15　　　　　　　　　　固定资产折旧分配表

2011 年 × 月　　　　　　　　　　　　　　单位：元

项目成本\费用项目	飞机、发动机	机务维修固定资产折旧			其他部门固定资产折旧			合计
		分配标准	分配率	应分配费用	管理部门	销售部门	其他业务部门	
运输成本——甲机型	1 425 000	0.10	3	300 000				1 725 000
通用航空成本——乙机型	1 200 000	0.05	3	150 000				1 350 000
管理费用					675 000			675 000
销售费用						750 000		750 000
其他业务支出							150 000	150 000
合　　计	2 625 000	—	—	450 000	675 000	750 000	150 000	46 500 000

(4) 本月甲机型飞机经营租赁费为 6 000 000 元，每季季末支付。

(5) 本月甲、乙两种机型的保险费分别为 600 000 元和 30 000 元，款项于年初预付。

(6) 根据有关账单，归集本月甲、乙机型飞机起降服务费为 1 350 000 元和 150 000 元。

(7) 根据有关领料凭证及有关账单，本月甲机型的旅客餐食供应品费为 300 000 元，乙机型的作业准备费为 15 000 元。

(8) 根据飞机维修费明细账（略），编制"飞机维修分配表"，如表 7-16 所示。

表 7-16　　　　　　　　　　飞机发动机维修费分配表

2011 年 × 月　　　　　　　　　　　　　　单位：千元

机型\费用	直接维修费			间接维修费			合计
	航材消耗件	高价周转件摊销	其他直接维修费	分配标准	分配率	应分配费用	
运输成本——甲机型	450	1 800	300	100	4.5	450	3 000
通用航空成本——乙机型	150	600	105	50	4.5	225	1 080
合　　计	600	2 400	405	150	4.5	675	4 080

注：表 7-16 飞机发动机维修费分配表中未列机务维修人员工资，已包括在表 7-13 工资及福利费分配表中。为避免重复计算填列，故在表 7-16 中不再列示。

（9）本月甲、乙两种机型的其他直接飞行费用分别为 180 000 元和 15 000元。

（10）其他间接营运费用情况，参见"间接营运费用分配表"，如表 7-17 所示。

表 7-17　　　　　　　　　间接营运费用分配表

2011 年 × 月　　　　　　　　　　　　　　　　　单位：元

机型＼项目	分配标准（飞行小时）	分配率	应分配费用
运输成本——甲机型	300	180	54 000
通用航空成本——乙机型	200	180	36 000
合　计	500	180	90 000

根据上述资料，应编制会计分录如下：

（1）根据表 7-13 的资料：

借：运输成本——甲机型	51 210 000
通用航空成本——乙机型	28 095 000
销售费用	150 000
管理费用	75 000
其他业务支出	75 000
贷：应付职工薪酬——工资	79 605 000
借：运输成本——甲机型	73 500
通用航空成本——乙机型	48 300
销售费用	21 000
管理费用	10 500
其他业务支出	10 500
贷：应付职工薪酬——福利费	163 800

（2）根据表 7-14 所列资料：

借：运输成本——甲机型	3 150 000
通用航空成本——乙机型	540 000
贷：预提费用	3 690 000

（3）根据表 7-15 所列资料：

借：运输成本——甲机型	1 725 000
通用航空成本——乙机型	1 350 000
管理费用	675 000

　　　　销售费用　　　　　　　　　　　　　　　　　　750 000
　　　　其他业务支出　　　　　　　　　　　　　　　　150 000
　　　　贷：累计折旧　　　　　　　　　　　　　　　46 500 000
(4) 根据资料 (4)：
　　借：运输成本——甲机型　　　　　　　　　　　6 000 000
　　　　贷：预提费用　　　　　　　　　　　　　　 6 000 000
(5) 根据资料 (5)：
　　借：运输成本——甲机型　　　　　　　　　　　　600 000
　　　　通用航空成本——乙机型　　　　　　　　　　 30 000
　　　　贷：待摊费用　　　　　　　　　　　　　　　 630 000
(6) 根据资料 (6)：
　　借：运输成本——甲机型　　　　　　　　　　　1 350 000
　　　　通用航空成本——乙机型　　　　　　　　　　150 000
　　　　贷：银行存款等　　　　　　　　　　　　　1 500 000
(7) 根据资料 (7)：
　　借：运输成本——甲机型　　　　　　　　　　　　300 000
　　　　贷：机上供应品等　　　　　　　　　　　　　300 000
　　借：通用航空成本——乙机型　　　　　　　　　　 15 000
　　　　贷：银行存款等　　　　　　　　　　　　　　 15 000
(8) 根据表 7-16 的资料：
　　借：运输成本——甲机型　　　　　　　　　　　3 000 000
　　　　贷：航材消耗件　　　　　　　　　　　　　　450 000
　　　　　　高价周转件——高价周转件摊销　　　　1 800 000
　　　　　　银行存款等　　　　　　　　　　　　　　750 000
　　借：通用航空成本——乙机型　　　　　　　　　1 080 000
　　　　贷：航材消耗件　　　　　　　　　　　　　　150 000
　　　　　　高价周转件——高价周转件摊销　　　　　600 000
　　　　　　银行存款等　　　　　　　　　　　　　　330 000
(9) 根据资料 (9) 及资料 (10)：
　　借：运输成本——甲机型　　　　　　　　　　　　234 000
　　　　通用航空成本——乙机型　　　　　　　　　　 51 000
　　　　贷：银行存款等　　　　　　　　　　　　　　285 000
　　根据上述资料，汇总并编制运输成本表、通用航空成本表，如表 7-18、表 7-19 所示。

表 7-18　　　　　　　　　　　　　运输成本表

编报单位：　　　　　　　　　　　2011年×月31日　　　　　　　　　　　　单位：元

项　目	行次	合计		甲机型		××机型	
		上年同期数	本期数	上年同期数	本期数	上年同期数	本期数
一、运输成本	1				67 642 500		
1. 直接营运费	2				67 588 500		
其中：工资、奖金、津贴和补贴	3				51 210 000		
其中：空勤伙食费	4						
地勤伙食费	5				—		
飞行小时费	6						
福利费	7				73 500		
制服费	8						
航空油料消耗	9				3 150 000		
航材消耗件消耗	10				450 000		
高价周转件摊销	11				1 800 000		
飞机、发动机折旧费	12				1 425 000		
飞机、发动机大修理费	13				—		
飞机、发动机日常修理费	14				1 050 000		
飞机、发动机保险费	15				600 000		
经营性租赁费	16				6 000 000		
国内机场起降服务费	17				1 350 000		
国外机场起降服务费	18				—		
国内航线餐食及供应品费	19				300 000		
国外航线餐食及供应品费	20				—		
飞行训练费	21				—		
客舱服务费	22				—		
行李、货物、邮件赔偿费	23				—		
其他直接营运费	24				180 000		
2. 间接营运费	25				54 000		
二、运输飞行小时（小时）	26				330		
三、运输总周转量（吨公里）	27				1 980 000		
四、单位成本	28				—		
1. 每飞行小时成本（元）	29				204 977.27		
2. 每吨公里成本（元）	30				34.16		
3. 每飞行小时耗油量（公斤）	31				—		

表 7-19　　　　　　　　　　　　　**通用航空成本表**

编报单位：　　　　　　　　　　2011 年 × 月 31 日　　　　　　　　　　　　单位：元

项　目	行次	合　计		乙机型		××机型	
		上年同期数	本期数	上年同期数	本期数	上年同期数	本期数
一、通用航空成本	1				31 359 300		
1. 直接营运费	2				31 323 300		
其中：工资、奖金、津贴和补贴	3				28 095 000		
其中：空勤伙食费	4				—		
地勤伙食费	5				—		
飞行小时费	6						
福利费	7				48 300		
制服费	8				—		
航空油料消耗	9				540 000		
航材消耗件消耗	10				150 000		
高价周转件摊销	11				600 000		
飞机、发动机折旧费	12				1 200 000		
飞机、发动机大修修理费	13				—		
飞机、发动机日常修理费	14				480 000		
飞机、发动机保险费	15				30 000		
经营性租赁费	16				—		
国内机场起降服务费	17				150 000		
国内航线餐食供应品费	18				15 000		
作业准备费	19				—		
作业赔偿费	20				—		
飞行训练费	21				0		
其他直接营运费	22				15 000		
2. 间接营运费	23				36 000		
二、通用航空飞行小时（小时）	24				220		
三、单位成本	25				142 542.27		
1. 每飞行小时成本（元）	26				—		
2. 每飞行小时耗油（公斤）	27				—		

第五节　船舶运输企业会计核算

一、船舶运输企业收入的核算

船舶运输包括旅客运输、直达货物运输、远洋运输等，各种不同的运输方式具有不同的收入核算和结算办法。

（一）旅客运输收入的核算

航运企业将客运票据交给港口企业的客运站发售，客运站扣收代理费后将客票收入和行李运费解缴给航运企业。

【例7-50】某港客运站出售客票收入中，甲航运局40 000元，乙航运局30 000元，旅客服务收入5 000元。该港应计收甲航运局客运代理费2 400元，乙航运局客运代理费1 800元。

（1）港口企业的会计处理。

① 凭收入凭证计列本港收入和代收的航运企业收入。

借：银行存款（或库存现金）　　　　　　　　　75 000
　　贷：其他业务收入——旅客服务收入　　　　　　5 000
　　　　应付账款——甲航运局　　　　　　　　　40 000
　　　　　　　　——乙航运局　　　　　　　　　30 000

② 向各航运企业扣收代理客运费。

借：应付账款——甲航运局　　　　　　　　　　2 400
　　　　　　——乙航运局　　　　　　　　　　1 800
　　贷：代理业务收入　　　　　　　　　　　　　4 200

（2）甲航运局的会计处理。

① 根据港口企业报送的营运收支月报及所附单据计列营运收入。

借：应收账款——某港口企业　　　　　　　　　40 000
　　贷：主营业务收入——运输收入——客运收入　40 000

② 将客运代理费计列运输支出。

借：主营业务成本——运输支出——船舶费用——客运费　2 400
　　贷：应收账款——某港口企业　　　　　　　　2 400

（3）乙航运局的会计处理。

① 根据港口企业报送的营运收支月报及所附单据计列营运收入。

借：应收账款——某港口企业　　　　　　　　　30 000

贷：主营业务收入——运输收入——客运收入　　　　30 000
②将客运代理费计列运输支出。
　　借：主营业务成本——运输支出——船舶费用——客运费　1 800
　　　贷：应收账款——某港口企业　　　　　　　　　　　1 800

(二) 直达货物运输收入的核算

直达货物运输是指货物在起运港托运，从起运港到目的港的全程运输由一个航运企业来完成。直达货物的运费及港杂费都是由起运港在承运时一次向发货人核收（一般不收到达港港杂费），简称"起收"。起运港在扣除本港收入后，将运费解缴航运企业。

【例7-51】甲航运局承运从A港至B港直达运输货物一批。A港按规定向发货人收取本港装卸费1 500元，甲航运局运费80 000元，并扣收甲航运局货运代理费1 600元。B港向收货人计收本港装卸费2 600元。

(1) A港的会计处理。
① 向发货人收款时。
　　借：银行存款　　　　　　　　　　　　　　　　　81 500
　　　贷：主营业务收入——装卸收入　　　　　　　　　1 500
　　　　　应付账款——甲航运局　　　　　　　　　　80 000
② 向甲航运局收取货运代理费时。
　　借：应付账款——甲航运局　　　　　　　　　　　　1 600
　　　贷：代理业务收入　　　　　　　　　　　　　　　1 600

(2) 甲航运局的会计处理。
① 根据A港报送的营运收支日报及所附单据计列营运收入。
　　借：应收账款——A港　　　　　　　　　　　　　　80 000
　　　贷：主营业务收入——运输收入——货运收入　　　80 000
② 将货运代理费计列运输支出。
　　借：主营业务成本——运输支出——船舶费用——货运费　1 600
　　　贷：应收账款——A港　　　　　　　　　　　　　　1 600
③ 收到A港转来的运费时。
　　借：银行存款　　　　　　　　　　　　　　　　　78 400
　　　贷：应收账款——A港　　　　　　　　　　　　　78 400

(3) B港的会计处理。
向货主收取装卸费时：
　　借：银行存款　　　　　　　　　　　　　　　　　　2 600
　　　贷：主营业务收入——装卸收入　　　　　　　　　2 600

(三) 远洋运输收入的核算

远洋货运运费由基本运费和附加运费两部分组成。基本运费是按货种和航线规定的费率向托运人计收的运费。附加运费是除基本运费之外由于船舶、货物、港口及其他方面原因,使得船方在运输货物时增加了费用的开支,船方为补偿这些开支而增加的费用。经常出现的附加费包括:超重附加费、超长附加费、港口附加费、燃油附加费、直航附加费、转船附加费、绕航附加费、变更卸货港附加费等。

货主支付运费的方式有预付运费和到付运费两种。预付运费是指货物托运人在货物装船后和领用提货单前付清全部运费。到付运费是指收货人在货物抵达目的港后,领取货物前付清全部运费。在进口预付、出口到付以及承运第三国货物时,运费一般由国外代理行代为计收,一并汇给远洋运输企业。

由于远洋运输一般按船舶已完航次统计运输周转量,因此为使报告期内收入、支出和运输周转量口径一致,运输收入的核算必须以已完航次为准。远洋运输企业对未完航次预收的收入不直接记入"主营业务收入——运输收入"账户,而是通过"运输账款——未完航次收入"明细账户核算,待船舶航次完成再转入"主营业务收入——运输收入"账户。对于因计列运输收入和结算收款的进账日期不同,在外汇汇率发生变动时造成的外币结算差额,作为财务费用计入当期损益。

二、船舶运输企业成本的核算

(一) 船舶运输企业成本核算会计科目的设置

1. "主营业务成本——运输支出"科目

"主营业务成本——运输支出"科目用来核算经营旅客、货物运输业务所发生的各项成本费用,借方登记企业经营运输业务所发生的各项费用,贷方登记因各种原因抵减的运输费用以及期末转入"本年利润"科目的金额,结转后本科目余额为零。但远洋运输企业按已完航次结转运输成本的,其期末未完航次发生的费用,仍保留在本科目内。该科目应按运输工具的类系类型,如客轮、货轮或单船设置明细账,进行明细核算。远洋运输企业计算航次成本时,还应按航次设置明细科目进行核算。同时,该科目应按费用要素设置成本项目,如工资、职工福利费、燃料、折旧费等,进行成本费用的分类归集,以清晰地反映成本的构成。

2. "辅助营运费用"科目

"辅助营运费用"科目用来核算运输企业发生的辅助传播费用及辅助生产费用,如浮吊、修理、配件等方面发生的费用。该科目借方登记发生的各种辅助营运费用,贷方登记期末按照一定的分配标准分配转出的、由各项业务负担的辅助营运费用，期末借方余额反映尚未完工的辅助营运费用。该科目应按辅助生产部门，如修理、装卸部门等设置明细账，进行明细分类核算。

3. "营运间接费用"科目

"营运间接费用"科目用来核算企业在营运过程中发生的，但不能直接计入成本核算对象的各种间接费用，如船队为组织船舶营运所发生的费用。该科目借方登记企业发生的各种营运间接费用，贷方登记期末按一定分配标准分配转出的当期归集的营运间接费用，期末无余额。该科目可按船队分别设置明细账，进行明细核算。

4. "集装箱固定费用"科目

"集装箱固定费用"科目用来核算运输企业所发生的集装箱固定费用，如集装箱的保管费、折旧费、修理费、保险费及其他费用等。本科目借方归集发生的集装箱固定费用，期末按一定标准进行分配，计入单船或航次的成本中去，期末无余额。该科目按集装箱类型设明细账，进行明细核算。

5. "船舶固定费用"科目

"船舶固定费用"科目用来核算运输企业为保持船舶适航状态所发生的费用，如有关的折旧费、修理费、保险费等。借方登记发生的船舶固定费用，贷方登记期末按一定分配标准分配转出的、应由各航次承担的船舶固定费用，结转后该科目无余额。

6. "船舶维护费用"科目

"船舶维护费用"科目是针对内河运输设立的，用来核算有封冻、枯水等非通航期的内河运输企业发生的，应由通航期成本负担的船舶维护费用，如非通航期发生的保卫费、破冰费等。借方登记发生的船舶维护费用，贷方登记期末按已定分配标准分配转出的、应由通航期各月份承担的船舶固定费用，期末无余额。该科目应按船舶类型设置明细科目，进行明细分类核算。

（二）船舶运输企业成本的核算

1. 直接费用的归集

船舶运输企业一般以单船为成本核算对象，船舶营运过程中发生的各项费用，能直接计入单船或航次成本的，直接借记"主营业务成本——运输支出——某船（某航次）"科目，贷记"应付职工薪酬"、"燃料"、"原材料"、"银行存款"等科目。

2. 间接费用的归集和分配

船舶运输企业在船舶营运过程中发生的、不能直接计入单船或航次成本的费用，如集装箱固定费用、船舶固定费用、船舶维护费用、船队费用等，应先在相应科目进行归集，即，借记"集装箱固定费用"、"船舶固定费用"、"船舶维护费用"、"营运间接费用"等科目,贷记"应付职工薪酬"、"燃料"、"原材料"、"银行存款"等科目。

在月末或航次结束时,按一定分配比例进行分配,计入各单船或航次成本中,即借记"主营业务成本——运输支出——某船(某航次)"科目,贷记"集装箱固定费用"、"船舶固定费用"、"船舶维护费用"、"营运间接费用"等科目。

3. 其他业务成本核算

船舶运输企业的其他业务主要有两类:一是客轮上的旅客服务业务,其大部分可直接记入"其他业务成本"科目,如旅客的饮食、卧具等,但有些较难与运输业务区分的费用,如旅客餐饮耗用的燃料、一部分旅客服务人员的工资及福利费等,可先在"运输支出"科目中归集,月末按一定方法,如按定额和计划价格从中扣除,转入"其他业务成本"科目;二是船舶出租期间发生的费用、长期出租的船舶发生的费用,可直接在"其他业务成本"科目核算,而短期出租、临时征用的船舶发生的费用,则先在"运输支出"科目中归集,月末按临时作业天数和日均营运费用从总费用额中扣除,转入"其他业务成本"科目。

应用与扩展

一、公路(汽车)运输业上市公司报表解读

赣粤高速(A 股 600269)

(一) 会计政策特色

收入确认与计量:

通行费收入:公司从事公路通行所取得的收入,在劳务已提供且劳务收入和总成本能够可靠地计量、与交易相关的经济利益能够流入企业时,确定营业收入的实现。

(二) 报表附注

主营业务(分行业、产品)

单位:元

行业、产品名称	2010 年度		2009 年度	
	营业收入	营业成本	营业收入	营业成本
1. 车辆通行费收入	2 907 063 984.00	1 085 661 430.17	2 509 760 501.00	723 719 661.30
其中:				
昌九高速公路及银三角互通立交	850 173 716.00	260 111 545.23	734 793 436.00	232 188 260.19
昌樟、昌傅高速公路	742 200 656.00	298 841 779.93	642 988 241.00	141 554 551.85

续表

行业、产品名称	2010 年度		2009 年度	
	营业收入	营业成本	营业收入	营业成本
九景高速公路	377 450 421.00	159 206 018.15	291 083 645.00	118 838 709.71
温厚高速公路	180 170 830.00	107 483 549.71	158 182 536.00	92 513 967.29
彭湖高速公路	6 409 747.00	4 843 798.22		
昌泰高速公路	750 658 614.00	255 174 738.93	682 712 643.00	138 624 172.26
2. 工程收入	959 466 906.94	879 578 837.51	599 811 820.25	559 640 688.50
3. 房地产销售收入	22 947 809.59	28 033 504.66	34 945 500.29	26 344 679.16
4. 经营租赁收入等	59 040 417.85	34 003 054.10	42 082 594.91	27 400 810.17
合　计	3 948 519 118.38	2 027 276 826.44	3 186 600 416.45	1 337 105 839.13

二、铁路运输业上市公司报表解读

广深铁路（A 股 601333）

（一）会计政策特色

1. 铁路收入的确认

（1）收入的金额按照本集团在日常经营活动中销售商品和提供劳务时，已收或应收合同或协议价款的公允价值确定。收入按扣除增值税、商业折扣、销售折让及销售退回的净额列示。

① 提供铁路运输服务：本集团提供旅客和货物运输服务及路网清算服务。旅客和货物运输服务于服务提供时确认收入，路网清算服务为铁路系统内两个及两个以上铁路企业联合完成的运输业务，以及企业之间互相提供的相关服务，于服务已经提供，相关的主要风险和报酬已经转移时确认收入。

② 销售商品：本集团在列车及车站内销售食品、饮料和货品等商品予客户，以商品交付时确认收入。商品交付后，客户具有自行处置商品的权利并承担毁损的风险。

③ 提供劳务：本集团对外提供维修及装卸等劳务，根据已发生成本占估计总成本的比例确定完工进度，按照完工百分比确认收入。

（2）与交易相关的经济利益能够流入本集团。

（3）相关的收入能够可靠计量且满足各项经营活动的特定收入确认标准。

2. 通过中国铁道部进行的清算

铁道部为本集团所属行业的政府主管部门，同时其为本集团的大股东广铁集团的具体国有资产投资主管单位。由于中国境内的铁路业务由铁道部统一管理，所以本集团与铁道部及其他由铁道部拥有及控制的铁路公司合作，联合经营长途客运及货运运输业务。有关收入由各铁道公司收取并由铁道部汇总和处理，计算分配各铁路公司所应得或应支付的收入及服务款；同时本集团一系列的交易需要依据或者参照铁道部的指导价格进行。

（二）报表附注特色

1. 收入

单位：元

	2010 年度	2009 年度
由铁道部收取、处理及分配的收益：		
——客运收入	7 569 569 892	6 542 333 066
——路网清算收入	3 115 911 254	3 105 653 561
——货运收入	835 216 417	752 560 911
合　计	11 520 697 563	10 400 547 538
占营业收入的比例	85%	84%

2. 费用及支出

单位：元

	2010 年度	2009 年度
由铁道部处理及分配的设备租赁及服务费：	2 487 995 321	2 404 966 047
支付铁道部的货运列车车辆使用费：	178 917 375	162 560 889
合　计	2 666 912 696	2 567 526 936
占营业成本及管理费用的比例	27%	28%

上述服务费用根据铁道部适用于全国的标准费用，或铁道部的统一费率或者按照铁道部提供的指引参考现行市场价格确定。

三、航空运输业上市公司报表解读

中国南方航空股份有限公司（A 股 600029）

（一）会计政策特色

1. 固定资产

（1）固定资产确认条件。

外购固定资产的初始成本包括购买价款、相关税费以及使该资产达到预定可使用状态前所发生的可归属于该项资产的费用。

对于构成固定资产的各组成部分，如果各自具有不同使用寿命或者以不同方式为本集团提供经济利益，适用不同折旧率或折旧方法的，本集团分别将各组成部分确认为单项固定资产。

对于固定资产的后续支出，包括与更换固定资产某组成部分相关的支出，在符合固定资产确认条件时计入固定资产成本，同时终止确认被替换部分的账面价值；与固定资产日常维护相关的支出在发生时计入当期损益。

(2) 固定资产的折旧方法。

各类固定资产的折旧年限和残值率

类　别	折旧年限（年）	残值率（%）
自置及以融资性租赁持有的飞机		
飞机	15~20	5
机身及发动机替换件	3~8	0
其他飞行设备		
备用发动机	15~20	5
其他（包括高价周转件）	3~15	0~5
房屋及建筑物	30~35	5
机器设备及汽车	4~10	5

2. 收入

收入是本集团在日常活动中形成的、会导致股东权益增加且与股东投入资本无关的经济利益的总流入。收入在其金额及相关成本能够可靠计量、相关的经济利益很可能流入本集团并且同时满足以下不同类型收入的其他确认条件时，予以确认。

(1) 提供运输服务收入。

来自客运、货运和邮运服务的票款收入于提供运输服务时确认为收入。尚未提供运输服务的票款，则列作票证结算负债。

本集团执行两个常旅客里程奖励计划，分别为"南航明珠俱乐部"及"白鹭里程计划"。会员可利用累积里程兑换飞行奖励或其他奖励。

来自客运服务的票款收入根据公允价值在提供运输服务收入与常旅客里程奖励计划授予会员的奖励里程之间进行分配，与奖励里程相关的部分确认为负债，在相关里程被兑换或到期前于递延收益中列示。

在常旅客里程奖励计划下，从第三方取得的除飞行以外方式获得的奖励里程收入同样首先确认为递延收益。

与奖励里程相关的递延收益待客户兑换奖励里程时确认为当期损益。会员兑换的飞行奖励在提供运输服务时确认为收入，会员兑换的其他奖励，于会员兑换奖励里程时结转计入当期损益。

递延收益按会员实际兑换的奖励里程占预计将被兑换里程总额的比例确认兑换当期收益。

(2) 航空运输辅助及延伸业务收入。

源自航空运输辅助及延伸业务的收入于提供服务时确认。

(3) 利息收入。

利息收入是按存入银行或其他金融机构的货币资金的时间和实际利率计算确定。

(4) 使用费收入。

使用费收入按照有关合同或协议约定的收费时间和方法计算确定。

3. 运输佣金

运输佣金在提供运输服务时列作开支。尚未提供运输服务的运输佣金，则于资产负债表内列作预付款项。

4. 保养及大修支出

例行保养、维修费用在发生时于当期损益内列支。

自有或融资租赁持有的飞机、发动机，需要在大修时更换的飞机组件的成本及相关人工支出等，将资本化为固定资产，并在预计大修周期内计提折旧。上一次大修支出的任何剩余账面金额一次性计入当期损益。

根据相关租赁协议，本集团需要定期（包括退租时）为以经营租赁方式持有的飞机进行大修，以满足退租条件的要求。与此相关的大修支出在本集团负有大修责任的期间按预计支出在相关期间计提。计提的大修理准备与大修实际支出之间的差额计入进行大修期间的当期损益。

(二) 报表附注

(1) 营业收入、营业成本。

金额单位：人民币百万元

项　　目	2010 年度	2009 年度
主营业务收入	76 743	55 039
其他业务收入	1 045	1 004
营业成本	62 567	49 197

本集团主营业务收入是指从本集团航空运输业务所取得之收入。

(2) 主营业务（分业务）。

金额单位：人民币百万元

项　　目	2010 年度	2009 年度
	主营业务收入	主营业务收入
客运	70 495	51 529
货运及邮运	5 495	2 971
其他	753	539
合　　计	76 743	55 039

(3) 主营业务（分地区）。

金额单位：人民币百万元

项目	2010 年度		2009 年度	
	主营业务收入	主营业务成本	主营业务收入	主营业务成本
国内	62 805	51 467	46 641	40 735
港澳台地区	1 589	1 195	1 067	881
国际	12 349	9 375	7 331	7 069
合计	76 743	62 037	55 039	48 685

(4) 递延收益。

金额单位：人民币百万元

	注	2010 年度	2009 年度
经营性租赁飞机的回扣	1	38	52
融资性租赁飞机的回扣	2	430	501
飞机发动机的回扣	3	255	248
售后租回交易收益	4	197	222
专用权使用费收入	5	29	31
常旅客里程奖励计划	6	1 348	910
政府补助		57	13
其他		9	13
合计		2 363	1 990

注：1. 根据若干经营性租赁飞机合约，出租人给予本集团回扣款项，本集团将该笔回扣款项作为递延收益入账，并按有关租赁期限摊销。

2. 根据若干融资性租赁飞机安排，出租人给予本集团现金回扣款项，该等回扣款项先列作递延收益，并按直线法在相关租赁期与租赁飞机预计使用寿命中较短的期限内摊销。

3. 飞机发动机的制造商在本集团使用该发动机并满足若干条件后，给予本集团回扣款项。本集团将上述回扣款项作为递延收益入账，并在相关飞机发动机剩余租赁期限内摊销。

4. 本集团对若干飞机进行售后租回交易安排。该交易认定为经营租赁，其产生的递延收益按有关租赁期限摊销。

5. 本集团于 2008 年 11 月将若干广告资源的 18 年专用权出售给文化传媒，其产生的递延收益按合同约定期限摊销。

6. 常旅客里程奖励计划变动如下：

于 2010 年 1 月 1 日	910
加：本年计提	994
减：本年减少	556
于 2010 年 12 月 31 日	1 348

四、船舶运输业上市公司报表解读

中国远洋（A 股 601919）

（一）会计政策特色

1. 收入确认与计量

本集团按以下规定确认营业收入实现，并按已实现的收入记账，计入当期损益。

（1）提供运输劳务收入。

本集团提供的运输劳务，在提供劳务交易的结果能够可靠估计的情况下按完工百分比法确认收入。完工百分比按已完营运天占该航次预计总营运天的比例确认与计量。

提供劳务交易的结果能够可靠估计是指同时满足：a. 收入的金额能够可靠地计量；b. 相关的经济利益很可能流入企业；c. 交易的完工程度能够可靠地确定；d. 交易中已发生和将发生的成本能够可靠地计量。

如果提供劳务交易的结果不能够可靠估计，则按已经发生并预计能够得到补偿的劳务成本金额确认提供的劳务收入，并将已发生的劳务成本作为当期费用。已经发生的劳务成本如预计不能得到补偿的，则不确认收入。

（2）集装箱码头经营收入：集装箱码头经营收入于服务完成且船舶离开泊位时确认。

（3）货运代理及船舶代理收入。

a. 货运代理：海运货代于船舶离港日（出口）或到港日（进口）确认收入的实现；陆运货代于货物到达指定的地点时确认收入的实现。

b. 船舶代理：于船舶离港日确认收入的实现。

2. 存货的分类

本集团存货是指企业在营运过程中所持有的，或者在营运过程中将被消耗的材料、燃料等物资，包括库存及船存燃料、可转售集装箱、材料、润料、包装物、备品配件、低值易耗品等。

（二）报表附注

各业务类别的营业收入、营业成本和营业毛利见下表。

业务类别	2010 年度			2009 年度		
	营业收入	营业成本	营业毛利	营业收入	营业成本	营业毛利
集装箱航运及相关业务	41 300 331 373.08	35 335 641 588.98	5 964 689 784.10	23 838 642 524.48	29 588 785 020.11	-5 750 142 495.63
干散货航运及相关业务	32 792 102 745.76	27 241 558 299.20	5 550 544 446.56	27 379 178 507.54	26 091 883 794.88	1 287 294 712.66
物流业务	4 377 383 747.17	2 807 164 734.47	1 570 219 012.70	3 071 478 669.48	1 720 357 554.18	1 351 121 115.30
集装箱码头及相关业务	1 387 174 750.11	1 075 690 355.44	311 484 394.67	868 173 206.25	594 518 050.07	273 655 156.18
集装箱租赁业务	1 713 724 467.79	848 875 761.41	864 848 706.38	1 588 535 808.73	792 623 275.40	795 912 533.33
其他业务	18 565 348.38		18 565 348.38	17 248 835.93		17 248 835.93
小 计	81 589 282 432.29	67 308 930 739.50	14 280 351 692.79	56 763 257 552.41	58 788 167 694.64	-2 024 910 142.23
减:公司内部抵消数	1 010 848 635.16	999 362 480.12	11 486 155.04	1 028 626 261.45	1 028 228 332.66	397 928.79
合 计	80 578 433 797.13	66 309 568 259.38	14 268 865 537.75	55 734 631 290.96	57 759 939 361.98	-2 025 308 071.02

本章小结

运输企业是利用运输工具专门从事运输生产或直接为运输生产服务的企业。包括公路运输企业、铁路运输企业、航空运输企业、水路运输企业、管道运输企业等，而本书主要介绍了前四种运输方式的会计核算特点及具体会计业务处理方法。

通过本章的学习，可以了解交通运输企业生产经营的特点，以及由此形成的交通运输企业在会计核算上与其他行业会计相比的不同之处。

公路运输企业会计核算特点在于其存货和营运收入的核算。公路运输企业存货的核算重点掌握其中的燃料和轮胎存货管理制度及核算方法。公路运输企业的营运收入可以在企业内部分级进行独立核算，确认属于本级部门的相应的内部债权、债务和客货运输收入。

铁路运输企业会计核算的特点主要在于铁路运输企业实行铁道部领导下的铁路局、铁路分局、基层站段分级核算体制，该核算制度使得上下级单位之间的往来核算业务较多。铁路运输进款实行单独核算，它是以车站（段）为单位将客货运输收入通过银行逐级上缴到铁路分局、铁路局和铁道部，然后由铁道部按照规定的方法重新分配、逐级下拨，由铁路局和分局分别确认相应的运输收入，由此形成了铁路运输企业独特的运输收入进款核算方法。

航空公司会计核算特点是不需要组织在产品和产成品的核算。由于航空公司运输产品（运输周转量吨公里、飞行小时、换算吞吐量）不是物质产品，不能储存，因而没有产成品，所以也就不存在产成品的核算。航空公司不以销售票证的票款作为营业收入，而以飞机实际完成承运票证所列金额为营业收入。成本计算是将运输生产费用汇集到机型、任务、航线而形成的，于是产生了运输成本与通用航空成本、机型成本、任务成本、航线成本等特有的成本核算方法。

船舶运输包括旅客运输、直达货物运输、远洋运输等，各种不同的运输方式具有不同的收入、成本的核算与结算方法。

重要概念

满油箱制　盘存制　车存燃料　库存燃料　运输支出　轮胎费用摊提率　运输收入　装卸收入　堆存收入　应收内部单位款　营运间接费用　装卸支出　堆存支出　辅助营运费用　铁路运输收入进款　铁路建设基金　应缴运输收入　车站在途　应收运营款　运输进款　下级欠缴运输进款　应付运营款　应缴铁路建设基金　应缴外汇结汇损益　应缴保价收入　欠缴上级运输进款　已缴运输进款　完成工作清算　上下级往来　集装箱固定费用　船舶维护费用　船舶固定费用　航空公司收入会计及特点　航空公司主营业务收入　航空公司收入的确认

思考练习题

一、思考题

1. 简述交通运输企业会计核算的特点。
2. 简述公路运输企业燃料管理制度。
3. 简述铁路运输进款核算的特点。
4. 公路运输企业营运成本包括哪些项目？
5. 铁路运输企业会计核算特点有哪些？
6. 简述航空公司会计核算的特点。
7. 简述铁路运输进款的核算特点。
8. 船舶运输企业会计核算包括哪些内容？

二、练习题

（一）单项选择题

1.（　　）账户是交通运输企业用来核算运输企业基层单位为组织和管理营运过程所发生的费用。

  A. 制造费用　　　　　　　　B. 辅助营运费用
  C. 营运间接费用　　　　　　D. 其他间接费用

2. 铁路分局收到车站汇缴的运输收入进款，应贷记（　　）账户。

A. 已缴运输收入进款 B. 车站在途
C. 应付运营款 D. 运输收入进款

3. 满油箱制和盘存制是（　　）管理的两种方法。
A. 汽耗燃料 B. 车存燃料
C. 库存燃料 D. 发出燃料

4. （　　）科目用来核算运输企业为保持船舶适航状态所发生的费用。
A. 船舶固定费用 B. 辅助营运费用
C. 营运间接费用 D. 船舶维护费用

5. 在交通运输企业的资产构成中，（　　）所占比重较大。
A. 固定资产 B. 流动资产
C. 无形资产 D. 原材料

6. （　　）指交通运输企业经营仓库、堆场业务所取得的主营业务收入。
A. 代理业务收入 B. 装卸收入
C. 运输收入 D. 堆存收入

7. （　　）账户核算交通运输企业辅助生产部门生产产品、提供劳务所发生的辅助生产费用。
A. 营运间接费用 B. 运输费用
C. 辅助营运费用 D. 其他间接费用

8. 由保养场进行的保养主要是大修理所发生的费用，一般通过（　　）账户进行归集和分配。
A. 营运间接费用 B. 运输费用
C. 辅助营运费用 D. 其他间接费用

（二）多项选择题

1. 根据汽车运输企业生产耗用的特点，汽车营运成本具体包括（　　）。
A. 直接人工 B. 直接材料
C. 营运间接费用 D. 其他间接费用

2. 汽车运输企业燃料管理制度包括（　　）。
A. 车耗燃料 B. 车存燃料
C. 库存燃料 D. 发出燃料

3. 汽车运输企业领用轮胎时的核算方法包括（　　）。
A. 一次摊销法 B. 平均摊销法
C. 按行驶公里预提法 D. 分次摊销法

4. 汽车运输企业营运收入的核算包括（　　）。
A. 企业总营运收入的核算
B. 企业营运收入的核算

C. 企业间营运收入的核算

D. 基层站、所企业间营运收入的核算

5. 汽车运输企业按收入的种类分别在"主营业务收入"账户下开设（　　）明细账户，主要核算主营业务的发生和结转。

  A. 运输收入   B. 堆存收入

  C. 装卸收入   D. 代理业务收入

6. 铁路运输收入进款主要包括（　　）。

  A. 运输收入   B. 铁路建设基金   C. 装卸收入   D. 代收款

7. 铁路运输收入进款的核算包括（　　）。

  A. 站段运输收入进款的核算

  B. 铁路分局运输收入进款的核算

  C. 铁路局运输收入进款的核算

  D. 铁道部运输收入的核算

（三）判断题

1. 运输企业在一定期间的运输生产成本可视为产品销售成本，直接在"主营业务成本——运输支出"等损益类账户中核算。（　　）

2. 燃料领用、发出的核算应在"燃料"账户下设"库存"和"车存"明细账户，但实行满油箱的企业，可以不设置明细账户。（　　）

3. 营运间接费用是指企业在营运过程中所发生的不能直接计入营运成本核算对象的各种间接费用，包括企业管理部门发生的管理费用。（　　）

4. 船舶运输企业一般以单船为成本核算对象。（　　）

5. 船舶运输包括旅客运输、直达货物运输、海江河货物联运、远洋运输等不同的运输方式，但其收入核算和结算办法基本相同。（　　）

（四）业务核算题

1. ××汽车运输公司燃料采用满油箱制，并按计划成本核算成本，2012 年 × 月燃料发出汇总表如下表所示，本月材料成本差异率为 1%。

×× 汽车运输公司燃料发出汇总表

2012 年 × 月　　　　　　　　　　　　　　　　　　　　单位：元

领用部门或用途	计划成本
客运部	35 000
货运部	50 000
管理部门	6 000
合　　计	91 000

要求：做出相关会计处理。

2. ××汽车运输公司 2012 年×月根据各基层站、所的营运收入月报汇总，其营运收入为 850 000 元，其中第一中心站客运收入 250 000 元，货运收入 150 000 元；第二中心站客运收入 300 000 元，货运收入 150 000 元。编制相关会计分录。

3. 某汽车运输公司 2012 年×月的"工资总额分配表"如下表所示。

工资总额分配表　　　　　　　　　　　　　　　　单位：元

借方科目		工资总额
运输支出	客车	30 620
	货车	37 380
辅助营运费用	修理车间	6 230
营运间接费用	车站	11 810
管理费用		7 500
合　计		93 540

要求：编制相关的会计分录。

4. 2012 年×月×日，某铁路分局收到车站汇缴的运输收入进款 45 000 元，编制相关会计分录。

5. 2012 年×月×日，某铁路分局以运输收入银行存款支付路外装卸费 180 000 元、路内整车装卸费 160 000 元，编制相关会计分录。

6. 2011 年年终，某铁路分局"应缴运输收入"账户余额 8 750 000 元，"已缴运输收入进款"账户余额 7 580 000 元，编制相关会计分录。

7. 某铁路局 2012 年×月完成运输工作应得清算收入 7 800 万元，已上报到铁道部会计司。该铁路局同时与所属分局清算了完成工作款，分局应得清算收入 5 000 万元，分局也与其基层单位完成运输工作的清算，基层单位应得清算收入 2 800 万元，编制相关会计分录。

练习题答案

（一）单项选择题

1. C　2. B　3. B　4. A　5. A　6. D　7. C　8. C

（二）多项选择题

1. ABCD　2. AB　3. AC　4. BCD　5. ABCD　6. ABD
7. ABC

（三）判断题

1. √　2. √　3. ×　4. √　5. ×

（四）业务核算题

1. （1）领用燃料计划成本：

```
   借：主营业务成本——运输支出——客运        35 000
                              ——货运        50 000
       管理费用                              6 000
           贷：原材料——燃料                        91 000
 (2) 结转材料成本差异：
   借：主营业务成本——运输支出——客运        350
                              ——货运        500
       管理费用                              60
           贷：材料成本差异——燃料                    910
2. 借：应收内部单位款——第一中心站            400 000
                      ——第二中心站            450 000
           贷：主营业务收入——运输收入——客运收入      550 000
                                        ——货运收入      300 000
3. 根据"工资总额分配表"，做如下会计分录：
   借：主营业务成本——运输支出——客车        30 620
                              ——货车        37 380
       主营业务成本——辅助营运费用——修理车间  6 230
       营运间接费用——车站                  11 810
       管理费用                            7 500
           贷：应付职工薪酬                            93 540
4. 借：银行存款                              45 000
           贷：车站在途——汇缴途中款                  45 000
5. 借：应付运营款——路外装卸费              180 000
                  ——路内装卸费              160 000
           贷：银行存款                              340 000
6. 借：应缴运输收入                          8 750 000
           贷：欠缴上级运输进款                      8 750 000
   同时，
   借：欠缴上级运输进款                      7 580 000
           贷：已缴运输收入进款                      7 580 000
7. (1) 铁路局：
   借：上下级往来——铁道部                  78 000 000
           贷：运输收入                              78 000 000
   借：完成工作清算                          50 000 000
           贷：上下级往来——铁路分局                  50 000 000
```

（2）铁路分局：

借：上下级往来——铁路局　　　　　　　　50 000 000
　　贷：完成工作清算　　　　　　　　　　　　　　　50 000 000
借：完成工作清算　　　　　　　　　　　　28 000 000
　　贷：上下级往来——基层单位　　　　　　　　　　28 000 000

（3）基层单位：

借：上下级往来——铁路分局　　　　　　　28 000 000
　　贷：完成工作清算　　　　　　　　　　　　　　　28 000 000

第八章 农业企业会计

本章学习要求：本章主要讲述与农业生产相关的生物资产的确认、计量、记录，以及农业企业主营业务收入和主营业务成本的会计处理。学完本章后，要熟练掌握生物资产的确认、计量、记录以及农业企业主营业务收入和主营业务成本核算的基本知识、基本方法、基本理论，根据农业企业生产特点和管理要求，综合运用有关会计核算方法进行农业生产经营活动的会计核算。

第一节 农业企业会计的特点

一、农业企业的生产活动与生物资产

农业企业，通过增强生物转化能力，最终收获更多的符合市场需要的农产品。狭义的农业指种植业，广义的农业包括种植业、畜牧养殖业、林业和水产业等行业。例如，种植业通过播种、田间管理促使农作物的生长和收获而获得稻谷、小麦，畜牧养殖业通过饲养和管理促使动物繁殖、增重而获得仔猪、肉猪、鸡蛋、牛奶等畜产品，林业等农产品用材料的生产和管理获得林产品、通过经济林木的生产和管理获得水果，水产业通过对水生动植物的养殖获得鱼、虾、海带等水产品，均属于农业生产活动。农业企业的生产对象一般都是有生命的动物和植物，生物资产是农业企业资产的重要组成部分。

生物资产，指与农业生产相关的有生命的（即活的）动物和植物。有生命的动物和植物具有能够进行生物转化的能力。所谓生物转化是指导致生物资产质量或数量发生变化的生长、蜕化、生产和繁殖的过程。其中，生长是指动物或植物体积、重量的增加或者质量的提高，例如小麦从种植开始到收获前的过程；蜕化是指动物或植物产出量的减少或质量的退化，例如母鸡产蛋能力的不断下降；生产是指动物或植物本身产出农产品，例如奶牛产奶、果树产水果等；繁殖是指产生新的动物或植物，例如母牛产牛犊。生物资产的形态、价值以及产生经济利益的方式，都会随着自身的出生、成长、衰老、死亡等自然规律和生产经营活动

不断变化。

农产品与生物资产密切相关又有区别。动物和植物一旦停止生命活动就不再是"生物资产",这一界定对生物资产和农产品进行了本质的区分。收获前,农产品附着在生物资产上时,属于生物资产的一部分;收获后,农产品离开生物资产母体,不再属于生物资产,而属于具有鲜活、易腐特点的存货。由此,必须对农业企业在农产品收获前后的生产活动加以区分,收获前,属于农业生产活动,针对的是有生命的生物资产;收获后,属于加工活动,针对的是收获后的农产品。以肉猪为例,在养殖阶段属于农业生产活动,在屠宰分解阶段则属于加工活动,二者的业务涉及不同的会计准则,前者适用于生物资产准则,后者适用于存货准则。本章仅介绍农业企业的农业生产活动。

农业生产活动具有地域性强、季节性强、生产周期长、经济再生产与自然再生产相交织的特点,受自然规律的制约,且农、林、牧、渔各业之间存在着极其密切的联系,相互依存、共同发展,例如,种植业可以为畜牧业提供丰富、廉价的饲料和褥草,而畜牧业又可以为种植业提供大量的优质肥料,各业共同发展有利于营造生态农业的全面发展,提高农业企业的综合效益。

二、生物资产的分类

生物资产分为消耗性生物资产、生产性生物资产和公益性生物资产三大类。

(一) 消耗性生物资产

消耗性生物资产,是指为出售而持有的或在将来收获为农产品的生物资产。消耗性生物资产是劳动对象,包括生长中的大田作物、蔬菜、用材林以及存栏待售的牲畜等。消耗性生物资产在收获农产品之后一次性消耗,资产不复存在,并终止其服务能力或未来经济利益,因此在一定程度上具有存货的特征,应当作为存货在资产负债表中列报。

(二) 生产性生物资产

生产性生物资产,是指为产出农产品、提供劳务或出租等目的而持有的生物资产。生产性生物资产具备自我生长性,能够在持续的基础上予以消耗并在未来的一段时间内保持其服务能力或未来经济利益,属于劳动手段,包括经济林、薪炭林、产畜和役畜等。生产性生物资产产出农产品之后,该资产仍然保留,并可以在未来期间继续产出农产品,例如果树每年产出水果、奶牛每年产奶等,具有能在生产经营中长期、反复使用,不断产出农产品或者是长期役用的特征,因此在一定程度上具有固定资产的特征。

生产性生物资产通常需要生长到一定阶段才开始具备生产的能力。根据其是否具备生产能力（即是否达到预定生产经营目的），可以对生产性生物资产进行进一步的划分。所谓达到预定生产经营目的，是指生产性生物资产进入正常生产期，可以多年连续稳定产出农产品、提供劳务或出租。由此，生产性生物资产可以划分为未成熟和成熟两类，前者指尚未达到预定生产经营目的，还不能够多年连续稳定产出农产品、提供劳务或出租的生产性生物资产，例如尚未开始挂果的果树、尚未开始产奶的奶牛等，后者则指已经达到预定生产经营目的的生产性生物资产。

（三）公益性生物资产

公益性生物资产，是指以防护、环境保护为主要目的的生物资产，包括防风固沙林、水土保持林和水源涵养林等。

公益性生物资产与消耗性生物资产和生产性生物资产有本质不同。后两者的目的是为了直接给企业带来经济利益，而公益性生物资产主要是出于防护、环境保护等目的，尽管其不能直接给企业带来经济利益，但具有服务潜能，有助于企业从相关资产中获得经济利益，如防风固沙林和水土保持林能带来防风固沙、保持水土的效能，风景林具有美化环境、休息游览的效能等，因此应当确认为生物资产，并且应当单独核算。

生物资产的分类不是一成不变的，因企业持有用途的改变，也会发生变化，如：产畜或役畜淘汰转为育肥畜，就属于生产性生物资产转换成消耗性生物资产。对于在取得时无法明确用途的生物资产，通常会先作为消耗性生物资产处理，如：在取得仔畜时，先将其确认为消耗性生物资产，经一段时间的饲养，筛选转栏，一部分转为育肥畜，仍属于消耗性生物资产，另一部分转为种畜，则作为生产性生物资产。

三、农业生产会计核算的特点

（一）农业生产会计核算的特点

1. 核算对象多，不稳定

农业企业的农业生产往往一业为主，多业经营，同时涉及农、林、牧、渔多种行业的生产，在每个行业中，生产的农产品品种也不稳定，会根据市场需求和天气变化适时调整。例如一家农业企业以种植业为主，同时经营着养猪场和鱼塘，另外种植果树；种植业以大田作物为主，还栽培少量的应季蔬菜；大田平时种植水稻，发生天灾时改种小麦，菜地种植的品种跟着市场的行情变换，大蒜行情走高就种蒜，生姜行情走高就种姜。不同行业，不同品种，生产特点不同，核算方法不同。

2. 成本计算期受自然再生产过程制约

农业生产的对象是生物资产，生物资产是有生命的植物和动物，这些动植物都有其自身的生长、蜕化、生产和繁殖的规律，生物资产生产周期一般较长，产品的产出受季节性影响较大。因此，农产品的成本计算期必然要受到自然再生产过程的制约，成本计算通常在产品产出月份或按年、按季进行。

3. 生产费用或产品成本常常需要在不同品种之间分配

农作物经常有间种、套种的情况。间种是指在同一块地上间隔种植两种或多种生育期相近的农作物，如玉米和大豆间种。套种是指一种作物收获前，又在行间套种另一种作物，如小麦在收获前一个月套种玉米或棉花等，这就需要将生产费用采用适当的方法在各种生物资产或农产品之间分配。农业生产活动往往同时生产出多种农产品。大田作物收获时，一般在获得主产品的同时，还会获得副产品，如种植小麦、水稻，在收获麦子和稻谷时，还收获了麦秸和稻草。牧业也存在类似的情况，饲养肉牛，在获得牛肉的同时，还获得了牛皮，这就需要将农产品成本采用适当的方法在各种农产品之间分配。

4. 资金周转慢，投入不均衡

农业生产受自然规律影响，生产周期较长，在产品占用大量的资金量，资金周转缓慢。在整个生产周期中，资金投放集中在播种、施肥、撒药等几个节点上，其他时间主要依靠生物资产的自然增值性，各月资金投放不均衡。这是由农业生产受自然规律影响以及其生产时间与劳动时间不一致所造成的。在会计核算上，反映出资金周转比较缓慢，各月资金投放不均衡，在产品的价值量要用实际投入的资金量表示，生产、成熟阶段的农作物在产品的价值难以通过实际盘点准确地测定等特点。

（二）农业生产会计核算应设置的账户

为核算农业生产活动，农业企业应设置"消耗性生物资产"、"生产性生物资产"、"生产性生物资产累计折旧"、"公益性生物资产"、"农业生产成本"、"农产品"、"存货跌价准备"、"生产性生物资产减值准备"、"主营业务收入"和"主营业务成本"账户。

消耗性生物资产成本通过"消耗性生物资产"账户进行核算。"消耗性生物资产"账户用于核算消耗性生物资产的实际成本，按消耗性生物资产的种类、群别等设置明细账，按成本项目设专栏。

生产性生物资产的账面价值通过"生产性生物资产"、"生产性生物资产累计折旧"和"生产性生物资产减值准备"账户进行核算。"生产性生物资产"账户用于核算生产性生物资产的原价，按"未成熟生产性生物资产"和"成熟生产性生物资产"设置二级账，按生产性生物资产的种类、群别、部门等设置明细账，"未成熟生产性生物资产"二级账下所属明细账按成本项目设专栏，以便核算未成熟生产性生物资产的实际成本。"生产性生物资产累计折旧"账户用于核算成熟生产性生物资产的累计折旧，是"成熟生产性生物资产"明细账的抵减账户。"生产性生物资产减值准备"用于核算生产性生物资产的减值准备，是"生产性生物资产"账户的抵减账户，生产性生物资产期末按成本与可收回金额孰低计量。

公益性生物资产的账面价值通过"公益性生物资产"账户进行核算。"公益性生物资产"账户用于核算公益性生物资产的实际成本，按公益性生物资产的种类、项目等设置明细账，按成本项目设专栏。

生产性生物资产生产农产品的费用以及农业生产的共同性费用通过"农业生产成本"账户进行核算。"农业生产成本"账户按农产品的种类和"共同费用"开设明细账，按农产品的种类开设的明细账用于核算成熟生产性生物资产在生产农产品的过程中发生的各项费用，按成本项目设专栏；"共同费用"设置明细账用于核算在农业生产中应由消耗性生物资产、生产性生物资产、公益性生物资产和农产品的在产品共同负担的费用，发生共同费用先在"共同费用"明细账归集，期末采用一定的方法分配，转入"农业生产成本"所属各农产品明细账户以及"消耗性生物资产"、"生产性生物资产"、"公益性生物资产"明细账户。本账户期末余额反映生产性生物资产生产的农产品在产品的成本。

收获的农产品的成本通过"农产品"账户核算。"农产品"账户用于核算收获农产品的实际成本，按农产品的种类设置明细账。

农产品发生的减值通过"存货跌价准备"账户核算。"存货跌价准备"账户用于核算农产品的在产品和产成品计提的减值准备，是"消耗性生物资产"账户、"农业生产成本"账户和"农产品"账户的抵减账户，农产品期末按成本与可变现净值孰低计量。

农业企业的销售收入和销售成本通过"主营业务收入"账户和"主营业务成本"账户核算。"主营业务收入"账户用于核算销售农产品、消耗性生物资产、生产性生物资产取得的收入，"主营业务成本"账户用于核算销售农产品、消耗性生物资产、生产性生物资产结转的成本。

表8-1为消耗性生物资产小麦的生产成本明细账，表8-2为生产性生物资产梨的生产成本明细账。

表 8-1　　　　　　　　　　　消耗性生物资产明细账

产品名称：小麦　　　　　　　　　　　　　　　　　　　　　　　　　　单位：元

摘　要	直接材料			直接人工	灌溉费	机械使用费	共同费用	合计
	种子	化肥	农药					
期初余额	210 000			30 000		10 000		250 000
分配直接材料费用		600 000	180 000					780 000
分配人工费用				600 000				600 000
分配灌溉费用					240 000			240 000
分配机械使用费						18 000		18 000
分配共同费用							90 000	90 000
本期合计		600 000	180 000	600 000	240 000	18 000	90 000	1 728 000
累计生产费用	210 000	600 000	180 000	630 000	240 000	28 000	90 000	1 978 000
收获农产品成本	210 000	600 000	180 000	630 000	240 000	28 000	90 000	1 978 000

表 8-2　　　　　　　　　　　农业生产成本明细账

产品名称：梨　　　　　　　　　　　　　　　　　　　　　　　　　　　单位：元

摘　要	直接材料	直接人工	其他直接费用	折旧费	共同费用	合计
分配直接材料费用	25 000					25 000
分配直接人工费用		30 000				30 000
分配其他直接费用			15 000			15 000
分配生产性生物资产折旧				100 000		100 000
分配共同费用					3 000	3 000
生产费用合计	25 000	30 000	15 000	100 000	3 000	173 000
收获农产品成本	25 000	30 000	15 000	100 000	3 000	173 000

四、生物资产的计量属性

生物资产可以采用历史成本后续计量，也可以采用公允价值后续计量，由于处于不同生长阶段的各类生物资产的公允价值一般难以取得，所以通常采用历史成本对生物资产进行后续计量，但有确凿证据表明其公允价值能够持续可靠取得的除外。

（一）采用公允价值计量的条件

采用公允价值计量的生物资产，须同时满足下列两个条件：

（1）生物资产有活跃的交易市场，即该生物资产能够在交易市场中直接交易。活跃的交易市场同时具有下列特征：

① 市场内交易的对象具有同质性；

② 可随时找到自愿交易的买方和卖方；

③ 市场价格信息是公开的。

（2）能够从交易市场上取得同类或类似生物资产的市场价格及其他相关信息，从而对生物资产的公允价值做出科学、合理的估计。同类或类似的生物资产，是指品种相同、质量等级相同或类似、生长时间相同或类似、所处气候和地理环境相同或类似的有生命的动物和植物。这一规定表明，企业能够客观而非主观随意地使用公允价值。

此外，对于不存在活跃交易市场的生物资产，采用下列一种或多种方法计量，有确凿证据表明确定的公允价值是可靠的，也可以采用公允价值计量：

① 从交易日到资产负债表日经济环境未发生重大变化的情况下，最近期的交易市场价格；

② 对资产差别进行调整的类似资产的市场价格；

③ 行业基准，比如以亩表示的果园价值、以千克肉表示的畜牧价格等；

④ 以使用该项生物资产的预期净现金流量按当前市场确定的比率折现的现值（应当反映市场参与者预期该资产在其最相关市场产生的净现金流量）作为该资产当前的公允价值。

（二）公允价值模式下的会计处理

在公允价值模式下，企业不再对生物资产计提折旧和计提跌价准备或减值准备，应当以资产负债表日生物资产的公允价值减去估计销售时所发生费用后的净额计量，各期变动计入当期损益。

一般情况下，企业对生物资产的计量模式一经确定，不得随意变更。

在实务中，由于生物资产采用公允价值后续计量的条件不宜满足，也未见农业企业实际应用公允价值计量模式，故本章后续内容有关生物资产后续计量核算的讲解，均采用成本计量模式作为先决条件。

第二节　消耗性生物资产的核算

消耗性生物资产是指农业企业为出售而持有的或在将来收获为农产品的生物资产，如大田作物、蔬菜、用材林以及存栏待售的牲畜等，具有存货的特征，核算上与一般存货相近，在报表列报时也作为存货在资产负债表中列示。

一、消耗性生物资产的初始计量

消耗性生物资产应当按照成本进行初始计量,农业企业取得的消耗性生物资产的来源主要有外购消耗性生物资产;自行繁殖、营造的消耗性生物资产;天然起源的消耗性生物资产等方式。来源不同,成本包含的内容不同,会计处理也不同。

(一) 外购消耗性生物资产

外购的消耗性生物资产的成本包括购买价款、相关税费、运输费、保险费以及可直接归属于购买该资产的其他支出。其中,可直接归属于购买该资产的其他支出包括场地整理费、装卸费、栽植费、专业人员服务费等。企业一揽子购入多项生物资产时,购买过程中发生的相关税费、运输费、保险费等可直接归属于购买该资产的其他支出,应当按照各项生物资产的价款比例进行分配,分别确定各项生物资产的成本。

【例8-1】2012年2月旺农公司从市场上一次性购买仔猪500头、鸡苗2 500只,单价分别为300元和4元,共计160 000元;另外,发生运输费7 000元和装卸费1 000元,款项全部以银行存款支付。旺农公司做会计处理如下:

分摊的运杂费:
分摊比例 = (7 000 + 1 000) ÷ 160 000 = 5%
仔猪应分摊运杂费 = 500 × 300 × 5% = 7 500 (元)
鸡苗应分摊运杂费 = 2 500 × 4 × 5% = 500 (元)
确定仔猪和鸡苗的入账价值:
仔猪的入账价值 = 500 × 300 + 7 500 = 157 500 (元)
鸡苗的入账价值 = 2 500 × 4 + 500 = 10 500 (元)
旺农公司做会计分录如下:
借:消耗性生物资产——仔猪　　　　　　　　　157 500
　　　　　　　　　　——鸡苗　　　　　　　　　 10 500
　　贷:银行存款　　　　　　　　　　　　　　　168 000

(二) 自行繁殖、营造的消耗性生物资产

对自行繁殖、营造的消耗性生物资产而言,其成本确定的一般原则是按照自行繁殖或营造(即培育)过程中发生的必要支出确定,既包括直接材料、直接人工、其他直接费,也包括应分摊的间接费用。不同种类消耗性生物资产的成本构成有所不同:

（1）自行栽培的大田作物和蔬菜的成本，包括在收获前耗用的种子、肥料、农药等材料费，人工费和应分摊的间接费用等必要支出。

（2）自行营造的林木类消耗性生物资产的成本，包括郁闭前发生的造林费、抚育费、营林设施费、良种试验费、调查设计费和应分摊的间接费用等必要支出。

郁闭是林木类消耗性生物资产成本确定中的一个重要界限。郁闭指一块林地上的林木的树干、树冠生长达到一定标准，林木成活率和保持率达到一定的技术规程要求。郁闭通常指林木类消耗性资产的郁闭度达 0.20 以上（含 0.20）。郁闭度是指森林中乔木树冠遮蔽地面的程度。不同林种、不同林分等对郁闭度指标的要求有所不同，各类林木类消耗性生物资产的郁闭度一经确定，不得随意变更。

郁闭是判断消耗性生物资产相关支出（包括借款费用）资本化或者是费用化的时点。郁闭之前的林木类消耗性生物资产处在培植阶段，需要发生较多的造林费、抚育费、营林设施费、良种试验费、调查设计费相关支出，这些支出应予以资本化计入成本；郁闭之后的林木类消耗性生物资产进入稳定的生长期，基本上可以比较稳定地成活，主要依靠林木本身的自然生长，一般只需要发生较少的管护费用，从重要性和谨慎性原则考虑应当计入当期费用。

（3）自行繁殖的育肥畜的成本，包括出售前发生的饲料费、人工费和应分摊的间接费用等必要支出。

（4）水产养殖的动物和植物的成本，包括在出售或入库前耗用的苗种、饲料、肥料等材料费，人工费和应分摊的间接费用等必要支出。

【例 8-2】承【例 8-1】，2012 年 2 月至 5 月旺农公司饲养仔猪领用饲料 350 000 元，发生人工费用 75 000 元、水电费 30 000 元、圈舍折旧 25 000 元，分摊共同费用 20 000 元。旺农公司做会计处理如下：

借：消耗性生物资产——仔猪　　　　　　　　　　　500 000
　　贷：原材料　　　　　　　　　　　　　　　　　350 000
　　　　应付职工薪酬　　　　　　　　　　　　　　 75 000
　　　　银行存款　　　　　　　　　　　　　　　　 30 000
　　　　累计折旧　　　　　　　　　　　　　　　　 25 000
　　　　农业生产成本——共同费用　　　　　　　　 20 000

【例 8-3】2012 年 2 月旺农公司种植小麦 600 亩，玉米 400 亩，玉米在小麦收获前 1 个月套种，小麦为越冬作物，上年发生费用累计 250 000 元，其中种子 210 000 元，人工 30 000 元，机械折旧费 10 000 元。旺农公司本年发生的有关经济业务做会计处理如下：

（1）玉米耗用种子费 200 000 元。

借：消耗性生物资产——玉米　　　　　　　　　　　200 000
　　贷：原材料——种子　　　　　　　　　　　　　200 000

(2) 领用化肥,小麦耗用化肥 600 000 元,玉米耗用化肥 400 000 元。

借:消耗性生物资产——小麦　　　　　　　　　　600 000
　　　　　　　　　——玉米　　　　　　　　　　400 000
　　贷:原材料——肥料　　　　　　　　　　　　　　　1 000 000

(3) 领用农药,小麦耗用农药 180 000 元,玉米耗用农药 120 000 元。

借:消耗性生物资产——小麦　　　　　　　　　　180 000
　　　　　　　　　——玉米　　　　　　　　　　120 000
　　贷:原材料——农药　　　　　　　　　　　　　　　300 000

(4) 耗费人工 840 000 元,按工日分配,小麦 6 000 工日,玉米 2 400 工日。

每工日应分摊的工资 = 840 000 ÷ (6 000 + 2 400) = 100(元)

小麦应分摊的工资 = 100 × 6 000 = 600 000(元)

玉米应分摊的工资 = 100 × 2 400 = 240 000(元)

借:消耗性生物资产——小麦　　　　　　　　　　600 000
　　　　　　　　　——玉米　　　　　　　　　　240 000
　　贷:应付职工薪酬　　　　　　　　　　　　　　　　840 000

(5) 支付灌溉费每亩共计 400 000 元,按种植面积分摊。

每亩灌溉费 = 400 000 ÷ (600 + 400) = 400(元)

小麦应分摊的灌溉费 = 400 × 600 = 240 000(元)

玉米应分摊的灌溉费 = 400 × 400 = 160 000(元)

借:消耗性生物资产——小麦　　　　　　　　　　240 000
　　　　　　　　　——玉米　　　　　　　　　　160 000
　　贷:银行存款　　　　　　　　　　　　　　　　　　400 000

(6) 耕种时使用的一台拖拉机原值 180 400 元,预计净残值为 400 元,按照工作量法计提折旧,预计可以翻耕土地 6 000 标准亩,使用工作量法分摊机械作业费。

每亩应当计提的拖拉机折旧 = (180 400 − 400) ÷ 6 000 = 30(元)

小麦应当分摊的机械作业费 = 30 × 600 = 18 000(元)

小麦应当分摊的机械作业费 = 30 × 400 = 12 000(元)

借:消耗性生物资产——小麦　　　　　　　　　　18 000
　　　　　　　　　——玉米　　　　　　　　　　12 000
　　贷:累计折旧　　　　　　　　　　　　　　　　　　30 000

(7) 本月发生共同间接费用 126 000 元,已通过"农业生产成本——共同费用"账户归集,按工日分配。

每工日应分摊的共同费用 = 126 000 ÷ (6 000 + 2 400) = 15(元)

小麦应分摊的共同费用 = 15 × 6 000 = 90 000(元)

玉米应分摊的共同费用 = 15 × 2 400 = 36 000（元）
借：消耗性生物资产——小麦　　　　　　　　　　　90 000
　　　　　　　　——玉米　　　　　　　　　　　36 000
　　贷：农业生产成本——共同费用　　　　　　　　126 000

在林木类生物资产的生长过程中，为了使其更好地生长，往往需要进行择伐、间伐或抚育更新性质采伐（这些采伐并不影响林木的郁闭状态），并且在采伐之后进行相应的补植。因择伐、间伐或抚育更新等生产性采伐而进行补植所发生的后续支出，应当予以资本化，计入林木类生物资产的成本。

【例8-4】旺农公司拥有一片用材林场，面积100亩，种植桉树，郁闭度确定为0.8，每年实地勘测确定一次，采用择伐方式进行更新。2012年对择伐进行补植，领用树苗50 000元，应支付临时人员工资10 000元；另外，当年发生森林管护费用共计90 000元，其中人员工资50 000元，使用库存肥料30 000元；管护设备折旧10 000元。在100亩桉树中，已郁闭的70%，其余30%尚未郁闭，管护费用按照森林面积比例进行分配。旺农公司做会计处理如下：

发生补植费用时：
借：消耗性生物资产——用材林（桉树）　　　　　　60 000
　　贷：原材料　　　　　　　　　　　　　　　　　50 000
　　　　应付职工薪酬　　　　　　　　　　　　　　10 000
分配管护费用时：
借：消耗性生物资产——用材林（桉树）（90 000 × 70%）63 000
　　管理费用　　　　　　　　　　（90 000 × 30%）27 000
　　贷：应付职工薪酬　　　　　　　　　　　　　　50 000
　　　　原材料　　　　　　　　　　　　　　　　　30 000
　　　　累计折旧　　　　　　　　　　　　　　　　10 000

（三）天然起源的消耗性生物资产

天然林等天然起源的消耗性生物资产，仅在企业有确凿证据表明能够拥有或者控制该生物资产时，才能予以确认。天然起源的消耗性生物资产的公允价值通常无法可靠地取得，应按名义金额1元人民币确定消耗性生物资产的成本，增加消耗性生物资产的同时，增加营业外收入。

二、消耗性生物资产的后续计量

生物资产采用历史成本计量模式下，消耗性生物资产按成本减累计跌价准备计量。

(一) 生物资产的减值迹象

生物资产准则对消耗性生物资产和生产性生物资产的减值采取了易于判断的方式，即企业至少应当于每年年度终了对消耗性生物资产和生产性生物资产进行检查，有确凿证据表明遭受自然灾害、病虫害、动物疫病侵袭或市场需求变化等的情况下，生物资产才可能存在减值迹象。具体来说，消耗性生物资产和生产性生物资产存在下列情形之一的，为出现减值迹象：

（1）因遭受火灾、旱灾、水灾、冻灾、台风、冰雹等自然灾害，造成消耗性生物资产或生产性生物资产发生实体损坏，影响该资产的进一步生长或生产，从而降低其产生经济利益的能力。

（2）因遭受病虫害或者疯牛病、禽流感、口蹄疫等动物疫病侵袭，造成消耗性生物资产或生产性生物资产的市场价格大幅度持续下跌，并且在可预见的未来无回升的希望。

（3）因消费者偏好改变而使企业的消耗性生物资产或生产性生物资产收获的农产品的市场需求发生变化，导致市场价格逐渐下跌。与工业产品不同，一般情况下，技术进步不会对生物资产的价值产生明显的影响。

（4）因企业所处经营环境，如动植物检验检疫标准等发生重大变化，从而对企业产生不利影响，导致消耗性生物资产或生产性生物资产的市场价格逐渐下跌。

（5）其他足以证明消耗性生物资产或生产性生物资产实质上已经发生减值的情形。

(二) 消耗性生物资产减值的会计处理

消耗性生物资产出现减值迹象时，企业应对其进行减值测试，倘若消耗性生物资产的可变现净值低于成本，则表明发生了减值。消耗性生物资产的可变现净值，是指在日常活动中消耗性生物资产的估计售价减去至出售时估计将要发生的成本、估计的销售费用以及相关税费后的金额。

消耗性生物资产发生减值时，企业应当按照可变现净值或可收回金额低于账面价值的差额，计提生物资产跌价准备，增加资产减值损失，同时增加存货跌价准备。

如果消耗性生物资产减值的影响因素已经消失，减记金额应当予以恢复，并在原已计提的跌价准备金额内转回，转回的金额计入当期损益。

【例 8-5】2012 年旺农公司种植的 400 标准亩玉米在完成播种、施肥后，2012 年 7 月遭受虫灾，致使玉米严重受损，预计收成将大幅度降低，此时已发生成本 800 000 元，根据受灾情况估计，玉米收获时售价 900 000 元，至收获前还将发生生产费用 300 000 元，预计销售费用 50 000 元。将要发生成本期末玉米的可变现净值估计为 300 000 元。旺农公司做会计处理如下：

玉米成本 = 800 000（元）

玉米的可变现净值 = 900 000 - 300 000 - 50 000 = 550 000（元）

玉米的减值损失 = 800 000 - 550 000 = 250 000（元）

借：资产减值损失——消耗性生物资产（玉米）　　　　250 000
　　贷：存货跌价准备——消耗性生物资产（玉米）　　　　250 000

三、消耗性生物资产的收获与处置

（一）消耗性生物资产的收获

收获，是指消耗性生物资产生长过程的结束，如收割小麦、采伐用材林等，以及农产品从生产性生物资产上分离，如从苹果树上采摘下苹果、奶牛产出牛奶、绵羊产出羊毛等。

1. 收获农产品成本核算的一般要求

为计算各种生物资产或农产品成本，应按其品种或种群设置成本计算对象，通过专门的账户核算，消耗性生物资产的成本通过"消耗性生物资产"账户核算，生产性生物资生产的农产品成本通过"农业生产成本"账户核算，按照成本计算对象设置明细账，并按成本项目设置专栏，以便于分别品种和费用的用途归集生产费用并计算生产成本；对于发生的直接费用，如直接材料、直接人工等直接费用，直接计入"消耗性生物资产"明细账和"农业生产成本"明细账，对于发生的间接费用，如材料、人工、生产性生物资产的折旧等应分摊的共同费用，先通过"农业生产成本——共同费用"明细账归集，然后采用一定的方法分配转入"消耗性生物资产"明细账和"农业生产成本"明细账。遇有农产品间种、套种情况时，有些直接费用也难以确定成本计算对象，凡在费用发生时能直接确定其成本核算对象的，应直接计入该成本核算对象的有关成本项目中，如种子费等；凡费用发生时不能明确其成本核算对象的，如灌溉费等，应选择一定的分配标准分配，经过分配后计入各成本计算对象的有关成本项目内。

生物资产或农产品的成本计算期应与生产周期一致，收获时点是成本计算的截止时点，收获时点之前的相关支出计入生产成本，而在收获时点之后的农产品应当适用《企业会计准则第 1 号——存货》，按照成本与可变现净值孰低计量，所以企业应特别注意成本计算的截止时点。由于种植业产品和林产品一般具有季节性强、生产周期长、经济再生产与自然再生产相交织的特点，种植业产品和林产品的收获时点因不同产品的特点而异。例如，粮豆的成本算至入库或能够销售；棉花算至皮棉；纤维作物、香料作物、人参、啤酒花等算至纤维等初级产品;草成本算至干草;不入库的鲜活产品算至销售;入库的鲜活产品算至入库;年底尚未脱粒的作物,其产品成本算至预提脱粒费用等。再如,育苗的成本计算截至出圃;采割阶段,林木采伐算至原木产品;橡胶算至加工成干胶或浓缩胶乳;茶的成本计算截至各种毛茶;水果等其他收获活动计算至产品能够销售等。

生物资产或农产品生产成本的计算方法应根据生产特点和管理要求确定,可采用品种法、分批法、分步法、分类法等方法。由于种植业按季节种植农作物,牧业、渔业、林业大多分批投入生产,生产特点与分批生产类似,所以生产成本计算多采用分批法。另外,农业生产在收获主产品的同时,往往还收获副产品,主要产品是进行生产的主要目的,如小麦、水稻等,副产品是生产主产品的同时附带获得的产品,如麦秸、稻草等。由于主副产品是同一生产过程的成果,所以一种作物的全部生产费用,应由主、副产品共同负担。为了正确计算主要产品的生产成本,需从全部生产费用中扣除副产品的成本。可以采用一定的标准将全部生产费用在主、副产品之间分配,计算确定副产品成本;也可以采用市场价格或计划成本计算确定副产品成本。

2. 消耗性生物资产收获农产品的会计处理

从消耗性生物资产上收获农产品后,消耗性生物资产自身完全转为农产品而不复存在,如肉猪宰杀后的猪肉、收获后的蔬菜、用材林采伐后的木材等,企业应当将收获时点消耗性生物资产的账面价值结转为农产品的成本,增加农产品,减少消耗性生物资产,已计提跌价准备的,还应同时结转存货跌价准备;对于不通过入库直接销售的鲜活产品等,将结转的实际生产成本直接计入主营业务成本。

【例8-6】承【例8-3】、【例8-5】,2012年旺农公司6月入库小麦500 000千克,同时收获麦秸200 000千克,麦秸的成本按市场价0.30元/千克确定;10月玉米入库400 000千克。旺农公司做会计处理如下:

2012年6月小麦入库时:

小麦为越冬作物,于上年播种,今年收获,其全部生产费用包括上年生产费用和本年生产费用,在计算小麦的成本时应扣除麦秸的成本。

小麦总成本 = 全部生产费用 − 麦秸成本
    = (年初生产费用 + 本年生产费用) − 麦秸成本
    = [250 000 + (600 000 + 180 000 + 600 000 + 240 000 + 18 000
     + 90 000)] − 200 000 × 0.30
    = 1 978 000 − 60 000
    = 1 918 000(元)

借:农产品——小麦   1 918 000
   ——麦秸   60 000

　　　　贷：消耗性生物资产——小麦　　　　　　　　　　1 978 000
　　2012年10月玉米入库时：
　　玉米当年播种，当年收获，其成本为本年生产费用；由于玉米因虫灾已计提减值准备，入库结转生产成本时，应同时结转减值。
　　玉米总成本 = 200 000 + 400 000 + 120 000 + 240 000 + 160 000
　　　　　　　　+ 12 000 + 36 000
　　　　　　　= 1 168 000（元）
　　借：农产品——玉米　　　　　　　　　　　　　　　918 000
　　　　存货跌价准备——消耗性生物资产（玉米）　　　250 000
　　　　贷：消耗性生物资产——玉米　　　　　　　　　1 168 000
　　小麦单位成本 = 1 918 000 ÷ 500 000 = 3.84（元）
　　玉米单位成本 = 1 168 000 ÷ 400 000 = 2.92（元）
　　小麦亩成本 = 1 918 000 ÷ 600 = 3 196.67（元）
　　玉米亩成本 = 1 168 000 ÷ 400 = 2 920（元）
　　3. 间接费用的分配方法
　　对共同费用合理地进行分配，才能计算出完整的生产成本。在分配时，通常需要按照一定的分配标准在各项生物资产或农产品之间进行分配，计算公式如下：

$$间接费用分配率 = 间接费用总额 \div 分配标准 \times 100\%$$

$$\begin{array}{c}某项生物资产或农产品\\应分配的间接费用额\end{array} = \begin{array}{c}该项资产相关\\的分配标准\end{array} \times \begin{array}{c}间接费用\\分配率\end{array}$$

　　费用的分配标准应与共同费用的发生有密切关系，在实务中，往往选择直接费用或直接人工作为分配标准，有时也选择直接材料、生产工时作为分配基础，也可以为不同种类的共同费用选择不同的分配标准，企业可以根据实际情况加以选用。例如：蔬菜栽培可分为露天栽培和温床、温室栽培两种，露天种植蔬菜是蔬菜生产的主要方式，在寒冷季节种植蔬菜则需要利用温床、温室（包括塑料大棚）进行蔬菜栽培。温床、温室栽培，温床和温室费用则需要分配计入各种蔬菜的生产成本。温床和温室的费用，是指温床和温室的发热材料费、燃料费、供水费、管理温床和温室的工人工资及福利费、温床和温室的折旧费、修理费等。温床和温室费用应按照各种蔬菜占用的温床格日数或温室平方米日数，分配计入各种蔬菜的生产成本。温床格日数是指某种蔬菜占用温床格数和在温床生产日数的乘积，温室平方米日数是指某种蔬菜占用位的平方米数和在温室生长日数的乘积。按温床格日数或温室平方米日数分配温床、温室费用的计算公式如下：

$$\begin{array}{c}蔬菜应分配的温床\\（温室）费用\end{array} = \frac{温床（温室）费用总数}{实际使用的格日（平方米日）总数} \times \begin{array}{c}该种蔬菜占用的格日\\（平方米日）数\end{array}$$

【例8-7】旺农公司利用温床培育豌豆、西红柿两种秧苗,温床费用为9 800元,其中:豌豆占用温床40格,生长期为30天;西红柿占用温床20格,生长期为40天。秧苗育成移至温室栽培后,发生温室费用33 000元,其中:豌豆占用温室1 000平方米,生长期为60天;西红柿占用温室1 500平方米,生长期为70天。温床和温室费用应按照蔬菜占用的温床格日数或温室平方米日数分配。两种蔬菜发生的直接生产费用为6 000元,其中豌豆2 500元,西红柿3 500元。应负担的间接费用共计4 500元,采用直接费用比例法分配。豌豆和西红柿两种蔬菜的产量分别为6 000千克和15 000千克。旺农公司做会计处理如下:

发生费用时:

借:消耗性生物资产——豌豆　　　　　　　　　　　　　　2 500
　　　　　　　　　——西红柿　　　　　　　　　　　　　3 500
　　农业生产成本——共同费用（9 800+33 000+4 500）47 300
　　贷:银行存款等　　　　　　　　　　　　　　　　　　53 300

期末分配费用时:

豌豆应分配的温床费用=[9 800÷(40×30+20×40)]×(40×30)=5 880（元）

西红柿应分配的温床费用=[9 800÷(40×30+20×40)]×(20×40)=3 920（元）

豌豆应分配的温室费用=[33 000÷(1 000×60+1 500×70)]×(1 000×60)
　　　　　　　　　　=12 000（元）

西红柿应分配的温室费用=[33 000÷(1 000×60+1 500×70)]×(1 500×70)
　　　　　　　　　　　=21 000（元）

豌豆应分配的间接费用=[4 500÷(2 500+3 500)]×2 500=1 875（元）

西红柿应分配的间接费用=[4 500÷(2 500+3 500)]×3 500=2 625（元）

豌豆应分配费用合计=5 880+12 000+1 875=19 755（元）

西红柿应分配费用合计=3 920+21 000+2 625=27 545（元）

借:消耗性生物资产——豌豆　　　　　　　　　　　　　　19 755
　　　　　　　　　——西红柿　　　　　　　　　　　　　27 545
　　贷:农业生产成本——共同费用　　　　　　　　　　　47 300

收获时:

借:农产品——豌豆　　　　　　　　　　　　　　　　　　22 255
　　　　　——西红柿　　　　　　　　　　　　　　　　　31 045
　　贷:消耗性生物资产——豌豆　　　　　　　　　　　　22 255
　　　　　　　　　　　——西红柿　　　　　　　　　　　31 045

豌豆、西红柿生产成本计算表如表8-3所示。

表8-3　　　　　　　　　蔬菜生产成本计算表

产品	产量	直接费用	温床费用	温室费用	制造费用	总成本	单位成本
豌豆	6 000	2 500	5 880	12 000	1 875	22 255	3.71
西红柿	15 000	3 500	3 920	21 000	2 625	31 045	2.07
合计		6 000	6 000	33 000	4 500	53 300	

4. 成本结转方法

在收获时点企业应当将该时点归属于某生物资产或农产品的生产成本的账面价值结转为农产品的成本，增加农产品，减少消耗性生物资产或农业生产成本。一部分生物资产或农产品当季播种当季收获，或者当批投产当批收获，发生的生产费用，即为收获的生物资产或农产品结转的生产成本，如种植的粮食、水果、蔬菜等一般属于这种情况。另一部分生物资产或农产品，成熟时间不一致，或成熟后收获时间不一致，由于分批收获，发生的生产费用需要在收获与未收获的生物资产或农产品之间分配，结转收获生物资产或农产品的生产成本，如：种蛋孵化鸡苗破壳时间就不一致，择伐郁闭的林木类消耗性生物资产等均属于这种情况，具体的成本结转方法有多种，包括加权平均法、个别计价法、蓄积量比例法、轮伐期年限法、折耗率法等，企业可以根据实际情况选用合适的成本结转方法，但是一经确定，不得随意变更。

【例8-8】旺农公司2012年4月末养殖的肉猪账面余额为160 000元，共计200头；5月初400头仔猪转群为肉猪，转群仔猪的生产成本为200 000元；6月份共发生饲养费用156 000元，其中：饲料120 000元，应付专职饲养员工资30 000元，应分摊的共同费用6 000元。5月末屠宰肉猪250头，支付临时工屠宰费用10 000元，用移动加权平均法结转成本。旺农公司做会计处理如下：

仔猪转群时：

借：消耗性生物资产——肉猪　　　　　　　　　　200 000
　　贷：消耗性生物资产——仔猪　　　　　　　　　　　200 000

本月发生饲养费用时：

借：消耗性生物资产——肉猪　　　　　　　　　　156 000
　　贷：原材料　　　　　　　　　　　　　　　　　　120 000
　　　　应付职工薪酬　　　　　　　　　　　　　　　 30 000
　　　　农业生产成本——共同费用　　　　　　　　　　6 000

屠宰结转成本时：

平均单位成本 =(160 000 + 200 000 + 156 000) ÷ (200 + 400) = 860(元)

出栏猪肉的成本 = 860 × 250 + 10 000 = 225 000（元）
借：农产品——猪肉　　　　　　　　　　　　　225 000
　　贷：消耗性生物资产——肉猪　　　　　　　　　215 000
　　　　银行存款　　　　　　　　　　　　　　　　10 000

在各种成本结转方法中，蓄积量比例法、轮伐期年限法、折耗率法是林业中通常使用的方法，具有林业的特殊性，以下分述之：

(1) 蓄积量比例法。

蓄积量比例法以达到经济成熟可供采伐的林木为"完工"标志，将包括已成熟和未成熟的所有林木按照完工程度（林龄、林木培育程度、费用发生程度等）折算为达到经济成熟可供采伐的林木总体蓄积量，然后，按照当期采伐林木的蓄积量占折算的林木总体蓄积量的比例，确定应该结转的林木资产成本。该方法主要适用于择伐方式和林木资产由于择伐更新使其价值处于不断变动的情况下。计算公式如下：

某期应结转的林木资产成本 = 当期采伐林木的蓄积量 ÷ 林木总体蓄积量
　　　　　　　　　　　　　× 期初林木资产账面总值

(2) 轮伐期年限法。

轮伐期年限法将林木原始价值按照可持续经营的要求，在其轮伐期的年份内平均摊销，并结转林木资产成本。其中，轮伐期是指将一块林地上的林木均衡分批、轮流采伐一次所需要的时间（通常以年为单位计算）。计算公式如下：

某期应结转的林木资产成本 = 林木资产原值 ÷ 轮伐期

(3) 折耗率法。

折耗率法也是林业上常用的方法之一。该方法按照采伐林木所消耗林木蓄积量占到采伐为止预计该地区、该树种可能达到的总蓄积量摊销、结转所采伐林木资产成本。计算公式如下：

采伐的林木应摊销的林木资产价值 = 折耗率 × 所采伐林木的蓄积量
折耗率 = 林木资产总价值 ÷ 到采伐为止预计的总蓄积量

其中的折耗率应分树种、地区分别测算；林木资产总价值是指该地区、该树种的营造林历史成本总和；预计总蓄积量是指到采伐为止预计该地区、该树种可能达到的总蓄积量。

(二) 消耗性生物资产的处置

1. 消耗性生物资产及农产品出售

消耗性生物资产结束生产过程收获时，转为农产品，或直接出售。消耗性生物资产或农产品出售时,企业应按售价金额确认主营业务收入;按成本确认主营业务成本,销售收获的农产品时,通过"农产品"账户结转销售成本,直接出售消耗性生物资产时,通过"消耗性生物资产"账户结转销售成本;已计提跌价准备的,还应同时结转跌价准备。

【例8-9】承【例8-8】,旺农公司2012年5月末将屠宰的250头猪的猪肉全部出售,收到款项250 000元;另外,从鸡舍直接出售雏鸡300只,生产成本45 000元,计提跌价准备10 000元,售价33 000元,款项尚未收到。旺农公司做会计处理如下:

出售猪肉时:
借:银行存款　　　　　　　　　　　　　　　　　250 000
　　贷:主营业务收入　　　　　　　　　　　　　　250 000
借:主营业务成本　　　　　　　　　　　　　　　225 000
　　贷:农产品——猪肉　　　　　　　　　　　　　225 000

出售雏鸡时:
借:应收账款　　　　　　　　　　　　　　　　　 33 000
　　贷:主营业务收入　　　　　　　　　　　　　　 33 000
借:主营业务成本　　　　　　　　　　　　　　　 35 000
　　存货跌价准备　　　　　　　　　　　　　　　 10 000
　　贷:消耗性生物资产——雏鸡　　　　　　　　　 45 000

2. 消耗性生物资产盘亏或死亡、毁损

消耗性生物资产盘亏或死亡、毁损时,应当将处置收入扣除其账面价值和相关税费后的余额先记入"待处理财产损溢"科目,待查明原因后,根据企业的管理权限,经股东大会、董事会、经理(场长)会议或类似机构批准后,在期末结账前处理完毕。消耗性生物资产因盘亏或死亡、毁损造成的损失,在减去过失人或者保险公司等的赔款和残余价值之后,计入当期管理费用;属于自然灾害等非常损失的,计入营业外支出。

【例8-10】旺农公司2012年6月4日丢失5头肉猪,账面原值为3 000元,6月30日经查实,饲养员张山应赔偿500元。旺农公司做会计处理如下:

丢失肉猪时:
借:待处理财产损溢　　　　　　　　　　　　　　3 000
　　贷:消耗性生物资产——肉猪　　　　　　　　　3 000

确认损失时:
借:其他应收款——张山　　　　　　　　　　　　　500
　　管理费用　　　　　　　　　　　　　　　　　2 500
　　贷:待处理财产损溢　　　　　　　　　　　　　3 000

(三) 消耗性生物资产转换为其他生物资产

消耗性生物资产因用途改变可能转变为生产性生物资产或公益性生物资产，如：仔猪转群为种猪，用材林转为公益林等，此时应终止消耗性生物资产的确认，按照改变用途时的账面价值，转销消耗性生物资产，增加生产性生物资产或公益性生物资产。

【例 8 – 11】2012 年 11 月，由于区域生态环境的需要，旺农公司 100 亩桉树用材林被划为防风固沙林，仍由公司负责管理，该林木的账面余额 1 800 000 元，未计提跌价准备。旺农公司做会计处理如下：

借：公益性生物资产——防风固沙林（桉树）　　　1 800 000
　　贷：消耗性生物资产——桉树　　　　　　　　　　1 800 000

第三节　生产性生物资产的核算

生产性生物资产是指农业企业为产出农产品、提供劳务或出租等目的而持有的生物资产，如经济林、薪炭林、产畜和役畜等，生产性生物资产通常需要生长到一定阶段才开始具备生产的能力，在具备生产能力之前称为未成熟的生产性生物资产，在具备生产能力之后称为成熟的生产性生物资产。生产性生物资产具有固定资产的特征，核算上与固定资产相近，在报表列报时作为非流动资产在资产负债表中列示。

一、生产性生物资产的初始计量

生产性生物资产应当按照成本进行初始计量，农业企业取得的生产性生物资产的来源主要有外购生产性生物资产；自行繁殖、营造的生产性生物资产；天然起源的生产性生物资产等方式；来源不同，成本包含的内容不同，会计处理也不同。

外购的生产性生物资产和天然起源的生产性生物资产的成本构成及会计处理，以及林木类生产性生物资产择伐、间伐后的补植的会计处理，与消耗性生物资产类似，本处不再赘述。

自行繁殖、营造的生产性生物资产的会计处理，与消耗性生物资产相比，有其自身的特点。

自行繁殖、营造的生产性生物资产，如：企业自己繁育的奶牛、种猪，自行营造的橡胶树、果树、茶树等，生产性生物资产通常需要生长到一定阶段才开始具备生产的能力,在达到预定生产经营目的前,作为未成熟生产性生物资产,所发生的必要支出,应予以资本化,计入生物资产的成本,包括直接材料、直接人工、其他直接费和应分摊的间接费用。自行营造的林木类生产性生物资产的成本,包括达到预定生产经营目的前发生的造林费、抚育费、营林设施费、良种试验费、调查设计费和应分摊的间接费用等必要支出;自行繁殖的产畜和役畜的成本,包括达到预定生产经营目的(成龄)前发生的饲料费、人工费和应分摊的间接费用等必要支出。在达到预定生产经营目的之后,作为成熟的生产性生物资产,开始计提折旧,为生产发生的直接费用和间接费用,计入农业生产成本,而不再计入生物资产。达到预定生产经营目的是区分生产性生物资产成熟和未成熟的分界点,同时也是判断其相关费用停止资本化的时点,是区分其是否具备生产能力,从而是否计提折旧的分界点。企业应当根据具体情况,结合正常生产期的确定,对生产性生物资产是否达到预定生产经营目的进行判断。例如,一般就海南橡胶园而言,同林段内离地 100 厘米处、树围 50 厘米以上的芽接胶树,占林段总株数的 50% 以上时,该橡胶园就属于进入正常生产期,即达到预定生产经营目的。

生产性生物资产在达到预定生产经营目的之前发生的必要支出在"生产性生物资产——未成熟生产性生物资产"账户归集,未成熟生产性生物资产达到预定生产经营目的时,按其账面余额,转入"生产性生物资产——成熟生产性生物资产"账户,未成熟生产性生物资产已计提减值准备的,还应同时结转已计提的减值准备。

生产性生物资产在达到预定生产经营目的之前,其用途一般是已经确定的,如尚未开始挂果的果树、未开始产奶的奶牛等;但是,如果其未来用途不确定,应当作为消耗性生物资产核算和管理,待确定用途后,再按照用途转换进行处理。

【例 8 – 12】旺农公司 2012 年 5 月初 100 头仔猪转群为后备种猪,转群仔猪的生产成本为 50 000 元。后备种猪饲养周期为 70 ~ 90 天,5 ~ 7 月领用的饲料为 21 000 元,人工为 15 000 元,分摊猪舍折旧为 900 元,分摊共同费用为 1 100 元。7 月下旬该批后备种猪转为种猪。旺农公司做会计处理如下:

仔猪转群时:
借:生产性生物资产——未成熟生产性生物资产(后备种猪)
                50 000
 贷:消耗性生物资产——仔猪
                50 000
本月发生饲养费用时:
借:生产性生物资产——未成熟生产性生物资产(后备种猪)
                38 000

```
    贷：原材料                                    21 000
        应付职工薪酬                               15 000
        累计折旧                                     900
        农业生产成本——共同费用                    1 100
```
后备种猪转为种猪时：
后备种猪成本 = 50 000 + 21 000 + 15 000 + 900 + 1 100 = 88 000（元）
```
    借：生产性生物资产——成熟生产性生物资产（种猪）    88 000
        贷：生产性生物资产——未成熟生产性生物资产（后备种猪）
                                                    88 000
```

二、生产性生物资产的后续计量

生物资产在采用历史成本计量模式下，未成熟的生产性生物资产按成本减累计减值准备计量，成熟的生产性生物资产按成本减累计折旧及累计减值准备计量。

（一）成熟生产性生物资产折旧

成熟的生产性生物资产进入正常生产期，可以多年连续稳定产出农产品、提供劳务或出租，随着生命的蜕化，其产出量会逐渐减少或质量退化，因此，应当按期计提折旧，以与其给企业带来的经济利益流入相配比。例如，已经开始挂果的苹果树的折旧额与从苹果树上采摘的苹果取得的收入相配比，役牛每期的折旧额与其犁地为企业带来的经济利益流入相配比等。

生产性生物资产的折旧，是指在生产性生物资产的使用寿命内，按照确定的方法对应计折旧额进行系统分摊。其中，应计折旧额是指应当计提折旧的生产性生物资产的原价扣除预计净残值后的余额；如果已经计提减值准备，还应当扣除已计提的生产性生物资产减值准备累计金额。预计净残值是指预计生产性生物资产使用寿命结束时，在处置过程中所发生的处置收入扣除处置费用后的余额。

1. 需要计提折旧的生产性生物资产的范围

企业确定生产性生物资产计提折旧的范围，应当考虑下列因素：

（1）当期增加的成熟生产性生物资产应当计提折旧；

（2）已提足折旧的生产性生物资产，不论能否继续使用，均不再计提折旧；

（3）以融资租赁租入的生产性生物资产和以经营租赁方式租出的生产性生物资产，应当计提折旧；

（4）以融资租赁租出的生产性生物资产和以经营租赁方式租入的生产性生物资产，不应计提折旧。

2. 预计生产性生物资产的使用寿命

企业确定生产性生物资产的使用寿命，应当考虑下列因素：

（1）该资产的预计产出能力或实物产量；

（2）该资产的预计有形损耗，如产畜和役畜衰老、经济林老化等；

（3）该资产的预计无形损耗，如因新品种的出现而使现有的生产性生物资产的产出能力和产出农产品的质量等方面相对下降、市场需求的变化使生产性生物资产产出的农产品相对过时等。

在实务中，企业应在考虑这些因素的基础上，结合不同生产性生物资产的具体情况做出判断，例如，在考虑林木类生产性生物资产的使用寿命时，可以考虑诸如温度、湿度和降雨量等生物特征、灌溉特征、嫁接和修剪程序、植物的种类和分类、植物的株间距、所使用初生主根的类型、采摘或收割的方法、所生产产品的预计市场需求等。在相同的环境下，同样的生产性生物资产的预计使用寿命应该基本相同。

3. 生产性生物资产的折旧方法

生物资产准则规定了企业可选用的折旧方法包括年限平均法、工作量法、产量法等。在具体运用时，企业应当根据生产性生物资产的具体情况，合理选择相应的折旧方法。

4. 合理确定生产性生物资产的使用寿命、预计净残值和折旧方法

企业应当结合本企业的具体情况，根据生产性生物资产的类别，制定适合本企业的生产性生物资产目录、分类方法。对于达到预定经营目的的生产性生物资产，还应根据生产性生物资产的性质、使用情况和有关经济利益的预期实现方式，合理确定生产性生物资产的使用寿命、预计净残值和折旧方法，作为进行生产性生物资产核算的依据。

企业制定的生产性生物资产目录、分类方法、预计使用寿命、预计净残值、折旧方法等，应当编制成册，并按照管理权限，经股东大会或董事会，或经理（场长）会议或类似机构批准，按照法律、行政法规的规定报送有关各方备案，同时备置于企业所在地，以供投资者等有关各方查阅。企业已经确定并对外报送，或备置于企业所在地的有关生产性生物资产目录、分类方法、预计净残值、预计使用寿命、折旧方法等，一经确定不得随意变更，如需变更，应仍然按照上述程序，经批准后报送有关各方备案，并在报表附注中予以说明。

企业至少应当于每年年度终了对生产性生物资产的使用寿命、预计净残值和折旧方法进行复核。如果生产性生物资产的使用寿命或预计净残值的预期数与原先估计数有差异的，或者有关经济利益预期实现方式有重大改变的，企业应当作为会计估计变更，按照《企业会计准则第28号——会计政策、会计估计变更和差错更正》的规定进行会计处理，调整生产性生物资产的使用寿命或预计净残

值或者改变折旧方法。

5. 生产性生物资产计提折旧的账务处理

企业应当按期对达到预定生产经营目的的生产性生物资产计提折旧,并根据受益对象分别计入将收获的农产品成本、劳务成本、出租费用等。对成熟生产性生物资产按期计提折旧时,借记"农业生产成本"、"管理费用"等账户,贷记"生产性生物资产累计折旧"账户。

【例8-13】旺农公司2012年4月饲养的1 000只蛋种鸡进入产蛋期,生产商品蛋,总成本20 000元,经济使用寿命12~13个月,预计每只鸡产蛋300个,预计每只鸡残值8元,采用产量法计提折旧,本月产蛋28 000个。旺农公司7月计提折旧做会计处理如下:

单位折旧额 = (20 000 - 1 000 × 8) ÷ (300 × 1 000) = 0.04(元)

本月折旧额 = 28 000 × 0.04 = 1 120(元)

借:农业生产成本——商品蛋　　　　　　　　　　　　1 120
　　贷:生产性生物资产累计折旧　　　　　　　　　　　　　1 120

(二) 生产性生物资产减值的会计处理

企业至少应当于每年年度终了对生产性生物资产进行检查,有确凿证据表明上述生物资产发生减值的,应当计提生物资产跌价准备或减值准备。当生产性生物资产的可收回金额低于其账面价值时,企业应当按照可变现净值或可收回金额低于账面价值的差额,计提生物资产跌价准备或减值准备,增加资产减值损失。生产性生物资产的可收回金额根据其公允价值减去处置费用后的净额与资产预计未来现金流量的现值两者之间较高者确定,应当遵循《企业会计准则第8号——资产减值》。生产性生物资产减值准备一经计提,不得转回。生产性生物资产减值后,在以后年度计算折旧时,应从应提折旧总额中扣除。

生产性生物资产减值的主要迹象,已在本章第二节与消耗性生物资产减值的主要迹象一并介绍,本处不再赘述。

【例8-14】2012年旺农公司拥有10亩梨园,出产鸭梨,原始成本850 000元,累计折旧400 000元,12月31日旺农公司对梨园进行检查,发现因市场消费趋向的变化,鸭梨价格大幅下降,可能发生减值。该梨园公允价值减去处置费用后的净额为200 000元,尚可使用4年,预计在未来4年内产生的现金净流量分别为90 000元、80 000元、70 000元、100 000元(其中2016年的现金流量已经考虑使用寿命结束时进行处置的现金净流量)。在考虑有关风险的基础上,旺农公司决定采用5%的折现率。该梨园以前年度没有计提减值准备。旺农公司做会计处理如下:

(1) 梨园的账面价值 = 850 000 - 400 000 = 450 000(元)

(2) 梨园可收回金额的计算：

梨园未来现金流量现值计算表　　　　　　　　　　　单位：元

年　度	预计未来现金流量（元）	折现系数（折现率5%）	现值（元）
2013 年	90 000	0.952381	85 714.29
2014 年	80 000	0.907029	72 562.36
2015 年	70 000	0.863838	60 468.63
2016 年	100 000	0.822702	82 270.25
总计	340 000		301 015.50

未来现金流量现值 301 015.50 元 > 销售净价 200 000 元，因此该梨园的可收回金额为 301 015.50 元。

(3) 提减值准备：

梨园的可收回金额低于账面价值，应计提减值准备。

梨园应计提的减值准备 = 450 000 - 301 015.50 = 148 984.50（元）。

借：资产减值损失——生产性生物资产（梨园）　　148 984.50

　　贷：生产性生物资产减值准备——梨园　　　　　　　148 984.50

三、生产性生物资产的收获与处置

（一）生产性生物资产的收获

生产性生物资产具备自我生长性，能够在生产经营中长期、反复使用，从而不断产出农产品。从生产性生物资产上收获农产品后，生产性生物资产这一母体仍然存在，如奶牛产出牛奶、从果树上采摘下水果等。农业生产过程中发生的各项生产费用，按照经济用途可以分为直接材料、直接人工等直接费用以及间接费用，对于农产品生产过程中发生的直接材料、直接人工等直接费用，直接计入相关成本核算对象，即直接记入"农业生产成本——农产品"账户，对于农产品生产过程中发生的间接费用，如材料费、人工费、生产性生物资产的折旧费等应分摊的共同费用，先通过"农业生产成本——共同费用"账户归集，在会计期末按一定的分配标准，分配计入有关的成本核算对象，转入"农业生产成本——农产品"明细账。在收获时点企业应当将该时点归属于某农产品的生产成本的账面价值结转为农产品的成本，增加农产品，减少农业生产成本。

农产品成本核算的一般要求、间接费用的分配方法以及成本结转方法与消耗性生物资产相同，已在本章第二节讲述，本处不再赘述。

【例 8-15】2012 年旺农公司梨园发生直接费用 160 000 元，其中人员工资

30 000 元，使用农药 25 000 元，支付其他管护费 15 000 元，梨园折旧 100 000 元；与苹果园共同支付管护费 9 000 元；按种植面积分摊，梨园与苹果园面积分别为 20 亩和 40 亩，苹果园尚未挂果。本年收获鸭梨 25 000 千克。旺农公司做会计处理如下：

发生直接费用时：
借：农业生产成本——鸭梨　　　　　　　　　　　　　　170 000
　　贷：原材料　　　　　　　　　　　　　　　　　　　　25 000
　　　　应付职工薪酬　　　　　　　　　　　　　　　　　30 000
　　　　银行存款　　　　　　　　　　　　　　　　　　　15 000
　　　　生产性生物资产累计折旧　　　　　　　　　　　　100 000

发生间接费用时：
借：农业生产成本——共同费用　　　　　　　　　　　　9 000
　　贷：银行存款　　　　　　　　　　　　　　　　　　　9 000

期末结转共同费用时：
借：农业生产成本——鸭梨　　　　　　　　　　　　　　3 000
　　生产性生物资产——未成熟生产性生物资产（苹果园）　6 000
　　贷：农业生产成本——共同费用　　　　　　　　　　　9 000

收获时：
借：农产品　　　　　　　　　　　　　　　　　　　　　173 000
　　贷：农业生产成本——鸭梨　　　　　　　　　　　　　173 000

（二）生产性生物资产的处置

生产性生物资产处置包括生产性生物资产出售和生产性生物资产盘亏或死亡、毁损。

生产性生物资产结束生产过程收获时，在产品从生产性生物资产上分离，转为农产品，或直接出售。农产品出售时，企业应按售价金额确认主营业务收入；按成本确认主营业务成本，销售收获的农产品，通过"农产品"账户结转销售成本，直接出售农产品，通过"农业生产成本"账户结转销售成本；已计提减值准备的，还应同时结转减值准备。

生产性生物资产淘汰出售时，企业应按售价金额确认主营业务收入；应按其账面价值确认主营业务成本，注销生产性生物资产的原值、生产性生物资产累计折旧、生产性生物资产减值准备。

【例 8-16】承【例 8-15】，2012 年旺农公司收获的鸭梨全部出售，售价 175 000 元，收到款项存入银行。旺农公司做会计处理如下：

确认销售收入时：

借：银行存款　　　　　　　　　　　　　　　　175 000
　　贷：主营业务收入　　　　　　　　　　　　　　175 000
结转销售成本时：
借：主营业务成本　　　　　　　　　　　　　　　173 000
　　贷：农产品　　　　　　　　　　　　　　　　　173 000

【例8-17】2012年3月旺农公司淘汰900只蛋种鸡出售给嘉华肉食加工厂，价款总额为5 400元，货款尚未收到，出售时蛋种鸡账面原值17 100元，累计折旧12 600元，未计提跌价准备。旺农公司做会计处理如下：

借：应收账款——嘉华肉食加厂　　　　　　　　　5 400
　　贷：主营业务收入　　　　　　　　　　　　　　5 400
借：主营业务成本　　　　　　　　　　　　　　　　4 500
　　生产性生物资产累计折旧　　　　　　　　　　12 600
　　贷：生产性生物资产——蛋种鸡　　　　　　　17 100

生产性生物资产盘亏或死亡、毁损与消耗性生物资产盘亏或死亡、毁损的会计处理的原理类似，相关内容已在本章第二节讲述，本处不再赘述。

（三）生产性生物资产转换为其他类别生物资产

生产性生物资产因用途改变可能转变为消耗性生物资产或公益性生物资产，如：产畜或役畜淘汰转为育肥畜，经济林、薪炭林转换为用材林或公益林等，此时应终止生产性生物资产的确认，按照改变用途时的账面价值，转销生产性生物资产，增加消耗性生物资产或公益性生物资产。

【例8-18】2012年7月，旺农公司将90头种猪转为肉猪，此批种猪的账面原价为79 650元，已经计提的累计折旧为47 790元，已经计提的资产减值准备为11 860元。旺农公司做会计处理如下：

借：消耗性生物资产——肉猪　　　　　　　　　20 000
　　生产性生物资产累计折旧　　　　　　　　　　47 790
　　生产性生物资产减值准备　　　　　　　　　　11 860
　　贷：生产性生物资产——成熟生产性生物资产（种猪）　　79 650

第四节　公益性生物资产的核算

公益性生物资产指农业企业以防护、环境保护为主要目的持有的生物资产，如防风固沙林、水土保持林、水源涵养林、风景林等，具有防风固沙、保持水土、美化环境、休息游览等效能，不以营利为目的，与消费性生物资产和生产性生物资产相比，在核算上有其自身的特点，在报表列报时作为非流动资产在资产负债表中列示。

公益性生物资产应当按照成本进行初始计量，农业企业取得的公益性生物资产的来源主要有外购公益性生物资产，自行繁殖、营造的公益性生物资产，公益起源的生产性生物资产等方式，来源不同，成本包含的内容不同，会计处理也不同。对自行营造的公益性生物资产而言，其成本确定的一般原则是按照郁闭前发生的造林费、抚育费、森林保护费、营林设施费、良种试验费、调查设计费和应分摊的间接费用等必要支出确定。外购的公益性生物资产和天然起源的公益性生物资产的成本构成及会计处理，以及林木类公益性生物资产择伐、间伐后的补植的会计处理，与消耗性生物资产和生产性生物资产类似，本处不再赘述。

生物资产采用历史成本计量模式下，公益性生物资产按成本计量，不计提折旧和减值准备。

公益性生物资产因用途改变可能转变为消耗性生物资产或生产性生物资产，如：防风固沙林、水土保持林、水源涵养林、风景林转换为用材林等，此时应终止公益性生物资产的确认，按照改变用途时的账面价值，转销公益性生物资产，增加消耗性生物资产或生产性生物资产。

【例8-19】 2012年8月，旺农公司根据所属区域的林业发展规划相关政策调整，将用于防风固沙的600亩马尾松林全部转为以采脂为目的的商林，该马尾松的账面价值为1 500 000元。其中，已经具备采脂条件的为400亩，账面价值为1 060 000元，其余的尚不具备采脂条件。旺农公司做会计处理如下：

借：生产性生物资产——成熟生产性生物资产（马尾松）
　　　　　　　　　　　　　　　　　　　　　　　1 060 000
　　生产性生物资产——未成熟生产性生物资产（马尾松）
　　　　　　　　　　　　　　　　　　　　　　　　440 000
　贷：公益性生物资产——防风固沙林（马尾松）　1 500 000

应用与扩展

家畜、家禽养殖与销售上市公司报表解读

雏鹰农牧（A股002477）

（一）生物资产

会计政策特色：

生物资产：

（1）生物资产的确定标准。生物资产，是指有生命的动物和植物构成的资产。

(2) 生物资产的分类。生物资产分为消耗性生物资产、生产性生物资产。
(二) 消耗性生物资产
1. 会计政策
存货：
(1) 存货的分类。
本公司存货分为原材料、低值易耗品、包装物、在产品、农产品、消耗性生物资产、库存商品等。消耗性生物资产包括仔猪、后备种猪、肉猪、生态猪、种鸡、鸡苗、绿化隔离带；农产品包括种蛋、商品蛋、破壳蛋等；在产品主要指孵化过程中的种蛋。
(2) 发出存货的计价方法。
本公司存货取得时按实际成本计价。原材料、在产品、农产品等发出时采用加权平均法计价。
① 原材料。
本公司原材料主要包括用来生产饲料的玉米、豆粕、其他添加料、预混料、兽药、疫苗及加工完成的饲料。原材料成本按照实际成本入账，发出时采用加权平均法核算。
② 低值易耗品、包装物。
外购低值易耗品和包装物按实际成本计价，发出时一次计入成本。
③ 在产品。
本公司在产品指在孵化阶段的种蛋。在产品成本主要包括：种蛋转入成本、工资薪酬、折旧、水电费等，期末将实际发生额按约当产量进行分配，记入当期在产品和鸡苗成本。本公司报告期内饲料生产主要采取混合工艺，生产周期很短，所以期末在产品中不留饲料成本。
④ 农产品。
农产品包括种蛋、商品蛋、破壳蛋，其成本由成熟性种鸡成本转入。转入成本在种蛋、商品蛋、破壳蛋之间按约当产量进行分配，其中种蛋、商品蛋、破壳蛋产量的约当系数为1:0.4:0.3。发出农产品按加权平均法计价。
⑤ 消耗性生物资产。
　A. 仔猪。
本公司将25千克以下，在祖代猪场、种猪场、三元仔猪场分娩舍和保育舍喂养的生猪，统称为仔猪。这部分生猪用途具有多样性，因此本公司将其归集在"仔猪"科目统一核算。仔猪饲养周期约为70天（生态猪仔猪饲养周期约为90天），之后通过筛选转栏，分别按照后备种猪、肉猪饲养，或直接销售。仔猪成本包括后备舍、分娩舍、保育舍领用的饲料、药品、分摊的折旧、农户代养费、工资薪酬、水电费、养殖小区租金等。月末按约当产量法将成本在出栏（销售)、转栏仔猪和期末存栏仔猪之间分配,死亡仔猪成本由活体承担。以上期末存栏约当比按存栏猪平均饲养天数与饲养周期总天数的比例确定。

B. 后备种猪。

本公司将 25 千克以上,在后备场和祖代猪场育成舍喂养的生猪,统称为后备种猪。这部分生猪包括纯种猪、二元种猪。后备种猪饲养周期为 70~90 天,饲养期满通过筛选转栏作为生产性生物资产饲养,或出栏销售。后备种猪成本包括转入仔猪成本、领用的饲料、药品、分摊的折旧、农户代养费、工资薪酬、水电费、养殖小区租金等。月末按约当产量法将后备种猪成本在出栏、转栏种猪和期末存栏种猪之间分配,死亡种猪发生的成本中仔猪成本转入管理费用——流动资产损失,其余成本由活体承担。以上期末存栏约当比按存栏猪平均饲养天数与饲养周期总天数的比例确定。

C. 商品肉猪。

公司将 25 千克以上,在育肥场育成舍喂养的生猪称为商品肉猪。商品肉猪饲养周期约为 90 天,饲养期满后出栏销售。商品肉猪成本包括转入仔猪成本、领用的饲料、药品、分摊的折旧、农户代养费、工资薪酬、水电费、养殖小区租金等。月末按约当产量法将肉猪成本在出栏商品肉猪和期末存栏商品肉猪之间分配,死亡肉猪发生的成本中仔猪成本转入管理费用——流动资产损失,其余成本由活体承担。以上期末存栏约当比按存栏猪平均饲养天数与饲养周期总天数的比例确定。

D. 生态猪。

公司将以中国地方品种猪为养殖对象,25 千克以上,以放养和舍养结合喂养的生猪称为生态猪。饲养周期约为 210 天,饲养期满后出栏销售。生态猪成本包括转入仔猪成本、领用的饲料(含青饲料)、药品、分摊的折旧、农户代养费、工资薪酬、水电费、土地租金等。月末按约当产量法将生态猪成本在出栏生态猪和期末存栏生态猪之间分配,死亡生态猪发生的成本中仔猪成本转入管理费用——流动资产损失,其余成本由活体承担。以上期末存栏约当比按存栏猪平均饲养天数与饲养周期总天数的比例确定。

E. 种鸡。

公司将育雏育成及生产阶段的种鸡,统称为种鸡。由于种鸡自成熟到淘汰不超过一年,所以按照消耗性生物资产核算。

父母代种鸡分三个阶段核算,即育雏育成阶段(约 60 天)、未成熟性种鸡阶段(3~4 个月)、成熟性种鸡阶段即产蛋阶段(8~9 个月)。育雏育成成本主要包括:外购父母代种鸡苗成本、饲料、药品、鸡舍等固定资产折旧、农户代养费、水电费、工资薪酬等。月末按约当产量法将成本在转栏种鸡和期末存栏种鸡之间分配,死亡种鸡成本由活体承担。育雏育成、未成熟性种鸡期末存栏约当比按平均饲养天数与饲养总天数的比例确定。

未成熟性种鸡成本主要包括：育雏育成转入成本、其他成本与月末摊销方法与上一阶段相同。

成熟性种鸡成本主要包括：未成熟性种鸡转入成本、其他成本与上一阶段相同，该阶段归集成本超过其淘汰后"预计销售价格"的部分，摊销记入当期种蛋成本。报告期内，公司淘汰种鸡"预计销售价格"未发生变化。

F. 鸡苗。

公司将公司自行孵化生产的商品代鸡苗，统称为鸡苗。鸡苗成本包括转入的种蛋成本和孵化厂发生的水电、工资薪酬、固定资产折旧等费用。

G. 绿化隔离带。

成本包括购买树苗成本、人工及维护费用等。

⑥ 库存商品。

库存商品主要为子公司吉林雏鹰农贸有限公司储备的粮食。

（3）存货可变现净值的确定。

依据及存货跌价准备的计提方法，存货可变现净值是按存货的估计售价减去至完工时估计将要发生的成本、估计的销售费用以及相关税费后的金额。本公司期末存货成本高于其可变现净值的，计提存货跌价准备。本公司通常按照单个存货项目计提存货跌价准备，期末，以前减记存货价值的影响因素已经消失的，存货跌价准备在原已计提的金额内转回。

2. 2010 年会计报表附注

存货：

（1）存货的分类。

存货种类	期末数			期初数		
	账面余额	跌价准备	账面价值	账面余额	跌价准备	账面价值
原材料	183 958 339.37	—	183 958 339.37	87 365 483.91	—	87 365 483.91
农产品	362 220.95		362 220.95	471 017.74		471 017.74
低值易耗品	226 481.40		226 481.40	41 629.80		41 629.80
包装物	324 790.95		324 790.95	64 613.34		64 613.34
在产品	472 899.29		472 899.29	540 007.16		540 007.16
消耗性生物资产	112 986 228.18		112 986 228.18	86 588 163.18		86 588 163.18
库存商品	298 330 960.14	—	298 330 960.14	175 070 915.13		175 070 915.13
合　计	183 958 339.37		183 958 339.37	87 365 483.91		87 365 483.91

其中：

① 消耗性生物资产明细如下：

项　目	2010.01.01	本年增加	本年减少	2010.12.31
仔猪	26 096 369.93	284 192 490.57	272 501 808.62	37 787 051.88
商品肉猪	38 718 459.14	241 283 543.72	228 810 748.83	51 191 254.03
后备种猪	6 778 704.97	37 208 649.24	35 536 562.12	8 450 792.09
种鸡	14 429 409.14	70 593 735.88	70 518 398.84	14 504 746.18
绿化隔离带	565 220.00	487 164.00	—	1 052 384.00
合　计	86 588 163.18	633 765 583.41	607 367 518.41	112 986 228.18

② 消耗性生物资产实物数量明细如下：

项　目	单　位	2010.12.31	2009.12.31
仔猪	头	157 050.00	112 535.00
商品肉猪	头	53 343.00	41 675.00
后备种猪	头	11 383.00	8 444.00
种鸡	只	640 417.00	703 545.00

（2）存货跌价准备。

本公司期末对存货进行了清查，虽然期末消耗性生物资产存量较多，但均处于正常喂养阶段，不存在毁损等减值情况。因此，报告期内本公司未计提存货跌价准备。

（三）生产性生物资产

1. 会计政策

生产性生物资产：

（1）生产性生物资产。

本公司生产性生物资产指为繁育仔猪而喂养的种猪，包括纯种猪、二元种猪及用于配种的公猪。

（2）生产性生物资产的初始计量。

本公司生产性生物资产按照成本进行初始计量。外购生产性生物资产的成本，包括购买价款、相关税费、运输费、保险费以及可直接归属于购买该资产的其他支出。自行繁殖的生产性生物资产（种猪）的成本，包括达到预定生产经营目的（成龄）前发生的饲料费、人工费和应分摊的间接费用等必要支出。达到预定生产经营目的，是指生产性生物资产进入正常生产期，可以多年连续稳定繁育生猪。

(3) 生产性生物资产的折旧政策。

生产性生物资产折旧采用直线法计算,按各类生物资产估计的使用年限扣除残值后,确定折旧率如下:

生产性生物资产类别	使用年限（年）	残值率（%）	年折旧率（%）
畜牧养殖业			
其中:种猪	4 年	10%	22.50%

(4) 生产性生物资产减值的处理。

本公司于资产负债表日判断资产是否存在可能发生减值的迹象,存在减值迹象的,本公司将估计其可收回金额,进行减值测试。可收回金额根据资产的公允价值减去处置费用后的净额与资产预计未来现金流量的现值两者之间的较高者确定。

2. 2010 年会计报表附注

生产性生物资产:

(1) 以成本计量:

项 目	期初数	本期增加	本期减少	期末数
畜牧养殖业——种猪				
账面原值合计	54 367 112.05	30 953 369.75	3 995 621.44	81 324 860.36
其中:外购纯种猪	29 764 205.00	22 120 000.00	1 391 755.77	50 492 449.23
外购二元种猪	11 046 073.52	—	994 650.00	10 051 423.52
自繁种猪	13 556 833.53	8 833 369.75	1 609 215.67	20 780 987.61
累计折旧合计	12 441 460.05	18 854 242.94	2 530 372.94	28 765 330.05
账面净值合计	41 925 652.00	12 099 126.81	1 465 248.50	52 559 530.31
减值准备合计	—	—	—	—
账面价值合计	41 925 652.00	12 099 126.81	1 465 248.50	52 559 530.31

(2) 生产性生物资产期末实物数量明细如下:

项 目	单 位	期末数	期初数
外购纯种猪	头	9 658.00	4 573.00
外购二元种猪	头	5 181.00	5 673.00
自繁种猪	头	20 558.00	12 883.00
合 计		35 397.00	23 129.00

说明：

① 生产性生物资产预计使用寿命、预计净残值、折旧方法详见生产性生物资产会计政策。

② 生物资产相关的风险情况与管理措施。

生猪规模化养殖最大的风险是疫情快速传播带来的可能损失，本公司通过分散养殖、封闭管理在物理上隔绝疫情：

A. 分散养殖是疫情防控的物理基础。

为防止疫情快速大范围传播，必须在物理上保证公司养殖场地的分散和单个场地内猪舍的隔离。

"分散养殖"是指本公司各养殖场平均占地规模较小，且相互之间保持合理距离。本公司的养殖场远离村庄，但相对集中在新郑市薛店镇及周边乡镇，各个养殖场之间距离在3公里以上，保持"既相对集中，又合理分散"的格局。

同时，本公司大型养殖区，包括第一祖代场和第一生猪出口基地，根据具体情况隔离为多个养殖场区，各个养殖场区之间必须设置树林隔离带，树林隔离带通常在100~150米；另外，本公司在同一养殖场内各个猪舍之间，根据风向和场地特点，利用绿化隔离带，将其进行有效隔离。

B. 封闭管理是疫情防控的技术手段。

本公司制定了严格的《场区封闭管理制度》，采取合作农户与养殖畜禽"全进全出"的原则，即合作农户一旦开始一阶段畜禽养殖，直到畜禽转栏移交，才可以离开养殖区。同时，为防疫、供料等需要进出场区的人和车辆必须按照规定程序采取消毒、隔离措施。

(3) 生产性生物资产减值准备。

本公司期末对生产性生物资产进行了检查，未发现生产性生物资产发生减值的情况，故未计提生产性生物资产减值准备。

本章小结

农业企业通过增强生物转化能力，最终收获更多的符合市场需要的农产品。生物资产是农业企业资产的重要组成部分。生物资产是与农业生产相关的有生命的（即活的）动物和植物，生物资产分为消耗性生物资产、生产性生物资产和公益性生物资产三类。生物资产取得时按成本计量，后续计量通常采用成本模式，满足一定条件时也可以选择公允价值计量。

消耗性生物资产，自行繁殖或营造（即培育）过程中所发生的必要支出，包括直接材料、直接人工、其他直接费以及分摊的间接费用，作为生产成本计入消耗性生物资产价值；通常消耗性生物资产生长过程结束收获时停止资本化，林木类消耗性生物资产在郁闭时停止资本化。消耗性生物资产期末按成本与可变现净值孰低计量。消耗性生物资产收获后转换为农产品。

生产性生物资产自行繁殖、营造过程中，在生产性生物资产成熟前，所发生的必要支出，包括直接材料、直接人工、其他直接费以及分摊的间接费用，应予以资本化，计入未成熟生产性生物资产的价值；达到预定生产经营目的后，转为成熟生产性生物资产，开始计提折旧，为生产农产品发生的直接材料、直接人工、其他直接费以及分摊的间接费用，计入农业生产成本，收获后转为农产品。生产性生物资产期末按成本与可收回金额孰低计量。

公益性生物资产不计提折旧，也不计提减值，期末按成本计量。

因持有目的的变化，生物资产会转变分类。

在报表列报时，消耗性生物资产、农产品、农业生产成本扣除跌价准备后在存货中列示，生产性生物资产扣除折旧和减值后在非流动资产中列示，公益性生物资产在非流动资产中列示。

重要概念

农业企业　生物资产　消耗性生物资产　生产性生物资产　公益性生物资产　未成熟生产性生物资产　成熟生产性生物资产　农产品　收获　郁闭　外购生物资产成本　自行繁殖、营造的消耗性生物资产成本　自行繁殖、营造的生产性生物资产　天然起源生物资产成本

思考练习题

一、思考题

1. 农业生产会计核算的特点是什么？
2. 生物资产分为哪几类？主要区别是什么？
3. 生物资产采用公允价值计量的条件是什么？核算上有何特点？
4. 农产品与生物资产的区别和联系是什么？
5. 消耗性生物资产与生产性生物资产计算农产品成本核算的过程有何不同？
6. 公益性生物资产与消耗性生物资产及生产性生物资产的核算有何不同？
7. 如何理解收获？确认收获时点在农业生产核算中有何作用？
8. 生产性生物资产和消耗性生物资产减值的计量有何差别？

二、练习题

（一）单项选择题

1. 以下各项不属于生物资产的是（　　）。

A. 农产品 B. 生产性生物资产
C. 消耗性生物资产 D. 公益性生物资产

2. 自行营造的林木类消耗性生物资产在（   ）前发生的各项支出应予以资本化。
A. 砍伐 B. 郁闭
C. 死亡 D. 毁损

3. 生产性生物资产淘汰出售取得的收入属于（   ）。
A. 主营业务收入 B. 其他业务收入
C. 营业外收入 D. 固定资产清理

4. 生产生物资产因非自然灾害原因造成的盘亏、死亡、毁损导致的损失，在减去过失人或者保险公司等的赔款和残余价值之后，应计入（   ）。
A. 农业生产成本 B. 生产性生物资产
C. 营业外支出 D. 管理费用

5. 以下各项不属于存货的是（   ）。
A. 农产品 B. 农业生产成本
C. 消耗性生物资产 D. 生产性生物资产

（二）多项选择题

1. 以下可以导致生物资产减值迹象的有（   ）。
A. 自然灾害 B. 虫害
C. 动物疫病 D. 动植物检验检疫标准变化

2. 以下各项中影响收获农产品入账价值的因素有（   ）。
A. 存货跌价准备 B. 农业生产成本
C. 消耗性生物资产 D. 生产性生物资产

3. 以下各项资产，在符合公允价值计量条件时，可以采用公允价值计量的有（   ）。
A. 农产品 B. 生产性生物资产
C. 消耗性生物资产 D. 公益性生物资产

4. 在成本计量模式下，发生减值迹象的，以下各项需要计提减值准备的有（   ）。
A. 农业生产成本 B. 生产性生物资产
C. 消耗性生物资产 D. 公益性生物资产

5. 收获农产品时，属于林业成本结转方法的包括（   ）。
A. 蓄积量比例法 B. 折耗率法
C. 个别计价法 D. 轮伐期年限法

（三）判断题

1. 公益性生物资产随着自身衰老价值逐渐减少，应在其生命期间计提折旧。
（   ）
2. 生产性生物资产应计提折旧。（   ）
3. 生产性生物资产在取得后所发生的后续支出，均应费用化。（   ）
4. 为简化核算，副产品的成本可以按市价计量确定，从主、副产品共同的生产费用中扣除，按余额计算确定主产品成本。（   ）
5. 在林木类生物资产的生长过程中，择伐、间伐后进行补植所发生的后续支出，应予以资本化，计入林木类生物资产的成本。（   ）

（四）业务核算题

1. 鑫农公司 2012 年开始营造 100 亩桃园，有关业务如下：

（1）营造桃园发生的费用共计 100 万元，其中：支付规划设计费 100 000 元，购买树苗成本 400 000 元，化肥 90 000 元，农药 130 000 元，培育人员工资 250 000 元，支付其他费用 30 000 元。2016 年后开始挂果。

（2）2016 年耗用化肥 20 000 元，耗用农药 60 000 元，发生人员工资 90 000 元，支付其他费用 10 000 元。

（3）2016 年计提桃园折旧，预计经济使用年限为 20 年，预计净残值为 300 000 元，采用平均年限法计提折旧。

（4）2016 年分配共同费用 15 000 元。

（5）2016 年收获桃子，产量 40 000 千克，结转生产成本。

（6）2016 年收获的桃子全部销售，产量 40 000 千克，售价 380 000 元，收到款项存入银行，并结转销售成本。

要求：编制相关会计分录。

2. 鑫农公司 2012 年种植水稻 600 亩，有关业务如下：

（1）耗用种子费 300 000 元，耗用化肥 660 000 元，耗用农药 210 000 元。

（2）耗费人工 530 000 元。

（3）支付灌溉费每亩共计 700 000 元。

（4）应分摊的农业机械折旧为 23 000 元。

（5）应分摊的共同费用为 17 000 元。

（6）收获稻谷 400 000 千克，收获稻草 200 000 千克，稻草计划单位成本 0.2 元，结转稻谷和稻草的生产成本。

（7）稻谷全部出售，售价 3 000 000 元，收到款项存入银行，并结转销售成本。

练习题答案

（一）单项选择题

1. A   2. B   3. A   4. D   5. D

（二）多项选择题

1. ABCD   2. ABC   3. BCD   4. ABC   5. ABD

（三）判断题

1. ×   2. ×   3. ×   4. √   5. √

（四）业务核算题

1. （1）营造桃园发生费用时：

借：生产性生物资产——未成熟生产性生物资产（桃园）

               1 000 000

 贷：原材料   620 000

   应付职工薪酬   250 000

   银行存款   130 000

开始挂果时时：

借：生产性生物资产——成熟生产性生物资产（桃园） 1 000 000

 贷：生产性生物资产——未成熟生产性生物资产（桃园）

               1 000 000

（2）发生直接费用时：

借：农业生产成本——桃   180 000

 贷：原材料   80 000

   应付职工薪酬   90 000

   银行存款   10 000

（3）计提折旧：

年折旧额 = (100 − 30) ÷ 20 = 35 000（元）

借：农业生产成本——桃   35 000

 贷：生产性生物资产累计折旧   35 000

（4）分配应负担的共同费用时：

借：农业生产成本——桃   15 000

 贷：农业生产成本——共同费用 15 000

（5）收获时：

借：农产品   230 000

 贷：农业生产成本——桃   230 000

（6）销售时：

借：银行存款   380 000

贷：主营业务收入	380 000
借：主营业务成本	230 000
贷：农产品	230 000

2. （1）耗用种子、化肥、农药：

借：消耗性生物资产——水稻	1 170 000
贷：原材料——种子	300 000
——化肥	660 000
——农药	210 000

（2）耗用人工：

借：消耗性生物资产——水稻	530 000
贷：应付职工薪酬	530 000

（3）支付灌溉费：

借：消耗性生物资产——水稻	700 000
贷：银行存款	700 000

（4）计提折旧：

借：消耗性生物资产——水稻	23 000
贷：累计折旧	23 000

（5）分摊共同费用：

借：消耗性生物资产——水稻	17 000
贷：农业生产成本——共同费用	17 000

（6）收获水稻和稻草：

水稻总成本 = 全部生产费用 − 稻草成本 = 117 + 53 + 70 + 2.3 + 1.7 − 20 × 0.20 = 244 − 4 = 240（万元）

借：农产品——水稻	2 400 000
——稻草	40 000
贷：消耗性生物资产——水稻	2 440 000

（7）销售时：

借：银行存款	3 000 000
贷：主营业务收入	3 000 000
借：主营业务成本	2 400 000
贷：农产品	2 400 000

第九章 商业银行会计

本章学习要求： 商业银行作为现代金融体系的主体，在国民经济发展中发挥着重要的作用。本章在概述商业银行经营特点与会计特点的基础上，具体阐述了商业银行独特的会计核算方法，并对商业银行的存款、贷款、结算及往来业务的核算进行全面、具体的讲解。

通过本章的学习，能够具体了解商业银行会计核算的特点及独特的会计核算方法，掌握商业银行存款、贷款、结算及往来业务的具体核算内容。

第一节 商业银行会计核算特点

一、商业银行概述及经营特点

商业银行是以经营存款、贷款、支付结算为主要业务，以追求利润为经营目标的金融企业。作为现代金融体系的主体，商业银行在银行体系中占有重要地位。商业银行以安全性、流动性、效益性为经营原则。商业银行经营的主要业务有：吸收存款，发放贷款，办理国内外结算，办理票据贴现，发行金融债券、买卖政府债券、同业拆借，买卖外汇，提供信用证服务及担保，代理保险业务，提供保险箱以及经中国人民银行批准的其他业务。

商业银行作为金融企业与其他行业企业相比，具有自身的经营特点，具体表现为经营对象的差别。工商企业经营的是具有一定实物形态和使用价值的商品，从事商品生产和商品流转业务。而商业银行是以金融资产和金融负债为经营对象，经营的是特殊商品，即货币和货币资本。经营的内容包括货币收付、借贷以及各种与货币流通有关的或者与之有关的金融服务，这使其成为一种特殊的金融企业。

二、商业银行会计的特点

商业银行会计是企业会计的一个具体分支，是以货币为主要计量单位，采用会计的专门方法，对商业银行经营过程进行连续、系统的核算和监督，为企业经营者和有关各方提供财务状况和经营成果等会计信息的一种管理活动。

商业银行会计与其他行业会计相比，除具有会计的共性外，还具有其特点，主要表现在以下几个方面。

（一）会计对象的社会性

商业银行会计对象即为商业银行经营活动所引起的资金运动，由于商业银行的资金运动主要是商业银行在处理与国民经济各部门、各企业、各单位以及广大储户等发生的经济业务时引起的，因而具有广泛的社会性，由此决定商业银行会计核算对象社会性的特征。

（二）会计核算与业务处理的同步性

商业银行是经营货币资金的特殊行业，商业银行货币资金的收付都需要通过会计具体办理核算，商业银行在处理各项业务的同时，必须通过会计部门直接完成，商业银行会计核算的过程就是办理业务的过程。所以，商业银行会计核算和业务处理是同步进行的。

（三）会计核算方法的独特性

商业银行经营的是特殊商品，各项业务活动从发生到完成，只具有货币资金这一种运动形态，商业银行经营业务的特殊性决定了商业银行会计核算方法从凭证的填制到账务处理程序和账务核对程序等方面具有独特的会计核算方法。

（四）内部监督的严密性

商业银行经营业务的特殊性决定了商业银行会计在核算方法和内部监督措施上比其他行业会计更严密。主要体现在现金收付换人复核、双人临柜、当天业务当天必须入账、每天必须清点库存等制度，只有这样才能确保会计核算的质量及资金运动的安全与效率。

（五）信息披露的严格性

商业银行作为金融企业，与国民经济各部门及储户联系密切，通过商业银行提供的会计信息可以了解国民经济的运行情况，是制定宏观政策，进行宏观决策的重要依据。同时，商业银行高负债经营、高风险的特点要求其信息披露更加严格。

(六) 会计核算管理体系的统一性

我国商业银行一般实行的是统一法人体制，按照这一体制的要求和会计核算的原则，商业银行会计必须实行统一管理。统一的会计管理和监督是金融企业实行有效内控、防范金融风险、保障规范经营最重要、最基础的部分，而且是其他手段无法替代的。

第二节 商业银行会计核算方法

商业银行会计核算方法是根据会计学的一般原理，结合商业银行的业务特点及经营管理要求制定的一套具有商业银行行业特点的科学的会计核算方法。其内容主要包括：会计科目的设置、记账方法的运用、会计凭证的填制与审核、账务组织与账务处理程序、会计报表的编制等。

一、会计科目

(一) 会计科目的设置原则

随着2006年新《企业会计准则》的颁布与实施，商业银行作为金融企业，其核算也从原遵循《金融企业会计制度》调整为遵循新《企业会计准则》。新《企业会计准则》中有一部分会计科目及其账务处理方法完全是根据商业银行经营业务的特点所专设的。当然，在实际具体核算中，商业银行在不违反会计准则中确认、计量和报告规定的前提下，根据实际情况自行增设、拆分、合并会计科目。

商业银行设置会计科目时应遵循以下原则：其一，体现会计对象特点和资金运动规律；其二，既要满足外部会计信息使用者的需要，又要满足内部经营管理的需要；其三，既要遵循新《企业会计准则》，又要满足商业银行经营业务的需要；其四，会计科目简明、适用，且相对稳定。

(二) 会计科目的分类

商业银行的会计科目，按照不同的标准有不同的分类。

1. 按经济内容分类

商业银行科目按经济内容可分为五大类：资产类科目、负债类科目、所有者权益类科目、资产负债共同类科目、损益类科目。

2. 按与会计报表的关系分类

商业银行的会计科目，按与会计报表的关系分，可以分为表内科目和表外科目。

（1）表内科目。

表内科目是指体现在资产负债表或利润表中，反映商业银行会计要素增减变化的会计科目，上述按经济内容划分的五大类会计科目均属于表内科目。

（2）表外科目。

表外科目是指不反映在资产负债表和利润表中，用来核算不涉及商业银行会计要素增减变化的一些重要的业务事项、需要在备查簿中登记的会计科目，如有价单证、重要空白凭证、银行承兑汇票、代保管的有价值物品等。表外科目是根据商业银行核算的需要来设置的，通常采用单式收付记账法进行记录。

二、记账方法

记账方法是指按照一定的记账规则，使用一定的记账符号，反映资金增减变化及结果的一种专门方法。商业银行对表内科目采用复式记账法——借贷记账法，对表外科目采用单式记账法。

（一）单式记账法

单式记账法是指对发生的经济业务，只在一个账户中进行记录的记账方法。商业银行会计中，对涉及表外科目增减变动的业务事项采用单式记账法进行记录。

商业银行的大部分经济业务都是通过表内科目进行核算的，但也有些业务的发生不会引起会计要素的增减变动但又必须记载反映，则需要通过表外科目进行核算。单式收付记账法是以"收入"和"付出"作为记账符号，账簿设"收入"、"付出"、"余额"三栏，表外科目涉及的业务发生时，记收入；注销或冲减时，记付出；余额表示结存或尚未结清的业务事项。

（二）借贷记账法

借贷记账法是以"借"、"贷"作为记账符号，以"有借必有贷，借贷必相等"为记账原则，对每项经济业务都在两个或两个以上有关账户中相互联系地进行记录的一种复式记账方法。其记账原理、记账符号、记账规则和试算平衡与一般工商企业作为会计主体的财务会计相同，在此不再赘述。

三、会计凭证

会计凭证是记录经济业务、明确经济责任,并具有法律效力的书面证明,是登记账簿的重要依据。由于商业银行的会计凭证需要在商业银行内部有关部门间进行传递流转才能完成业务和核算手续,因此,又称"传票"。

(一) 商业银行会计凭证的特点

由于商业银行日常业务量较大,会计核算分工精细,与其他企业相比,它的会计凭证具有以下特点。

1. 大量采用单式凭证

由于商业银行日常业务量大且会计凭证在各柜组之间传递频繁,为了便于分工记账、结账、科目的归类与汇总以及保管,商业银行大量使用单式凭证。但随着商业银行会计电算化的普及,商业银行将会大量采用复式记账凭证。

2. 大量使用外来原始凭证代替记账凭证

商业银行办理各项业务,一般都以客户提交的有关凭证代替收付款证明。为了避免重复劳动,提高工作效率,商业银行大量采用客户提交的原始凭证,经审核后代替记账凭证;同时,这些原始凭证已经具备了记账凭证的基本要素,且大都采用多联套写的方式,可以使办理业务的收付款单位和双方的开户银行都用一张同一内容的凭证,从而保证了有关方面核算的一致性,也便于审核和装订保管。

3. 凭证传递环节多

商业银行办理每笔经济业务,从收到凭证到业务处理完毕,凭证不仅要在一个银行内部各柜组(如现金出纳柜、会计柜等)之间进行传递,还要在联行间进行传递。

(二) 会计凭证的种类

会计凭证按照填制程序和用途不同,可以分为原始凭证和记账凭证。

1. 原始凭证

原始凭证,也称单据,是在经济业务发生或完成时,由业务经办人员直接取得或者填制、载明经济业务的具体内容、明确经济责任、具有法律效力的书面证明。

2. 记账凭证

记账凭证是会计人员根据审核无误的原始凭证或业务事实编制的,可以作为记账依据的会计凭证。对于商业银行的记账凭证,如前所述,为了提高工作效率,避免重复劳动,商业银行经常将客户来行办理业务所提交的原始凭证,经过审核后,代替记账凭证。

记账凭证按不同的标准有不同的分类。

(1) 按记账凭证的填制方法不同分为单式记账凭证和复式记账凭证。

由于商业银行业务经营特点和账务处理的特殊性,长期以来在会计凭证的使用上,一直大量地采用单式记账凭证。但随着商业银行会计电算化的普及,商业银行将会大量采用复式记账凭证。

(2) 按记账凭证的格式和使用范围不同,可分为基本凭证和特定凭证。

① 基本凭证,又称通用凭证,是指商业银行根据原始凭证或有关业务事项自行编制的记账凭证。按其格式和用途不同又分为八种:现金收入传票、现金支出传票、转账借方传票、转账贷方传票、特种转账借方传票、特种转账贷方传票、表外科目收入传票和表外科目付出传票。

② 特定凭证,又称专用凭证,是指商业银行根据有关业务的特殊需要而编制的,具有专门格式和用途的凭证。这类凭证一般由银行统一印制,一式数联,分联次使用,由客户提交银行凭以办理业务或联行寄来或票据交换提回,银行则用其代替传票并入账,如支票、定期储蓄存单、银行汇票、联行报单等。这类凭证在银行会计凭证中占大多数,种类较多,格式也各不相同。

四、账务组织和账务处理

(一) 账务组织

账务组织是以账簿体系为核心,运用一定的账务处理程序和账务核对程序,将会计凭证、会计单证、会计账表等有机结合起来的技术组织方式。

商业银行的账务组织包括明细核算和综合核算两个系统。

1. 明细核算系统

明细核算系统是根据总账科目的具体核算内容和实际需要设立分户账,详细反映商业银行各项资金增减变化情况及其结果的核算系统。明细核算系统主要包括分户账、登记簿、现金收入和付出日记簿、余额表四种账表。

(1) 分户账。

分户账是商业银行会计账簿中详细、具体反映经济业务的明细分类账簿,它是在总账科目下,按单位或资金性质分户独立设账,根据凭证逐笔连续登记,具体反映每个账户的资金活动情况,因此,分户账既是商业银行进行明细核算的主要账簿,也是与客户进行内外账务核对的重要工具。

(2) 登记簿。

登记簿是为了满足某业务需要而设置的辅助性账簿。主要用来登记在分户账和日记簿中未能记载而又需要考察的业务事项。如一些重要的空白凭证及有价单证的登记。

(3) 日记簿。

日记簿是现金业务的序时记录，是用以记载现金收入、现金付出数及现金传票张数的明细分类账簿。

(4) 余额表。

余额表按照总账科目及所统驭的分户账设置，每日营业终了根据各分户账的最后余额逐户转抄编制。按照是否计息，余额表分为计息余额表和一般余额表。

2. 综合核算系统

综合核算系统是按总账科目核算，综合、概括地反映商业银行各项资金增减变化情况及其结果的核算系统。综合核算系统主要包括科目日结单、总账、日计表等三种账表。

(1) 科目日结单。

科目日结单是每一会计科目当天借方、贷方发生额和传票、附件张数的汇总记录，是登记总账的依据。

(2) 总账。

总账是按总分类科目设户，根据科目日结单逐日逐笔登记，综合、概括地反映商业银行各项资金增减变动情况及其结果的总分类账簿。它是编制商业银行报表的重要依据。

(3) 日计表。

日计表是反映当日业务和财务活动情况，轧平当日全部账务的主要工具。日计表中的会计科目按其代号顺序排列，设有借方、贷方发生额和借方、贷方余额四栏。

(二) 账务处理

账务处理是指从填制或受理凭证开始，经过账务记载与核对，直至编制日计表、轧平账务为止的全部过程。账务处理包括账务处理程序与账务核对。

(1) 账务处理程序。

账务处理程序包括明细核算系统的账务处理程序和综合核算系统的账务处理。

(2) 账务核对。

账务核对是防止账务差错、保证账务记录正确和资金安全的一项必要措施。商业银行的账务核对，在时间上可分为每日核对和定期核对；在内容上可分为账账核对、账款核对、账实核对、账证核对、账表核对和内外账核对六个方面。

第三节　商业银行会计核算

一、存款业务的核算

存款业务是商业银行以信用方式吸收社会暂时闲置和待用的货币资金的经济活动。它是商业银行负债的组成部分，也是商业银行信贷资金的主要来源。存款业务核算的基本内容主要有：单位活期存款的核算、单位定期存款的核算、个人活期储蓄存款业务、个人定期储蓄存款业务。

（一）存款业务核算会计科目的设置

1．"吸收存款"科目

本科目为负债类科目，核算商业银行吸收的除同业存放款项以外的其他各种存款，包括单位存款（包括企业、事业单位、机关、社会团体等）、个人存款、信用卡存款、特种存款、转贷款资金和财政性存款等。本科目按存款类别及存款单位，分"本金"、"利息调整"等进行明细核算。

商业银行收到客户存入的款项时，应按实际收到的金额，借记"存放中央银行款项"、"库存现金"等科目，贷记本科目（本金），按其差额，贷记或借记本科目（利息调整）；支取款项时，应按归还的金额，借记本科目（本金），贷记"存放中央银行款项"、"库存现金"等科目，按应转销的利息调整金额，借记或贷记本科目（利息调整），按其差额，贷记或借记"利息支出"科目；余额反映在贷方，反映企业吸收的除同业存放款项以外的其他各项存款余额。

2．"利息支出"科目

本科目为损益类科目，核算商业银行发生的利息支出，包括吸收存款（单位存款、个人存款、信用卡存款、特种存款、转贷款资金等）、与其他金融机构（中央银行、同业等）之间发生资金往来业务、卖出回购金融资产等产生的利息支出。本科目应按利息支出项目进行明细核算。

资产负债表日，商业银行应按摊余成本和实际利率计算确定的利息费用金额，借记"利息支出"科目，按合同利率计算确定的应付未付利息，贷记"应付利息"科目，按其差额，借记或贷记吸收存款（利息调整）等科目。实际利率与合同利率差异较小的，也可以采用合同利率计算确定利息费用。

期末，应将本科目余额转入"本年利润"科目，结转后本科目无余额。

3．"应付利息"科目

本科目为负债类科目，核算商业银行按照合同约定支付的利息，包括吸收存款、发行债券等应支付的利息。该科目可按存款人或债权人进行明细核算。商业银行计算应付利息时，借记"利息支出"科目，贷记本科目；实际支付利息时，借记本科目，贷记"吸收存款"等科目；余额反映在贷方。本科目应按存款的种类进行明细核算。

资产负债表日，商业银行应按摊余成本和实际利率计算确定的利息费用，借记"利息支出"等科目，按合同利率计算确定的应付未付利息，贷记"应付利息"科目，按其差额，借记或贷记吸收存款（利息调整）等科目。实际利率与合同利率差异较小的，也可以采用合同利率计算确定利息费用。

实际支付利息时，借记"应付利息"科目，贷记"吸收存款"等科目。

本科目期末贷方余额，反映商业银行应付未付的利息。

（二）存款业务核算

1. 单位活期存款业务的核算

单位活期存款存取的方式主要有两种，即存取现金和转账存取。其中转账存取存款主要是通过办理各种结算方式和运用信用支付工具而实现的，此处讲述存取现金的处理方法。

（1）存入现金的核算。

单位存入现金时，应填写一式两联现金缴款单，连同现金交银行出纳部门。出纳部门经审查凭证点收现金，登记现金收入日记簿并复核签章后，将第一联加盖"现金收讫"章后作为回单退交存款单位，第二联传递给会计部门，凭以代现金收入传票登记单位存款分户账。其会计分录为：

借：库存现金
　　贷：吸收存款——单位活期存款——××户

（2）支取现金的核算。

单位支取现金时，应签发现金支票，并在支票上加盖预留印鉴，由收款人背书后送交会计部门。会计部门接到现金支票后，应重点审查：支票是否真实，记载事项是否齐全，大小写金额是否相符，是否超过提示付款期限，其签章与预留印鉴是否相符，出票人账户是否有足够支付的存款，是否背书等。经审查无误后，以现金支票代现金付出传票登记分户账后，交出纳部门凭以付款。其会计分录为：

借：吸收存款——单位活期存款——××户
　　贷：库存现金

会计人员签章、复核，出纳员根据现金支票登记现金付出日记簿，配款、复核后，向取款人支付现金。

（3）单位活期存款利息的计算。

① 单位活期存款利息计算的一般规定。

单位活期存款按日计息,按季结息,计息期间遇利率调整分段计息。每季度末月的 20 日为结息日(从上季末月 21 日至本季末月 21 日),次日转账付息。对活期存款的天数按照实际天数计算(日历天数);单位存款利息不需缴纳利息税。利息计算公式为:利息 = 本金 × 利率 × 存期。其利率为结息日挂牌利率,存期采用"算头不算尾"的办法,但若遇结息日,存期的计算"算头又算尾"。

② 单位活期存款的计息方法。

ⅰ. 余额表计息法。

余额表计息法是指商业银行每日营业终了时,将各计息分户账的最后余额填入余额表,求得累计计息积数,并据此计算利息的一种方法。余额表计息法适用于余额经常变动的账户。

ⅱ. 分户账页计息法。

分户账页计息法是指商业银行在营业终了时,将存款账户的昨日账面余额乘以该余额再次变动前一天所延续的日数而计算求得积数,并据此计算利息的一种方法。分户账页计息法适用于余额不经常变动的账户。其计息公式如下:

$$应付利息 = 应计息日余额积数 \times 日利率$$

$$= \sum (变动前存款余额 \times 该余额实存天数) \times 日利率$$

目前银行的利息都由计算机逐户按余额表计息法自动计算。

【例 9 - 1】某商业银行的分户账上部分资料如表 9 - 1 所示。

表 9 - 1

户名:甲单位   月利率:8‰

2008 年		摘要	凭证号	借方	贷方	借或贷	余额	日数	积数
月	日								
9	1	承前页				贷	56 000	72	3 691 400
								6	336 000
	7	汇出		10 000		贷	46 000	4	184 000
	11	转收			24 000	贷	70 000	2	140 000
	13	转付		8 000		贷	62 000	5	310 000
	18	汇出		4 000		贷	58 000	3	174 000
	21	转息			1 289.44	贷	59 289.44	92	4 835 400

要求:(1) 根据上述数字采用分户账页计息法计算第三季度利息。

(2) 编制结计息的会计分录。

(1) 第三季度利息费用 = 4 835 400 × 8‰ ÷ 30 = 1 289.44(元)

(2) 结息日:

借：利息支出　　　　　　　　　　　　　　　　1 289.44
　　　　贷：应付利息　　　　　　　　　　　　　　　　　1 289.44
转入本金：
　　借：应付利息　　　　　　　　　　　　　　　　1 289.44
　　　　贷：吸收存款——活期存款——甲单位　　　　　1 289.44

2. 单位定期存款业务的核算

单位定期存款是指在存款时将本金一次存入，约定存期，到期一次支取本息的存款业务。单位定期存款最低存入金额为1万元，多存不限，期限分为三个月、六个月、一年、三年、五年5个档次。单位定期存款到期只能以转账方式将存款转入其基本存款账户，不得将定期存款用于结算或从定期存款账户中提取现金。若到期不取，逾期部分按支取日挂牌公告的活期存款利率计付利息。

（1）存入单位定期存款的核算。

单位存入定期存款时，应按存款金额签发转账支票交开户银行，银行按规定审查无误后，以支票作转账借方传票并凭以填制一式三联单位定期存款证实书。经复核后，以第一联代定期存款转账贷方传票，第三联作定期存款卡片账，第二联加盖业务公章和经办人员名章后交存款人作存款凭据。其会计分录为：

　　借：吸收存款——单位活期存款——××户
　　　　贷：吸收存款——单位定期存款——××户

（2）支取单位定期存款的核算。

单位定期存款到期，存款单位持定期存款存单来银行支取存款时，必须出具"单位定期存款证实书"并提供预留印鉴。银行应抽出该户卡片账与存单核对户名、金额、印鉴等无误后，计算应付利息，填制利息清单，并在定期存款存单上加盖"结清"戳记；然后以存单代定期存款转账借方传票，另外编制两联特种转账贷方传票，一联代收账通知，另一联作贷方传票，办理转账，并销记开销户登记簿。会计分录为：

　　借：吸收存款——单位定期存款——××户
　　　　利息支出——定期存款利息户
　　　　应付利息——定期存款利息户
　　　　贷：吸收存款——单位活期存款——××户

单位存入定期存款后，若有急需，也可以全部或部分提前支取，但只能提前支取一次。对于单位全额提前支取的，属于存款单位违约，银行按规定以支取日挂牌公告的活期存款利率计息，并将计算出的利息计入单位定期存款账户后，再予以支付。其会计分录为：

　　借：利息支出——定期存款提前利息
　　　　贷：吸收存款——单位活期存款——××户

单位部分提前支取的,若提前支取后所剩款项不低于起存金额时,则部分提前支取的金额,按支取日挂牌公告的活期存款利率计息,再将剩余款项另开与起存日期相同的新存单;若提前支取后所剩余的部分款项低于起存金额,则由银行按当日活期存款利率计息,并对该存款予以清户。其会计分录与全额提前支取相同。

【例9-2】中国建设银行朝阳支行2008年6月30日收到开户单位宏大公司金额为100 000元的转账支票一张,要求转存一年期定期存款,到期支取本息。同期一年期定期存款利率为4.14%,假设该银行每季度末计提利息,不考虑其他因素。

吸收存款的初始确认金额=100 000元,吸收存款的实际利率为1.01931%,与名义利率(4.14%÷4=1.035%)不等,其原因是由于实际付息周期(到期一次单利付息)与计息周期(按季)不同所致。

采用实际利率法计算利息费用,吸收存款摊余成本的数据如表9-2所示。

表9-2

时间	期初摊余成本	利息费用 (实际利率1.01931%)	现金流出	期末摊余成本
2008.9.30	100 000	1 019	0	101 019
2008.12.31	101 019	1 030	0	102 049
2009.3.31	102 049	1 040	0	103 089
2009.6.30	103 089	1 051	104 140	104 140
合　计	—	4 140	—	—

根据上表数据,建设银行朝阳支行账务处理如下:

(1) 2008年6月30日,吸收宏大公司转账存入定期存款时:

借:吸收存款——活期存款——宏大公司户　　　　100 000
　贷:吸收存款——定期存款——宏大公司户　　　　　　　100 000

(2) 2008年9月30日确认利息费用时:

借:利息支出——定期存款利息支出户　　　　　　1 019
　　吸收存款——定期存款——宏大公司户(利息调整)　16
　贷:应付利息——宏大公司户　　　　　　　　　　　　　1 035

(3) 2008年12月31日确认利息费用时:

借:利息支出——定期存款利息支出户　　　　　　1 030
　　吸收存款——定期存款——宏大公司户(利息调整)　5
　贷:应付利息——宏大公司户　　　　　　　　　　　　　1 035

(4) 2009 年 3 月 31 日确认利息费用时：

借：利息支出——定期存款利息支出户　　　　　　　　1 040
　　贷：应付利息——宏大公司户　　　　　　　　　　　　1 035
　　　　吸收存款——定期存款——宏大公司户（利息调整）　　5

(5) 2009 年 6 月 30 日确认利息费用时：

借：利息支出——定期存款利息支出户　　　　　　　　1 051
　　贷：应付利息——宏大公司户　　　　　　　　　　　　1 035
　　　　吸收存款——定期存款——宏大公司户（利息调整）　　16

(6) 2009 年 6 月 30 日宏大公司到期支取本息时：

借：吸收存款——定期存款——宏大公司户　　　　　100 000
　　应付利息——定期存款利息户　　　　　　　　　　　4 140
　　贷：吸收存款——活期存款——宏大公司户　　　　104 140

3. 活期储蓄存款业务的核算

活期储蓄存款是存入时不约定存期，储户可根据需要随时存取，并按结息期计算利息的储蓄存款。活期储蓄存款 1 元起存，多存不限，开户时由储蓄机构发给存折，预留密码或印鉴，凭存折或印鉴随时存取款项。

(1) 开户。

储户申请开立活期储蓄存款账户时，必须提供本人身份证，应填写"活期储蓄存款凭条"，连同现金一并交存银行。银行审查凭条和清点现金无误后，开立并登记活期储蓄存款分户账，根据凭条登记"开销户登记簿"以存款凭条代收入传票。其会计分录如下：

借：库存现金
　　贷：吸收存款——活期储蓄存款——××户

(2) 续存。

储户续存时，首先应填写存款凭条，连同存折和现金一并提交银行，银行检验存折、审查凭条、点收款项，并核对账折相符后，登记入账并结出存款余额。会计分录与开户时相同。

(3) 支取。

活期储蓄存款支取时，储户应填写"活期储蓄取款凭条"。取款人连同凭条和存折一起交银行，凭密码支取的，应在取款时核对密码。银行根据取款凭条，同存折核对相符后，以取款凭条代现金付出传票，凭以登记存折、分户账。其会计分录如下：

借：吸收存款——活期储蓄存款——××户
　　贷：库存现金

(4) 销户。

销户是指储户支取全部存款不再续存。储户应按存款余额填写取款凭条,银行凭以记账,并结出利息的最后余额,填写在凭条上,再填制两联储蓄存款利息清单,在存折和分户账上加盖"结清"或"销户"戳记。经复核无误后,以取款凭条代现金付出传票,连同第一联利息清单,凭以支付存款本息,结清的存折作付出传票的附件。其会计分录如下:

借:吸收存款——活期储蓄存款——××户
　　利息支出
　　　贷:库存现金

同时登记"开销户登记簿",第二联利息清单连同现金交储户。

(5) 活期储蓄存款利息的计算与核算。

活期储蓄存款按季结息,每季度末月的 20 日为结息日,按照结息日挂牌活期存款利率结算出利息,计息期间遇利率调整不分段计息,并将利息转存本金。存期按照对年 360 天、对月 30 天计算。如果天数有零头则按实际天数计算,并采用"算头不算尾"的方法,活期储蓄存款计息天数也可按实际天数计算。个人储蓄存款利息需缴纳利息税。

4. 定期储蓄存款业务的核算

定期储蓄存款是指存入时约定存款期限,一次或分次存入本金,到期一次或分次支取本金和利息的一种储蓄方式。定期储蓄存款按存取方式不同,可分为整存整取、零存整取、存本取息和整存零取等。

(1) 整存整取定期储蓄存款的核算。

整存整取定期储蓄存款是本金一次存入,约定存期,到期一并支取本息的储蓄存款。此种储蓄存款 50 元起存,多存不限,存期分为三个月、半年、一年、二年、三年、五年 6 个档次。

① 开户的核算。

储户存入整存整取定期储蓄存款时,应填写整存整取定期储蓄存款凭证,连同身份证件和现金交银行。银行审核凭证和身份证件,根据存款凭证的金额清点现金。经点收无误后,填制一式三联整存整取定期储蓄存单,第一联代现金收入传票办理转账,第二联作存单退储户保管,第三联作卡片账由银行留存。其会计分录如下:

借:库存现金
　　贷:吸收存款——定期储蓄存款——整存整取定期储蓄存款——××户

② 支取的核算。

ⅰ. 到期支取。

储户持到期存单取款时,抽出该户卡片账与存单核对,凭印鉴支取的,还应核对印鉴;若大额支取还应出示身份证件。银行审核无误后,按规定计算出应付利息，将利息分别填写在存单和卡片账上，销记开销户登记簿，同时填制两联利息清单，以存单代现金付出传票办理转账。其会计分录如下：

借：吸收存款——定期储蓄存款——整存整取定期储蓄存款——××户
　　应付利息——定期存款利息支出户
　　贷：库存现金
　　　　应交税费——代扣利息税

将现金、利息清单（第二联）、身份证件交于客户。

ⅱ．过期支取。

储户持过期存单取款时，其处理手续与到期支取相同，但利息计算应包括到期利息和过期利息。

ⅲ．提前支取。

整存整取定期储蓄存款尚未到期，储户如急需用款，可以凭本人身份证件办理全部提前支取或部分提前支取。

全部提前支取时，应交验存款人身份证件，经查验无误后，在存单背面摘录证件名称、号码、发证机关，然后在存单和卡片账上加盖"提前支取"戳记，并按提前支取规定计付利息。其余手续与到期支取相同。

部分提前支取时，除对支取部分按提前支取办法支付本息并注销原存单外，对未取部分应另开新存单，并在新存单上注明原存入日、利率和到期日以及"由××号存单部分转存"字样。部分提前支取每张存单只能办理一次。其会计分录如下：

借：吸收存款——定期储蓄存款——整存整取定期储蓄存款
　　　　——××户（全部本金）
　　应付利息——定期储蓄利息支出户（提前支取部分利息）
　　贷：库存现金
　　　　吸收存款——定期储蓄存款——整存整取定期储蓄存款
　　　　　　——××户（未支取的本金）
　　　　应交税费——代扣利息税

（2）零存整取定期储蓄存款的核算。

零存整取定期储蓄存款是存款时约定期限，每月固定存入一定数额本金，到期一次支取本息的储蓄存款方式。存期分为一年、三年、五年3个档次。5元起存，多存不限。

① 开户和续存。

储户办理零存整取定期储蓄存款开户时，应填写零存整取储蓄存款凭条，连同身份证件和现金交经办人员。银行审核凭证和身份证件，根据存款凭证的金额清点现金。经点收无误后，凭以开立零存整取储蓄存款存折，登记分户账、开销

户登记簿。其分户账按所编列账号排列保管,并以存款凭条代现金收入传票,办理转账。其会计分录如下:

借:库存现金
　　贷:吸收存款——定期储蓄存款——零存整取定期储蓄存款——××户

储户在存期内续存时,应将存折与分户账核对相符后,再按与开户手续相同的程序办理。

② 支取。

零存整取定期储蓄存款到期,储户持存折支取款项时,账折见面,计算利息,在存折和分户账上填记本金、利息和本息合计数,同时填写利息清单,销记开销户登记簿。其会计分录如下:

借:吸收存款——定期储蓄存款——零存整取定期储蓄存款——××户
　　应付利息——定期存款利息支出户
　　贷:库存现金
　　　　应交税费——代扣利息税

零存整取定期储蓄存款的过期支取、全部提前支取,与整存整取定期储蓄存款核算基本相同,零存整取定期储蓄存款不能办理部分提前支取。

(3) 存本取息定期储蓄存款的核算。

存本取息定期储蓄存款是指本金一次存入,在约定存期内分次支取利息,到期支取本金的储蓄存款方式。存本取息定期储蓄存款 5 000 元起存,多存不限,由银行发给存款凭证,到期一次支取本金,利息凭存单分期支取,由储户与银行商定每月或几个月支取一次。其存期分为一年、三年、五年 3 个档次。

① 开户。

储户办理存本取息定期储蓄存款开户时,应填写一式三联定期存本取息储蓄存单,连同身份证件和现金交银行经办人员。存单各联的用途及核算手续与整存整取相同,但签发存单时,银行经办人员应根据存入金额、存期、利率和取息次数,计算出每次应付利息金额,填入存单的有关栏目内。其会计分录如下:

借:库存现金
　　贷:吸收存款——定期储蓄存款——存本取息定期储蓄存款——××户

② 支取利息。

储户在存期内按约定时间持存单来银行支取利息时,应填写存本取息定期储蓄取息凭条。经办人员审核无误后,将取息日期和取息金额记入存单和卡片账,凭条作"利息支出"科目传票。其会计分录如下:

借:应付利息——定期存款利息支出户
　　贷:库存现金
　　　　应交税费——代扣利息税

如储户到期未取利息，以后可以随时支取，但利息不计复利。

③ 到期支取本金。

存本取息定期储蓄存款到期，储户支取最后一次利息的手续同前面所述相同。支取本金，以存单代现金付出传票并凭以付款。

（4）整存零取定期储蓄存款的核算。

整存零取定期储蓄存款是指一次存入本金，约定存期和支取本金的次数，分期支取本金，期满一次支取利息的定期储蓄存款。整存零取定期储蓄存款1 000元起存，存期分一年、三年、五年3个档次，本金支取期分一个月、三个月、半年一次，由储户与储蓄机构协商确定，利息于期满时支取。

① 开户。

储户办理整存零取定期储蓄存款开户时，银行经办人员根据储户姓名、存入金额、期限以及支取的次数和时间，填写三联"定期整存零取存单"，第一联代现金收入传票，第二联为存单，第三联为卡片账。经办人员在卡片账上注明每次支取的时间和金额。会计分录为：

借：库存现金
　　贷：吸收存款——定期储蓄存款——整存零取定期储蓄存款——××户

其余处理手续与整存整取基本相同。

② 分次支取本金。

储户按约定时间分次来银行支取本金时，应填写定期储蓄整存零取取款凭条，连同存单一并交银行经办人员。经办人员抽出卡片账核对无误后，在存单和卡片账上填写支取记录，以取款凭条代现金付出传票，将存单退给储户。会计分录为：

借：吸收存款——定期储蓄存款——整存零取定期储蓄存款——××户
　　贷：库存现金

③ 结清。

整存零取定期储蓄存款到期，储户最后一次来行取款时，除按分次支取的手续办理外，还应按规定计算利息，制作利息清单和利息所得税传票，并在存单和卡片账上加盖"结清"戳记，同时销记开销户登记簿。经复核无误后，银行按最后一次取本金额和税后利息付款，将一联利息清单交储户，以取款凭条代现金付出传票，存单作取款凭条附件，与利息所得税传票及另一联利息清单一起办理转账。会计分录为：

借：吸收存款——定期储蓄存款——整存零取定期储蓄存款
　　　　——××户（最后取本金额）
　　应付利息——定期存款利息支出户
　　贷：库存现金
　　　　应交税费——代扣利息税

二、金融机构往来业务的核算

金融机构往来是指不同商业银行系统之间以及商业银行与中央银行之间由于办理资金调拨、款项汇划及资金融通等业务引起的资金账务往来。金融机构往来主要包括商业银行与中央银行的往来、商业银行之间往来和联行往来三个方面。

（一）金融机构往来业务核算主要会计科目的设置

1. "存放中央银行款项"科目

本科目为资产类科目，用以核算商业银行存入中央银行的各种存款。解缴现金、转账存入款项时，记入本科目的借方；提取现金、转账支付款项时，记入本科目的贷方；期末余额在借方，表示本行在中央银行存款的实有数。本科目下设"存放中央银行款项"、"缴存中央银行财政性存款"、"缴存中央银行一般性存款"三个明细账户，实际工作中，常将二级科目提升为一级科目使用。

2. "向中央银行借款"科目

本科目为负债类科目，用以核算商业银行向中央银行借入的款项。商业银行应按实际收到的金额，借记"存放中央银行款项"科目，贷记本科目；归还借款则做相反的会计分录。资产负债表日应按计算确定的向中央银行借款的利息费用，借记"利息支出"科目，贷记"应付利息"科目。本科目期末贷方余额反映了本行尚未归还中央银行借款的余额。

3. "贴现负债"科目

本科目为负债类科目，用以核算商业银行办理商业票据的再贴现、转贴现等业务所融入的资金。"贴现负债"科目可按贴现类别和贴现金融机构，分为"面值"、"利息调整"进行明细核算。

4. "拆出资金"科目

本科目属于资产类科目，核算商业银行拆借给境内、境外其他金融机构的款项。商业银行拆出资金时，借记本科目；收回资金时，贷记本科目。期末余额在借方，反映商业银行按规定拆放给其他金融机构的款项。本科目可按拆放的金融机构进行明细核算。

5. "拆入资金"科目

本科目属于负债类科目，核算商业银行从境内、境外金融机构拆入的款项。商业银行拆入资金时，应按实际收到的金额，贷记本科目；归还拆入资金时，借记本科目。期末余额在贷方，反映商业银行尚未归还的拆入资金余额。本科目可按拆入资金的金融机构进行明细核算。

6．"联行往账"科目

本科目属于资产负债共同性质科目。本科目由发报行使用。发有全国联行行号的行处，办理异地款项划拨业务，向省、自治区、直辖市以外全国联行单位填发报单时，其联行款项的收付，用本科目核算。

填发借方报单，记载由于联行业务引起的暂时代替对方银行向客户支付的款项，记入本科目借方；填发贷方报单，记载由于办理联行间资金收付业务暂时代替对方银行收取的款项，记入本科目贷方。

本科目属于资产负债共同性质科目，余额应借、贷双方轧差反映。余额在借方可视同该银行的资产，即存入联行的款项，期末归属资产负债表"存放联行款项"内；余额在贷方则视同该银行对联行的负债，即联行存入本行的款项，期末归属资产负债表"联行存放款项"内。

7．"联行来账"科目

本科目属于资产负债共同性质科目，本科目由收报行使用。发有全国联行行号的行处，接到异省、自治区、直辖市全国联行单位寄来的报单，其联行款项的收付，用本科目核算。

收到借方报单，即对方联行代本行向客户付款的代付报单，记入本科目贷方；收到贷方报单，即对方联行代本行向客户收款的代收报单，记入本科目借方。

本科目属于资产负债共同性质科目，余额应借、贷双方轧差反映。余额在借方，表明联行代本行收款多于付款，则为一笔资产，视同本行存放联行的款项，期末归属资产负债表"存放联行款项"内；余额在贷方则表明联行代本行付款多于收款，是本行对联行的负债，视同联行存入本行的款项，期末归属资产负债表"联行存放款项"内。

8．"清算资金往来"科目

本科目属于资产负债共同性质科目。提出借方票据和提入贷方票据时，借记本科目；提出贷方票据和提入借方票据时，贷记本科目。交换结束时，"清算资金往来"科目的余额即为本场交换的应收差额或应付差额，将其与"存放中央银行款项"科目对转，结清"清算资金往来"科目。

（二）商业银行与中央银行往来的核算

1．缴存财政性存款的核算

财政性存款是指各商业银行代办的中央预算收入、地方金库存款和代理发放国债（抵减代理兑付国债）款项等吸收的存款，属央行的资金，应由各商业银行分支机构直接向当地央行100%缴存。

财政性存款除第一次缴存外，城市支行（包括所属部处）采用按旬（县支行及所属部处按月）定期调整方法，旬（月）后 5（8）日内缴纳。即应按本旬（月）末缴存科目余额总数与上期同类科目旬（月）末余额总数对比，按实际增加或减少数进行调整，计算应缴存金额。存款增加即调增补缴，存款减少即调减退回，缴存（调整）金额以千元为单位，千元以下四舍五入。商业银行缴存财政性存款的会计分录为：

借：缴存中央银行财政性存款
　　贷：存放中央银行款项

转回时：

借：存放中央银行款项
　　贷：缴存中央银行财政性存款

【例 9-3】某商业银行本次缴存存款时，财政性存款余额为 1 580 万元，上期财政性存款余额为 1 573 万元，则本次应调增补缴 7 万元。会计处理如下：

借：缴存中央银行一般性存款　　　　　　　　　　　70 000
　　贷：存放中央银行款项　　　　　　　　　　　　　70 000

2. 缴存一般性存款的核算

缴存一般性存款也称缴存法定存款准备金，存款准备金是指金融机构为保证客户提取存款和资金清算的需要而准备的资金。

各商业银行缴存的法定存款准备金，根据现行规定，由各商业银行总行（法人）每日集中向中央银行缴存。各商业银行在每日营业终了，自下而上编制"一般存款余额表"，由商业银行总行统一汇总后报送法定存款准备金账户开户的中央银行。中央银行于每日营业终了按一般存款余额的一定比例考核法定存款准备金。

法定存款准备金 = 一般存款余额表合计余额 × 缴存比例

商业银行总行根据应调整缴存一般存款的金额，填制"缴存一般存款划拨凭证"一式四联进行缴存或调整。缴存或调增的会计分录为：

借：缴存中央银行一般性存款
　　贷：存放中央银行款项

调减的会计分录相反。

3. 向中央银行借款的核算

向中央银行借款是指商业银行因资金短缺而向中央银行申请的借款。按时间的不同，向中央银行借款可分为年度性贷款、季节性贷款、日拆性贷款。

商业银行向中央银行借款时，应填制一式两联再贷款申请书，经央行计划部审核批准后，根据申请书上有关内容填写一式五联借款凭证，经中央银行审核无

误后,根据退回的第三联借款凭证代转账借方传票,并另编转账贷方传票进行转账。其会计分录为:

借:存放中央银行款项
　　贷:向中央银行借款

资产负债表日计提借款的利息费用,会计分录为:

借:利息支出
　　贷:应付利息

贷款到期,商业银行归还时,应填制一式四联"还款凭证",经中央银行审核无误后,根据退回的第四联还款凭证代准备金存款账户的贷方传票,另编制贷款账户的转账借方传票办理转账。其会计分录为:

借:向中央银行借款
　　应付利息
　　利息支出
　　贷:存放中央银行款项

4. 向中央银行"再贴现"的核算

再贴现是指商业银行以未到期的已贴现票据向中央银行办理的贴现。商业银行持未到期的商业汇票向中央银行申请再贴现时,应填制一式五联"再贴现凭证",连同汇票一并交中央银行。经中央银行审查后,根据退回的第四联"再贴现凭证"办理转账,其会计分录为:

借:存放中央银行款项(贴现额)
　　贴现负债——利息调整(贴现息)
　　贷:贴现负债——面值(票据面值)

资产负债表日按计算确定的利息费用,其会计分录为:

借:利息支出
　　贷:贴现负债——利息调整

再贴现票据到期收回时,其会计分录为:

借:贴现负债——面值
　　贷:贴现资产——面值

再贴现票据到期未收回时,其会计分录为:

借:贴现负债——面值
　　贷:存放中央银行款项

(三) 商业银行之间往来的核算

1. 同城票据交换的核算
(1) 同城票据交换的做法。

同城票据交换是指同一票据交换区各商业银行相互代收代付的票据，定时定场集中相互交换并清算资金存欠的方法。

票据交换分为提出行和提入行两个系统。向他行提出票据的是提出行，提回票据的是提入行。而参加票据交换的银行一般既是提出行又是提入行。各行提入提出的票据分为代收票据（贷方票据）和代付票据（借方票据）两种类型。由本行开户单位付款、他行开户单位收款的各种结算凭证统称为代收票据；由本行开户单位收款、他行开户单位付款的各种结算凭证统称为代付票据。提出行提出代收票据和提入行提入代付票据表示为本行应付款项；提出行提出代付票据和提入行提入代收票据表示本行应收款项。各行在每次交换中当场加计应收和应付款项，最后由票据交换所汇总轧平各行处的应收、应付差额，由中央银行办理转账，清算差额。

（2）同城票据交换的核算。

① 票据提出行的核算。

提出贷方票据时，其会计分录为：

借：吸收存款——活期存款——各付款人户
　　贷：清算资金往来——同城票据清算

提出借方票据时，其会计分录为：

借：清算资金往来——同城票据清算
　　贷：吸收存款——活期存款——各收款人户

② 票据提入行的处理。

提回的贷方票据，其会计分录为：

借：清算资金往来——同城票据清算
　　贷：吸收存款——活期存款——各收款人户

提回的借方票据，其会计分录为：

借：吸收存款——活期存款——各付款人户
　　贷：清算资金往来——同城票据清算

③ 票据交换所交换差额的清算。

经过票据汇总轧差清算，如"清算资金往来——同城票据清算"科目为借方余额，则表示本行本次交换为应收差额，其会计分录为：

借：存放中央银行款项
　　贷：清算资金往来——同城票据清算

经过票据汇总轧差清算，如"清算资金往来——同城票据清算"科目为贷方余额，则表示本行本次交换为应付差额，其会计分录为：

借：清算资金往来——同城票据清算
　　贷：存放中央银行款项

2. 跨系统转汇的核算

跨系统转汇是指由于客户办理异地结算而引起的各商业银行之间汇划款项的业务。根据各地商业银行机构设置的不同，跨系统商业银行的转汇主要有以下三种方式。

(1)"先横后直"的转汇方式。

"先横后直"的转汇方式适用于汇出行所在地双设机构、汇入行所在地单设机构的情况，即汇出行所在地区设有汇入行系统内的银行机构。当发生异地汇划款项业务时，汇出行先直接或通过同城票据交换将汇划款项凭证交给跨系统的转汇行，再由转汇行通过本系统内的联行往来将款项划往汇入行。

(2)"先直后横"的转汇方式。

"先直后横"的转汇方式适用于汇出行所在地单设机构、汇入行所在地双设机构的情况，即汇出行所在地没有汇入行系统内的银行机构。当发生异地汇划款项业务时，应由汇出行将款项先通过本系统内联行划转汇入地联行机构（转汇行），再由其转划给汇入行。

(3)"先直后横"的转汇方式。

"先直后横"的转汇方式适用于汇出行、汇入行所在地都单设机构的情况。这种情况应选择就近设有双系统银行机构的地区作为转汇行。汇出行先通过本系统联行将款项划至转汇地的联行（代转行），再由其通过同城票据交换将汇划款项转至当地的跨系统转汇行，跨系统转汇行通过联行划转款项至汇入行转入收款人账户。

3. 同业拆借的核算

同业拆借是金融企业之间临时融通资金的一种借贷行为，是解决短期资金不足的重要途径之一。拆出资金限于交足存款准备金和归还央行到期贷款后的闲置资金，拆入资金仅用于弥补票据清算、系统内资金调拨不及时等临时性周转资金不足的需要。拆借期限为7天至4个月，同业拆借必须通过央行划转，银行之间不能直接拆借。

拆出行拆出资金时，会计分录为：

借：拆出资金
　　贷：存放中央银行款项

拆出行收回资金时，会计分录为：

借：存放中央银行款项
　　贷：拆出资金
　　　　利息收入——拆放同业利息收入

拆入行拆入资金时，会计分录为：

借：存放中央银行款项

贷：拆入资金
拆入行归还资金时，会计分录为：
借：拆入资金
　　利息支出——同业拆入利息支出
　　贷：存放中央银行款项

（四）联行往来的核算

联行往来是指同一银行系统内所属各行处之间由于办理结算和资金调拨等业务，相互代收、代付而发生的资金账务往来。联行往来采取"统一领导、分级管理、集中监督、分别核算"的办法，联行往来划分为全国联行往来、分行辖内往来和支行辖内往来三个级别的往来核算体系，制定相应的核算办法，分别由总行、分行和支行负责管理。

全国联行往来适用于全国不同省、自治区、直辖市各行处之间的资金账务往来。分行辖内往来适用于同一省、自治区、直辖市内各行处之间的资金账务往来。支行辖内往来适用于同一市内的各行处之间的资金账务往来。

1. 全国联行往来中发报行的核算

发报行是联行往来的起始行，负责处理联行往账。发报行的任务是正确、及时地填发联行报单，拍发电报，并向管辖分行编报联行往账报告表。

发报经办行应根据汇划业务种类录入凭证各要素及账户类型。如为贷记业务或代收业务，则会计分录为：

借：吸收存款——活期存款——××户
　　贷：联行往账

如为借记业务或代付业务，则做相反的会计分录。

【例9-4】中国工商银行北京市朝阳支行2012年8月13日收到本行开户单位远大公司提交的进账单及工商银行杭州分行营业部2010年8月6日签发的银行汇票，汇票金额是28 000元，实际结算金额是25 000元，经审核无误，编制邮划借方报单，相关会计处理如下：

借：联行往账
　　贷：吸收存款——活期存款——远大公司户

本业务收款单位在本行开户，付款单位在他行开户，为借记业务或代付业务，需签发借方报单。

2. 全国联行往来中收报行的核算

收报行是联行报单的接收行，负责处理联行来账。收报行的任务是审查收到的报单及附件，记载来账，按规定向管辖分行编报联行来账报告表。

收报行必须严格审查报单，审查后对于完整报单应加盖转账日期戳记，然后根据报单及附件办理转账。对收到的贷记报单，编制如下会计分录：

借：联行来账

　　贷：吸收存款——活期存款——××户

对收到的借记报单，编制相反的会计分录。

【例9-5】承【例9-4】，工商银行杭州分行营业部2012年8月15日收到工商银行北京市朝阳支行的邮划借方报单及附件银行汇票，经查实，该银行汇票是本行开户单位天益公司2012年8月6日签发的。汇票金额是28 000元，实际结算金额是25 000元。相关会计处理如下：

2012年8月6日天益公司签发银行汇票时：

借：吸收存款——活期存款——天益公司户　　　　　　28 000

　　贷：吸收存款——汇出汇款——天益公司户　　　　　28 000

2012年8月15日邮划借方报单及附件银行汇票时：

借：吸收存款——汇出汇款——天益公司户　　　　　　28 000

　　贷：联行来账　　　　　　　　　　　　　　　　　　25 000

　　　　吸收存款——活期存款——天益公司户　　　　　 3 000

三、贷款与贴现业务的核算

贷款是商业银行将其吸收的资金按一定的利率和期限提供给借款人并约定还本付息的经济行为。贷款业务是商业银行主要的资产业务，也是商业银行获得收入的主要来源。票据贴现是指商业汇票的持票人在汇票到期前，将票据权利转让给银行而取得资金的行为。贷款和票据贴现都属于商业银行向借款人融通资金的业务。

（一）贷款的分类

（1）按期限划分为短期贷款、中期贷款和长期贷款。

（2）按照责任（自主程度）不同分为自营贷款、委托贷款和特定贷款。

（3）按有无保障条件分为信用贷款、担保贷款。

信用贷款是指商业银行完全凭借客户的信誉而无须提供抵押物或第三者保证而发放的贷款。这类贷款从理论上讲风险较大，银行通常要收取较高的利息。

担保贷款是指具有一定的财产或信用作为还款保证的贷款。根据还款保证的不同，具体分为抵押贷款、质押贷款和保证贷款。

抵押贷款是指以借款人或第三人的财产作为抵押物而发放的贷款，抵押贷款的担保物不用移交给债权人。

质押贷款是指以借款人或第三人的动产或权利作为质物而发放的贷款，质押贷款的担保物移交给债权人。

保证贷款是指以第三人承诺在借款人不能偿还贷款时，按约定承担一般保证责任或连带责任而发放的贷款。

（4）按贷款质量和风险程度分为正常类贷款、关注类贷款、次级类贷款、可疑类贷款和损失类贷款。

（二）贷款业务核算主要会计科目的设置

1．"贷款"科目

本科目为资产类科目，核算商业银行按规定发放的各种客户贷款，包括质押贷款、抵押贷款、保证贷款、信用贷款等。期末余额在借方，反映商业银行按规定发放尚未收回贷款的摊余成本。该科目可按贷款类别、客户，分"本金"、"利息调整"、"已减值"等项目进行明细核算。

2．"利息收入"科目

本科目为损益类科目，核算商业银行确认的利息收入，包括发放的各类贷款，如银团贷款、贸易融资、贴现和转贴现融出资金、协议透支、信用卡透支、转贷款、垫款等实现的利息收入。期末，应将该科目余额转入"本年利润"科目，结转后本科目无余额。本科目可按贷款类别进行明细核算。

资产负债表日，商业银行应按合同利率计算确定的应收未收利息，借记"应收利息"科目，按摊余成本和实际利率计算确定的利息收入，贷记"利息收入"科目，按其差额，借记或贷记"贷款——利息调整"等科目。实际利率与合同利率差异较小的，也可以采用合同利率计算确定利息收入。

3．"应收利息"科目

本科目为资产类科目，核算商业银行发放贷款应收取的利息。商业银行发放的贷款，应于资产负债表日按贷款的合同本金和合同利率计算确定的应收未收利息，借记"应收利息"科目，按贷款的摊余成本和实际利率计算确定的利息收入，贷记"利息收入"科目，按其差额，借记或贷记"贷款——利息调整"科目。

应收利息实际收到时，借记"存放中央银行款项"等科目，贷记"应收利息"科目。本科目期末余额在借方，反映商业银行尚未收回的利息。本科目可按借款人进行明细核算。

4．"贷款损失准备"科目

本科目为资产类科目，同时也是"贷款"科目的备抵科目，核算商业银行贷款的减值准备。资产负债表日，贷款发生减值的，按应减记的金额，借记"资产减值损失"科目，贷记"贷款损失准备"科目。

对于确实无法收回的各项贷款，按管理权限报经批准后予以转销（核销呆账贷款），借记"贷款损失准备"科目，贷记"贷款（已减值）"等科目。

已计提贷款损失准备的贷款价值以后又得以恢复，应在原已计提的贷款损失准备金额内，按恢复增加的金额，借记"贷款损失准备"科目，贷记"资产减值损失"科目。本科目期末余额在贷方，反映商业银行已计提但尚未转销的贷款损失准备。本科目可按计提贷款损失准备的资产类别进行明细核算。

5. "资产减值损失"科目

本科目为损益类科目，核算商业银行计提各项资产减值准备所形成的损失。商业银行的贷款等资产发生减值的，按应减记的金额，借记"资产减值损失"科目，贷记"贷款损失准备"等科目。

已计提减值准备的相关资产价值又得以恢复的，应在原已计提的减值准备金额内，按恢复增加的金额，借记"贷款损失准备"等科目，贷记"资产减值损失"科目。期末，应将本科目余额转入"本年利润"科目，结转后本科目无余额。本科目可按资产减值损失的项目进行明细核算。

（三）贷款业务的核算

1. 信用贷款的核算

信用贷款是指完全凭借款人的信用，不需要提供担保的贷款。

（1）信用贷款的发放的核算。

借款人申请贷款时，首先要向银行信贷部门提交贷款申请书，经银行信贷部门审核批准后，双方商定贷款的额度、期限、用途、利率等，并签订借款合同或协议。借款合同一经签订即具有法律效力，银行和借款人必须共同履行。

借款合同签订后，借款人需要用款时，应填写一式五联借款借据，并在第一联上加盖预留银行印鉴，送交信贷部门，经信贷部门审核同意后，核定贷款金额。在第一联借款凭证上加盖"贷款专用章"后，将借款借据交会计部门据以办理贷款的发放手续。

会计部门接到借款凭证后，应审查凭证各栏填写是否正确、完整，大小写是否一致，印鉴是否相符，有无有关部门的审批意见等。审核后，为借款单位开立贷款分户账，并将贷款款项转入借款单位存款科目，以借款凭证第二、三联代转账借方、贷方传票，办理转账，其会计分录如下：

借：贷款——信用贷款——××户（本金）
　　借或贷：贷款——信用贷款——××户（利息调整）
　　贷：吸收存款——活期存款——××户

转账后，第一联为备查联，由银行信贷部门留存，第四联（借款正联）按贷款到期日先后顺序专夹保管，第五联借款凭证盖章后作回单交借款单位。

（2）信用贷款利息的核算。

在贷款持有期间，商业银行应于资产负债表日，按贷款的合同本金和合同利率计算确定的应收未收利息，借记"应收利息"科目，按贷款的摊余成本和实际利率计算确定的利息收入，贷记"利息收入"科目，按其差额，借记或贷记"贷款——利息调整"科目。实际利率与合同利率差异较小的，也可以采用合同利率计算确定利息收入。其会计分录如下：

借：应收利息——信用贷款——××户
　　借或贷：贷款——信用贷款——××户（利息调整）
　　贷：利息收入——发放贷款及垫款

（3）信用贷款收回的核算。

贷款到期后，借款人应按照合同的约定及时、足额归还贷款本息。借款人按时归还贷款时，应填写一式四联还款凭证或签发转账支票送借款银行，办理还款手续，第一联为贷款收账通知，第二联为转账借方传票，第三联为转账贷方传票，第四联信贷部门留存。会计部门收到凭证后，应同贷款账户进行核对，审核印章与预留银行印鉴是否相符等。审核无误后，以还款凭证第二、三联作转账借、贷方传票，办理贷款收回手续。有关会计分录如下：

借：吸收存款——活期存款——××户
　　贷：贷款—— 信用贷款—— ××户
　　　　应收利息
　　　　利息收入

贷款到期借款人未主动归还的，可由银行与借款人联系后填制特种转账借、贷方传票。

主动扣收。其会计处理与借款人主动归还手续相同。

【例 9-6】 中国工商银行南京分行营业部 2009 年 12 月 31 日经审核同意向本行开户单位宏远公司发放一年期信用贷款，贷款金额 100 万元，贷款合同年利率 8%，到期收回本息，每季末计提利息，不考虑其他因素，相关账务处理如下：

贷款的初始确认金额 = 1 000 000 元，贷款的实际利率为 1.94265%，与合同利率（8% ÷ 4 = 2%）不等，其原因是由于实际付息周期（按年）与计息周期（按季）不同所致。

采用实际利率法计算利息收入和贷款摊余成本的数据如表 9-3 所示。

表 9-3
单位：元

时间	期初摊余成本	利息收入（实际利率1.94265%）	现金流入	期末摊余成本
2010年3月31日	1 000 000	19 427	0	1 019 427
2010年6月30日	1 019 427	19 804	0	1 039 231
2010年9月30日	1 039 231	20 189	0	1 059 420
2010年12月31日	1 059 420	20 580	1 080 000	0
合　计	—	80 000	—	—

(1) 2009年12月31日发放贷款时：

借：贷款——信用贷款——宏远公司户（本金）　　　1 000 000

　　贷：吸收存款——活期存款——宏远公司户　　　　1 000 000

(2) 2010年3月31日确认利息收入时：

借：应收利息——宏远公司户　　　　　　　　　　　20 000

　　贷：利息收入——发放贷款及垫款　　　　　　　　19 427

　　　　贷款——信用贷款——宏远公司户（利息调整）　　573

(3) 2010年6月30日确认利息收入时：

借：应收利息——宏远公司户　　　　　　　　　　　20 000

　　贷：利息收入——发放贷款及垫款　　　　　　　　19 804

　　　　贷款——信用贷款——宏远公司户（利息调整）　　196

(4) 2010年9月30日确认利息收入时：

借：应收利息——宏远公司户　　　　　　　　　　　20 000

　　贷款——信用贷款——宏远公司户（利息调整）　　　189

　　贷：利息收入——发放贷款及垫款　　　　　　　　20189

(5) 2010年12月31日确认利息收入时：

借：应收利息——宏远公司户　　　　　　　　　　　20 000

　　贷款——信用贷款——宏远公司户（利息调整）　　　580

　　贷：利息收入——发放贷款及垫款　　　　　　　　20 580

(6) 2010年12月31日收回贷款本息时：

借：吸收存款——活期存款——宏远公司户　　　　　1 080 000

　　贷：贷款——信用贷款——宏远公司户（本金）　　1 000 000

　　　　应收利息——宏远公司户　　　　　　　　　　80 000

2. 担保贷款的核算

担保贷款是指银行以法律规定的担保方式作为还款保障而发放的贷款。担保贷款依担保方式的不同，又可以分为保证贷款、抵押贷款和质押贷款。

（1）保证贷款。

保证贷款是指以第三人承诺在借款人不能偿还贷款时，按约定承担一般保证责任或连带责任为前提而发放的贷款。

（2）抵押贷款。

抵押贷款是指以借款人或第三人的财产作为抵押物而发放的贷款。借款人若到期不能偿还贷款本息，银行有权依法处置其抵押品，并从所得价款中优先收回贷款本息。

① 抵押贷款的发放的核算。

借款人申请抵押贷款，应向银行提交"抵押贷款申请书"，写明借款用途、金额、还款日期，抵押品名称、数量、价值、存放地点等有关事项，由信贷部门审批同意后，签订抵押贷款合同，并将有关抵押品或抵押品产权证明移交银行，经审查无误后，签发"抵押品保管证"交借款人，出纳部门登记有关账簿。其会计分录为：

借：贷款——抵押贷款——××户
　　贷：吸收存款——活期存款——××户

同时，编制表外科目"待处理抵押品"科目收入传票，对抵押品进行备查登记。

收入：待处理抵押品

② 抵押贷款收回的核算。

抵押贷款到期时，借款人应主动向银行提交还款凭证，连同签发的转账支票和银行出具的"抵押品保管证"办理还款手续。银行收回贷款本息，归还抵押品，销记"待处理抵押品"登记簿。抵押贷款按季计息，其核算方法与信用贷款相同。

（3）质押贷款。

质押贷款是指以借款人或第三人的动产或权利作为质物而发放的贷款。质押贷款发放和收回的处理与抵押贷款基本相同。质押贷款到期，若借款人不能归还贷款，银行可以以所得质押物的价款来偿还贷款本息及其他相关费用。

3. 贷款利息的核算

贷款利息是商业银行重要的收入来源。按照结计利息的时间不同，贷款利息的计算有定期结息和利随本清两种方法。

（1）定期结息。

定期结息是指银行按规定的结息期结计利息，一般按季度或按月结息，每季末月20日或每月20日为结息日，次日办理转账。计息方法一般采用计息余额表或者乙种账页计息法计算累计计息积数。其计算公式和计息方法同存款利息相同。

收息时会计分录为：

借：吸收存款——活期存款——××户
　　　　贷：应收利息——××户
　　若借款人存款账户无款支付或不足支付，对未收回的利息，按规定的利率计收复息。若贷款到期（含展期）未收回，则从逾期之日起至款项还清前一日止，按规定的逾期贷款利率计息，对未收回的利息，按逾期贷款利率计收复息。

　　(2) 利随本清。
　　利随本清，又称逐笔结息法，是指银行按规定的贷款期限，在收回贷款的同时逐笔计收利息。逐笔结息方式的利息计算与单位定期存款利息计算基本相同。其会计分录为：
　　借：吸收存款——活期存款——××户（实际归还的金额）
　　　　贷：贷款——××贷款——××（贷款的合同本金）
　　　　　　应收利息——××户（收回的应收利息金额）
　　　　　　利息收入（借贷差额）

　　4. 贷款减值的核算
　　商业银行对其承担风险和损失的贷款应在每个资产负债表日进行检查，如有客观证据表明该贷款发生减值的，应计提贷款损失准备。
　　资产负债表日，应按减值贷款的摊余成本和实际利率计算确定减值贷款的利息收入，借记"贷款损失准备"科目，贷记"利息收入"科目。同时，将按合同本金和合同利率计算确定的应收利息金额进行表外登记，其会计分录为：
　　借：贷款损失准备——客户贷款户
　　　　贷：利息收入
　　表外科目：收入：应收未收利息收入——××户
　　已计提贷款损失准备的贷款价值以后又得以恢复，且客观上与确认该减值损失后发生的事项有关的，应在原已计提的贷款损失准备的金额内，按恢复增加的金额，借记"贷款损失准备"，贷记"资产减值损失"科目，其会计分录为：
　　借：贷款损失准备——客户贷款户
　　　　贷：资产减值损失——贷款损失准备金户

四、支付结算业务的核算

(一) 支付结算业务概述

　　1. 支付结算的概念
　　支付结算是指单位、个人在社会经济活动中通过法定的专门票据、信用卡和汇兑、托收承付、委托收款等结算方式进行货币给付及其资金清算的行为。

2. 支付结算的基本工具

按支付结算实现的方式不同，支付结算分为现金结算和转账结算两类。根据我国现行相关规定，现金结算仅被限制在某些小额结算范围内使用，下面所讲的结算业务仅指转账结算。

支付结算的基本工具可分为三大类，即票据业务、结算方式及信用卡。票据业务包括支票、银行本票、银行汇票、商业汇票等；结算方式包括汇兑、托收承付、委托收款等；除此之外，信用卡也是一种重要的现代支付工具。

其中，支票、银行本票为同城结算方式，汇兑、托收承付和银行汇票为异地结算方式，商业汇票、委托收款、信用卡是同城和异地均可采用的结算方式。

(二) 票据业务结算的核算

1. 支票的核算

支票是由出票人签发的，委托办理支票存款业务的银行或其他金融机构在见票时无条件支付确定金额给收款人的票据。同城各种款项结算均可使用，提示付款期为 10 天。

(1) 持票人与出票人在同一银行机构开户的处理。

银行接受持票人交来的支票和两联进账单时，应对其内容进行严格检查，审查无误后，将支票作为借方凭证，以进账单第二联作为贷方凭证办理转账，会计分录为：

借：吸收存款——活期存款——出票人户
　　贷：吸收存款——活期存款——持票人户

(2) 持票人与出票人不在同一银行机构开户的处理。

① 持票人开户行受理持票人送交的支票。持票人开户行接受持票人交来的支票和两联进账单时，应对其内容进行严格的检查，审查无误后，在第二联进账单上按票据交换场次加盖"收妥后入账"的戳记，将第一联加盖转讫章交给持票人，银行根据支票汇总填制同城票据交换清单，会计分录为：

借：清算资金往来
　　贷：其他应付款

银行将支票按照票据交换规定的时间提出交换，并在常规退票时间过后无异议时，即可为持票人进账，以进账单第二联为贷方凭证，会计分录为：

借：其他应付款
　　贷：吸收存款——活期存款——持票人户

如果出票人账户余额不足且当天下场退票的，根据出票人开户行的电话通知做电话记录，待出票人开户行下场退回支票后，将退回的支票退收款人。隔天退票的，据出票人开户行的电话通知作电话记录，隔天接到退回的支票时，填制转账借方凭证一联，会计分录为：

　　借：其他应付款
　　　　贷：清算资金往来

　　② 出票人开户行受理支票。出票人开户行收到经票据交换提入的支票后，按有关规定认真审查，审查无误后，若出票人账户有足够款项支付时，以支票为借方凭证，会计分录为：

　　借：吸收存款——活期存款——出票人户
　　　　贷：清算资金往来

　　出票人账户余额不足时，当天下场票据交换的当即通知持票人开户行，并于下场交换时退回支票。如出票人账面余额不足且隔天退票的，在通知持票人开户行后，填制一联转账借方凭证，会计分录为：

　　借：其他应收款——托收票据退票户
　　　　贷：清算资金往来

　　隔天退票时，支票退持票人开户行，并填制一联转账贷方凭证，会计分录为：

　　借：清算资金往来
　　　　贷：其他应收款——托收票据退票户

　　出票人开户行对于因出票人签发空头支票或签章与预留银行印鉴不符的支票，除办理退票外，同时还应按规定向出票人扣收罚金作为营业外收入。会计分录为：

　　借：吸收存款——活期存款——出票人户
　　　　贷：营业外收入

　　2. 银行本票的核算

　　银行本票是银行签发的，并承诺见票时无条件支付确定金额给收款人或持票人的票据。用于同城各种款项结算，提示付款期为两个月。

　　银行本票可以用于转账，注明"现金"字样的银行本票，可以用于支取现金。

　　(1) 银行本票出票的处理。

　　申请人需要使用银行本票时应向银行填写一式三联"银行本票申请书"，第一联为存根，第二联为借方凭证，第三联为贷方凭证。

　　银行受理申请人提交的第二、三联申请书时，应按有关规定认真审查无误后，办理签发银行本票手续。

　　① 转账交付的，以申请书第二联为借方凭证，第三联为贷方凭证，会计分录为：

　　借：吸收存款——活期存款——申请人户（本行开户）
　　　　贷：吸收存款——本票

② 现金交付的，应注销第二联凭证，以申请书第三联作为贷方凭证，会计分录为：

借：库存现金
　　贷：吸收存款——本票

（2）银行本票付款的处理。

代理付款行接到在本行开户的持票人交来的本票和两联进账单时，应认真审查无误后办理兑付手续。

① 当持票人与原申请人在同一行处开户时，代理兑付行兑付的就是本行签发的本票。应以本票第一联为借方凭证，进账单第二联为贷方凭证办理转账，会计分录为：

借：吸收存款——本票
　　贷：吸收存款——活期存款——持票人户

② 当持票人与原申请人不在同一行处开户时，代理兑付行以进账单第二联为贷方凭证办理转账，会计分录为：

借：清算资金往来——同城票据清算
　　贷：吸收存款——活期存款——持票人户

第一联进账单加盖转讫章交持票人做收账通知，本票加盖转讫章，通过同城票据交换将其转给出票银行。

（3）银行本票结清的处理。

① 当持票人与原申请人在同一行处开户时，本票付款时即已同时结清；

② 当持票人与原申请人不在同一行处开户时，代理付款行通过同城票据交换提出票据，出票行收到交换提入的本票时抽出专夹保管的本票卡片或存根，经核对相符，确属本行出票则以本票为借方凭证，以本票卡片或存根作为附件，办理本票的结清，会计分录为：

借：吸收存款——本票
　　贷：清算资金往来——同城票据清算

3. 银行汇票的核算

银行汇票是出票银行签发的，由其在见票时按照实际结算金额无条件支付给收款人或持票人的票据。银行汇票用于异地各种款项结算，提示付款期自出票日起一个月，银行汇票的出票银行为银行汇票的付款人。

（1）银行汇票出票的处理。

申请人需要使用银行汇票时，应向银行填写银行汇票申请书一式三联，第一联为存根，第二联为借方凭证，第三联为贷方凭证。出票行受理申请人提交的第二、三联申请书时，应按规定认真审查无误后，才能受理其签发银行汇票的申请。

① 现金交付的，第二联注销，以第三联申请书为贷方凭证，会计分录为：

借：库存现金
　　贷：吸收存款——汇出汇款

② 转账交付的，以第二联申请书为借方凭证，第三联为贷方凭证，会计分录为：

借：吸收存款——活期存款——申请人户
　　贷：吸收存款——汇出汇款

银行汇票一式四联：第一联卡片，第二联汇票联，第三联解讫通知，第四联多余款收账通知。填写的汇票经复核无误后，在第二联上加盖汇票专用章并由授权的经办人签名或盖章，在实际结算金额栏的小写额上端用统一制作的压数机压印出票金额，然后连同第三联一并交给申请人。第一联上加盖经办人、复核员名章，在逐笔登记汇出汇款账并注明汇票号码后，连同第四联一并专夹保管。

(2) 代理付款行兑付银行汇票的处理。

① 持票人在代理付款行开有账户的。代理付款行接到在本行开户的持票人交来的汇票、解讫通知和第三联进账单，应认真审查无误后，汇票做借方凭证附件，第二联进账单做贷方凭证，会计分录为：

借：联行往账
　　贷：吸收存款——活期存款——持票人户

② 持票人未在代理付款行开有账户的。代理付款行接到未在本行开户的持票人（个人）交来的汇票和解讫通知及三联进账单时，审查无误并验明身份证件后，以第二联进账单为贷方凭证，办理转账，会计分录为：

借：联行往账
　　贷：吸收存款——应解汇款（非本行开户的个人）

原持票人需要支取现金的，经审查可办理现金支付，会计分录为：

借：吸收存款——应解汇款
　　贷：库存现金

(3) 出票行结清银行汇票的处理。

出票行接到代理付款行的联行借方报单以及解讫通知，经核对确属本行出票，确认后抽出原专夹保管的汇票卡片，根据汇票解付情况做相应处理。

① 汇票全额付款时，应在汇票卡片的实际结算金额栏填入出票金额或加盖"全额解付"戳记，在多余款收账通知多余金额栏填写"—0—"，汇票卡片做借方凭证，会计分录为：

借：吸收存款——汇出汇款
　　贷：联行来账

② 汇票有多余款，且申请人在本行开户的，应在汇票卡片和多余款收账通知上填写实际结算金额，汇票卡片为借方凭证，解讫通知为多余款贷方凭证，会

计分录为：
  借：吸收存款——汇出汇款（出票金额）
   贷：联行来账（实际结算金额）
     吸收存款——活期存款——申请人户（余额）
 ③ 汇票有多余款，且申请人未在本行开户的，则需将多余款先转入"其他应付款"科目，再通知申请人来行取款。取款时，申请人需持申请书存根及本人身份证件办理手续，银行从"其他应付款"转出。

4. 商业汇票的核算

 商业汇票是由出票人签发，委托付款人在指定日期无条件支付确定金额给收款人或持票人的票据。商业汇票用于同城异地按购销合同进行的商品交易和清偿债权债务，签发时必须取得对价。商业汇票为远期票据，付款期限最长 6 个月，提示付款期自到期日起 10 天。

 按承兑人不同，商业汇票可分为商业承兑汇票和银行承兑汇票。商业承兑汇票由银行以外的付款人承兑，其付款人为承兑人；银行承兑汇票由银行承兑。

（1）商业承兑汇票的核算。

 ① 持票人开户行受理汇票的处理。

 持票人在提示付款期内，委托开户银行收取商业承兑汇票时，应先填制委托收款凭证，然后同汇票一并送交开户银行。开户银行按规定进行审查无误后，即在委托收款凭证各联上加盖"商业承兑汇票"戳记，委托收款凭证第一联加盖业务公章，退给持票人，第二联专夹保管，第三、四、五联与商业承兑汇票一并寄交付款人开户行。

 ② 付款人开户行支付款项的处理。

 付款人开户行接到持票人开户行寄来的委托收款凭证及汇票后，应认真审核，确定付款人确在本行开户，即可将商业承兑汇票留存，委托收款凭证第五联转交给付款人并签收。付款人接到开户银行的付款通知，应在当日通知银行付款，若付款人账户有足够款项支付汇票时，将第三联委托收款凭证作为借方凭证，汇票加盖转讫章作附件，会计分录为：
  借：吸收存款——活期存款——付款人户
   贷：联行往账

 在通知付款后 3 日内，付款人如无款支付或不足支付，付款人开户行应索回凭证，退给持票人开户行转持票人，双方银行均无需做账务处理。

 ③ 持票人开户行收到划回款项的处理。

 持票人开户行收到付款人开户行寄来的联行报单及委托收款凭证，将原来留存的第二联凭证抽出，与收到的凭证相核对，审核无误后，在凭证上填注转账日期，以第二联委托收款凭证为贷方凭证，会计分录为：

借：联行来账
　　贷：吸收存款——活期存款——持票人户

转账后，将第四联委托收款凭证加盖转讫章，作为收账通知交给持票人。

(2) 银行承兑汇票的核算。

① 承兑行受理承兑的处理。

银行承兑汇票的出票人向银行申请承兑时，银行按照有关规定进行审核，同意承兑后即可与出票人签署一式三联的银行承兑协议，银行要按照协议规定向出票人收取承兑手续费，一般为汇票面值的万分之五，会计分录为：

借：吸收存款——活期存款——承兑申请人户
　　贷：手续费及佣金收入

表外科目：收入：银行承兑汇票应付款

② 汇票到期承兑银行收取票款的处理。

若出票人足额支付票款，承兑银行对到期的银行承兑汇票，应于到期日向出票人收取票款，会计分录为：

借：吸收存款——活期存款——承兑申请人户（汇票金额）
　　贷：吸收存款——应解汇款——承兑申请人户（汇票金额）

若出票人无款或不足支付，应将不足支付的金额转入该出票人的逾期贷款户，并按每日万分之五计收罚息，会计分录为：

借：吸收存款——活期存款——承兑申请人户（实划金额）
　　贷款——逾期贷款（不足金额）
　　贷：吸收存款——应解汇款——承兑申请人户（汇票金额）

③ 承兑行支付汇票款项的处理。

承兑银行接到持票人开户行寄来的委托收款凭证及汇票，经审查无误后，应于汇票到期日或到期日之后的见票当日，将款项付出，划往持票人开户行，会计分录为：

借：吸收存款——应解汇款——承兑申请人户
　　贷：联行往账

表外科目：付出：银行承兑汇票应付款

④ 持票人开户行收到汇票款的处理。

持票人开户行收到承兑银行划回的汇票款项后，按照规定手续进行处理，会计分录为：

借：联行来账
　　贷：吸收存款——活期存款——持票人户

【例9-7】中国工商银行南京分行营业部收到外省工商行寄来的委托收款凭证和到期的由本行承兑的金额为38 000元的银行承兑汇票，承兑申请人为本行开户的友好公司，按承兑协议收取款项时，该公司账户只有 30 000 元，收款并划转票款。本行受理承兑、收取票款及支付票款的账务处理。

（1）本行受理承兑，按汇票面值的万分之五收取手续费时：

借：吸收存款——活期存款——友好公司户　　　　　　　19
　　贷：手续费及佣金收入　　　　　　　　　　　　　　　19
表外科目：收入：银行承兑汇票应付款　　　　　　　　38 000

（2）汇票到期承兑银行收取票款时。

借：吸收存款——活期存款——友好公司户　　　　　30 000
　　贷款——逾期贷款——友好公司户　　　　　　　　8 000
　　贷：吸收存款——应解汇款——友好公司户　　　　38 000

（3）支付汇票款项时：

借：吸收存款——应解汇款——友好公司户　　　　　38 000
　　贷：联行往账　　　　　　　　　　　　　　　　　38 000
表外科目：付出：银行承兑汇票应付款　　　　　　　38 000

（三）结算方式的核算

1. 汇兑的核算

汇兑结算是汇款人委托银行将款项支付给外地收款人的结算方式。单位和个人各种款项的结算均可使用，分为信汇和电汇两种。

（1）汇出行汇出款项的处理。

汇款人委托银行办理汇兑业务时，应填写电汇或信汇凭证，汇出行受理电汇或信汇凭证时，应按规定审查，无误后办理转账。

① 交付现金的，会计分录为：

借：库存现金
　　贷：吸收存款——应解汇款——汇款人户
借：吸收存款——应解汇款——汇款人户
　　贷：联行往账

② 转账汇款的，会计分录为：

借：吸收存款——活期存款——汇款人户
　　贷：联行往账

（2）汇入行收到款项的处理。

经办行收到系统内批量、实时汇兑业务，经审查无误后办理转账，会计分录为：

借：联行来账
　　贷：吸收存款——活期存款——收款人户

若收款人未在银行开立账户，则会计分录为：

借：联行来账
　　贷：吸收存款——应解汇款

根据收款人提供的取款通知单和有效身份证件，为客户办理解付手续。会计分录为：

借：吸收存款——应解汇款
　　贷：库存现金

2. 托收承付的核算

托收承付是指收款人根据购销合同发货后，委托银行向异地付款人收取款项，由付款人向银行承认付款的结算方式。托收承付可以分为验单付款和验货付款两种。

（1）收款人开户行的受理。

收款人办理托收时，应填制一式五联托收承付凭证，并在第二联上加盖单位印章后，将托收凭证和有关单证提交开户银行。收款人开户行按规定审查凭证后，将第一联凭证加盖业务公章后退给收款人。第二联由银行专夹保管，在第三联加盖结算专用章，连同第四、五联凭证及交易单证一起寄交付款人开户银行。

（2）付款人开户行付款的处理。

验单付款的承付期为3天，验货付款的承付期为10天。承付期满日，银行营业终了前，付款人账户有足够资金支付全部款项的，开户银行应在次日上午将款项划往收款人开户行，会计分录为：

借：吸收存款——活期存款——付款人户
　　贷：联行往账

（3）收款人开户行收款的处理。

收款人开户行收到付款人开户行寄来的联行贷方凭证及所附第四联托收凭证时，应与留存的第二联托收凭证核对，无误后以其做贷方凭证办理转账，会计分录为：

借：联行来账
　　贷：吸收存款——活期存款——收款人户

3. 委托收款的核算

委托收款是收款人向银行提供收款依据（如已承兑的商业汇票、已到期的债券、存单及同城定有合同的公用事业的收费等），委托银行向付款人收取款项的结算方式，同城异地均可使用。

（1）收款人开户行的处理。

收款人开户行收到收款人办理委托收款业务而提交的委托收款凭证一式五联，第一联为回单，第二联为贷方凭证，第三联为借方凭证，第四联为收账通知，第五联为付款通知。收款人开户行审查无误后，第一联加盖业务公章退给收款人；第二联专夹保管，并据以登记"发出委托收款凭证登记簿"；第三联加盖结算专用章连同第四、第五联及有关债务证明一并寄付款人开户行。

(2) 付款人开户行付款的处理。

付款人开户银行收到委托收款凭证及有关单证，审查是否确属本行受理，审查无误后，登记"收到委托收款凭证登记簿"，将第五联凭证加盖业务公章，连同其他有关单证一并交付款人签收。

付款人接到通知后，应于当日书面通知银行付款，如付款人未在接到通知的次日起3日内通知银行付款，银行应于付款人接到通知的次日起第4日上午开始营业时，将款项划给收款人，会计分录为：

  借：吸收存款——活期存款——付款人户
    贷：联行往账

(3) 收款人开户行收款的处理。

收款人开户银行收到划款的凭证，将留存保管的委托收款凭证抽出进行核对，无误后办理转账，会计分录为：

  借：联行来账
    贷：吸收存款——活期存款——收款人户

对于无款支付和拒付的情况，收款人开户银行应将未付款通知书、拒付理由书及债务证明转交收款人。

(四) 信用卡结算的核算

信用卡是指商业银行向个人和单位发行的，凭以向特约单位购物、消费和向银行存取现金，且具有消费信用的支付工具。信用卡按使用对象分为单位卡和个人卡，按信誉等级分为金卡和普通卡等。

1. 发卡行发行信用卡的核算

(1) 发行单位信用卡的处理。

单位申请使用信用卡，应按发卡银行规定填写申请表。发卡银行审查同意后，应及时通知申请人前来办理领卡手续，并按规定向其收取备用金和手续费，填制一联特种转账贷方凭证，作收取手续费贷方凭证。

① 申请人在发卡银行开户时的处理。

发卡银行接到申请人送来的支票和三联进账单，经审查无误，将款项从申请人账户付出，同时另填制一联特种转账贷方凭证，收取手续费，会计分录为：

  借：吸收存款——活期存款——××单位户
    贷：吸收存款——银行卡存款——××单位户
      手续费及佣金收入

② 申请人不在发卡银行开户时的处理。

发卡银行接到申请人送来的支票和两联进账单，经审查无误，将所收支票提出交换，会计分录为：
　　借：清算资金往来——信用卡清算
　　　　贷：吸收存款——银行卡存款——××单位户
　　　　　　手续费及佣金收入

（2）发行个人信用卡的处理。

个人申领信用卡时，应按发卡银行规定填写申请表，发卡银行审查同意后，应及时为申请人办理领卡手续，并按规定向其收取备用金和手续费，填制一联特种转账贷方凭证，作收取手续费贷方凭证，会计分录为：

　　借：库存现金
　　　　贷：吸收存款——银行卡存款（××人户）
　　　　　　手续费及佣金收入

发卡银行在办理信用卡发卡手续时，应登记信用卡账户开销户登记簿和发卡清单，并在发卡清单上记载领卡人身份证件号码，并由领卡人签收。

2. 凭信用卡直接消费的核算

持卡人凭信用卡在同城或异地直接消费时，需填制签购单，由特约单位填制进账单及汇计单与签购单一并送存银行，经办行应向特约单位收取手续费。银行对特约单位提交的凭证认真审查无误后，分别情况处理：

（1）收、付款人在同一行处开户的处理。

此时，会计分录为：

　　借：吸收存款——银行卡存款——××人户
　　　　贷：吸收存款——××存款——特约单位户
　　　　　　手续费及佣金收入

（2）收、付款人在同一城市不同行处开户的处理。

经办行需通过票据交换将款项划发卡行。特约单位开户行将第三联签购单连同第三联汇计单通过票据交换提交给发卡行，待款项收妥办理转账，会计分录为：

　　借：清算资金往来——信用卡清算
　　　　贷：吸收存款——××存款——特约单位户
　　　　　　手续费及佣金收入

发卡行的会计分录为：

　　借：吸收存款——银行卡存款——××人户
　　　　贷：清算资金往来——信用卡清算

（3）收、付款人在异地行处开户的处理。

特约单位与持卡人不在同一城市的，经办行应通过资金汇划系统，将款项划往发卡行，经办行的会计分录为：

　　借：联行往账

贷：吸收存款——××存款——特约单位户
　　　　手续费及佣金收入
发卡行的会计分录为：
借：吸收存款——银行卡存款——××人户
　　贷：联行来账

应用与扩展

商业银行上市公司报表解读
工商银行（A股601398）
（一）会计政策特色
1. 贷款及应收款项

贷款及应收款项，是指在活跃市场中没有报价、回收金额固定或可确定的，且本集团没有意图立即或在短期内出售的非衍生金融资产。对于此类金融资产，采用实际利率法，按照摊余成本（扣除减值准备）进行后续计量，其终止确认、发生减值或摊销产生的利得或损失，均计入当期损益。贷款及应收款项主要包括客户贷款及垫款、应收款项类投资和票据贴现。

贴现为本集团对持有尚未到期的承兑汇票的客户发放的贴现款项。贴现以票面价值扣除未实现贴现利息收入计量，贴现利息收入按照实际利率法确认。

如果有客观证据表明贷款及应收款项或持有至到期投资发生减值，则损失的金额以资产的账面金额与预期未来现金流量（不包括尚未发生的未来信用损失）现值的差额确定。在计算预期未来现金流量现值时，应采用该金融资产原实际利率作为折现率，并考虑相关担保物的价值。原实际利率是初始确认该金融资产时计算确定的实际利率。对于浮动利率贷款及应收款项或持有至到期投资，在计算未来现金流量现值时可采用合同规定的现行实际利率作为折现率。资产的账面价值应通过减值准备科目减计至其预计可收回金额，减计金额计入当期损益。

本集团对以摊余成本计量的金融资产确认减值损失后，如有客观证据表明该金融资产价值已恢复，且客观上与确认该损失后发生的事项有关，原确认的减值损失予以转回，计入当期损益。但是，该转回后的账面价值不超过假定不计提减值准备情况下该金融资产在转回日的摊余成本。

当贷款及应收款项无法收回时，应核销相应的减值准备。在所有必需的程序已完成且损失金额已确定后，该资产才会被核销。对于已核销但又收回的金额，应计入当期损益中以冲减当期计提的贷款减值准备。

2. 利息收入和支出

对于所有以摊余成本计量的金融工具及可供出售金融资产中计息的金融工具，

利息收入或利息支出以实际利率计量。实际利率是指按金融工具的预计存续期间或更短期间将其预计未来现金流入或流出折现至该金融资产或金融负债账面净值的利率。实际利率的计算需要考虑金融工具的合同条款（例如提前还款权）并且包括所有归属于实际利率组成部分的费用和所有交易成本，但不包括未来信用损失。如果本集团对未来收入或支出的估计发生改变，金融资产或负债的账面价值亦可能随之调整。调整后的账面价值是按照原实际利率计算而得，该变动也计入损益。

金融资产发生减值后，利息收入应当按照确定减值损失时对未来现金流量进行折现采用的折现率作为利率计算确认。

3. 手续费及佣金收入

本集团通过向客户提供各类服务收取手续费及佣金。手续费收入主要分为两类：通过在特定时点或一定期间内提供服务收取的手续费和佣金。主要包括结算手续费、清算手续费、佣金、资产管理费、托管费以及其他管理咨询费。此类手续费和佣金收入在提供服务时，按权责发生制原则确认。因协商、参与协商第三方交易，例如收购股份或其他债券、买卖业务而获得的手续费和佣金于相关交易完成时确认收入。与交易服务的业绩相关的手续费和佣金在达到实际约定的标准后才确认收入。

（二）报表附注

1. 现金及存放中央银行款项

	2010年12月31日	2009年12月31日
现金及非限制性存放中央银行款项：		
现金	48 924	38 842
存放中央银行超额存款准备金（1）	69 222	85 720
存放境外中央银行非限制性款项	6 823	5 167
小计	124 969	129 729
限制性存放中央银行款项：		
缴存中央银行法定存款准备金（2）	1 982 575	1 441 940
缴存中国人民银行财政性存款	173 843	119 753
缴存境外中央银行存款准备金（2）	1 520	1 543
其他存放中国人民银行限制性款项（2）	92	83
小计	2 158 030	1 563 319
合　　计	2 282 999	1 693 048

2. 存放同业及其他金融机构款项

	2010 年 12 月 31 日	2009 年 12 月 31 日
境内银行同业	139 915	135 736
境内其他金融机构	2 036	1 177
境外银行同业	42 025	20 516
小计	183 976	157 429
减：减值准备	(34)	(34)
合计	183 942	157 395

3. 拆出资金

	2010 年 12 月 31 日	2009 年 12 月 31 日
境内银行同业	11 775	17 508
境内其他金融机构	24 066	10 174
境外银行同业及其他金融机构	29 108	50 252
小计	64 949	77 934
减：减值准备（附注四、16）	(31)	(28)
合计	64 918	77 906

4. 客户贷款及垫款

客户贷款及垫款按公司和个人分布情况分析如下：

	2010 年 12 月 31 日	2009 年 12 月 31 日
公司类贷款及垫款：		
贷款	5 017 281	4 169 259
票据贴现	117 506	329 798
小计	5 134 787	4 499 057
个人贷款：		
信用卡	91 754	37 045
个人住房贷款	1 103 051	887 770
其他	460 914	304 754
小计	1 655 719	1 229 569
客户贷款及垫款总额	6 790 506	5 728 626
减：减值准备		
单项评估	(41 300)	(45 500)
组合评估	(125 834)	(99 952)
小计	(167 134)	(145 452)
客户贷款及垫款净额	6 623 372	5 583 174

5. 客户贷款及垫款按担保方式分析如下：

	2010年12月31日	2009年12月31日
信用贷款	2 274 308	1 816 125
保证贷款	1 070 211	933 853
抵押贷款	2 780 346	2 191 909
质押贷款	665 641	786 739
合计	6 790 506	5 728 626

6. 贷款减值准备

	单项评估	组合评估	合计
2009年1月1日	54 059	81 924	135 983
减值损失	3 179	18 503	21 682
其中：本年新增	20 056	61 557	81 613
本年划转	242	(242)	—
本年回拨	(17 119)	(42 812)	(59 931)
已减值贷款利息收入	(1 021)	—	(1 021)
本年核销	(11 259)	(607)	(11 866)
收回以前年度核销	774	142	916
本年转出	(232)	(10)	(242)
2009年12月31日及2010年1月1日	45 500	99 952	145 452
减值损失	1 807	26 081	27 888
其中：本年新增	13 481	69 971	83 452
本年划转	12	(12)	—
本年回拨	(11 686)	(43 878)	(55 564)
已减值贷款利息收入（附注四、16及32）	(754)	—	(754)
本年核销	(6 394)	(510)	(6 904)
收回以前年度核销	913	176	1 089
其他变动	228	135	363
2010年12月31日	41 300	125 834	167 134

7. 客户存款

	2010 年 12 月 31 日	2009 年 12 月 31 日
活期存款：		
公司客户	3 582 149	3 195 842
个人客户	2 273 322	1 827 851
定期存款：		
公司客户	2 070 994	1 736 118
个人客户	3 026 122	2 874 646
其他	192 970	136 820
合　计	11 145 557	9 771 277

8. 一般准备

	本行	子公司	合计
2009 年 1 月 1 日	69 175	180	69 355
本年计提	14 813	54	14 867
2009 年 12 月 31 日及 2010 年 1 月 1 日	83 988	234	84 222
本年计提	8 740	109	8 849
2010 年 12 月 31 日	92 728	343	93 071

根据财政部的有关规定，本行需要从净利润中提取一般准备作为利润分配处理，一般准备的余额不应低于风险资产年末余额的 1%。

一般准备还包括本行下属子公司根据其所属行业或所属地区适用法规提取的其他一般准备。

本行根据 2011 年 3 月 30 日的董事会决议，提取一般准备计人民币 87.40 亿元（2009 年度：人民币 148.13 亿元）。于 2010 年 12 月 31 日，本行的一般准备余额为人民币 927.28 亿元，已达到本行风险资产年末余额的 1%。

9. 未分配利润

	2010 年度	2009 年度
年初未分配利润	117 931	72 146
归属于母公司股东的净利润	165 156	128 599
减：提取盈余公积	(16 298)	(12 834)
提取一般准备（附注四、30）	(8 849)	(14 867)
分配普通股现金股利	(56 783)	(55 113)
年末未分配利润	201 157	117 931

10. 利息净收入

	2010 年度	2009 年度
利息收入：		
客户贷款及垫款（1）：		
公司类贷款及垫款	239 304	217 954
个人贷款	69 364	48 551
票据贴现	7 458	10 634
债券投资（2）	106 611	96 230
存放中央银行款项	28 718	23 361
存放和拆放同业及其他金融机构款项	11 307	9 148
合　　计	462 762	405 878
利息支出：		
客户存款	(140 518)	(145 246)
同业及其他金融机构存放和拆入款项	(15 503)	(13 021)
应付债券	(2 992)	(1 790)
合　　计	(159 013)	(160 057)
利息净收入	303 749	245 821

以上利息收入和支出不包括以公允价值计量且其变动计入当期损益的金融工具的利息收入和支出。

11. 手续费及佣金净收入

	2010 年度	2009 年度
手续费及佣金收入：		
结算、清算及现金管理	19 160	14 587
投资银行	15 506	12 539
个人理财及私人银行 (1)	14 858	12 059
银行卡	13 687	9 408
对公理财 (1)	6 886	4 442
资产托管 (1)	3 385	2 212
担保及承诺	3 029	2 396
代理收付及委托 (1)	979	882
其他	518	517
合 计	78 008	59 042
手续费及佣金支出	(5 168)	(3 895)
手续费及佣金净收入	72 840	55 147

本章小结

本章主要介绍了商业银行会计的基本核算方法及主要业务的会计核算与管理，其内容主要包括：商业银行会计基本核算方法，商业银行存款业务、贷款业务、支付结算业务和往来业务的核算。

存款业务包括单位存款和个人储蓄存款，贷款业务包括信用贷款和担保贷款，担保贷款又包括抵押贷款、质押贷款和保证贷款。支付结算包括支票、银行本票、银行汇票、商业汇票、汇兑、托收承付、委托收款和信用卡结算。往来业务包括商业银行和中央银行的往来、商业银行之间往来及联行之间的往来业务。

重要概念

表外科目　单式记账　分户账　余额表　科目日结单　日计表　吸收存款　算头不算尾　余额表计息法　分户账页计息法　整存整取　整存零取　零存整取　存本取息　存放中央银行款项　向中央银行借款　贴现负债　拆出资金　拆入资金　联行往来　清算资金往来　缴存财政性存款　缴存一般性存款　再贴现　贴现资产　同城票据交换　借方票据　贷方票据　跨系统转汇　先横后直　先直后

横　先直后横再直　同业拆借　借方报单　贷方报单　委托贷款　信用贷款　担保贷款　抵押贷款　质押贷款　保证贷款　正常贷款　关注贷款　次级贷款　可疑贷款　损失贷款　贷款损失准备　逾期贷款　呆账　贴现贷款　支票　银行本票　银行汇票　商业汇票　汇兑　托收承付　委托收款　信用卡

思考练习题

一、思考题

1. 简述商业银行会计特点。
2. 商业银行账务组织包括哪些内容？
3. 简述单位活期存款计息方法。
4. 简述商业银行跨系统转汇的主要方式。
5. 简述商业银行会计凭证的特点。
6. 支付结算常用的工具有哪些？
7. 简述商业承兑汇票和银行承兑汇票的相同点和不同点。

二、练习题

（一）单项选择题

1. 在银行会计中，对表外科目所涉及的会计事项，一般采用（　　）进行登记。
    A. 单式记账法　　　　　　　　　B. 复式记账法
    C. 单式记账法与复式记账法　　　D. 借贷记账法
2. 下列各项中应作为商业银行负债要素确认的是（　　）。
    A. 库存现金　　B. 吸收存款　　C. 存放同业　　D. 贷款
3. 商业银行的资产中一般不包括（　　）。
    A. 贷款　　　　　　　　　　　　B. 原材料
    C. 固定资产　　　　　　　　　　D. 无形资产
4. 储户在存款时约定存款期限，一次存入一定数额的本金到期一次支取本息的储蓄存款称为（　　）。
    A. 整存整取定期储蓄存款　　　　B. 存本取息定期储蓄存款
    C. 零存整取定期储蓄存款　　　　D. 整存零取定期储蓄存款
5. 下列存款中按规定不可支取现金的是（　　）。
    A. 单位活期存款　　　　　　　　B. 单位定期存款
    C. 活期储蓄存款　　　　　　　　D. 定期储蓄存款
6. 将贷款划分为正常类贷款、关注类贷款、次级类贷款、可疑类贷款、损失类贷款，属于对贷款（　　）。
  A. 按担保方式所作的分类　　　　B. 按贷款对象所作的分类
  C. 按贷款组织形式所作的分类　　D. 按贷款风险程度所作的分类

7. 以借款人或第三人的财产作为抵押物而发放的贷款是（　　）。
  A. 保证贷款　　　　　　　　　　B. 担保贷款
  C. 质押贷款　　　　　　　　　　D. 抵押贷款

8. 办理异地跨系统转汇业务时，如汇出行所在地双设机构，汇入行所在地单设机构应采用的方式是（　　）。
  A. 先横后直　　　　　　　　　　B. 先直后横
  C. 先横后直再横　　　　　　　　D. 先直后横再直

9. 财政性存款准备金的计提比例为（　　）。
  A. 7%　　　B. 8%　　　C. 12.5%　　　D. 100%

10. 下列支票据中可进行贴现的是（　　）。
  A. 支票　　　　　　　　　　　　B. 商业汇票
  C. 银行汇票　　　　　　　　　　D. 银行本票

（二）多选题

1. 下列各项存款中，属于按存入时约定的利率计息的有（　　）。
  A. 整存整取定期存款　　　　　　B. 零存整取定期存款
  C. 活期存款　　　　　　　　　　D. 整存零取定期存款

2. 商业银行对贷款利息的计算，按照结计利息的时间不同，分为（　　）。
  A. 定期结息　　　　　　　　　　B. 逐笔结息
  C. 随时结息　　　　　　　　　　D. 按季结息

3. 下列贷款中属于担保贷款的有（　　）。
  A. 信用贷款　　　　　　　　　　B. 保证贷款
  C. 抵押贷款　　　　　　　　　　D. 质押贷款

4. 贷款的明细科目包括（　　）。
  A. 利息调整　　　B. 本金　　　C. 已减值　　　D. 贴现

5. 下面各行处之间的往来属于联行往来的是（　　）。
  A. 中国银行甲支行与中国银行乙支行之间的资金往来
  B. 中国银行乙支行与交通银行丁支行之间的资金往来
  C. 中国人民银行A支行与建设银行H支行之间的资金往来
  D. 建设银行总行与建设银行H支行之间的资金往来

6. 下列账户中属于负债类账户的有（　　）。
  A. 存放同业　　　　　　　　　　B. 同业存放
  C. 拆出资金　　　　　　　　　　D. 拆入资金

7. 下列各项中，属于商业银行应付金额的有（　　）。
　　A. 提出的代付票据　　　　　　B. 提出的代收票据
　　C. 提入的代收票据　　　　　　D. 提入的代付票据
8. 同城异地均可使用的结算方式包括（　　）。
　　A. 银行汇票　　　　　　　　　B. 信用卡
　　C. 商业汇票　　　　　　　　　D. 委托收款

（三）判断题
1. 余额表计息法一般适用于存款余额不经常变化的单位。（　　）
2. 商业银行会计核算的过程往往就是其业务处理过程。（　　）
3. 商业银行收入中一般不包括销售商品收入。（　　）
4. 各种存款利息均应按存入时挂牌利率计算。（　　）
5. 商业银行之间拆借资金必须通过中央银行转账，不得直接拆借。（　　）
6. 商业银行持未到期的已贴现商业汇票向中央银行办理的贴现称为转贴现。
（　　）
7. 银行汇票就是承兑人为银行的商业汇票。（　　）

（四）业务核算题
1. 中国工商银行上海市分行营业部发生如下经济业务，请做出会计分录。

（1）A 公司转账存入定期存款 50 万元，期限 3 年，年利率 4%，到期收回本息。

（2）收到 B 提交的还款凭证一份，金额 60 280 元，其中：60 000 元为归还一个月期限的贷款，280 元为支付贷款利息。经审查无误后，予以转账。

（3）收到外省工商银行的借方报单、银行汇票解讫通知和多余款项收账通知，银行汇票为本行开户单位 C 公司签发，出票金额为 90 000 元，实际结算金额为 85 000 元。

（4）本行开户单位 D 公司申请签发金额为 20 000 元的不定额银行本票。

（5）收到外省工商行寄来的委托收款凭证和到期的由本行承兑的金额为 38 000 元的银行承兑汇票，承兑申请人为本行开户的 E 公司，按承兑协议收取款项时，该公司账户只有 20 000 元，收款并划转票款。

2. 中国工商银行某支行由于资金头寸不足，向同城的中国银行某支行拆入资金 100 万元，期限 8 天，日利率 0.6‰，8 天后如期还款。编制工商银行某支行、中国银行某支行在拆借日、还款日相应的会计分录。

练习题答案

（一）单项选择题

1. A　　2. B　　3. B　　4. A　　5. B　　6. D　　7. D　　8. A　　9. D

10. B

(二) 多项选择题

1. ABD 2. AB 3. BCD 4. ABC 5. AD 6. BD 7. BD
8. BCD

(三) 判断题

1. × 2. √ 3. √ 4. × 5. √ 6. × 7. ×

(四) 业务处理题

1. (1) ①转账存入时：

借：吸收存款——活期存款——A 公司　　　　　　500 000
　　贷：吸收存款——定期存款——A 公司　　　　　　500 000

② 资产负债表日计提利息费用时：

利息费用 = 500 000 × 4% ÷ 12 = 1 666.67（元）

借：利息支出　　　　　　　　　　　　　　　　　　1 666.67
　　贷：应付利息——定期存款利息　　　　　　　　　1 666.67

③ 500 000 × 4% × 3 = 60 000（元）

借：吸收存款——定期存款——A 公司　　　　　　500 000
　　应付利息——定期存款利息　　　　　　　　　　 60 000
　　贷：吸收存款——活期存款——A 公司　　　　　　560 000

(2) 借：吸收存款——活期存款——B 公司　　　　　 60 280
　　　贷：贷款——短期信用贷款——B 公司　　　　　 60 000
　　　　　利息收入　　　　　　　　　　　　　　　　　　280

(3) 借：吸收存款——汇出汇款　　　　　　　　　　 90 000
　　　贷：联行来账　　　　　　　　　　　　　　　　 85 000
　　　　　吸收存款——活期存款——C 公司　　　　　　5 000

(4) 借：吸收存款——活期存款——D 公司　　　　　 20 000
　　　贷：吸收存款——本票——不定额本票　　　　　 20 000

(5) 借：吸收存款——活期存款——E 公司　　　　　 20 000
　　　　贷款——逾期贷款（E 公司逾期贷款户）　　　 18 000
　　　　贷：吸收存款——应解汇款（E 公司户）　　　 38 000

借：吸收存款——应解汇款——E 公司　　　　　　　 38 000
　　贷：联行往账　　　　　　　　　　　　　　　　　 38 000
付出：银行承兑汇票应付款　　　　　　　　　　　　 38 000

2. (1) 拆借日：

工商银行某支行：借：存放中央银行款项　　　　　1 000 000
　　　　　　　　　　贷：拆入资金——中国银行某支行　1 000 000

中国银行某支行：借：拆出资金——工商银行某支行　　1 000 000
　　　　　　　　　贷：存放中央银行款项　　　　　　　　　　1 000 000

利息 = 1 000 000 × 0.6‰ × 8 = 4 800（元）

（2）还款日：

工商银行某支行：借：拆入资金——中国银行某支行　　1 000 000
　　　　　　　　　　利息支出　　　　　　　　　　　　　4 800
　　　　　　　　　贷：存放中央银行款项　　　　　　　　　1 004 800

中国银行某支行：借：存放中央银行款项　　　　　　　1 004 800
　　　　　　　　　贷：拆出资金——工商银行某支行　　　1 000 000
　　　　　　　　　　　利息收入　　　　　　　　　　　　　4 800